DEMEURES DU MONDE

DEMEURES DU MONDE

Francisco Asensio Cerver

KÖNEMANN

Auteur Francisco Asensio Cerver

Éditeur Paco Asensio, Arco Editorial, S.A. Barcelona

Rédaction Aurora Cuito, Ivan Bercero, Anna Puyuelo,

Jorge Mestre, Moisés Puente, Belén García, Quim Rosell,

Alejandro Bahamón, Sofia Cheviakoff

Design Mireia Casanovas Soley

Maquette Jaume Martínez Coscojuela

Titre original Casas del Mundo

ISBN 3-8331-1689-7

© 2005 Tandem Verlag GmbH

KÖNEMANN is a trademark and an imprint of

Tandem Verlag GmbH

Traduction Juliette Chambolle-Hortin,

Laurence Delsol et Katia Soares

Lecture Véronique Vicuña Navarro

Réalisation Sarbacane, Marie-Hélène Albertini, Paris

Suivi éditorial Christèle Jany

Printed in Germany

ISBN 3-8331-1688-9

10 9 8 7 6 5 4 3 2 1
X IX VIII VII VI V IV III II I

SOMMAIRE

Dans l'introduction à ce recueil sans précédent sur l'architecture des maisons, nous ne prétendons pas uniquement établir un classement clair et précis des tendances qui ont vu le jour au cours des dernières années dans ce panorama de la construction. Toute tentative de recueillir dans un volume semblable certains des projets identifiant une époque aussi proche de notre optique critique contemporaine constitue, dans tous les cas, un défi d'abstraction aussi risqué que suggestif.

Le mode de compréhension de la création architecturale des maisons est une réalité parallèle à l'histoire des idées. Le logement s'est converti, par un processus de réduction romantique et idéaliste, en un refuge physique et spirituel contre les agressions de la vie contemporaine.

L'architecture met ainsi en scène l'entrelacs complexe des relations qui surgissent entre le créateur et le client. Ce schéma simple reproduit l'un des facteurs de risque les plus évidents dans le domaine de la construction des maisons : l'œuvre de l'artiste confrontée aux désirs et aux besoins de l'usager. D'une part, l'architecte trouve dans la maison le projet idéal dans lequel développer ses expériences et ses aspirations créatives. D'autre part, l'excès d'imagination peut représenter une série de dangers par rapport aux besoins fonctionnels et vitaux du client. Dans l'optique d'une adéquation des buts, le plus simple serait donc de plaider pour un juste milieu qui équilibrerait les propositions et convertirait les travaux de conception et d'exécution en un acte d'interrelation. Outre cette considération préalable, d'autre facteurs viennent s'ajouter à la problématique qui conditionne la sphère thématique de l'espace habitable : l'importance relative du contexte et de l'échelle ; la limite étroite qui sépare le public du privé, la constitution volumétrique et le jeu formel face à la réalité domestique ; les notions de commodité, d'intimité et de qualité de vie ; l'application progressive des technologies ; le logement social, etc.

Les premières maisons témoignant du nouveau style original de notre époque sont les maisons américaines de Frank Lloyd Wright, dont les plans, extérieurs et intérieurs, se développent librement, reliés par des terrasses et de larges toitures en saillie. En Europe, la réaction à l'excès d'ornementation préconisée par Adolf Loos aura une répercussion importante et

décisive sur la définition de l'esprit moderne et international de l'architecture de masse du XXe siècle. Les idées d'utilité et de correction prévalent sur l'idée esthétique. Pour Le Corbusier, les normes de création n'étaient pas individuelles, mais répondaient à des critères archétypiques universaux, un style unique et efficace à l'« Âge de la machine ». Son langage s'oppose en partie à celui de Walter Gropius, caractérisé par la mesure, la conscience sociale et la foi pédagogique. Le Corbusier, lui, est célébré pour sa virtuosité de conception qui se concrétise, en matière de cubisme, dans des maisons et des villas d'une blancheur extrême et aux formes géométriques pures. La maison unicellulaire devient le dernier retranchement de l'artiste créateur pour concevoir et exécuter en toute liberté ;

affirmation qui n'est pas pour autant sans faille. Les divers courants et attitudes qui ont prévalu à la fin du XXᵉ siècle et qui se poursuivent au début du XXIᵉ siècle reposent, en général, sur un compromis entre forme et fonction, entre esthétisme et pragmatisme et recherchent un équilibre harmonique entre l'échelle immédiate et l'échelle supérieure qui, en de rares occasions seulement, se réduit à un pur divertissement stylistique.

Les nouvelles réalisations, solidement enracinées dans les théories révolutionnaires de la première moitié du XXᵉ siècle, ne sont que des réinterprétations et des variations sur les réussites créatrices de Le Corbusier, Wright, Loos, Gropius, Asplund ou Van der Rohe. La pluralité et l'hétérogénéité de la fin du second millénaire démontrent que

l'architecture reste vivante et en évolution constante.

L'objectif de base qui sous-tend les logements contemporains inclus dans ce volume insigne est de définir des atmosphères en adéquation avec la fonction et le style de vie et de prendre conscience des nécessités du client – dans le cas d'une maison unicellulaire – ou de la société – dans le cas de programmes résidentiels communautaires.

L'application croissante des avancées technologiques spectaculaires développées au cours des dernières décennies et la création d'un style caractéristique est un autre aspect important abordé dans les *Demeures du monde*. Il s'agit de l'intégration dans l'environnement domestique des techniques, mécanismes et matériaux les plus novateurs. Ce dernier point, l'application des langages high-tech aux problèmes domestiques, constitue actuellement l'un des processus créatifs les plus passionnants, alimenté par l'intérêt suscité par des facteurs tels que l'humanisation de la société ou l'écologie. En dépit de cela, la majorité des propositions novatrices s'adapte à des configurations de construction habituelles qui, dans les limites du cadre des valeurs strictement architecturales, n'apportent que de rares solutions esthétiques ou formelles.

Le contenu des projets présentés ici nous permet de noter qu'une grande partie de leurs caractéristiques forment une vision, toujours partielle, de l'état actuel de l'architecture domestique. Mentionnons en premier lieu l'importance donnée à l'emplacement de l'édifice résidentiel, soit par fusion dans l'environnement, soit par

opposition consciente à celui-ci. Toutefois, la maison unicellulaire résultat de l'urbanisation massive constitue, dans un programme de résidence principale ou secondaire, un prétexte idéal au développement de systèmes complexes de relation avec le paysage, qu'il soit rural, maritime ou urbain.

Le spectateur réalise que la perception de la réalité architecturale est subordonnée aux conditions du relief ou de la végétation. L'architecte parie sur le volume unique, mais attribue également de l'importance à des morphologies plurielles qui peuvent favoriser une meilleure distribution fonctionnelle (zones communes, individuelles ou de service) et la création d'images plus expressives. Le programme généralisé de tous ces logements suppose une certaine régression vers l'idéal géorgien de la maison masculine comme refuge, lieu de repos et de loisir, mais n'oublie jamais les exigences féminines aux Pays-Bas et aux États-Unis en matière d'équipements domestiques. La combinaison de ces deux aspects met en question la différenciation classique entre résidence principale et secondaire, dont des exemples se retrouvent également dans l'ensemble international que compose la structure du livre.

Les critères essentiels sont, dans tous les cas, l'ampleur et la générosité spatiale, le jeu des transparences et de la lumière, la conservation dans la mesure du possible de plans et de perspectives et d'une communication libre et naturelle. Pour les espaces d'activité commune, on recourt très souvent à la stratégie technique de double hauteur, dans le but de suggérer une sensation de grands espaces et de confort, et leur emplacement est généralement en étroite relation physique et visuelle avec les installations complémentaires de loisirs. L'importance accordée aux zones extérieures – jardin et piscine essentiellement – est une conséquence logique de la programmation du temps libre, mais sert aussi à susciter certaines controverses sur les limites entre sphère publique et sphère privée.

Toutefois, la majorité des créateurs cités dans ce volume a adopté des stratégies ingénieuses qui font coïncider l'architecture propre de la maison avec celle des installations complémentaires.

Deux tendances se dégagent du classement des logements retenus pour cet ouvrage : la tendance au classicisme et la tendance technologique, contradiction éternelle entre la tradition et l'avant-garde qui façonne les dialectiques extrêmes de tout acte créatif. Entre ces deux courants se situe une série de propositions qui mettent en évidence l'état actuel de l'architecture, fondé sur une pluralité de positions – langages autochtones, postmodernes, minimalistes, interprétation et révision de postulats rationalistes, édifices singuliers – qui sont souvent reliées entre elles pour témoigner de l'effervescence du panorama mondial de la construction.

D'autres œuvres se situent dans des domaines plus ambigus et plus difficiles à classer, mais il est toujours possible d'évaluer la survivance et l'adaptation des traditions autochtones aux contraintes domestiques actuelles.

Tous ces exemples démontrent la vitalité créatrice de l'architecture des maisons et mettent en évidence la difficulté que la proximité chronologique et l'absence d'une méthodologie critique présupposent pour l'établissement d'un classement régulier et clair des différentes positions, attitudes et tendances de la fin du XXe siècle. Les mille pages qui composent ce volume constituent un reflet, inévitablement partiel, de certaines des propositions qui, selon nous, traduisent de la façon la plus significative l'esprit pluriel du logement dans le contexte international de la dernière décennie.

Francisco Asensio Cerver

MAISONS DE VILLE

L'origine des noyaux urbains semble intimement liée à la révolution agricole. Au Proche-Orient, une étude sur les ruines de villes de l'âge de pierre indique que beaucoup d'entre elles présentaient une structure ouverte sans aucun mur ; c'est également de cette époque que datent les premières habitations fixes. Vraisemblablement, les tribus agricoles se sédentarisèrent parce qu'il devenait de plus en plus évident que ce type de vie serait plus facile qu'une vie nomade. La nécessité de lieux sanctuaires pour les rites mortuaires, la création de centres de cérémonies pour les pratiques religieuses et magiques ainsi que pour les divertissements sociaux et, dans une moindre mesure, pour la défense de la sécurité des habitants, furent les autres raisons qui présidèrent à l'établissement de ce type de colonie. Dans le modèle de vie antérieur où l'essentiel des activités se limitait à chasser et à se réunir ensuite, toute l'énergie ou presque des groupes ethniques était consacrée à leur survie. En effet, même s'ils disposaient parfois d'excédents, la conservation et le transport de ceux-ci supposaient un effort supplémentaire. De là à en déduire que l'accumulation d'énergie humaine libérée par la révolution agricole donna lieu à l'émergence des villes – entraînant à son tour une attitude de respect quasi religieux envers le droit de propriété ainsi que l'invention de la guerre d'agression –, il n'y a qu'un pas. Avant le XVIIIᵉ siècle, les centres impériaux représentaient dans le monde l'essentiel des noyaux urbains. Les communications rapides étant impossibles, il fallait regrouper dans la capitale les organes de gouvernement et dans un lieu proche une grande partie de l'armée ; la plupart des affaires de l'empire se négociaient également à proximité de ces noyaux. Toutefois, ce ne fut qu'après la révolution industrielle et le développement des usines

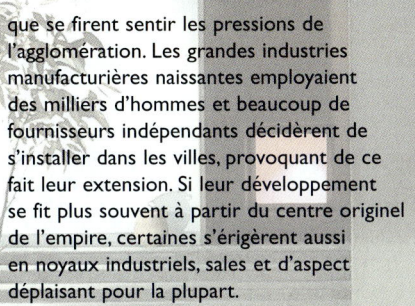

que se firent sentir les pressions de l'agglomération. Les grandes industries manufacturières naissantes employaient des milliers d'hommes et beaucoup de fournisseurs indépendants décidèrent de s'installer dans les villes, provoquant de ce fait leur extension. Si leur développement se fit plus souvent à partir du centre originel de l'empire, certaines s'érigèrent aussi en noyaux industriels, sales et d'aspect déplaisant pour la plupart.

Très vite, en raison de la rapidité des transports due aux véhicules à moteur d'une part et de la hausse des coûts pour les entreprises urbaines d'autre part, ce type de ville ne s'imposa plus comme centre industriel. De nos jours, il est rare qu'une usine soit construite dans l'enceinte d'une ville. En effet, des groupe de pression obtiennent souvent des municipalités qu'aucun bâtiment industriel ne soit construit dans le périmètre urbain ; à cela vient s'ajouter le coût du terrain urbain

qui devient de plus en plus prohibitif. Il n'est donc plus possible aujourd'hui, d'un point de vue purement économique, d'envisager de remplacer les quartiers populaires par des usines modernes. Il est intéressant d'étudier les mécanismes de la croissance urbaine en partant de la théorie du lieu central, qui établit un rapport entre la taille et l'espacement des centres commerciaux régionaux. Au niveau le plus bas de la hiérarchie se trouvent les populations qui fournissent les biens de consommation quotidienne aux régions éloignées des grands centres urbains, réparties aux alentours. Le rayon de ces villes dépend du mode de transport qui prévaut. Ainsi, les populations s'éteignent au fur et à mesure que les zones entourant un centre de ce type s'élargissent et en viennent à chevaucher les autres localités, supprimant ainsi de fait les villages proches.

La maison M

Localisation : *Tokyo, Japon*
Année de construction : *1997*
Architectes : *Kazuyo Sejima, Ryue Nishizawa*
Photographies : *Shinkenchiku-Sha*

Le terrain est ici délimité au sud par une rue et, sur les autres côtés, par les constructions voisines. L'ouverture de logements sur cette voie a entraîné l'édification de murs et l'utilisation de rideaux pour préserver l'intimité.

Ce paradoxe – s'ouvrir pour se refermer – observé par l'équipe d'architectes de la maison M fait du rapport à l'environnement et de la préservation de l'intimité les éléments fondamentaux du projet.

Le creusement du terrain et l'éclosion d'un patio qui éclaire et ventile le niveau enterré, le reliant à son tour au niveau supérieur, à la rue et au ciel, sont deux des mécanismes intrinsèques au logement. L'étage au niveau de la rue est divisé transversalement par des couloirs et des escaliers ou par le patio. Il héberge des pièces qui ont besoin d'indépendance, telles que le garage, la chambre des parents ou la chambre d'amis. Le niveau inférieur, plus unitaire, s'organise autour du patio et se caractérise par la liberté de mouvements entre ses différentes parties. Cuisine, salle à manger et bureau sont quelques-unes des pièces qui coexistent à ce niveau. Cette résidence présente l'avantage d'avoir été faite sur mesure pour les propriétaires, un couple où mari et femme travaillent.

Le travail des architectes sur les possibilités du programme, le développement des activités quotidiennes, la protection du logement vis-à-vis de l'extérieur et la recherche de lumière, d'air et d'intimité, a modelé cet espace homogène qu'est la maison M, qui regroupe toutes ces fonctions grâce à un processus complexe mais un résultat formel d'une simplicité étonnante.

Le soin apporté aux détails de
construction et le choix de matériaux
légers donnent une résidence sobre et
épurée, lumineuse et élégante.

Le caractère fonctionnel allait de soi,
mais il fallait intégrer de vastes espaces
modulables qui permettraient
d'accueillir différentes activités : ateliers
et salles de travail, salle des fêtes, etc.
Photographie ci-contre :
le patio établit un lien direct
avec l'extérieur.

Le logement se situe dans
un luxueux quartier
résidentiel, au centre de
Tokyo. La densité de la zone
augmente au fur et à mesure
que le sol constructible
se divise en de nombreuses
parcelles – comme celle
de la maison M –, de
chacune 200 m² environ.

Deux bureaux, plusieurs salles de bains
et deux places de parking permettent
aux habitants de la maison de garder une
certaine indépendance les uns vis-à-vis des
autres. En outre, il est ressorti
des discussions préliminaires qu'une salle
de réunions serait la bienvenue, tous deux
recevant de nombreuses visites.
Une chambre d'enfants a également
été prévue pour l'avenir.

Maison double

Localisation : *Utrecht, Pays-Bas*
Année de construction : *1997*
Architectes : *Bjarne Mastenbroek, MVRDV*
Photographies : *Christian Richters*

La maison double se situe dans une rue qui entoure un magnifique parc du XIXᵉ siècle, aux environs d'Utrecht. Deux familles partagent le même bâtiment, un assemblage tridimensionnel de conflits et de compromis entre les modes de vie et les contraintes de leurs différents propriétaires. Le projet découle du rôle de médiateur des architectes.

À l'instar d'autres projets, MVRDV a choisi de limiter les variables qui interviennent pour opérer avec clarté dans une situation aussi complexe.

Après de nombreux schémas de disposition, les architectes ont décidé de réduire l'épaisseur de la demeure pour libérer de l'espace au sol et conserver plus de superficie pour le jardin. Cette stratégie a ainsi permis de gagner tant en présence physique qu'en possibilités spatiales et d'optimiser la vue sur le parc.

La maison devient une pièce mince et longue. La séparation fait de l'étage un champ de bataille où se définissent et s'ajustent dans l'espace les deux maisons. La trajectoire du mur séparateur est une frontière qui se négocie et qui se conçoit comme une superficie de grosseur constante, qui monte et se convertit en un mur vertical où s'enchaînent les programmes non complémentaires des deux familles.

La dépendance mutuelle menace de paralyser tout progrès formel et conceptuel. Paradoxalement, les architectes et les clients ont montré ici que le résultat est beaucoup plus fructueux qu'il ne l'aurait été s'ils avaient travaillé individuellement.

Page de droite :
La stratégie de distribution
intérieure vise à obtenir des espaces
fluides. Ont ainsi été éliminés
les piliers et la coïncidence
verticale des murs. La structure
en béton transmet les charges
en diagonale.

Les deux familles qui logent ici
désiraient profiter de la vue
sur le parc adjacent. Les accès
depuis la rue, vers le jardin
et vers la terrasse devaient
donc être fluides.

Parce que les architectes ont
proposé une maison d'une
profondeur minime, la
disposition s'est faite sur cinq
niveaux et la superficie réservée
au jardin a été la plus grande
possible.

La résidence Zorn

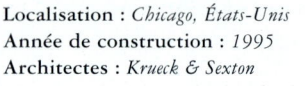

Localisation : *Chicago, États-Unis*
Année de construction : *1995*
Architectes : *Krueck & Sexton*
Photographies : *Korab Hedrich Blessing*

La maison Zorn se situe dans une zone résidentielle au nord de Chicago. Sa disposition au sol rompt avec le rythme des façades adjacentes et permet de profiter de la vue vers le sud. Les propriétaires, un couple avec deux garçons, étaient mécontents de l'étroitesse des pièces et de l'absence de lumière dans leur logement précédent.

La maison a été conçue comme un simple volume de brique et de verre, dont l'intérieur s'articule autour d'un espace à double hauteur, la zone commune.

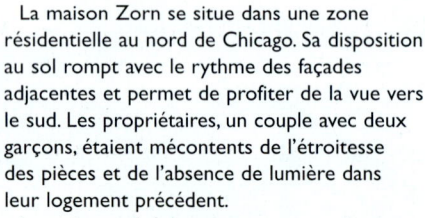

La façade qui donne au sud est la plus transparente pour recevoir le maximum de lumière. Une fenêtre verticale ouverte à l'ouest, allongée, étroite en avancée légère par rapport au plan de la façade, permet une vue sur la rue et se prolonge sur la toiture pour fournir une lumière zénithale, qui éclaire de façon diffuse la partie centrale du second niveau.

Comme dans tous les projets de Krueck & Sexton, chaque partie ou situation est résolue de façon à réaffirmer la conception globale. À partir d'une première approche intuitive et après de nombreuses transformations, les projets doivent parvenir, à un moment donné, à une harmonie qui réintègre les éléments préalablement épars.

Le processus de conception cesse alors d'être subjectif et atteint, au moment ou chaque partie prend sa place dans la totalité du projet, l'objectivité.

La façade sud est une
superficie riche en
transparences.

De face, la résidence Zorn
rappelle certaines
des compositions
de Mondrian.

Pages suivantes :
Autour de l'espace
central, à double hauteur,
s'organise la demeure.

Le point de départ de
l'architecture de Krueck
& Sexton est le concept
de rectangle. Initialement
conçue comme un
rectangle pur, la maison
a été transformée,
légèrement cassée et
a subi des glissements ;
différents fragments ont
ensuite été superposés.
Les fractures et coulées se
sont produites parfois en
coupe, parfois par niveau.

La maison Koechlin

Les architectes eux-mêmes avouent qu'à la différence de la majorité de leurs œuvres, ils ignoraient ici quel serait l'aspect de la maison une fois le projet mis en route, voire plusieurs mois après. Cela peut sembler bien étrange car la renommée d'Herzog & de Meuron résulte précisément de leur traitement de la façade des édifices.

La maison Koechlin est construite de l'intérieur vers l'extérieur. Les architectes commencèrent à travailler sur l'idée d'un patio central autour duquel s'articuleraient tous les espaces de la maison ; ce patio peut aussi bien être ouvert que fermé. On peut clore la partie supérieure grâce à une surface coulissante en verre et profiter ainsi de cet espace lorsque la température baisse.

À partir d'une certaine époque, le patio se convertit en serre. Il n'a pas de limite précise, mais peut se diluer et s'intégrer à la salle de séjour, au rez-de-chaussée, avec une fenêtre en façade, ou s'approprier une frange du plancher du premier étage pour créer une terrasse. Son périmètre est ainsi complètement variable car, en fonction des surfaces ouvertes, il peut occuper tout le premier étage ou se limiter exclusivement au noyau central.

Localisation : *Mies, Suisse*
Année de construction : *1996*
Maître d'œuvre : *W. Ferreira*
Architectes : *Herzog & de Meuron*
Photographies : *Margherita Spiluttini*

Vue depuis la rue. Le niveau inférieur est à moitié enterré.

Aspect de la maison depuis le jardin arrière. Les guides des fenêtres sont fixés à l'extérieur, les surfaces de verre se déplaçant sur les murs de ciment gris.

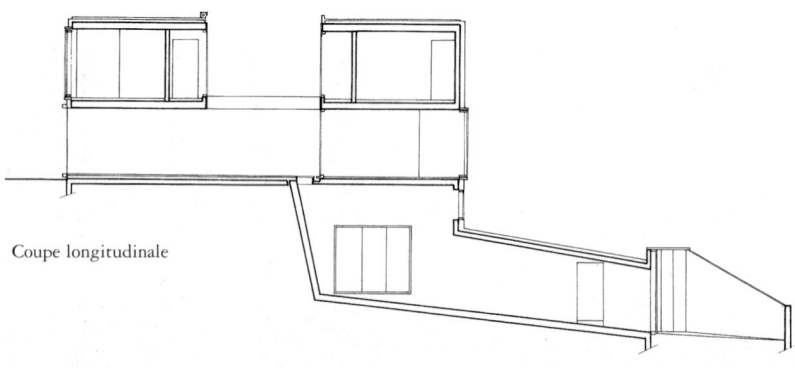

Coupe longitudinale

Les limites du patio peuvent changer en fonction de l'ouverture ou de la fermeture des portes de verre.

L'entrée, en entonnoir, est de forme triangulaire ; le sol y est incliné. L'effet optique produit par ce double phénomène fait que le petit couloir d'accès paraît beaucoup plus grand qu'il ne l'est en réalité. Un procédé très utilisé pendant la période baroque.

Les murs de soutènement du sous-sol n'ont pas de revêtement.

La maison Moerkerke

Localisation : *Londres, Grande-Bretagne*
Année de construction : *1996*
Architecte : *John Pawson*
Photographies : *Richard Glover*

La maison Moerkerke ou comment des écuries traditionnelles victoriennes ont été transformées en un logement pour trois personnes. Pour profiter au mieux de l'espace réduit dont on disposait, la cuisine, la salle de bains et les escaliers ont été déplacés. Le niveau inférieur où se situe la cuisine, la salle de séjour et la salle à manger est resté le plus ouvert possible, en un grand espace continu qui peut être sous-divisé le cas échéant.

Deux éléments ont été ajoutés pour modifier les proportions de l'espace intérieur et pour héberger les besoins fonctionnels de la maison : un mur-cheminée qui contient l'escalier et un mur qui définit et cache la cuisine, avec une hotte en acier inoxydable. L'escalier, étroitement logé dans le mur de la cheminée, est éclairé par un puits qui déverse la lumière sur les marches. Le pavement est en bois de cerisier à chaque niveau et les murs, tous peints en blanc, suggèrent un calme qui invite à la réflexion. Les fenêtres ont été recouvertes de toile blanche qui filtre la lumière et isole visuellement le logement de l'extérieur.

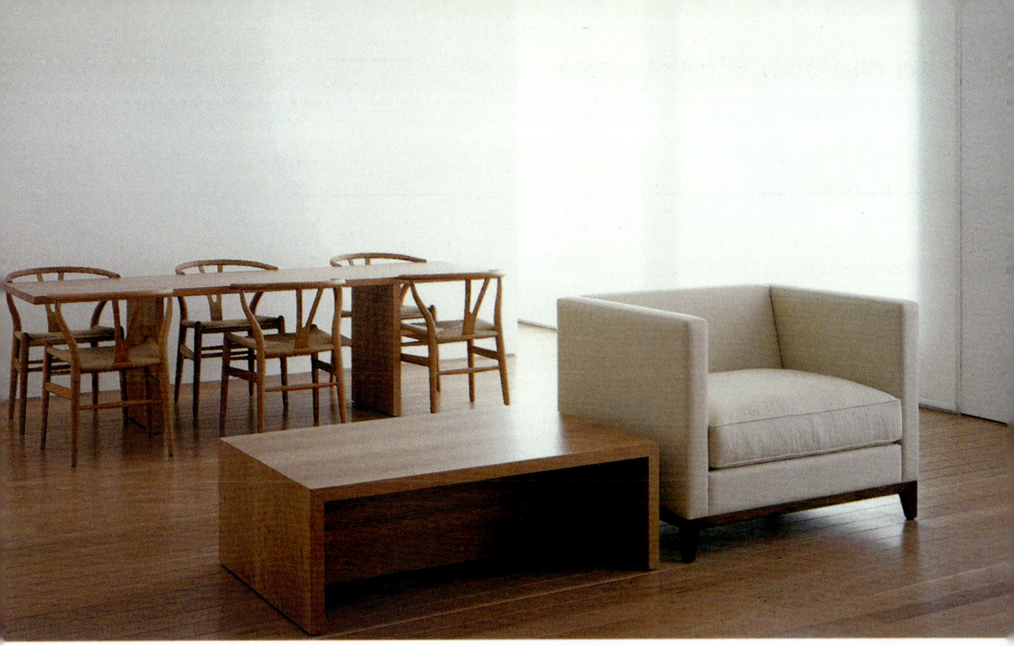

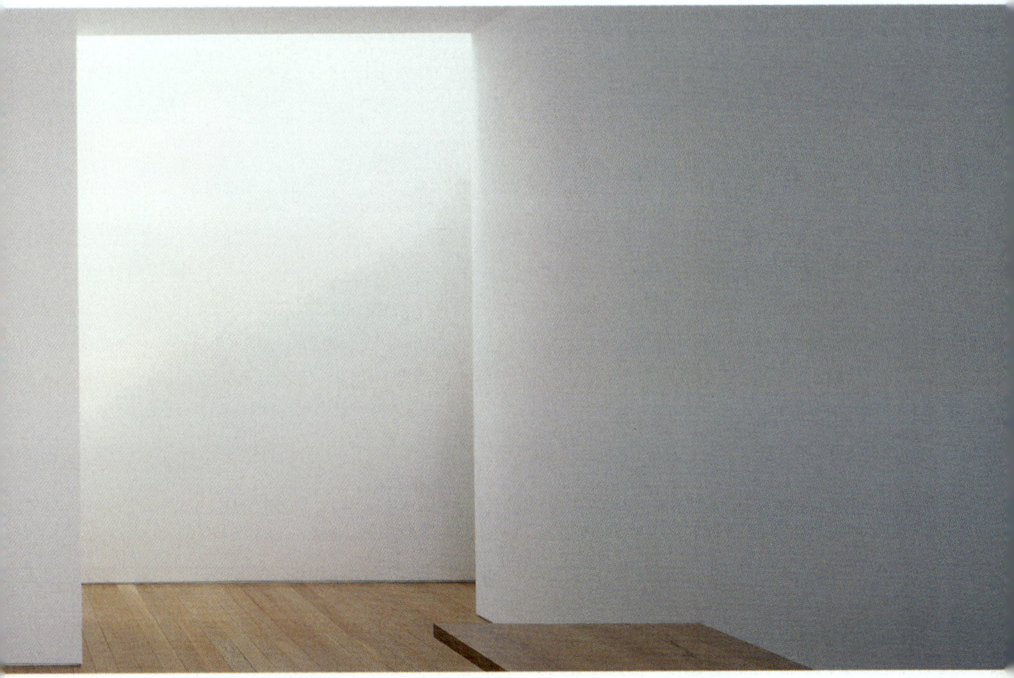

Les rares meubles qui altèrent la perception de l'espace sont des conceptions originales : les sièges de la salle à manger sont signés Wegner et les fauteuils Christian Liagre.

Les cloisons verticales
qui se veulent discrètes
et légères comportent
aux deux extrémités
des rainures de façon à ne
toucher ni le sol ni le toit.

Page de droite :
Les zones de service,
qui sont en général
aménagées pour plusieurs
installations, sont traitées
comme le reste
de l'habitation.
Dans la cuisine et dans la
salle de bains, l'effort
de « minimisation »
formelle est évident.

La résidence Stein

Localisation : *Kensington, Londres, Grande-Bretagne*
Année de construction : *1996*
Architecte : *Seth Stein*
Photographies : *Richard Davies*

    Seth Stein a utilisé d'anciennes écuries et un terrain avec une grande partie du sol constructible pour y implanter son propre logement. Stein n'établit pas de rupture avec l'édifice existant ni, pour autant, avec la typologie et l'aspect traditionnel des constructions alentour. Il préfère agir sur le passé, établir un dialogue et une continuité. La première condition est la restauration consciencieuse de tous les édifices existants. Avec eux coexistera la nouvelle structure.

    La zone de jour de la maison se situe sur la pente naturelle. L'occupation du rez-de-chaussée définit un patio allongé intérieur et un espace de transition par rapport à la rue, où l'on peut laisser sa voiture. Près de l'un des murs de ce vestibule extérieur, des planches de bois sombre forment une passerelle qui avance vers la maison jusqu'à l'entrée elle-même.

    Le patio intérieur est l'élément central du projet. Il permet d'une part d'introduire la lumière naturelle dans tous les principaux espaces de la maison et constitue d'autre part son panorama visuel en préservant l'intimité par rapport au voisinage. Seth Stein l'a conçu, non comme un jardin, mais comme une salle extérieure : un lieu protégé où les enfants peuvent jouer à l'air libre, un lieu pour manger ou, tout simplement, un décor à regarder. La salle de séjour est un espace irrégulier de 9 m². La moitié de la salle est recouverte d'une structure en miroirs de verre et d'une structure légère en acier tendue, encastrée au sein du U formé par les façades de brique du rez-de-chaussée.
À l'un des angles, l'escalier qui conduit à l'étage des chambres suit un mur courbe existant.

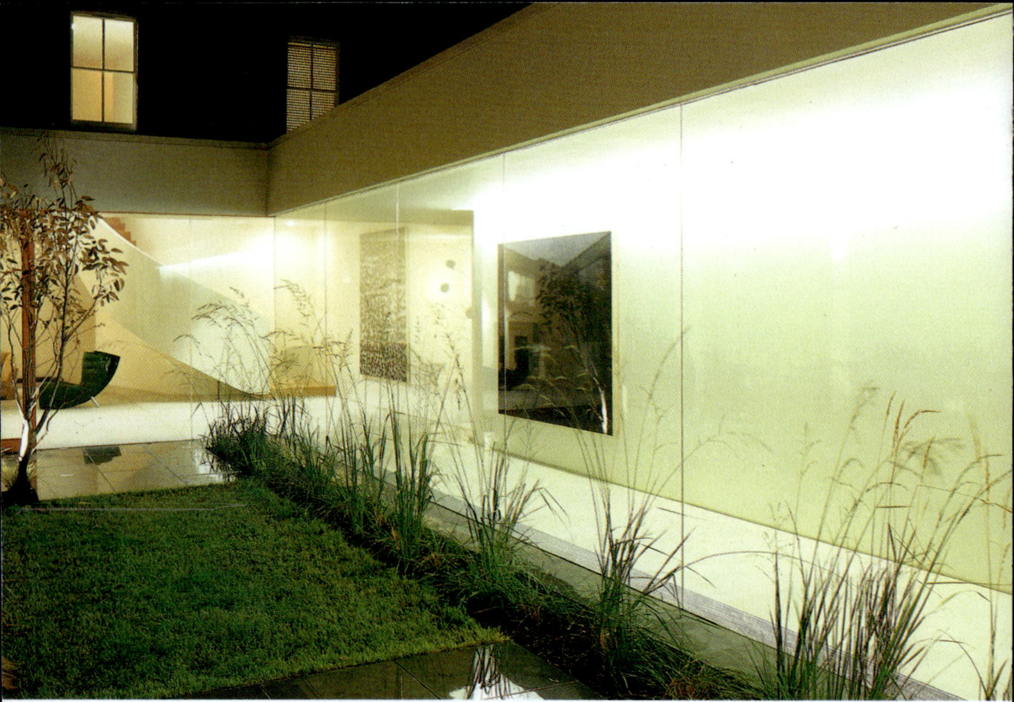

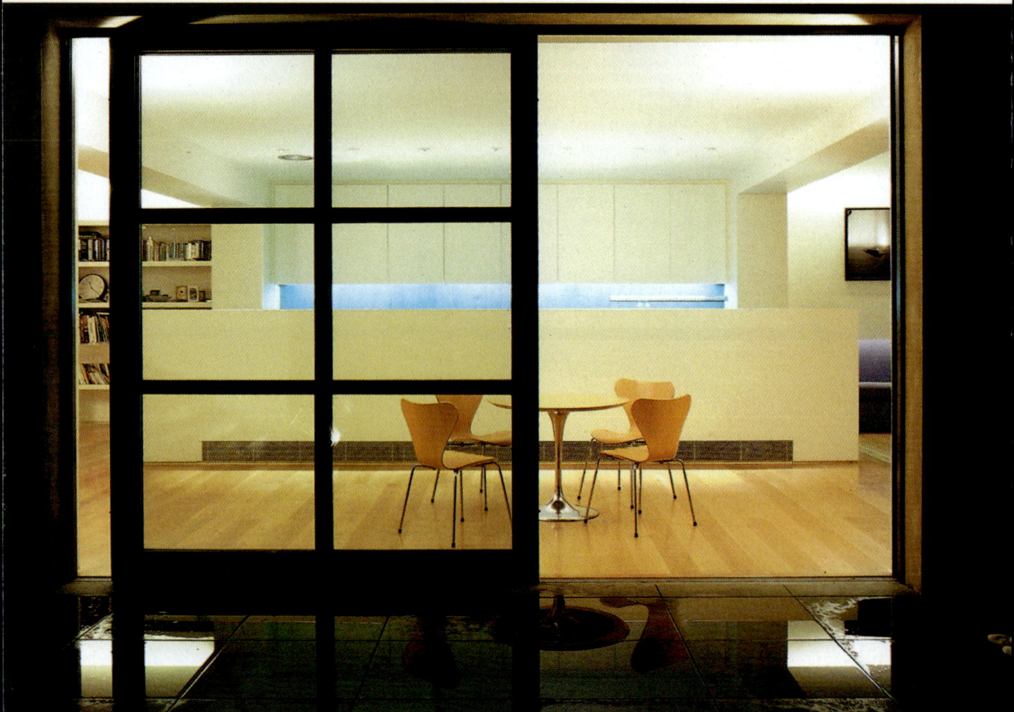

La plus grande partie du sol de la maison est en béton gris pâle, fini à la main pour lui donner une texture « peau d'orange ». La plupart des murs ont été peints en blanc, un blanc mat, éteint, presque de marbre. Le sol de la cuisine est en chêne américain. Le patio et le perron sont pavés de pierre calcaire d'origine espagnole et de tonalité verdâtre, laissant apparaître des morceaux de pelouse.

53

Page ci-contre :
Le sol de la salle
à manger est recouvert
d'une natte de sisal tandis
que le mur derrière la table
associe panneaux de bois
et carreaux d'origine sur
lesquels sont gravés les
numéros des premiers
occupants de l'édifice,
les chevaux.

Les sols des salles de bains
et de certains sanitaires
présentent la tonalité
grisâtre de la pierre Serena
de Toscane.

Les chambres sont
couvertes de tapis aux
tons crus, associant laine
et sisal.

54

Loft à Inslington

Localisation : *Londres, Grande-Bretagne*
Année de construction : *1994*
Architectes : *Adam Caruso, Peter St. John*
Collaborateurs : *Alan Baxter and Associates (structure)*
Photographies : *Hélène Bisnet*

L'effort de conception et le budget ont porté sur la valorisation de l'édifice existant – les superficies en brique et les planchers en bois – et sur l'introduction de la lumière naturelle à l'intérieur.

Les ouvertures étaient réduites au minimum. Caruso et St. John décidèrent de remplacer l'ancienne façade par un mur de verre. Le jour, la façade est totalement hermétique, comme si elle était revêtue d'une couche métallique. La nuit, elle se convertit en lampadaire qui éclaire la rue.

La composition de la façade est un autre élément surprenant. Elle se divise en franges horizontales de largeurs inégales, délimitées par des cornières qui supportent des miroirs de verre. Du caisson situé au niveau de la rue qui abrite les compteurs des sociétés jusqu'à la baie supérieure, la hauteur des franges augmente. Dans la partie arrière, Caruso et St. John ont agi de façon complètement différente, mais toujours

dans le même but : contrôler la lumière naturelle. Ici, il ont percé les planchers et construit un lanterneau de la taille d'une pièce dans la toiture, créant ainsi un puits de lumière. Dans cette zone se situent les services : la cuisine et la salle de bains, ainsi que l'escalier.

Les architectes n'ont pas tenté de masquer l'aspérité des finitions de l'ancien magasin, elle préside au contraire au type de matériaux utilisés pour les éléments neufs. Le résultat final est un espace honnête, austère et complètement introverti. Le projet est une succession de renoncements : compartimentage minimum de l'espace, rapport minime avec la rue, mobilier minime, fini minime des parements…

Pour toutes ces raisons, le pari est bien audacieux : il faut une personnalité peu commune pour vivre dans cet espace et une capacité incroyable à le remplir selon ses propres motivations.

Le périmètre total, découpé dans
l'ancien mur de brique de
la façade, n'est pas parfaitement
rectangulaire, la frange supérieure
ayant été déplacée. Ainsi, malgré
le caractère géométrique
et monochromatique indiscutable
de la composition, de petites
altérations hypothèquent toute
intention de simplification.
Camouflé en porte industrielle,
un mécanisme extrêmement
complexe se cache ;
ses possibilités sont multipliées
par l'effet de la lumière.

La maison Bjornson

Localisation : *Los Angeles, Californie, États-Unis*
Année de construction : *1989*
Architecte : *Arata Isozaki*
Photographies : *Richard Bryant/Arcaid*

Lorsqu'Arata Isozaki séjourna à Los Angeles pour la réalisation du musée d'Art contemporain, il y rencontra Teresa Bjornson qui souhaitait construire une maison-bureau pour y vivre et y travailler.

La concrétisation de ce projet présentait certains inconvénients de caractère administratif.

L'architecte japonais a considéré attentivement l'environnement naturel et la typologie de construction de cette zone de Los Angeles. Les façades sont faites en stuc et les parements intérieurs en placoplâtre peint en blanc. Pour créer le bureau Bjornson, Isozaki a adopté sans conteste tous ces matériaux vernaculaires tels quels. Après étude des bâtiments qui allaient entourer la future maison-bureau, il respecta les désirs de cette Américaine amateur d'art et construisit un grand cube avec de vastes espaces, des proportions harmonieuses et, surtout, beaucoup de lumière.

L'architecte japonais dut travailler, toutefois, en tenant compte de certaines restrictions de réglementation architecturale comme la limite de la hauteur de la construction et sa situation dans la partie arrière d'une rue contiguë à la mer. Le résultat est un cube de plan régulier, développé sur deux niveaux et divisé en trois corps cubiques de 7,30 m de côté chacun.

Dans la toiture, réalisée en cuivre, ont été ouverts en diagonale et à chaque angle quatre triangles isocèles qui forment les fenêtres à tabatière.

Détail de la façade nord avec
la porte principale ; la terrasse
est pavée en béton.

Le bureau-salle de séjour sert
de galerie, où sont exposées
les pièces de la collection d'art
de la propriétaire de la maison,
Teresa Bjornson.

Les œuvres exposées sont de Mario
Merz, *Accelerazione Motocicletta*
(motocyclette) ; Robert Rauschenberg,
For Aqua (baignoire) ; Edward Rusha,
90 % Devil 10 % Angel SEX,
entre autres.

À l'intérieur, Arata Isozaki est resté fidèle à l'utilisation des matériaux de construction vernaculaires. Ainsi, le pavement du bureau, de la cuisine et de la chambre à coucher est réalisé en bois d'érable américain, tandis que les murs et le toit de toute la maison sont en placoplâtre peint. Dans la salle de bains, le sol a été recouvert de granit et les parements sont en partie en céramique et en partie dans le même type de bois que celui de la couverture.

Vue de la cuisine depuis
la salle à manger.

Le lit de la chambre
à coucher est semblable
à une table.

Vue de la salle de bains.

La maison Turégano

Localisation : *Pozuelo de Alarcón, Madrid, Espagne*
Année de construction : *1988*
Architecte : *Alberto Campo Baeza*
Photographies : *Lluís Casals*

Parmi les créations d'un architecte, l'élaboration de sa propre résidence constitue peut-être la preuve la plus éclatante de ses conceptions. La maison Turégano, de Alberto Campo Baeza, s'affirme comme l'un des archétypes du reflet de la personnalité et des désirs de son propriétaire. Elle lui a permis d'exprimer ses idées et ses envies de beauté dans un bâtiment : concevoir, exécuter l'intelligible, façonner une pensée construite comme forme et idée. Concevoir sa propre demeure signifie en réalité parvenir à habiter un idéal, un songe devenu réalité.

Pour la réalisation de ce logement blanc situé dans la localité madrilène de Pozuelo de Alarcón, Campo Baeza disposait d'une parcelle rectangulaire à déclivité prononcée de 500 m² de superficie. La construction, de structure réticulée en béton armé, est un cube parfait, avec une superficie totale de 100 m² et un volume de 1 000 m³. Elle se situe à l'une des extrémités du terrain, côté nord, de sorte que sur le versant opposé, face à la façade sud, se tiennent le jardin et la piscine. De celui-ci, on accède à la grande salle de séjour en traversant deux grandes portes identiques, situées l'une à côté de l'autre, fournissant à l'intérieur la lumière nécessaire et la meilleure exposition solaire.

Ce volume cubique est surmonté d'un corps prismatique de dimensions plus réduites qui se trouve protégé sur l'un de ses côtés par un parement cintré qui fournit à l'édifice la seule ligne ondulée extérieure rompant avec la linéarité dominante.

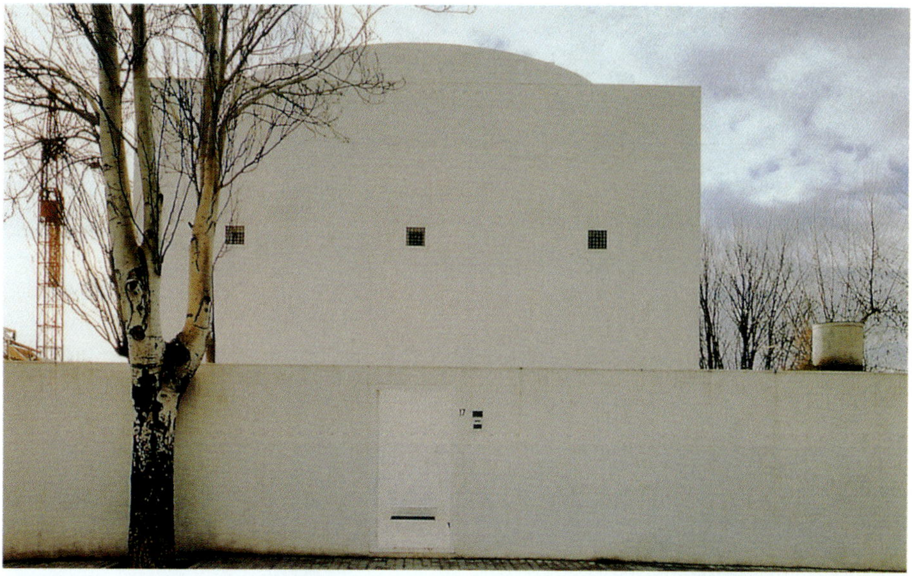

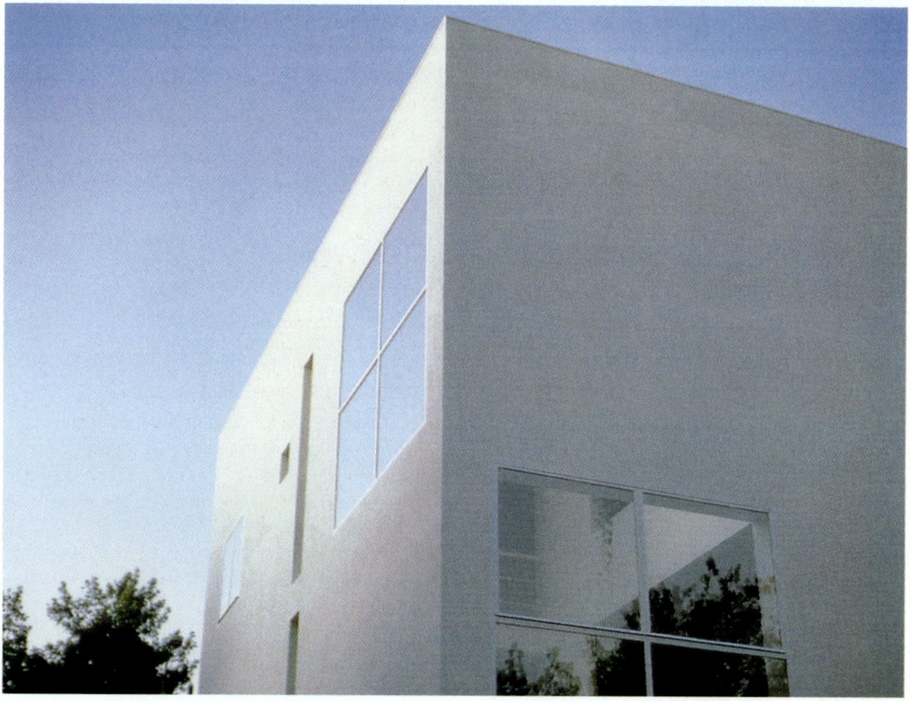

L'intérieur, aux murs neigeux et au pavement de pierre calcaire de Lucena, présente de larges espaces sur différents niveaux et un mobilier choisi ; seul celui-ci rompt avec l'harmonie chromatique, car tout le reste, jusqu'aux rideaux du salon, se fond dans la couleur prédominante.

La maison de la fleuriste

Localisation : *Londres, Grande-Bretagne*
Année de construction : *1997*
Maître d'œuvre : *Ralph Pryke Partnership*
Architecte : *Peter Romaniuk*
Collaborateurs : *Tim McFarlane (structure),*
                 Jeff Parkes (installations)
Photographies : *Dennis Gilbert/VIEW*

Peter Romaniuk, architecte associé de la société Michael Hopkins & Partners et son épouse, Paula Pryke, célèbre fleuriste britannique, souhaitaient vivre au centre de Londres dans une maison individuelle, qui pouvait aussi servir de boutique-atelier de fleuriste.

Le couple a trouvé un terrain de 12 m de façade sur 15 m de profondeur, dans Cynthia Street. Évidemment, le thème principal du projet architectural consistait à déterminer le rapport entre le logement et le contexte urbain : la rue, les voisins, le bruit… Les préférences du couple se portant sur des espaces larges et ouverts, des limites étaient nécessaires à l'intimité domestique.

L'édifice est essentiellement conçu en coupe. Le rez-de-chaussée est complètement occupé par un espace qui sert d'atelier, de boutique et d'école de fleuriste, soit au total 210 m².

Au-dessus de l'atelier s'organisent les deux niveaux du logement. La maison se trouve en retrait de 11 m par rapport à la rue, ce qui permet une large terrasse (130 m²) sur le toit de l'atelier. Celle-ci détermine tout l'espace extérieur de la résidence et sert à isoler l'habitation de la rue et des voisins.

D'une certaine façon, Peter Romaniuk a construit une villa dans le centre de Londres, mais il l'a fait en redéfinissant le terrain qu'il avait acquis et en positionnant sur celui-ci l'habitation de façon peu habituelle – aussi bien en surface qu'en hauteur – pour qu'elle ne soit pas affectée par les inconvénients que suppose le centre d'une grande ville.

Le bloc-cuisine prend place dans un meuble-bar bleu au milieu de la pièce le long du mur mitoyen qui ferme la maison dans sa partie arrière. Tous les composants de la cuisine – revêtement, mobilier, frigo, four, etc. – sont en acier inoxydable.

Aspect du couloir central
de l'étage supérieur,
où les éléments de la salle
de bains ont été disposés
de façon indépendante,
sous trois puits de jour
qui laissent passer
la lumière naturelle
à travers la toiture.

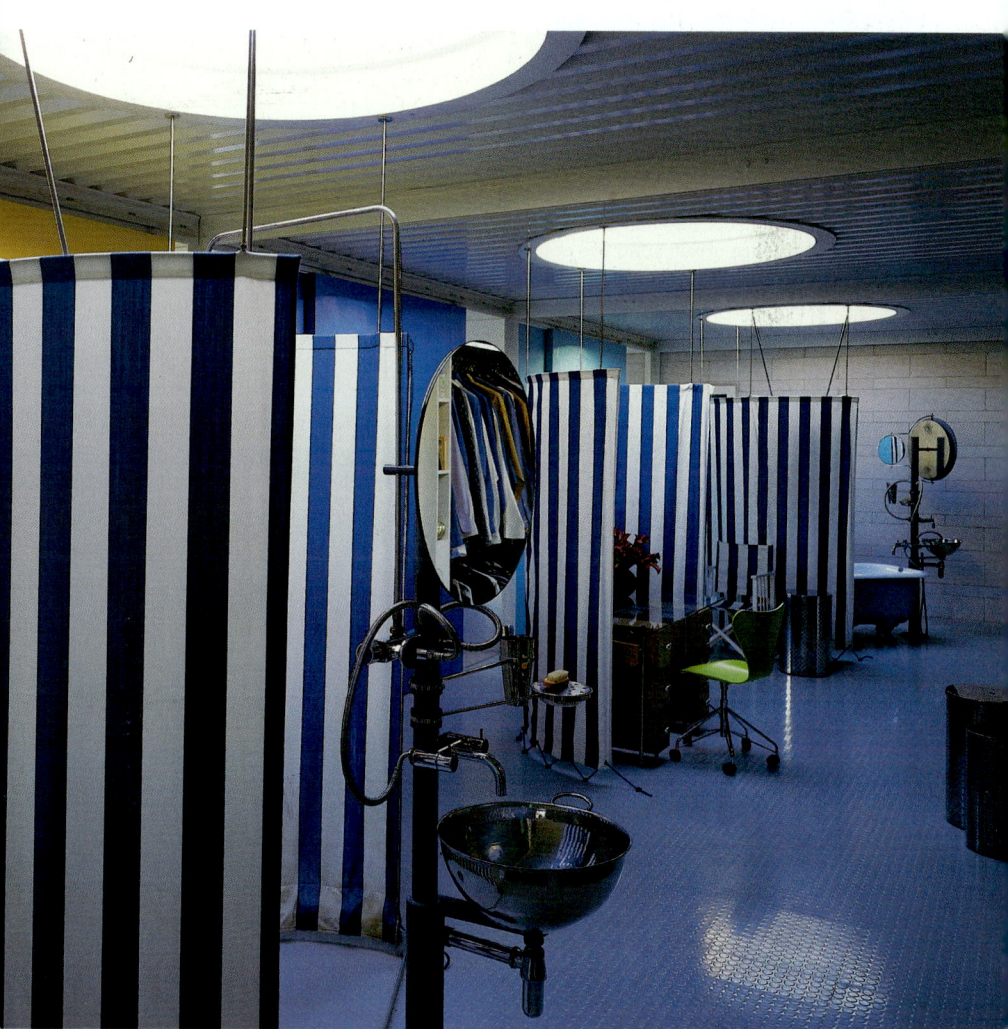

La maison O

Localisation : *Tokyo, Japon*
Année de construction : *1994*
Maître d'œuvre : *Fuji-ken*
Architecte : *Yoshihiko Iida*
Collaborateurs : *SIGLO Structural Engineering
            (structure), Dan Mechanical
            Engineering (mécanique)*
Photographies : *Koumei Tanaka*

Vue de l'entrée depuis la rue.
L'étage principal se trouve surélevé
par rapport à la rue, pour un meilleur
isolement visuel et acoustique.
Le corps du garage sert d'élément
écran pour protéger le patio
et l'intérieur.

Cette demeure se trouve dans un quartier de
Tokyo où se mélangent des maisons unicellulaires
de dimensions et de styles très divers, avec des
garages et des bâtiments commerciaux de tout
type. C'est un paysage urbain arbitraire et
imprécis, aux images très contrastées.
Il n'existe aucune loi d'unification, aucune échelle
pour ajuster toutes les constructions. Tout est
possible, mais rien n'est définitif.

Dans cet environnement agressif, Yoshihiko
Iida a choisi de construire un édifice introverti,
avec un paysage particulier et privé. L'architecte
japonais introduit des espaces extérieurs au sein
de la maison. Il obtient ainsi un résultat
triplement avantageux. En premier lieu, les pièces
bénéficient de l'éclairage naturel et d'une bonne
ventilation ; ensuite, la vue s'ouvre sur des
espaces contrôlés et conçus par l'architecte
lui-même et, enfin, ces terrasses et patios
constituent des lieux optimisés où il est agréable
de laisser pénétrer librement l'air lorsque
la température le permet.

Iida a disposé trois patios en trois points
stratégiques du terrain ; face à l'entrée, au point
d'union entre les deux ailes du logement et
à l'extrémité. Volume indépendant aligné sur
la rue, le garage met le jardin de devant à l'abri
de la curiosité des passants.

Cette diversité, qui naît des différents scénarios
et des différents niveaux sur lesquels s'organise
le logement, est parallèle à celle qui existe
à l'extérieur des limites de la maison, dans
le quartier et dans cette ville d'images
bigarrées qu'est Tokyo.

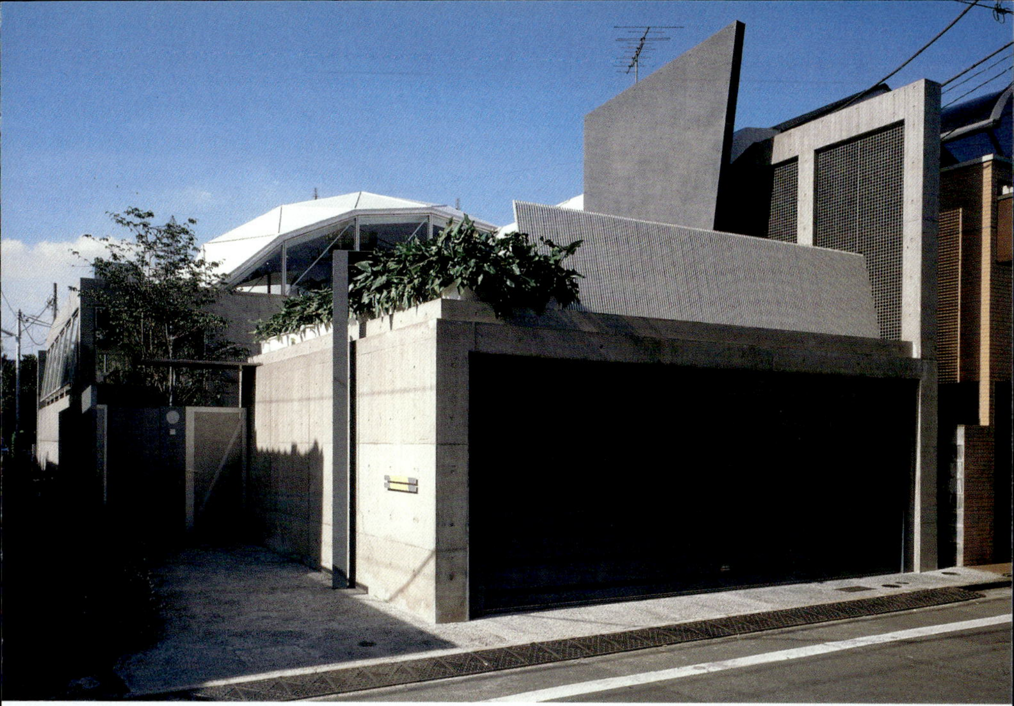

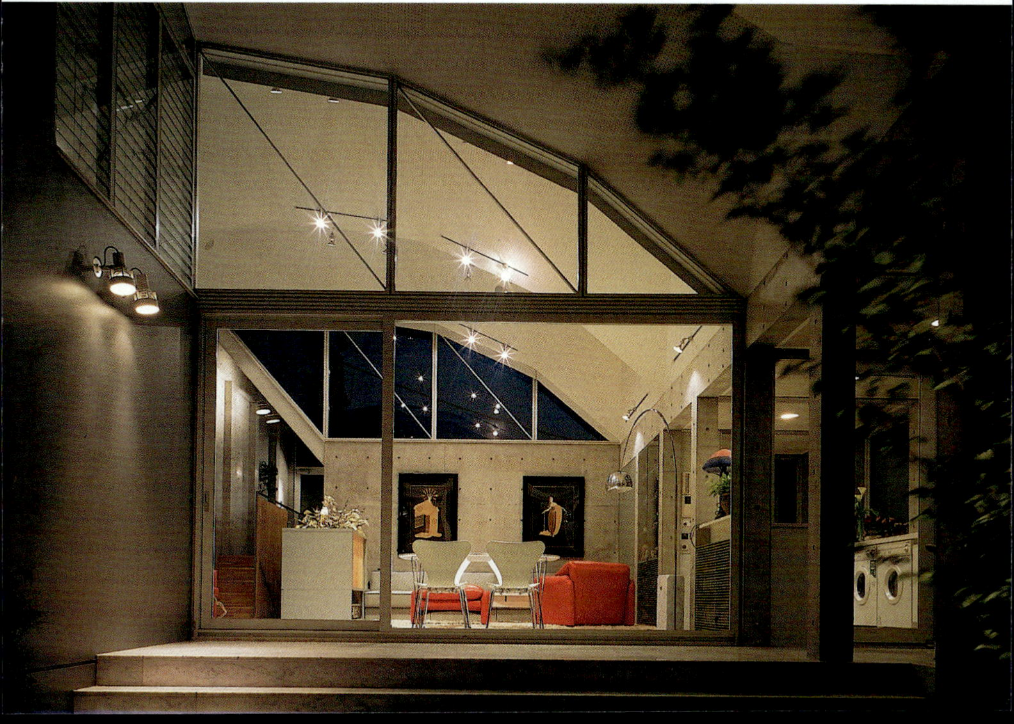

Page ci-contre :
Deux vues de la salle de tatami
et de la chambre à coucher
principale.

Si Yoshihiko Iida utilise comme
revêtements de sol différents
matériaux – bois, marbre, granit –,
c'est toutefois le béton lisse qu'il
emploie comme finition presque
exclusive des parements verticaux.

Maison-studio d'artiste

Localisation : *Londres, Grande-Bretagne*
Année de construction : *1995*
Architectes : *Orefelt Associates*
Photographies : *Alberto Ferrero*

L'édifice est divisé en deux zones bien distinctes : le bureau et l'habitation, chacune avec un accès indépendant depuis le jardin. L'aspect extérieur des deux bâtiments est radicalement différent ; le bureau a une façade courbe en tôle de zinc avec des ouvertures circulaires et le logement est un volume blanc aux lignes droites, assemblage de légers blocs de béton.

La maison s'ouvre sur le jardin orienté au sud. Au rez-de-chaussée, deux chambres, une salle de bains et un cabinet de toilette pour les invités cohabitent avec le garage, un entrepôt, un débarras et une chaufferie. L'étage supérieur, en revanche, inclut la salle à manger et le salon dans un espace unitaire et longitudinal, avec la cuisine

à l'une des deux extrémités – la seule pièce ouverte vers la rue qui donne sur le marché de Portobello – et la salle de travail à l'autre.

Le projet dans son ensemble offre une grande diversité d'espaces et de sensations. Ce résultat provient en partie des mécanismes multiples qui donnent du sens aux différentes parties de l'œuvre : la création du patio intérieur, la liaison par l'escalier en colimaçon ou la petite terrasse de l'étage supérieur…

Orefelt Associates ont su profiter au maximum de l'idée d'associer deux habitations à usage différent dans un même projet : le contraste entre le lieu de travail et l'espace à vivre. On parvient ainsi à une excellente interaction entre les éléments.

Le bureau, un espace à double
hauteur, est relié au logement
par un escalier en colimaçon.
Par celui-ci, on accède à une
galerie bibliothèque avant de
pénétrer dans la salle à manger.

Page ci-contre :
La combinaison d'un lieu d'habitation
et d'un lieu de travail
dans un même édifice caractérise
ce projet de Gunnar Orefelt,
spécialiste de la restauration et du
remodelage d'anciens bâtiments
industriels. Avec la création
d'un système de pleins et de vides,
il obtient une juxtaposition
d'ambiances liées entre elles
et à l'extérieur.

Peu de matériaux sont utilisés dans cet édifice. La pierre calcaire sur les sols de la cuisine et du bureau et le contre-plaqué de bouleau comme revêtement intérieur de celui-ci sont peut-être les plus significatifs. Les tables de la salle de séjour sont l'œuvre de Gunnar Orefelt lui-même, tandis qu'une grande partie du mobilier est signée Aereo, Bruno Mattson, MDF et Conran Design.

La résidence Rosenthal

Localisation : *Santa Mónica, Californie, États-Unis*
Année de construction : *1996*
Maître d'œuvre : *G.M. Construction*
Architecte : *J. Frank Fitzgibbons*
Collaborateurs : *Gimmy Tranquillo (conception),*
Niver Engineering (structure)
Photographies : *Toshi Yoshimi*

La couleur est l'âme de cette maison à la géométrie complexe. Elle définit des lieux, marque les intersections d'un volume avec un autre avec des déplacements ou des rotations légères. Le mouvement est accentué par les variations de texture et de ton et par la façon dont les surfaces reflètent la lumière.

Le choix du type de construction s'est porté sur une maison à deux niveaux, en forme de L, réponse la plus adéquate à la satisfaction des besoins du programme architectural. Vers la limite ouest du terrain, un des bras du L protège le jardin de la rue et laisse également des zones dans l'ombre. L'autre bras, qui abrite les zones publiques de l'habitation, a été déplacé et orienté par rapport au premier.

On a établi de la sorte un jeu de volumes brisés qui expriment les différentes situations, aussi bien intérieures qu'extérieures, jardin ou rue. L'entrée se fait en laissant sur le côté le garage, la seule pièce qui subsiste de l'édifice antérieur. Dans la partie arrière du terrain se situent la cuisine ouverte, la salle à manger, des services et une salle de séjour qui donnent sur la partie la plus retirée du jardin. Au premier étage sont disposées les chambres, près d'une salle semi-privée qui donne sur le double espace.

La maison possède enfin une série de terrasses qui permet un parcours extérieur au gré des différents niveaux ainsi qu'une compréhension multiple des volumes.

Tant à l'extérieur qu'à l'intérieur, la couleur est l'un des éléments décisifs dans la composition de la maison.

À l'extérieur, jaune, rose, violet, blanc : des tons vifs qui rappellent la couleur des fleurs du jardin. À l'intérieur, blanc, jaune, lilas, orange et gris. Sièges, lampes, tapis, rampes de couleur, couleurs faites objets ou plans, fonds ou revêtements muraux.

L'angle formé par les deux volumes de la maison fait du vestibule central un espace riche et complexe.

La maison Check

Localisation : *2 Cluny Park, Singapour*
Année de construction : *1995*
Architectes : *KNTA (Kay Ngee Tan, Teck Kiam Tan)*
Collaborateurs : *Ove Arup & Partners-Singapur
(structure), Ee Chiang & Co. (Pte)
Ltd. (entrepreneur)*
Photographies : *Dennis Gilbert*

Entre Londres et Singapour, l'architecture de
KNTA présente une association d'identités, une
symbiose entre l'Occident et l'Orient. Comme ces
architectes se plaisent à l'affirmer, leur architecture
n'est pas un mélange hétérogène d'esthétiques,
mais une synthèse qui s'est peu à peu élaborée
autour de leur expérience personnelle et qui se
conjugue avec leurs propres influences et intérêts.

Le terrain où se situe la maison Check a un
caractère nettement longitudinal qui se reflète
autant dans la conception du logement que
dans celle des jardins. Les espaces s'enchaînent
les uns avec les autres dans une succession
dynamique de volumes en dialogue continu.
Au rez-de-chaussée, les formes sont fluides et
curvilignes, tandis qu'à l'étage elles deviennent
droites et angulaires, façonnant ainsi des corps
indépendants.

Les déplacements des occupants sont
à l'origine de la conception des espaces.
Le logement est une séquence d'étapes et de
lieux qui se succèdent de façon naturelle. Les
pièces sont enchaînées les unes aux autres,
uniquement enlacées par le déplacement des
personnes.

Malgré un terrain extrêmement étroit et long,
les architectes ont réussi à réaliser un projet
d'un grand dynamisme, dans lequel la linéarité,
presque obligée, a été secouée et transfigurée.
Espaces, matériaux, couleurs et formes :
tout, dans cette architecture, est porteur
d'enthousiasme. Les espaces de cette maison
sont créés pour le bien-être des occupants
et rayonnent de la liberté avec laquelle ils ont
été pensés.

La double toiture, outre
la diminution de l'effet
de radiation solaire qu'elle
offre, est l'un des éléments
d'impact visuel majeur.

Rampe d'accès à la salle
à manger. Le faux toit
introduit une forme
particulière.

Différentes atmosphères
ont été prévues pour la
salle de séjour. On peut
observer au fond la porte
d'entrée et l'escalier qui
monte au deuxième étage.

Le mobilier a été
soigneusement choisi.
Chaque élément intègre
une forme ou une couleur
spéciales dans un ensemble
hétérogène mais harmonieux.

93

Détail de la salle de bains.

Aspect de la salle de bains
à l'étage supérieur.

Aspect de l'entrée, avec
le mur circulaire éclairé.

Page ci-contre :
Vue générale de la salle de
séjour. Les persiennes qui
entourent la salle
permettent de s'isoler
de l'extérieur.

94

Résidence Airaghi

Localisation : *San Francisco, Etats-Unis*
Année de construction : *2000*
Architectes : *A+D Architecture*
Photographies : *Roger Casas*

Ce projet réinterprète la vie d'une famille urbaine dans une maison traditionnelle de deux étages de l'époque édouardienne et qui introduit un concept d'habitation ouverte. Le nouvel espace du rez-de-chaussée abrite la cuisine, la salle à manger et un salon doté de hautes fenêtres et de lucarnes. Un escalier en bois où sont encastrées des armoires mène à l'étage des chambres que surmonte une lucarne. Le soigneux mélange d'éléments anciens et modernes définit l'architecture. La plate-forme aménagée dans la maison, au rez-de-chaussée, élargit les parties communes vers l'extérieur, alors que la chambre et la salle de bains de l'étage supérieur s'ouvrent sur une terrasse offrant une vue imprenable sur la ville.

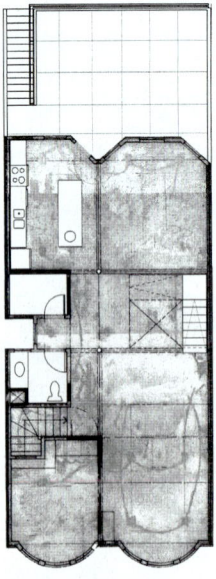

Rez-de-chaussée

Maison de poupée

Localisation : *Fukuoka, Japon*
Année de construction : *1996*
Architecte : *Naoyuki Shirakawa*
Photographies : *Koji Kobayashi,*
               Nobuaki Nakagawa

Détail de la façade est.

Page ci-contre :
Vue de la zone sud-est.
Façade sud.

Tandis que la superficie construite du terrain est de 97 m², la superficie habitable utile du logement est de 111 m². En raison de sa situation, le rez-de-chaussée de la maison est fermé sur ses quatre côtés ; le premier étage s'ouvre lui vers l'est et vers l'ouest.

Deux choses sont fondamentales dans cette maison : la coupe, qui détermine les tracés, et la rampe, qui parcourt tout le projet.

Au moment d'envisager les espaces nécessaires à l'habitation, il fallait s'assurer de la facilité de mouvement et, en particulier, de la possibilité de passer d'une pièce à l'autre, cela au cas où l'un des conjoints deviendrait invalide. C'est pour cette raison qu'a été prévue une série de rampes en tube d'acier qui va d'un lieu à l'autre.

L'entrée, ouverte dans le mur est de la maison, est une porte d'accès à un patio relativement grand, qui occupe la partie sud et donne de l'intimité à la résidence. De ce patio, on accède à l'intérieur en passant par des portes vitrées qui donnent sur le jardin.

De l'avis de l'architecte et des clients, les pièces doivent offrir des stimuli variés en prévision de grandes périodes de convalescence ou de maladie. On a donc installé dans le logement un grand nombre d'accessoires qui procurent ces stimuli. On a ainsi envisagé la possibilité de déplacer l'une des chambres vers la partie sud, où la liberté de mouvement est plus grande.

Deux zones, le long du mur longitudinal, sont conçues pour servir de comptoirs de cuisine et d'étendoirs.

Détail de l'escalier.

La salle de séjour,
la salle à manger
et la cuisine.

L'habitation dans la zone nord.

Au premier étage, en regardant vers l'est.

Page ci-contre :
La salle à manger, située dans la zone sud du logement.

Maison-cube

Localisation : *Tokyo, Japon*
Année de construction : *1992*
Architecte : *Naoyuki Shirakawa*
Photographies : *Koji Kobayashi*

Cette maison est construite dans le centre de Tokyo, sur un terrain étroit de 70 m². Il s'agit d'un cube de 6 x 6 x 6 m.

La géométrie est à la base du projet. La position de chaque élément découle de paramètres et de processus d'analyse géométrique. Le cercle évidé dans la façade, où se trouve l'entrée, est parfaitement tangent au mur perpendiculaire de l'autre façade. Ce trou circulaire sert d'entrée, au premier étage, sur le patio où donne la salle de séjour. Les éléments, ouvertures ou escaliers, sont traités comme des formes abstraites avec lesquelles il est possible d'organiser une composition ; dans celle-ci sont proposées des lois qui ne sont pas régies par une utilisation conventionnelle des éléments du projet ; dans la salle de séjour, la table, par exemple, est un grand plan en saillie sur l'escalier, sous lequel on passe pour accéder au premier niveau.

De tons délicats, le bois, dont la surface polie contraste avec l'âpreté du béton, est le matériel qui prédomine à l'intérieur, outre le béton banché des murs.

Tandis que la salle de séjour, à l'étage supérieur, est très lumineuse dans une atmosphère sèche, la pièce du rez-de-chaussée ne reçoit pas tant de lumière ; au contraire, elle est un peu obscure et humide. Pour Shirakawa, la lumière comme l'obscurité sont importantes dans une maison, surtout pour la surprise que réserve ce contraste. Comme il se plaît à le répéter, « c'est l'obscurité qui nous permet de voir la lumière ».

Page ci-contre :
La table de la salle
principale, avec le coin
cuisine.

L'évier, entre la table
et le mur.

L'escalier.

La salle de tatami,
avec l'ouverture la plus
grande vers l'est ; cette
pièce est fermée par
un parement translucide
qui donne une lumière
tamisée.

Maison-cylindre

Localisation : *Fukuoka, Japon*
Année de construction : *1996*
Architecte : *Naoyuki Shirakawa*
Photographies : *Koji Kobayashi*

Cette maison de 286 m², avec 113 m² de superficie intérieure, est le logement d'une veuve, déjà âgée. Ses deux fils, tous deux docteurs, dirigent l'hôpital qu'a créé son mari. Il s'agit d'un édifice cylindrique situé près du vieil hôpital : les deux premiers niveaux sont une prolongation de celui-ci, tandis que le logement se situe au troisième.

C'est un emplacement inhabituel pour une maison, avec des situations de chevauchement de différentes fonctions dans un même édifice comme l'accès aux étages de l'hôpital et l'accès au logement.

Les deux utilisations ont un rapport différent avec l'enveloppe de l'édifice et l'extérieur. Tandis que les niveaux de l'hôpital comportent une ligne de fenêtres continue, l'étage supérieur est hermétique. La moitié de sa superficie est occupée par un jardin, sur lequel donnent toutes les pièces.

La maison n'a pas d'ouverture vers l'extérieur. L'image de solidité et d'objet compact est accentuée par sa couleur sombre, inspirée par le grisé des façades de l'ancien hôpital.

L'intérieur du logement occupe une frange rectangulaire dont la géométrie s'est superposée à la forme extérieure de l'édifice, un rectangle et un cercle, des formes simples, dont l'intersection donne lieu à l'organisation du projet.

Avec ce dernier, la surprise réside dans la différence entre l'intérieur et la façade muette. C'est une maison introvertie : l'activité de la vie qui s'y déroule ne transparaît pas, comme le projet d'un silence dans la ville.

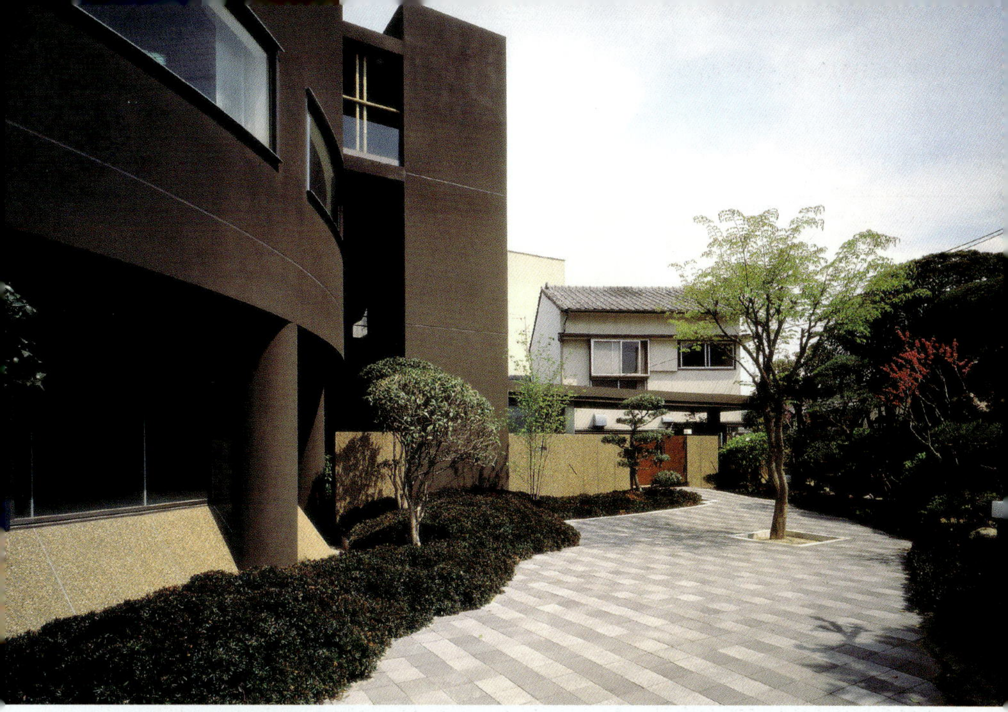

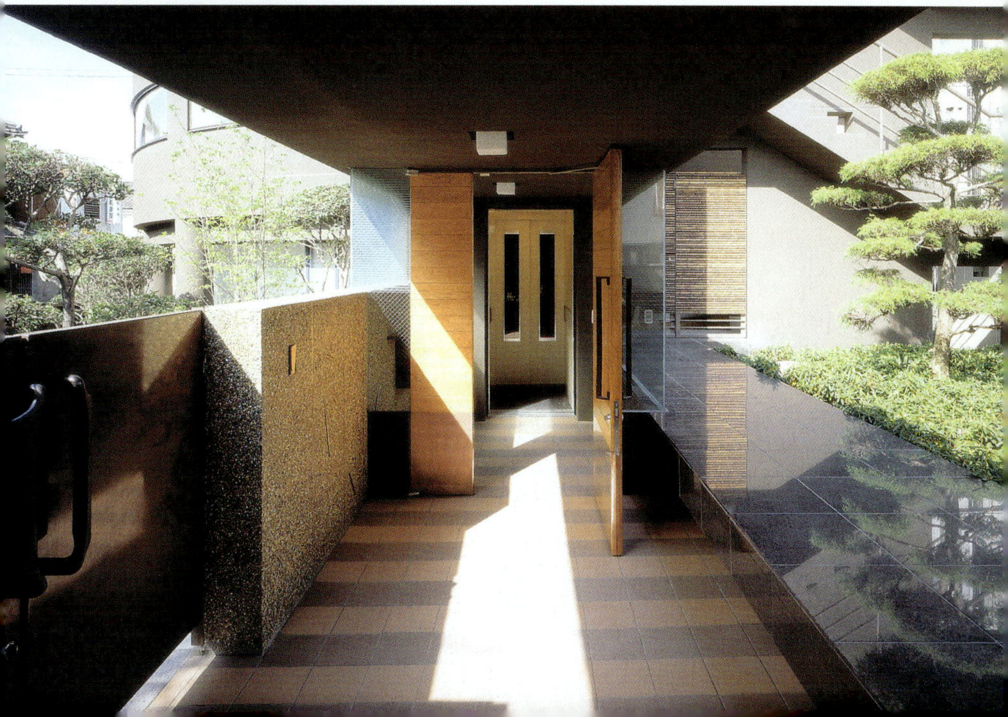

Vue de la salle à manger,
depuis la salle de séjour.

Vue depuis l'entrée,
vers le jardin.

Page ci-contre, en bas :
Vue depuis la salle à manger
de la salle de tatami, qui
peut se fermer ou rester
totalement ouverte.

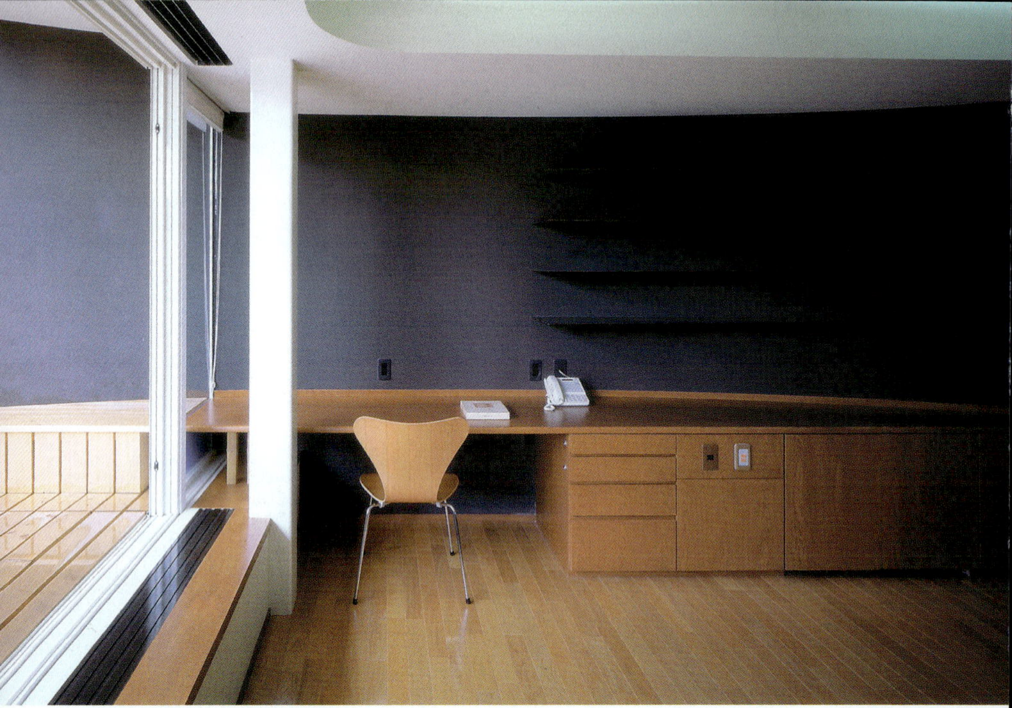
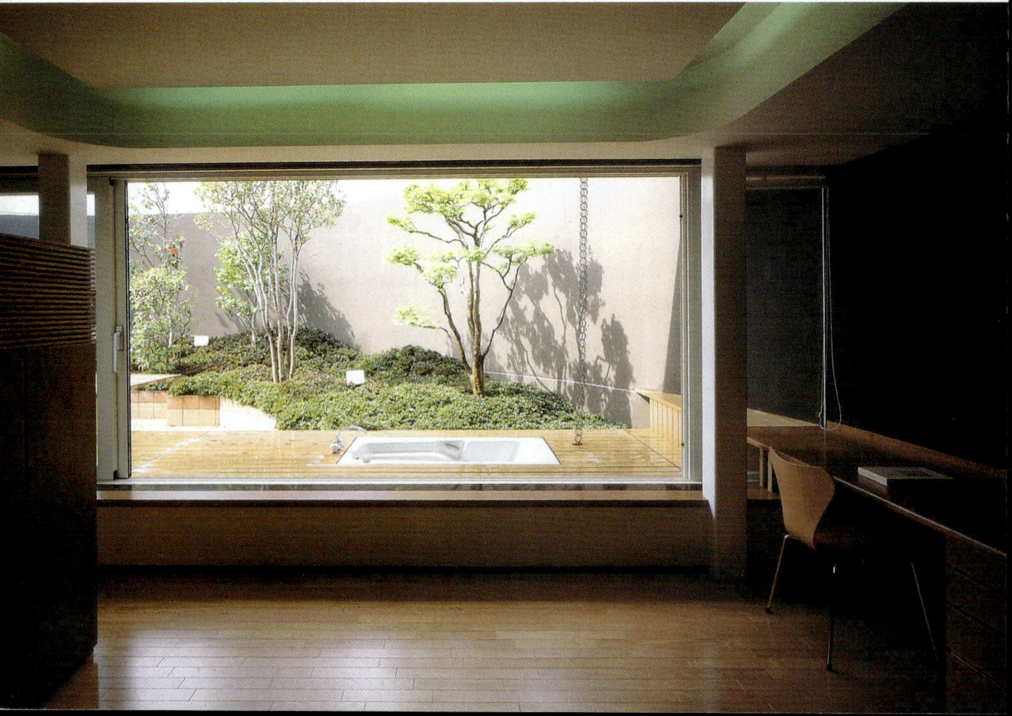

Page ci-contre :
La chambre.

Vue du jardin depuis
la chambre.

Détail de la salle
de tatami.

Vue sur le jardin.

Maison Fong/Rodríguez

Localisation : *San Francisco, Etats-Unis*
Année de construction : *2002*
Architecte : *Craig Steely Architecture*
Photographies : *Roger Casas*

Le client, écrivain et journaliste, rêvait d'un espace flexible dans lequel il pourrait vivre et travailler face à un panorama spectaculaire qui le rapprocherait du monde extérieur. Le salon se trouve à l'étage supérieur et offre une vue imprenable sur la ville. L'étage intermédiaire abrite une composition flexible de chambres, un bureau et une galerie formés par des cloisons coulissantes en bois de cerisier, ainsi qu'une cage d'escalier en verre et deux salles de bains de couleurs différentes. Pratiquée dans le toit, une ouverture circulaire en acier inoxydable de 2,5 m de diamètre dessine un ovale de lumière qui change tout au long de la journée à la manière d'un cadran solaire.

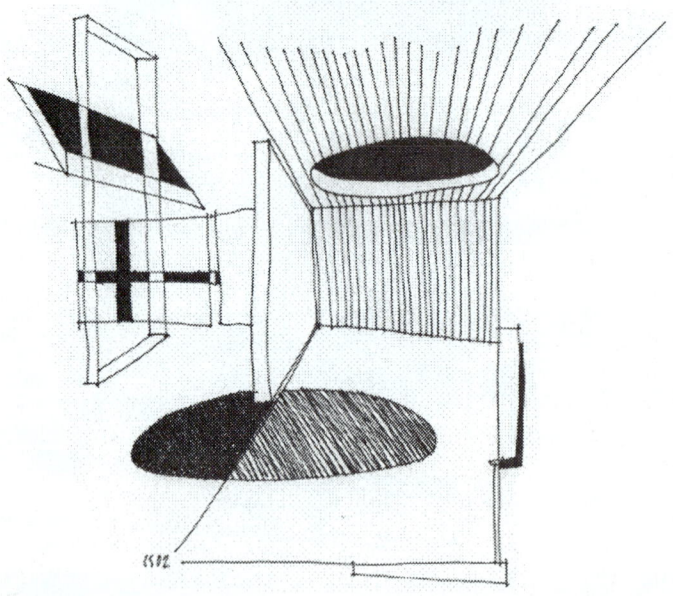

Croquis

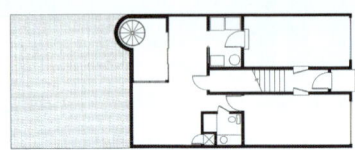

Rez-de-chaussée

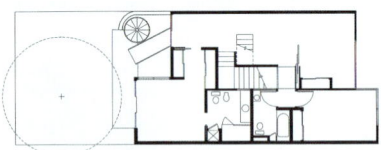

Premier étage

Deuxième étage

Maison à Sakuragoaka

Localisation : *Sakuragoaka, Japon*
Année de construction : *1992*
Architecte : *Kunihiko Hayakawa*
Photographies : *Toshiwaru Kitajima*

Dans *La Ville et le regard*, un livre écrit par Hayakawa, la ville est perçue comme un instrument de connaissance ; il s'agit d'un paysage qui éduque et transforme la sensibilité de l'homme et modifie, pour cette même raison, sa propre façon de voir. Au lieu d'envisager la ville par opposition à la nature, elle peut être perçue comme un environnement naturel, et les œuvres d'architecture qui y naissent se comportent alors comme des organismes soumis à une nécessaire évolution. Le logement héberge des générations distinctes, dans la maison A les parents et dans la maison B le fils et sa famille. La salle principale et la pièce adjacente de la maison A sont séparées par des panneaux translucides qui peuvent être ouverts si besoin est. En revanche, la salle principale et la pièce de la maison B sont séparées par un pont.

Les murs extérieurs sont en béton banché, lisse, avec 30 % de surface vitrée, un pourcentage relativement plus élevé que celui que l'on rencontre habituellement dans les maisons particulières. Le but est de créer une continuité spatiale entre l'intérieur et l'extérieur.

Deux vues depuis
le jardin, en direction
de la maison A.

Vue vers le sud, depuis
l'intérieur, à travers
le patio.

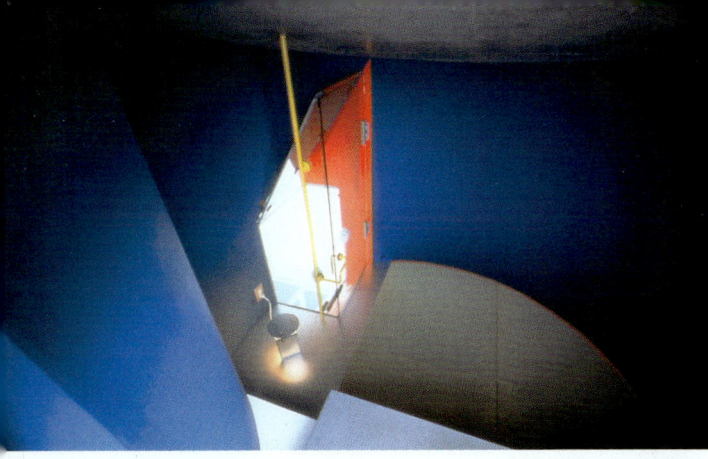

La salle de tatami, dans l'intérieur du cylindre bleu, situé dans la salle principale de la maison B. Ce cylindre contient la cuisine au deuxième niveau et la salle de tatami au troisième.

Pièce principale de la maison A.

Pièce principale de la maison B.

La maison Margarida

Localisation : *Olot, Espagne*
Année de construction : *1996*
Architectes : *Aranda, Pigem, Vilalta architectes*
Photographies : *Eugeni Pons*

La maison Margarida est un logement unicellulaire construit dans la ville d'Olot et qui sert de résidence principale.

Le projet se définit à partir de la spécificité du lieu et des possibilités qu'autorise l'environnement. Deux aspects caractérisent essentiellement la zone du projet : en premier lieu, l'orientation, qui est favorable vers le côté de la rue et, en deuxième lieu, la forte déclivité de cette même rue.

Il s'agit d'une architecture volumétrique simple, rigoureuse, qui utilise un répertoire restreint de formes, d'éléments et de matériaux ; une composition dans laquelle prédomine le goût pour la simplicité, où la richesse spatiale naît de l'articulation des différentes parties. Les formes structurelles sont claires et les détails de construction habilement résolus.

Les recherches en matière d'éclairage, la superposition de différentes peaux qui filtrent la lumière et provoquent un rapport subtil entre l'intérieur et l'extérieur sont une constante du projet.

La grande superficie de verre permet une ouverture complète de la maison sur le jardin et sur les environs, tandis que les autres ouvertures sont des découpages ponctuels qui encadrent la pelouse, un arbre ou tout autre détail.

Avec le même soin qu'ils ont mis à composer une représentation de l'édifice, les architectes ont construit l'extérieur comme un prolongement visuel des espaces intérieurs.

Vue nocturne depuis
la piscine. Le jardin et
la piscine se situent sur
un même plan par rapport
au niveau de l'habitation
et de la rue en son point
le plus élevé.

Page ci-contre :
Vue de la salle de séjour
depuis la cuisine. Les espaces
intérieurs sont toujours
protégés par des stores ; les
jeux d'ombres se multiplient
en fonction de leurs différentes
positions et
de l'ouverture ou de
la fermeture des persiennes qui
protègent habilement
la grande surface vitrée
des rayons directs du soleil.

Vue du cœur de la maison,
un espace à double hauteur
ouvert sur la salle à manger.

La salle de séjour.

Détail de la salle de bains.

Vue depuis le bureau.

La maison Lawson-Westen

Page ci-contre :
Façade vers le jardin, en stuc
coloré. Au premier plan, les
poutres de bois lamellé
supportent la voûte du corps
rectangulaire et apparaissent
incomplètes à l'extérieur.

Localisation : *Los Angeles, États-Unis*
Année de construction : *1994*
Architecte : *Eric Owen Moss*
Photographies : *Tom Bonner*

Contrairement à la première impression qu'elle peut produire, la maison Lawsons-Westen ne constitue pas un simple tour de force formel ou un étalage visuel et scénographique engendré par des velléités arbitraires. Les idées fonctionnelles, spatiales et dans certains cas formelles ont été recueillies et interprétées par l'architecte, qui en a fait les véritables prémisses d'envoi du projet ; de sorte que l'expérimentation spatiale et formelle constitue la traduction architecturale d'idées préalables.

L'organisation du logement fait de la cuisine son véritable centre névralgique, aussi bien fonctionnel que spatial. Ceci est accentué par la toiture conique qui s'érige au-dessus et constitue le volume principal dans la composition de l'édifice, non seulement par sa taille, mais également comme générateur d'autres formes qui façonnent l'image extérieure.

Le langage formel employé aussi bien à l'intérieur que pour les façades obéit à l'application d'idées très concrètes sur la réalité domestique, avec des résultats novateurs qui reflètent toutefois la préoccupation du détail et de la conception globale, dans une dissection conceptuelle du logement dans toutes ses strates.

L'utilisation et la combinaison de matériaux divers comme le bois, le verre et le métal apportent une dimension très soignée au détail dans la conception d'éléments comme la porte d'accès à la propriété, la cheminée dans la salle de séjour, les profils de bois de la toiture voûtée ou le vaste ensemble de baies vitrées. Chacun de ces éléments contribue de façon individuelle et collective à la définition du logement.

La salle de séjour sous le corps cintré est traversée par une passerelle au premier niveau qui relie les deux parties de la maison et communique de façon spatiale et visuelle avec la cuisine et la salle à manger.

Chambre principale : une fissure longitudinale dans la toiture tronconique devient un parement vitré expressif qui se poursuit dans la salle de bain contiguë.

Page ci-contre :
Le vide sous la cuisine est sillonné par des escaliers, des ponts, des balcons et des éléments de structure qui transforment l'ascension en un fouillis visuel.

Eureka Street

Localisation : *San Francisco, Etats-Unis*
Année de construction : *2001*
Architecte : *Phil Mathews*
Photographies : *Roger Casas*

Cette maison du quartier de Noe Valley est une nouvelle construction moderne en acier, en verre et en béton, conçue verticalement sur trois étages. L'architecte la qualifie de « sans complexes » et affirme que bon nombre de maisons résidentielles en ville sont « trop sentimentales et tendent à vouloir s'excuser en imitant les formes et les détails inspirés de l'architecture victorienne traditionnelle ». Au sommet d'une colline, la structure résolument cubiste présente un caractère moderne grâce aux niches de verre et d'acier qui se trouvent à l'étage supérieur. La terrasse est définie par un treillis métallique. L'intérieur est vaste et lumineux avec des murs en béton, des sols en érable, des couleurs neutres et des pièces multi-fonctionnelles permettant de gagner de la place.

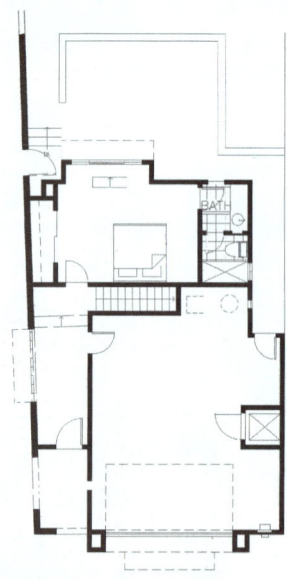

Premier étage

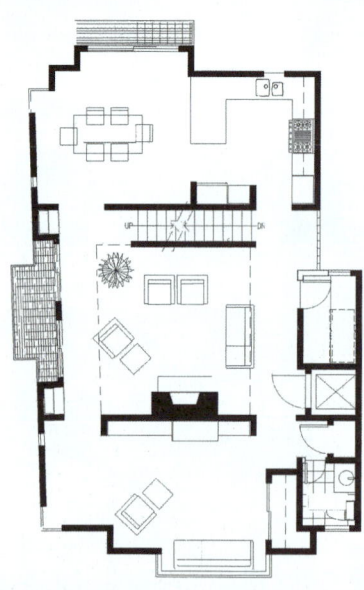

Deuxième étage

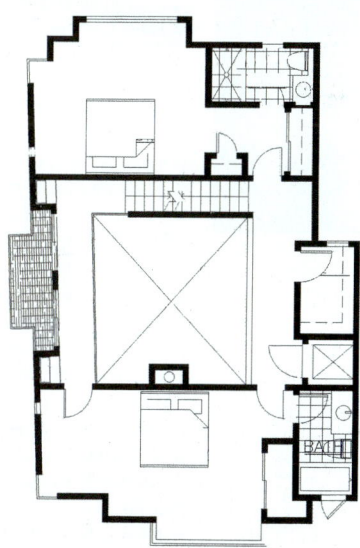

Troisième étage

La maison Hakuei

Localisation : *Tokyo, Japon*
Année de construction : *1997*
Maître d'œuvre : **M.** *Mikuhaki*
Architecte : *Akira Sakamoto*
Photographies : *Nacasa*

La résidence Hakuei se situe sur un terrain relativement petit et étroit des faubourgs. Avec la construction d'un édifice aux volumes simples et aux murs blancs, Sakamoto a souhaité créer un silence qui reposerait dans la ville les yeux des passants.

L'architecte n'a pas construit la résidence Hakuei au centre du terrain – avec un petit jardin face à l'entrée et un patio au centre – mais aux limites de la parcelle, créant ainsi un patio intérieur. Plus important que la composition des volumes édifiés, l'essentiel était ici de définir le patio comme un espace extérieur et privé, où s'organiserait toute la vie des occupants.

Dans cet esprit, Akira Sakamoto décida tout d'abord de construire un mur latéral traversant le terrain de l'entrée jusqu'à la limite arrière. Le mur se trouvant côté est, le soleil de l'après-midi se reflète sur tous les espaces de la maison.

Face à ce mur, Akira Sakamoto a construit trois blocs cubiques blancs, dont deux imbriqués. Les deux blocs principaux se situent aux deux extrémités et entourent le patio, le plus petit apportant de la complexité et de la richesse à un espace qui sinon serait anodin.

Sakamoto emploie des stratégies propres au minimalisme. L'aspect général et les finitions sont très sobres ; les principales lois de composition découlent elles aussi de considérations très proches des préoccupations du Minimal Art, telles que la position de certains éléments les uns par rapport aux autres, l'échelle, les matériaux et l'incidence de la lumière.

Le mur, d'une grande importance dans ce projet, aussi bien dans la configuration du patio que dans l'organisation des volumes de la maison, ferme la parcelle à son extrémité sud.

Page suivante :
Détail de l'accès à l'atelier.

Le passage de la lumière naturelle, les
rapports visuels entre les salles, la hauteur
des toits, les espaces à deux niveaux…
tout contribue à ce qu'aucun espace de
la maison ne soit égal à un autre même si
les finitions sont pratiquement identiques
dans toutes les pièces.

La salle de tatami s'ouvre sur un jardin
très étroit situé dans la partie arrière
de la maison.

Les espaces communs (salle de séjour,
salle à manger et cuisine) sont reliés
de façon complexe à différents niveaux.

La finition des planchers est réalisée en
bois et les portes, toutes coulissantes, sont
également fabriquées dans ce matériau.

La résidence Milledge

Localisation : *Sidney, Australie*
Année de construction : *1995*
Architecte : *Jim Milledge*
Collaborateurs : *Simon Swaney, Sally Draper*
Photographies : *Peter Hyatt*

En se promenant dans les zones résidentielles autour des grandes villes, on s'aperçoit que, bien souvent, nombre d'illusions, beaucoup d'efforts et de grosses sommes d'argent ont été engloutis dans des entrées victoriennes, des colonnes classiques, des jacuzzis et des baignoires rondes, au détriment d'une architecture bien pensée, à savoir des espaces ensoleillés, accueillants et agréables. Pour la résidence Milledge, l'architecte a agi comme un client. Jim Milledge, bien qu'il ait déjà une idée personnelle de la maison et de ses matériaux, a voulu réaliser le projet en collaboration avec deux amis et collègues, Simon Swaney et Sally Draper, pour que leurs idées et leur travail enrichissent l'ouvrage.

Chaque maison doit s'adapter à une topographie, à un environnement, à une orientation et à un programme spécifiques. Pour cette raison, il est très difficile et peu recommandé de démarrer le projet avec des idées préconçues et dans l'intention d'y introduire obligatoirement des éléments vus ou rêvés.

Le logement, d'un seul niveau, est réparti en trois pavillons en forme de U qui ferment le patio sur trois de ses côtés. Sur le quatrième, une palissade ajourée crée une séparation visuelle avec la propriété voisine.

Chacun des trois pavillons a une structure et une toiture à deux eaux indépendantes. Le noyau central est le plus spacieux et le plus allongé. Parallèle à la piscine, il abrite les espaces communs de la maison : salles de séjour, salle à manger et cuisine.

La maison n'est pas alignée sur la limite avant de la parcelle ; l'entrée a été reculée de quelques mètres pour aménager un porche où garer les voitures.

La maison a beaucoup de traits communs avec les logements issus de la plus pure tradition moderne, dans la lignée de Mies Van der Rohe, Richard Neutra ou Rudolph Schindler. Elle s'en différencie toutefois par le choix d'une toiture à deux eaux au lieu de la lose plate caractéristique.

L'importance de la piscine et sa position centrale en font outre un espace de loisirs pendant l'été un point de référence constant de tous les espaces de la maison tout au long de l'année.

La plupart des matériaux
choisis sont recyclables
ou sont conseillés d'un
point de vue écologique.
Les mécanismes de contrôle
de la température sont
exclusivement naturels.

La cuisine est formée de deux
blocs parallèles et de deux
portes coulissantes qui
peuvent cloisonner cet espace
en cas de besoin.

Maison à Civita Castellana

Localisation : *Civita Castellana, Rome, Italie*
Année de construction : *1990*
Architecte : *Maximiliano Fuksas*
Collaboratrice : *Anna Maria Saconi*
Photographies : *Massimo Brugé*

L'architecte Maximiliano Fuksas a envisagé cette construction comme une combinaison d'unités architecturales différenciées, qu'il allait mettre en œuvre grâce à une analyse ouverte à des interprétations innovatrices.

La maison, située dans la municipalité de Civita Castellana, tout près de Rome, est érigée d'après un plan irrégulier et se divise en deux volumes distincts : une « nef principale » et une « abside » en spirale. Dans cette dernière, les différentes pièces – salles, salle à manger – sont distribuées selon une succession d'espaces, sans aucune sorte de barrière physique pour les séparer ou les délimiter ; les trois niveaux sont reliés par un escalier en colimaçon. Le sous-sol est entièrement occupé par une grande salle circulaire pour le jeu et l'agrément. Le rez-de-chaussée abrite la cuisine, la salle de séjour et la salle à manger, et l'étage, la chambre principale ainsi qu'un grand bureau avec accès direct à une terrasse légèrement conique.

La nef principale se déploie sur trois niveaux où prennent place le garage et les services au rez-de-chaussée, deux chambres avec salles de bains au premier, et au second deux chambres avec salles de bains et accès à des terrasses.

Maximiliano Fuksas a conçu ce travail architectural comme un organisme qui surgit de l'association de deux éléments différents, aussi bien au niveau de la structure géométrique que du cadre spatial. Il a ainsi opté pour deux corps qui s'opposent : une spirale avec comme centre ou noyau un cylindre-colonne de verre et comme toiture une voûte inversée, sorte de panthéon à l'envers ; autour et par-dessus surgit la maison traditionnelle, une nef rectangulaire couronnée de frontons triangulaires.

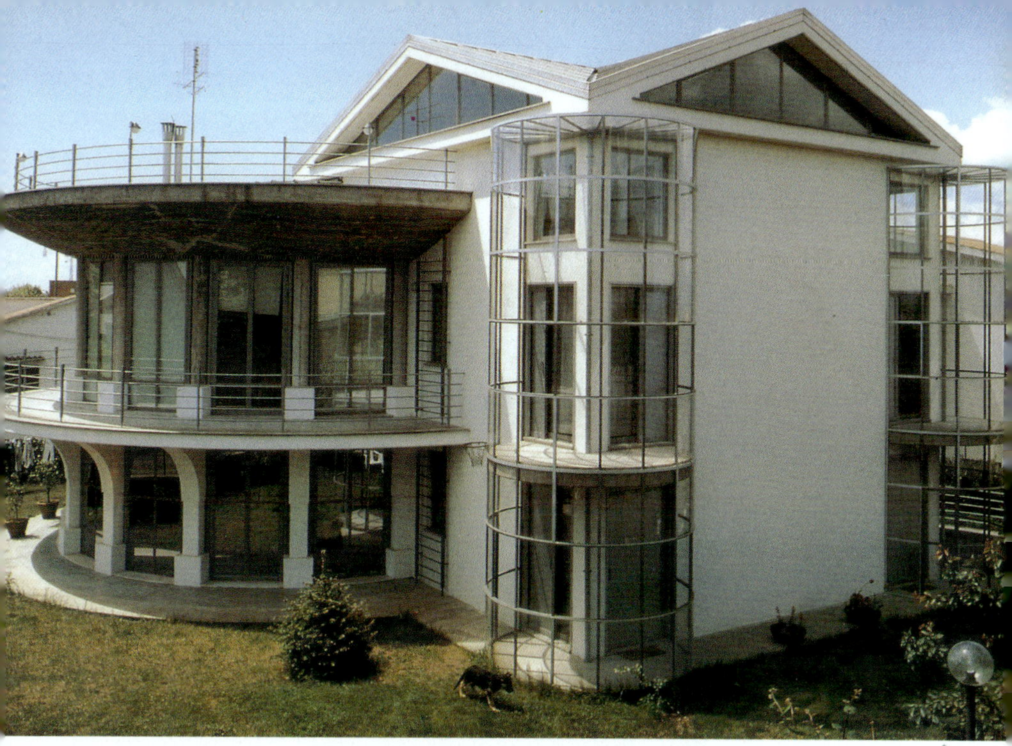

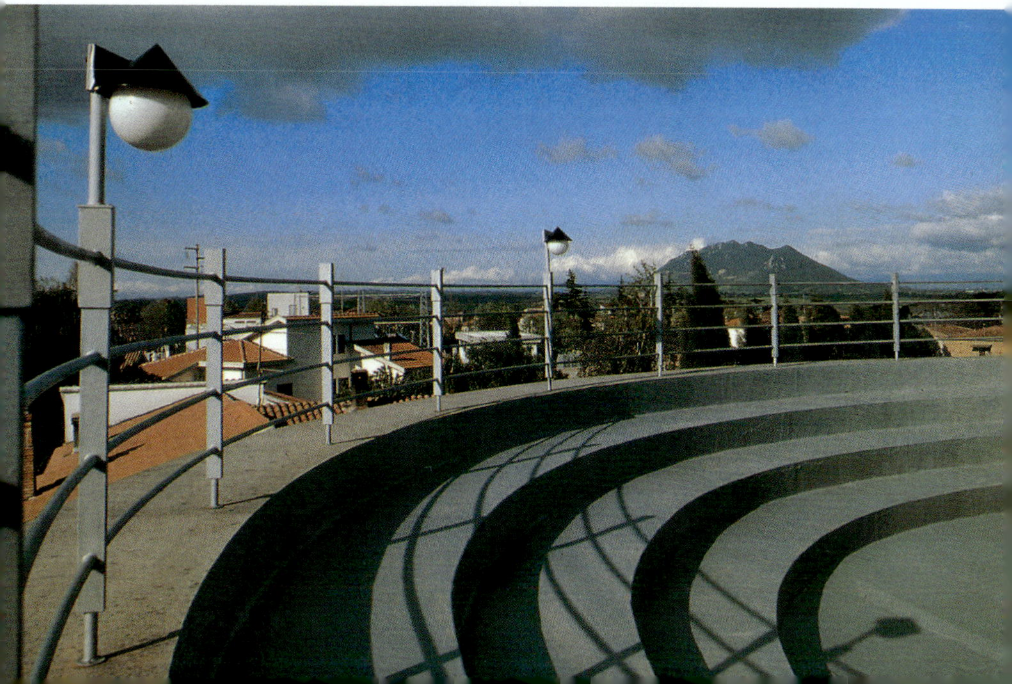

La forme géométrique de base de cette construction est la spirale ; à l'extérieur, elle constitue l'un des corps principaux du bâtiment et, à l'intérieur, elle se répète en de multiples détails, dont l'escalier en colimaçon qui relie les différents niveaux de l'abside.

Début de l'escalier en colimaçon près du grand pilier.

Partie finale de l'escalier qui donne sur la terrasse supérieure, d'où l'on jouit d'une vue magnifique sur l'extérieur.

Les immenses portes
vitrées qui couvrent
la plus grande partie
des façades extérieures
favorisent l'entrée d'une
lumière naturelle
abondante, qui se répand
librement à travers les
différents espaces ouverts ;
le paysage environnant
s'y reflète, ce qui permet
une fusion spontanée entre
l'extérieur et l'intérieur.

Les toits comme les murs
sont peints en blanc, la couleur
dominante de ce projet.
Pour les sols, on a utilisé
du bois et de la céramique
qui, au rez-de-chaussée,
se décline en blanc et gris.

La maison Pedreño

Localisation : *Vallvidrera, Barcelona, Espagne*
Année de construction : *1989*
Architectes : *Artigues & Sanabria*
Photographies : *Francesc Tur*

Dans ce projet, les architectes Artigues et Sanabria voulaient surtout tenir compte de la nature du terrain. Mais ce fut finalement l'échelle de la structure qui organisa, distribua et donna sa fonction et son apparence à la maison. D'un côté, le projet veut s'enraciner dans la parcelle, en s'adaptant au terrain ; de l'autre, il suit des interprétations moins académiques et veut exprimer son propre besoin d'autonomie.

L'édifice se situe à Vallvidrera, sur le versant des collines qui forment Collserola, la montagne limitant au nord Barcelone. La pente prononcée du terrain, la vue splendide sur la ville et la présence d'une pinède sont les éléments caractéristiques de l'environnement et jouent un rôle de premier plan dans la forme définitive de la construction.

La maison est répartie sur trois niveaux bien distincts. Le garage, l'entrée et un bureau qui s'ouvre sur une terrasse au sud, se situent à l'étage supérieur, au niveau de la rue. Le niveau intermédiaire accueille les chambres, les dressings et les cabinets de toilette respectifs ; toutes ces pièces occupent la façade sud alors que celle au nord héberge la salle de jeux et les espaces de service. Enfin, le niveau inférieur abrite la salle de séjour, la salle à manger, la cuisine et deux patios qui procurent de la lumière naturelle aux espaces intérieurs.

Page de droite :
Vue de la double hauteur
depuis la salle de séjour.
Le propriétaire
du logement est
directement intervenu
dans la conception
intérieure et le mobilier.

Grâce au porche extérieur,
la lumière naturelle
pénètre abondamment
dans la maison.

Un mur de pierre
délimite la maison.
La végétation recouvre
partiellement l'escalier
du jardin.

Les fenêtres situées
à l'angle permettent
une large vue sur
l'extérieur.

166

Page de droite :
Une grande toiture
protège la maison
de la lumière extérieure,
créant des zones d'ombre
à l'intérieur comme
à l'extérieur.

Perspective de l'escalier
qui relie les différents
niveaux. Le sol est en
parquet et les murs
en briques apparentes.

La cuisine a une vue
directe sur le jardin.

Certains murs ont été
peints dans des tonalités
chaudes et crémeuses
contrastant avec la brique
froide.

La résidence Donadio

Localisation : *Pise, Italie*
Année de construction : *1990*
Architecte : *Gabriella Ioli Carmassi*
Photographies : *Mario Ciampi*

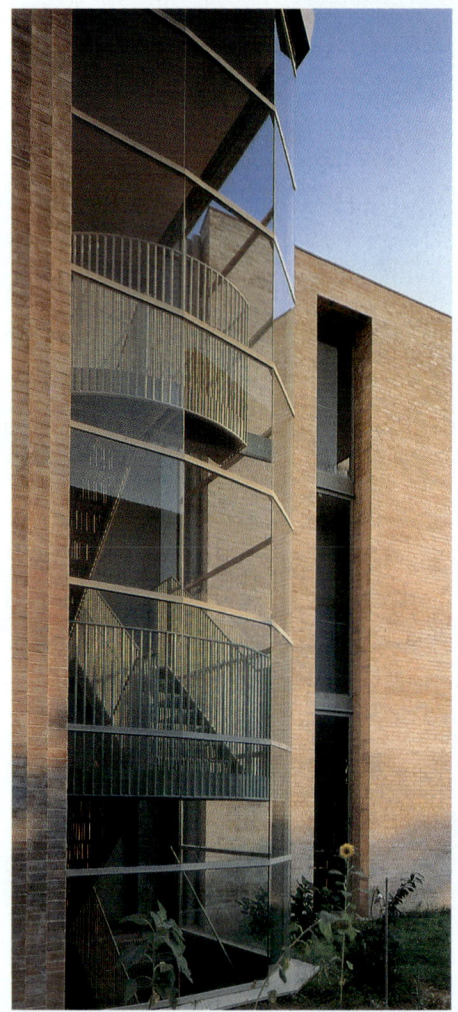

   Une structure fermée en brique avec
des ouvertures longues et étroites compose
cet édifice particulier qui, au premier abord,
n'a rien d'un logement unicellulaire. Gabriella Ioli
Caramassi a eu recours à ces caractéristiques
pour répondre aux inconvénients majeurs
auxquels elle devait faire face : la superficie réduite
de la parcelle – elle a résolu ce premier problème
en élevant l'espace – et la proximité excessive
des maisons voisines – elle a contourné ce second
problème en blindant la construction de gros
murs de brique avec quelques ouvertures rares
mais suffisantes qui deviennent à l'intérieur
de grandes baies vitrées.
   Cet édifice se situe près du centre historique
de la ville italienne de Pise, dans une zone
résidentielle. Le plan sur lequel repose le
logement proprement dit dessine un rectangle
parfait ; l'emplacement de l'escalier à l'une de ses
extrémités lui donne une forme de L. La façade
principale, qui inclut la porte d'entrée, est
traversée verticalement par cinq ouvertures
qui caractérisent extérieurement la construction,
réparties de façon irrégulière ; quatre de ces
grandes baies vitrées flanquent l'entrée d'un
côté, une seule de l'autre.
   Le logement est réparti sur trois niveaux, plus
un partiellement sous terre destiné au garage,
à la blanchisserie et à l'atelier. La fonction de
chacun a été très bien définie par ses habitants
qui ont affecté le premier à la journée, avec
l'entrée, la cuisine, le salon et la salle à manger ;
le deuxième héberge les chambres et, au niveau
supérieur, le bureau est flanqué de terrasses
qui couronnent cette charpente visuellement
fermée par une structure ouverte.

Au-dessus de la porte principale, semblable aux autres ouvertures, un orifice circulaire en forme de rosace est le seul élément à rompre l'hégémonie de la ligne droite sur les façades.

Les quatre façades verticales qui structurent l'édifice sont en briques apparentes, matériau que l'on retrouve dans les parements intérieurs.

L'escalier, protégé par une des façades
de maçonnerie d'un côté, et totalement
vitré de l'autre, forme une grande galerie
par laquelle pénètre une lumière
naturelle abondante ; il sert de lien entre
les différents niveaux de la maison.
Ce tube cylindrique métallique vernis
accentue la légèreté qui règne
à l'intérieur de la maison.

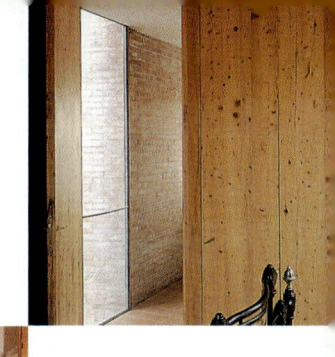

Certains murs intérieurs
ont été revêtus de lames
de bois.

À l'intérieur dominent
les tracés rectilignes.
Les quelques murs qui
soutiennent la structure
sont en brique apparente
et de grandes baies vitrées
forment la charpente
de verre.

La maison Arango-Berry

Localisation : *Los Angeles, Californie, États-Unis*
Année de construction : *1991*
Architecte : *Franklin D. Israel*
Photographies : *Richard Bryant/Arcaid*

La maison Arango-Berry, située à Beverly Hills, est un projet élaboré à partir d'une structure originale des années 1950.

Le cube original présentait une planimétrie formée de deux rectangles décalés et joints sur leur côté le plus long. L'extension s'est faite dans le parallélogramme opposé à celui qui accueille l'entrée de la maison et repose, principalement, sur la construction d'une salle de bains et de dressings ; la tôle métallique galvanisée est employée dans ces deux pièces comme matériau de construction.

De cette extension et de ce remodelage est né un ensemble aux grandes dimensions formé par deux rectangles. Ces deux corps sont unifiés par une grande toiture revêtue d'une tôle métallique galvanisée. On y a astucieusement logé le chauffage, la climatisation et les conduits de ventilation.

Israel a conservé intacte la piscine existante, mais il a prolongé le mur de brique qui l'entourait jusqu'au nouveau mur en béton stuqué en bleu, qui délimite le jardin ; ce parement bleuté devient l'élément de composition principal à l'extérieur de l'édifice. L'architecte se l'est approprié pour établir une relation entre le nouveau garage et la porte principale d'une part et pour flanquer la galerie d'accès jusqu'à la zone de séjour d'autre part, en l'introduisant dans l'espace intérieur.

La maison s'organise sur un seul niveau qui présente un dénivellement intérieur, auquel de petits tronçons d'escalier ont remédié.

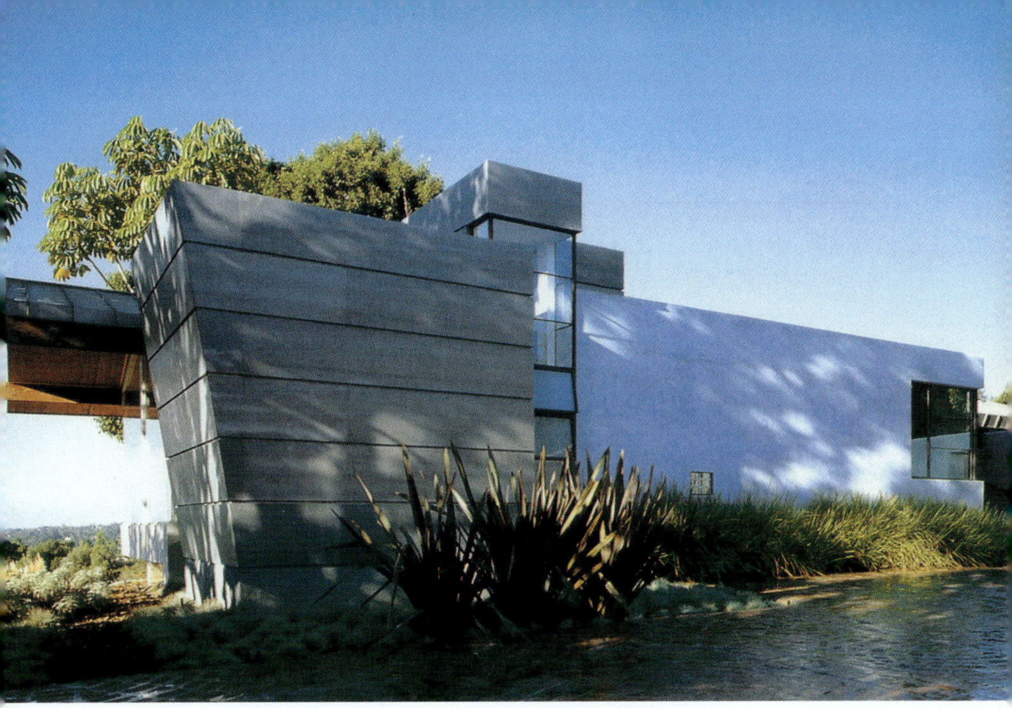

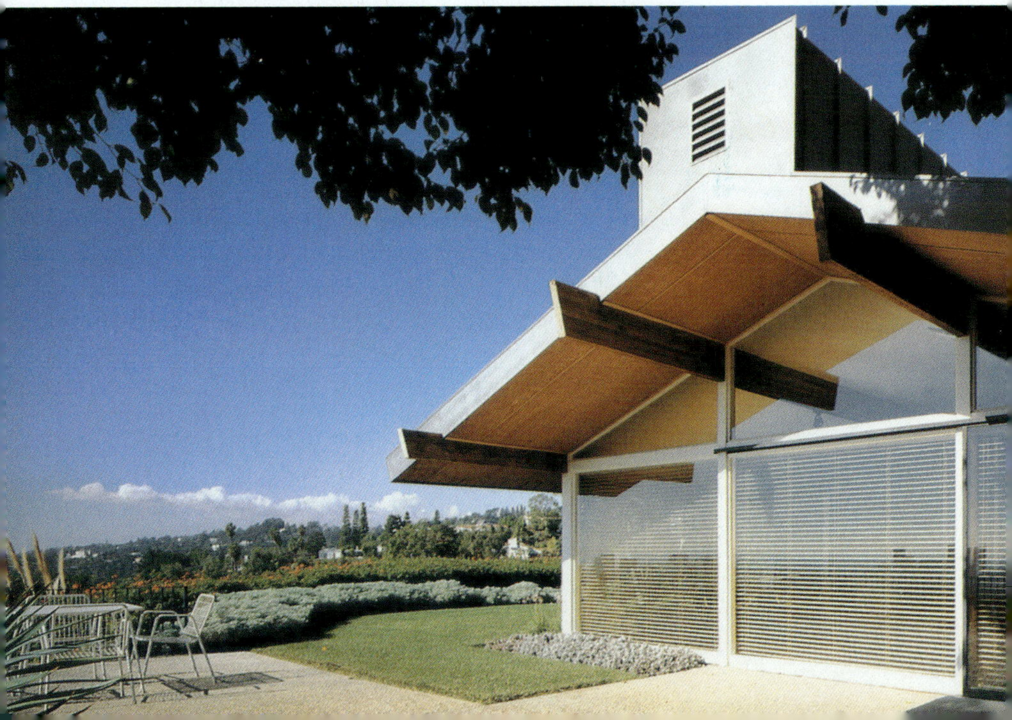

Vue partielle du toit
d'origine et de la piscine,
bel exemple du style
architectural de Californie
du Sud.

Page de droite :
Vue panoramique de la salle
de séjour, où l'on note l'éclairage
singulier des projecteurs situés
sur les poutres de bois.

Détail du rayonnage métallique
installé sur le mur du couloir.

Pièce originale du mobilier avec
une peinture abstraite au premier plan.

Vue de la cuisine depuis la salle
de séjour ; la sculpture en bois
est un symbole de bienvenue.

La structure originale
des années 1950 a été
conservée à l'intérieur.
De larges baies vitrées
et des panneaux en béton
translucide offrent de
nouvelles vues sur la ville.

La décoration intérieure
a été rénovée. Le meuble
qui contient le téléviseur
et la chaîne hi-fi,
la cheminée et le lit
de la chambre principale
sont des structures
métalliques saillantes,
avec une finition
en acier satiné.

Maison Laidley

Localisation : *San Francisco, Etats-Unis*
Année de construction : *2000*
Architecte : *Anne Fougeron*
Photographies : *Roger Casas*

Ce projet de rénovation visait à unifier la façade existante tout en permettant à la lumière de pénétrer à l'intérieur des pièces et ce de plusieurs façons. Pour cela, on est intervenu sur la façade située à 1,5 m de la structure. La nature unidimensionnelle de la maison s'est transformée en un dialogue de tracés transparents et solides avec des vitres incorporées. Une lucarne intégrée dans la nouvelle structure en béton, côté extérieur, illumine la salle à manger.

La fenêtre saillante qui s'étend verticalement le long de la façade définit le vide sur deux niveaux à l'intérieur de la maison. La partie inférieure abrite le salon tandis que la chambre se trouve dans la mezzanine.

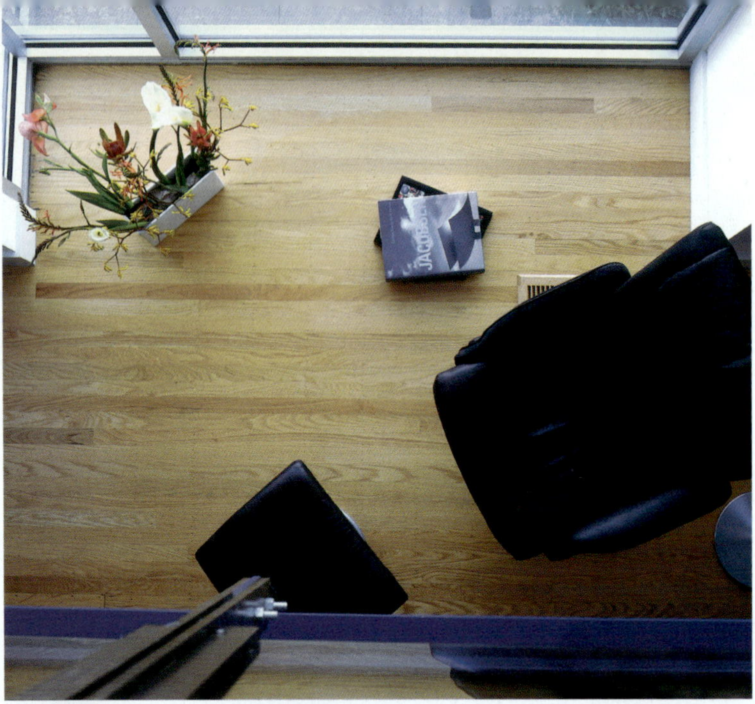
JACOBSEN

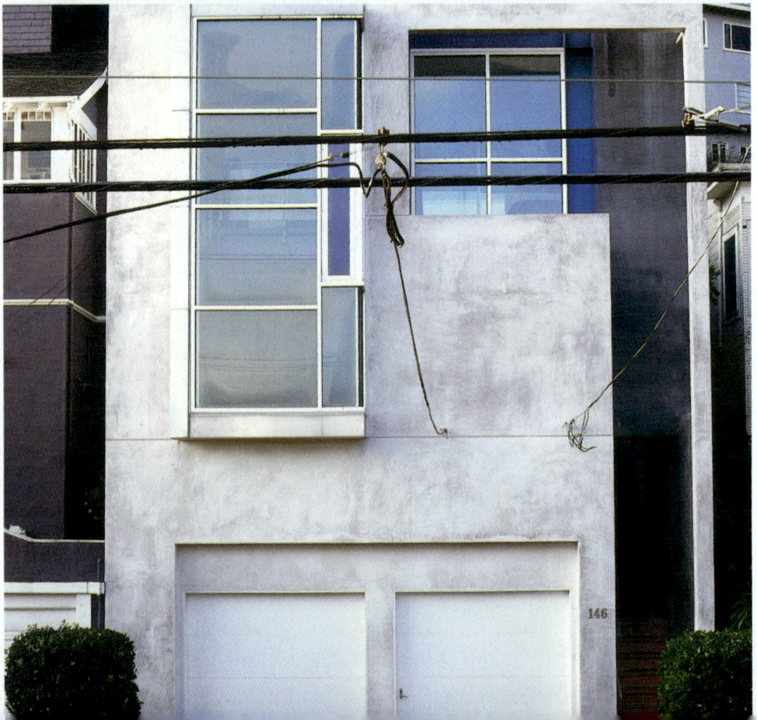
146

Maison à Rochester Place

Localisation : *Londres, Grande-Bretagne*
Année de construction : *1988*
Architecte : *David Wild*
Photographies : *Richard Bryant/Arcaid*

L'architecte David Wild a choisi une zone résidentielle de Londres pour constriure son propre domicile. La maison, qu'il a lui-même conçue et projetée, a été bâtie à la fin des années 1980. Cinq ans plus tard, un particulier lui a commandé un logement aux caractéristiques similaires à celles de sa propre maison. Wild a alors eu l'idée de composer un ensemble assorti, en situant la deuxième résidence près de la sienne. Le nouvel édifice est toutefois assez différent du premier.

Sur la façade orientée au sud, les deux bâtiments apparaissent comme deux blocs de couleur blanche, d'une sobriété architecturale évidente, avec de grandes baies vitrées donnant sur la rue. Sur la pente opposée, dans la partie arrière, les deux logements s'ouvrent classiquement vers l'extérieur, au moyen de balcons, de portes et de fenêtres. Les deux cubes ont un rez-de-chaussée rectangulaire ; dans celui de Wild, la différence entre les dimensions est plus importante, soit une forme plus allongée et étroite. Sa maison dispose dans la partie arrière d'un petit jardin à la végétation abondante et d'une piscine de dimensions réduites.

Les maisons ne sont séparées que de 5 à 6 m mais un petit espace annexe de couleur grisée, sur un seul niveau, qui articule les deux édifices et préserve l'unité visuelle, les relie.

189

Détail de la structure qui supporte le balcon de l'édifice situé au n° 42.

La façade sud du bâtiment construit au n° 42 ; celui-ci est plus régulier et de configuration plus carrée que l'édifice situé au n° 44.

Vues de la maison située au n° 44.

Table de la salle à manger vue depuis
le début des escaliers ; on note
également la structure originale du toit.

Vue partielle d'une chambre,
avec l'agréable tonalité rose des murs.

Couloir et vue de l'escalier en bois
qui conduit au premier étage.

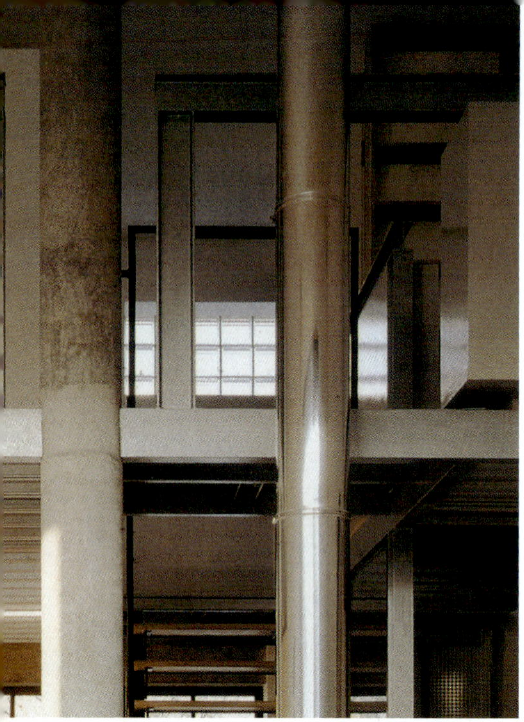
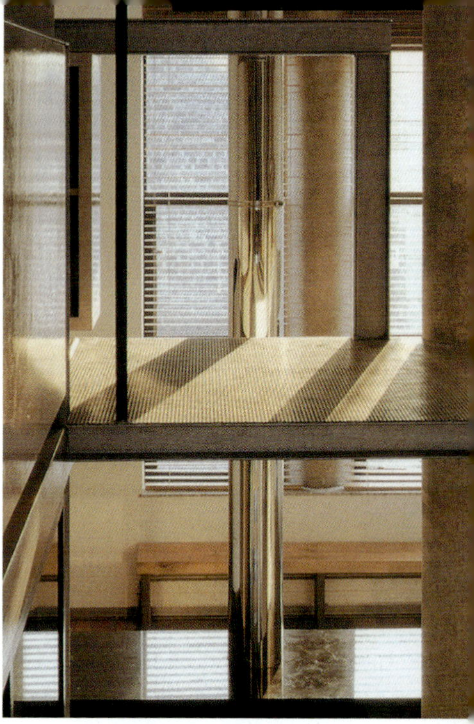
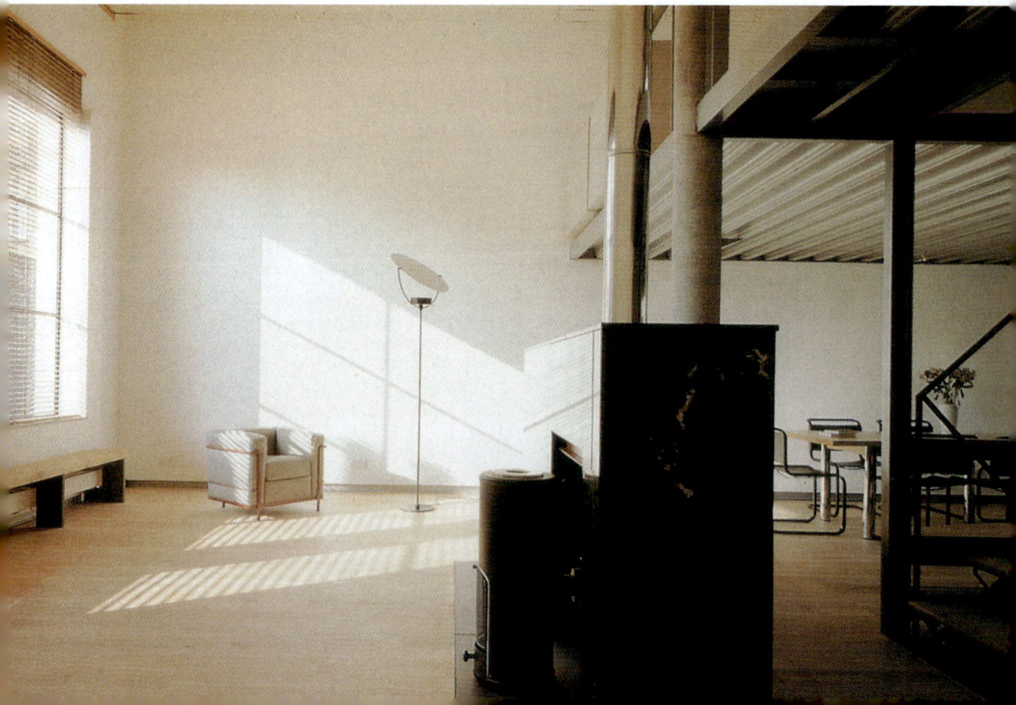

Vue de la grande salle
de séjour ; on y distingue
un poêle original
qui forme un ensemble
harmonieux avec le sol
en bois.

La maison Wabbel

Localisation : *Wittlaer, Allemagne*
Année de construction : *1990*
Architecte : *Wolfgang Döring*
Photographies : *Elmar Joeressen*

Cet édifice insolite ressemble davantage à un hangar industriel moderne qu'à une résidence habitable. Il se situe dans la petite localité allemande de Wittlaer, mais profite simultanément des avantages d'une grande ville comme Düsseldorf, toute proche.

Une famille qui reçoit beaucoup a besoin d'un logement avec de grands espaces. C'est en voulant répondre à ce besoin que Wolfgang Döring a défini la structure de ce logement, éliminant tous les parements inutiles et n'isolant que les pièces qui ont davantage besoin d'intimité. L'idée de ne créer pratiquement qu'un seul et grand séjour multifonction a inspiré à l'architecte ce style industriel ou high-tech.

Le logement que Wolfgang Döring a conçu à Wittlaer se structure comme un pavillon de base rectangulaire auquel adhèrent, à l'une de ses extrémités, la terrasse et, près de celle-ci et longitudinalement, le garage. Sur ce plan, qui constitue le premier niveau, a été ajouté un volume prismatique en forme de grosse tour qui tient lieu de chambre à coucher principale avec deux petites pièces adjacentes. Près de ce cube s'élève, centré sur l'espace, un corps cylindrique métallisé qui comprend l'escalier en colimaçon reliant les deux niveaux existants.

Extérieurement, l'édifice présente une structure métallique de couleur rouge qui entoure la construction et lui donne son aspect d'usine.

À gauche, la hauteur nord-ouest
est complètement fermée
sur la voie publique par des
panneaux de maçonnerie ;
seul est ouvert l'accès principal
au logement : une large porte
de couleur saumon au-dessus
de laquelle une marquise jaune
crée un contraste intéressant.

En haut, la façade sud-ouest
s'ouvre visuellement sur
l'espace externe au moyen
de grandes portes vitrées
supportées par une menuiserie
en aluminium.

La cuisine a été conçue comme un obstacle physique et visuel. A côté, un cylindre métallique sert d'armoire.

Döring a imaginé cette demeure comme un énorme bloc horizontal métallique, dans lequel les volumes distincts s'articulent librement. À l'intérieur, les espaces sont restés très vastes, sans barrières ni délimitations visuelles. Résultat de cette volonté d'espace maximum, la fusion entre l'entrée, le salon principal et la salle à manger.

Page de droite :
La décoration se compose principalement de meubles aux lignes contemporaines de tonalités noire et gris plomb. Les rideaux de couleur saumon donnent une note de chaleur à l'espace et contribuent à neutraliser la froideur ambiante.

La maison Kidosaki

Localisation : *Tokyo, Japon*
Année de construction : *1988*
Architecte : *Tadao Ando*
Photographies : *Richard Bryant/Arcaid*

Cette construction originale, dont la fonction est particulière, se situe dans une tranquille zone résidentielle de la capitale japonaise, le quartier de Setagaya Ward. Dans la société nippone actuelle perdurent certaines coutumes ancestrales qui ont modelé l'idiosyncrasie orientale. La cohabitation de tous les membres d'une famille sous le même toit pour conserver son unité est l'une des traditions enracinées qu'il s'agit aujourd'hui de préserver. Ici, Tadao Ando a dû prévoir un logement susceptible d'être habité par trois générations appartenant au même noyau familial, sans oublier les contraintes de l'époque actuelle qui exige à la fois intimité et cohabitation.

Les clients étant des Japonais, l'architecte a projeté un bâtiment avec des réminiscences de style architectural nippon ; conception horizontale de l'espace et dimensions irrégulières. Toutefois, il s'est autorisé à introduire des éléments propres à la culture occidentale, créant ainsi un ensemble unifié et transcendant. Il a associé l'ordre géométrique statique et la direction verticale dynamique qui définissent les volumes occidentaux aux lignes directrices orientales.

Et c'est ainsi qu'est né, sur une parcelle de niveau irrégulier, un bâtiment dont le corps principal est formé d'un cube parfait, de 12 m de côté, autour duquel s'articule tout le reste de la construction.

Les grandes baies vitrées
laissent le regard du
passant pénétrer à
l'intérieur du logement
et apportent un éclairage
naturel agréable. La
maison Kidosaki est une
construction sans formes,
qui s'intègre à la nature
en créant un espace
presque flottant.

Dans l'espace entre la façade
sud et le cube central a été
prévu un patio dont
l'harmonie de couleur verte
et grise favorise
la relaxation.

Détail d'un mur perforé
de petits trous répartis
symétriquement
sur toutes les façades.

L'intérieur du logement se caractérise par des lignes aux tracés nets qui définissent un espace austère et dépouillé, fidèle à l'essence nippone. Les volumes sont ouverts de façon ininterrompue, très vastes et vides. Les rares meubles et ornements choisis contribuent à définir un espace serein, où l'on ne trouve que l'indispensable.
Le mobilier est également régi par un style simple et élégant, de conception nettement contemporaine.

La maison Ca Nostra

Localisation : *Pont d'Inca, Majorque, Espagne*
Année de construction : *1991*
Architecte : *Antonio Vila Ramis*
Photographies : *Gabriel Ramón*

Ce projet s'articulait au départ sur une structure préexistante qui abritait un bureau d'architectes. Antonio Vila a eu l'idée d'une maison et d'une zone de loisirs contiguës au bâtiment original. La maison se situe sur l'île de Majorque, où la lumière et le climat sont des facteurs déterminants. Le terrain se trouve dans un faubourg fréquenté qui a toutefois conservé une atmosphère calme et résidentielle. L'édifice jouit de la proximité de la pinède d'un couvent. Des normes urbanistiques très claires définissaient une ligne de façade conjointe pour toutes les maisons de la rue.

Face à toutes ces contraintes, l'architecte a décidé de se fermer à la rue et de ne pas prévoir d'ouvertures en façade pour obtenir une intimité complète.

Le plan du terrain est carré et contient divers bâtiments : l'atelier d'architecture, la partie pour les invités et la résidence elle-même. Toutes ces constructions s'organisent autour d'un patio, avec jardin et piscine.

La maison est en forme de L et sa toiture en débordement forme un patio recouvert d'une claire-voie qui sert de module de connexion entre les différents espaces et unités.

Le programme se répartit sur deux niveaux, les chambres se situant au niveau supérieur avec une zone réservée aux enfants. Le rez-de-chaussée accueille la salle de séjour, la salle à manger, la cuisine et les espaces de service.

Le logement s'adapte aux coutumes et aux particularités de l'île, en respectant le milieu environnant.

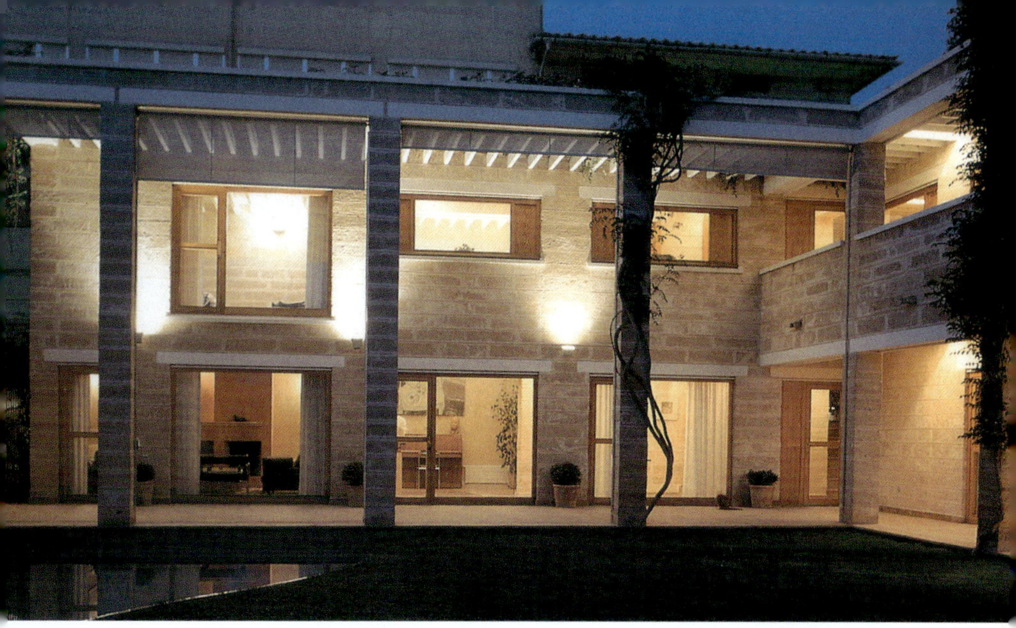

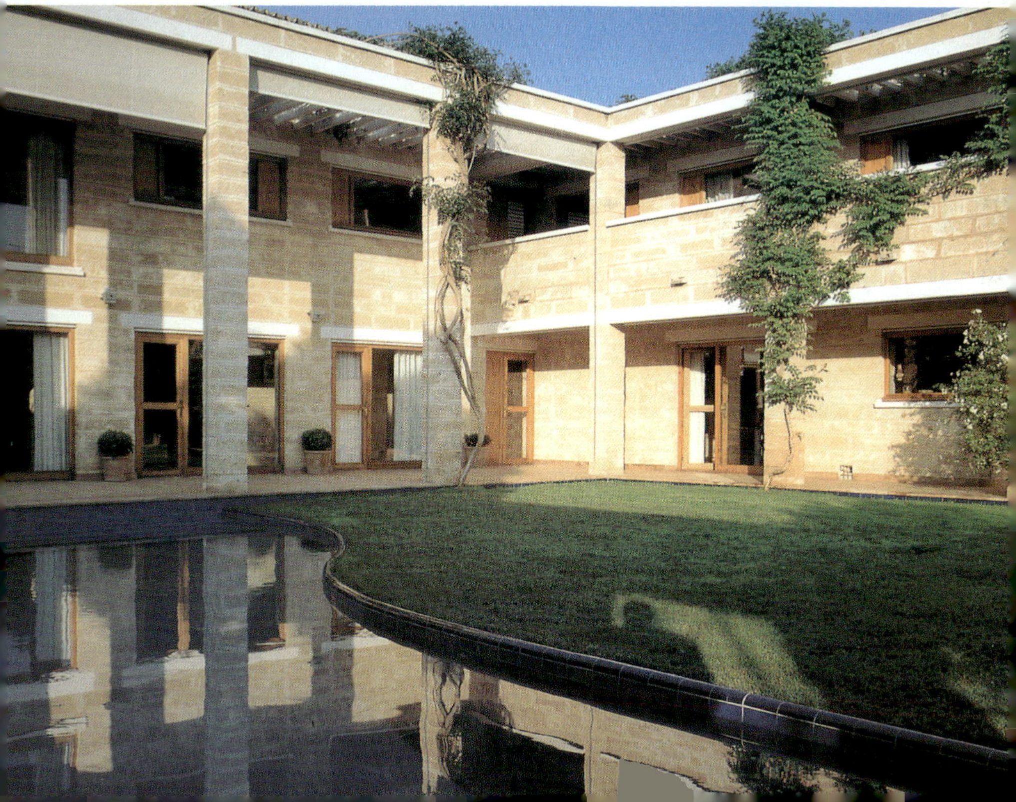

Les différentes unités forment
un périmètre qui renferme,
à l'intérieur, un grand espace
avec plusieurs patios et jardins.
Les murs sont rythmés par
diverses ouvertures qui
permettent à la lumière
de pénétrer dans le bâtiment.

Les principaux matériaux
utilisés pour la construction
sont la pierre sablonneuse
(la pierre locale Marés),
des tuiles de terre cuite
et du bois.

Les poutres en béton
des toits sont peintes
en blanc. La cuisine,
les chambres et le cabinet
de toilettes sont revêtus
de marbre. Le mobilier
de la salle de bains
est de Roca Gondola
et les accessoires ont été
conçus par Arne Jacobsen.

Page de droite :
Vue du salon principal.

Maison à Kumamoto

Localisation : *Kumaloto, Japon*
Année de construction : *1990*
Architectes : *Antonio Citterio, Terry Dwan*
Photographies : *Joshio Shiratori*

La dichotomie architecturale qu'Antonio Citterio et Terry Dwan furent obligés d'observer dans la construction de cette maison expérimentale partit du principe erroné selon lequel les résidences orientales et occidentales seraient diamétralement opposées.

Cet édifice se situe dans les environs de la ville de Kumamoto, au Japon. La zone n'a pas de caractéristiques métropolitaines. La volonté des architectes était d'adapter la maison à son environnement et de fournir des vues magnifiques sur les collines voisines.

Le rez-de-chaussée de la maison est allongé et rectangulaire. Le premier niveau abrite la salle de séjour, la salle à manger, la cuisine et les zones de service. Cet espace constitue le centre de la vie familiale. Les chambres se tiennent au second étage. L'espace entre ces deux blocs cache un escalier qui, faisant partie du domaine public, est éclairé d'en haut par une claire-voie. La porte principale se trouve au milieu de la façade ouest.

La première étape du développement du projet consistait à évaluer l'environnement suburbain dans lequel s'insérait la maison. La zone est caractérisée par des maisons typiques, obligeant presque totalement à respecter ce qui existe déjà, comme le type de pavements, les espaces verts ou les points de rencontre. On note également dans ces maisons une similitude avec celles des faubourgs américains, entre maisons coloniales et maisons provinciales. Les intérieurs sont en revanche typiquement japonais, avec des toits bas et de petites pièces.

Par opposition, cette résidence a opté pour des toits hauts, créant des centres structuraux très européens. Le bois est le matériau le plus utilisé. Les pièces, réduites, invitent à l'intimité.

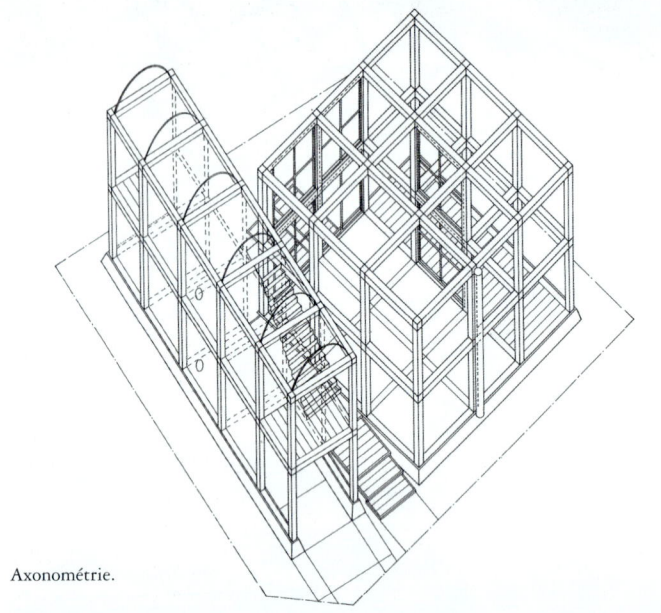

Axonométrie.

Vue de l'escalier en bois.

Couloir intérieur reliant
le salon ; on remarque,
à gauche, une fenêtre
circulaire.

L'accès au logement
se situe sur la façade ouest,
juste au centre
de la construction.
Les matériaux utilisés
à l'extérieur sont le bois
pour la structure et
des panneaux revêtus
de polyuréthane pour
les murs.

Le salon a de fortes connotations orientales ; le canapé de conception européenne contraste avec la table japonaise et le panneau du fond. À l'intérieur, on a utilisé pour le sol du pin local et des tatami ; les portes et les fenêtres sont en aluminium peint en blanc.

La maison Aznar

Localisation : *Esplugues de Llobregat, Barcelone, Espagne*
Année de construction : *1992*
Architecte : *Carlos García Delgado*
Photographies : *Francesc Tur*

Plus que par des lignes droites, cette maison se caractérise par ses formes ondulantes, son aspect homogène et les différents niveaux qui la composent. Conçue par l'architecte Carlos García Delgado, elle se situe sur une colline aux fortes irrégularités topographiques, dans la localité d'Esplugues de Llobregat, près de Barcelone, une zone résidentielle luxueuse où les maisons préservent leur intimité grâce à la distance.

La maison Aznar se situe sur un terrain irrégulier de 1 200 m² ; sa pente prononcée et sa hauteur permettent un panorama splendide. Le bâtiment occupe 400 m² de la superficie totale, le reste étant occupé par des jardins soigneusement dessinés. Dans les maisons environnantes, la tendance est de plus en plus à une construction complexe, mettant en œuvre des caractéristiques individuelles et formelles que le projet voulait absolument éviter. L'architecte a refusé la complexité comme point de départ et a simplifié les idées génératrices du projet : utiliser une palette limitée de matériaux à l'extérieur de la maison, fonder la structure sur deux volumes et concevoir soigneusement les zones extérieures occupées par les jardins.

La maison comporte essentiellement deux unités différentes aux caractéristiques opposées. Le volume le plus bas, construit en béton, est géométriquement défini par des lignes et des angles droits. L'unité supérieure a des formes organiques et des courbes, matérialisées par un acrotère.

Le jardin, rythmé de cyprès et de palmiers, joue un rôle déterminant dans la perception globale de la maison. Les terrassements ont été rares et la nature du terrain original a été respectée.

Le béton, la pierre sablonneuse
et le verre furent les matériaux
utilisés pour la construction
des façades de l'édifice
et des murs extérieurs.

Page de droite :
Vue de la piscine... qui
fait également partie
du salon.

Tandis que des palmiers
rythment la pelouse qui
entoure la piscine, ce sont
des cyprès qui entourent
la demeure.

La piscine se situe près
de la façade arrière.

218

Certaines pièces
du mobilier, la table
et le canapé par exemple,
ont une forme curviligne
qui se retrouve également
dans certains parements.

Les formes curvilignes
de l'intérieur ne sont que
le reflet de la forme
extérieure du logement.

Une grande lampe de
forme circulaire couronne
la partie finale de l'escalier
qui relie les deux niveaux.

Vue de l'escalier dont
les marches sont en bois.

Vue de la salle de bains.
On note la baignoire
en marbre et le mur
de béton à l'extérieur.

Maison à Yokohama

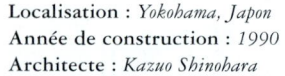

Localisation : *Yokohama, Japon*
Année de construction : *1990*
Architecte : *Kazuo Shinohara*
Photographies : *Richard Bryant/Arcaid*

Cette maison a été conçue comme le prolongement d'un bâtiment en bois avec la volonté de préserver le maximum d'arbres occupant le terrain. L'extension prend une partie de la parcelle d'origine.

Le logement se situe à Yokohama, en haut d'une colline pentue, dans une zone tranquille. Le terrain est recouvert de grands arbres, masse vivante et verte traitée avec beaucoup de respect.

La nouvelle structure s'est unie à l'édifice existant, un bâtiment rectangulaire et uniforme. Le rez-de-chaussée abrite l'entrée qui se situe entre les deux constructions, la pièce principale, la salle de tatami et une salle de bains. Le second niveau héberge la cuisine, la salle à manger et une petite remise.

Le volume principal du nouvel édifice ayant la forme d'un quart de cylindre, seule une fenêtre a dû être éliminée pour cause d'extension. L'unification spatiale des différents éléments, la connexion impartiale entre des visions fragmentées et séparées sont l'une des idées fondamentales de la composition de Kazuo Shinohara. L'architecte recherche des formes de communication entre l'intérieur et les espaces extérieurs et parvient à une série de résultats sans relation logique qui permettent de profiter perceptiblement du parcours dans le logement.

Kazuo Shinohara a
également laissé libre cours
à son imagination dans
la conception intérieure,
où triangles et carrés
s'opposent et sont complétés
par des formes circulaires
et semi-circulaires. Cet
ensemble table et siège
bicolore – blanc et noir –
en est l'un des éléments
les plus significatifs.

De grandes fenêtres
permettent une connexion
presque totale entre
l'intérieur et l'extérieur
de la maison.

La cuisine, avec son
éclairage naturel maximal,
a été conçue pour être
avant tout fonctionnelle.

Maison à Florence

Localisation : *Florence, Italie*
Année de construction : *1991*
Architecte : *Elio Di Franco*
Photographies : *Mario Ciampi*

Les caractéristiques du lieu, la ville de Florence, incitèrent les architectes à étudier la relation intime entre le terrain et la maison. Elio Di Franco convertit ainsi une résidence introvertie en un logement extraverti. Le projet se situe au croisement de l'ancienne rue San Leonardo et de la fortification du Belvédère. Le terrain jouit, vers le nord-ouest, d'une vue sur la ville et, dans la direction opposée, il fait face à la montagne de San Miniato al Monte.

Le volume irrégulier de la maison, qui repose sur une plate-forme rectangulaire, est réparti sur deux niveaux, plus un appartement-bureau indépendant. On accède au bâtiment principal de la maison par l'entrée de la façade nord-ouest.

Le rez-de-chaussée abrite une salle de séjour, la salle à manger, la cuisine et une chambre, c'est-à-dire l'ensemble des pièces où se déroule la vie familiale. L'étage, auquel on accède par un magnifique escalier en spirale, accueille la chambre principale, un bureau et une luxueuse salle de bains. On parvient à la terrasse par un escalier indépendant sur la façade sud-ouest.

Elio Di Franco a choisi d'instaurer une communication intense entre l'intérieur et l'extérieur. Le résultat est l'extrapolation des frontières de cet édifice, très élégant, aux domaines de la piscine, du vignoble et des terrasses.

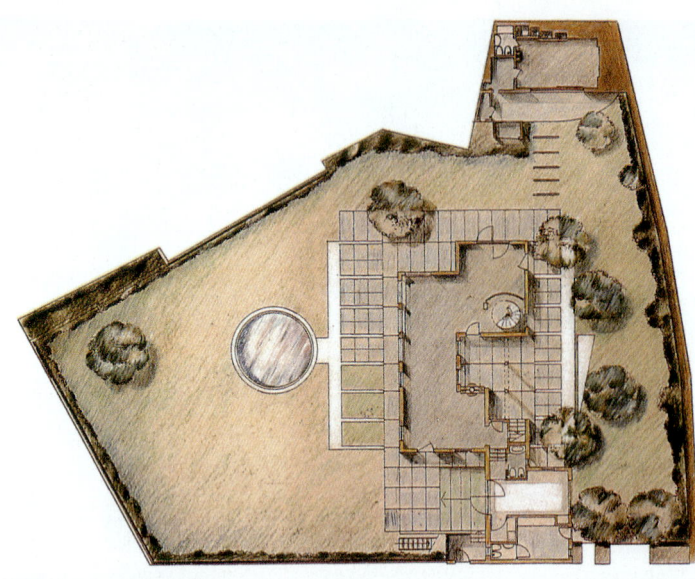

Dessin du plan
du rez-de-chaussée.

Vue nocturne de la façade
qui donne sur la piscine ;
à droite, la terrasse,
spacieuse, est idéale pour
prendre d'agréables repas
à l'extérieur.

Page de droite :
Vue de la façade
sud-ouest. Le pavement est
composé de pierre Serena et
de marbre de Carrare.

Début de l'escalier extérieur
qui conduit
à la terrasse.

Détail d'une marche
triangulaire
dans le jardin.

Page de droite :
La répétition des éléments
en forme et en taille dans
les deux espaces établit le
lien entre l'extérieur et
l'intérieur. Un exemple en
est la piscine du jardin et
le tapis de la salle de
séjour.

Vue de la salle de bains.
La baignoire est
recouverte de petites
mosaïques ;
une grande fenêtre donne
sur Florence.

Les matériaux utilisés
à l'extérieur, pierre Serena
et marbre de Carrare, se
répètent à l'intérieur, le
premier au rez-de-chaussée,
le second à l'étage.

Détail de l'escalier en
spirale qui relie les deux
niveaux de la maison :
sa forme rompt avec
la conception linéaire
qui régit tout l'édifice.

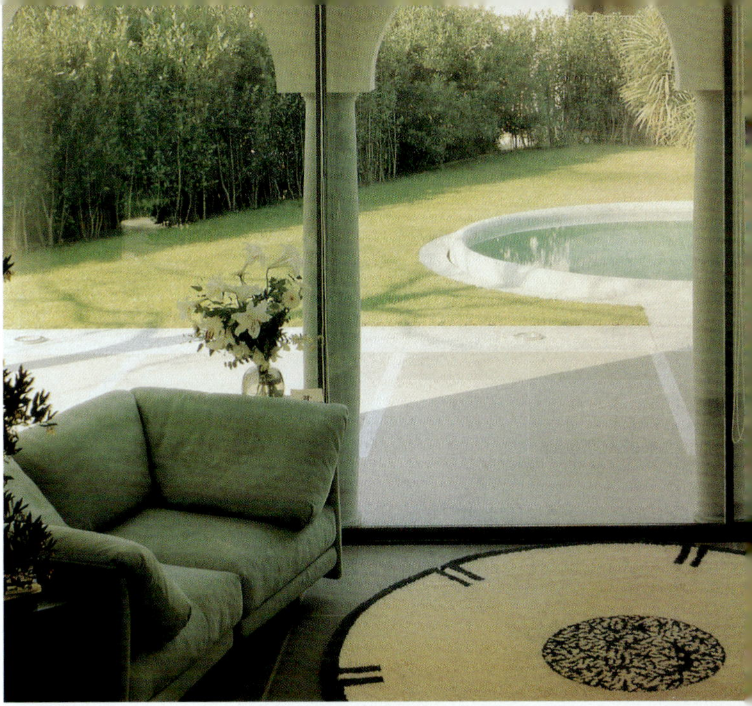

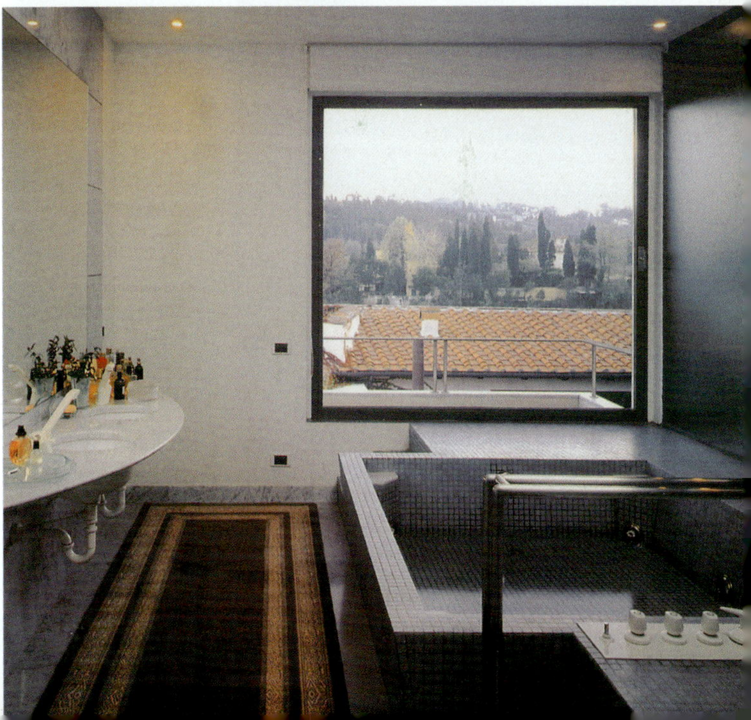

Maison à Reykjavik

Localisation : *Reykjavik, Islande*
Année de construction : *1989*
Architecte : *Maggi Jónsson*
Photographies : *Axel Sölvasson*

Sur la façade, l'aspect
chaleureux du bois
atténue celui, plutôt froid,
de la tôle ondulée.

Maggi Jonsson a été guidé par la nécessité de créer un espace où les habitants puissent avoir un sentiment de communauté tout en se sentant libres et indépendants.

L'édifice se situe dans un district bruyant de Reykjavic, au sud-ouest de l'Islande. Les constructions voisines sont également des maisons isolées, des terrasses et un immeuble de deux ou trois étages. La vue est relativement limitée à cause de la pente, mais on peut voir au loin une partie de la ville, les montagnes et l'Océan.

La maison se compose de deux étages et d'un rez-de-chaussée irrégulier. Les zones familiales – la salle à manger, la cuisine et la salle de séjour – sont au niveau inférieur et les chambres et la salle de bains principale à l'étage.

La forme et la distribution spatiales sont organisées autour d'un concept social et fonctionnel : un ensemble unitaire où les membres de la famille, ayant différentes activités dans des zones distinctes de la maison, puissent se sentir proches mais autonomes.

À l'intérieur de la maison, les matériaux et les techniques de construction sont simples : bois pour les sols et toits et plâtres aux tons clairs pour les murs.

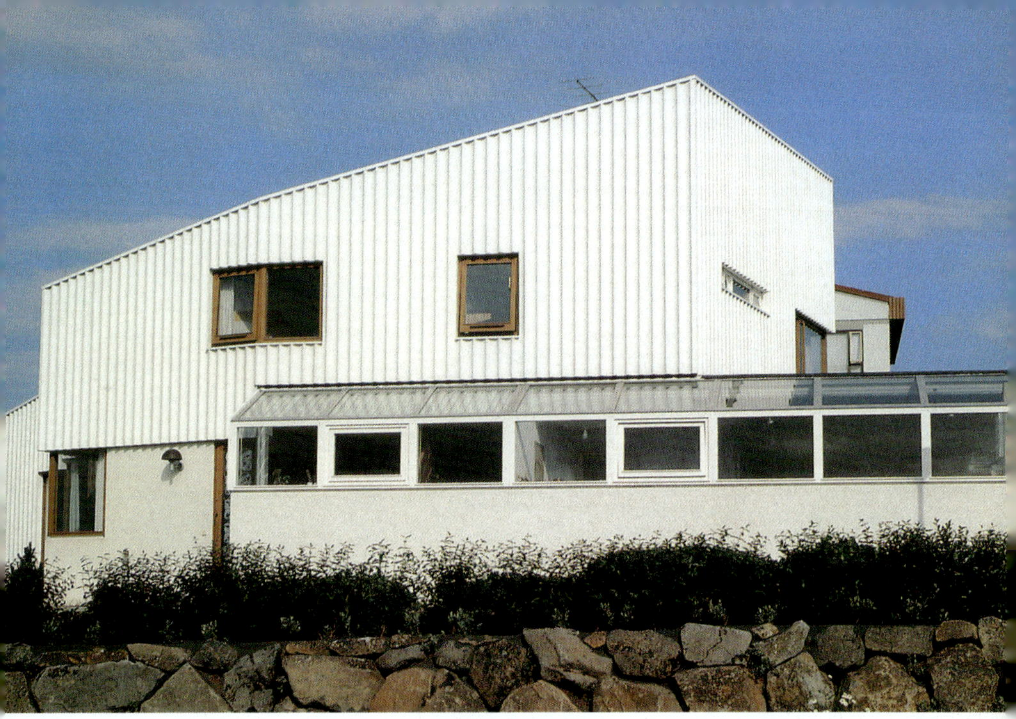

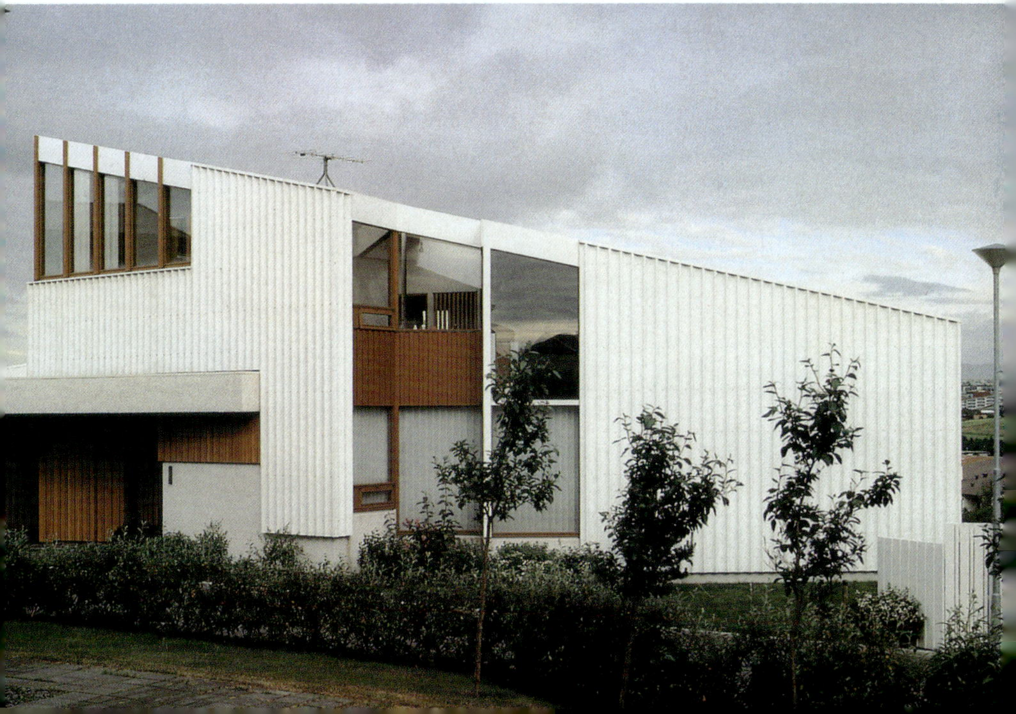

235

Page de droite :
La conception intérieure,
chaleureuse et agréable,
contraste avec l'aspect
métallique froid de
l'extérieur. Des ouvertures
dans le toit du logement
permettent de profiter de
la lumière solaire, rare
sous ces latitudes.

Vue intérieure de la
cuisine ; le motif de
papillons de la porte vitrée
s'observe depuis
la rue.

Vue des grandes fenêtres
qui entourent la salle
à manger et la salle
de séjour ; un pavement de
pierre original précède le
jardin.

La distribution spatiale
de la maison rompt avec
la tradition, dans laquelle
la disposition des
parements est irrégulière.

Maison à Highgate

Localisation : *Londres, Grande-Bretagne*
Année de construction : *1989*
Architectes : *John Jenkins, John Moore*
Photographies : *Dennis Gilbert*

La maison de John Jenkins et de John Moore est un excellent exemple de recherche de nouveaux éléments modernes, sur les traces de Richard Meier.

L'édifice se situe à Highgate, un district londonien. Le terrain en pente prononcée se trouve dans une rue jalonnée d'édifices victoriens dont cette maison reprend les proportions sans pour autant en conserver le style. La maison a été construite sur un rez-de-chaussée rectangulaire qui respecte la distribution fonctionnelle type : la cuisine et la salle à manger au niveau de la rue, la salle de séjour au niveau suivant et les chambres à l'étage supérieur. Des escaliers intérieurs et extérieurs communiquent avec toutes les pièces.

La chambre principale est dotée d'une galerie en acier inoxydable qui permet de profiter d'une vue panoramique magnifique sur Londres.

Il existe au dehors trois jardins distincts : un devant la maison, visible depuis la rue, un autre longeant sur un côté le bâtiment, et le jardin privatif, à l'arrière, orienté au sud.

La structure n'a pas été choisie au hasard ; elle reflète la distribution des pièces, qu'elles soient communes ou privées.

Des murs blancs devaient au départ souligner cette conception abstraite mais la brique locale a été retenue. Les détails de construction ont été particulièrement soignés pour obtenir une sensation de légèreté.

Sur deux des trois côtés
visibles de l'édifice,
de grandes baies vitrées
laissent pénétrer la lumière
naturelle. Les murs sont
en briques londoniennes
et mortier, pour créer
une superficie la plus
homogène possible.

Vue de l'escalier. Le même
type de bois a été utilisé
aussi bien sur le sol que sur
les marches pour créér
une certaine homogénéité.

À l'intérieur, le verre et
les persiennes vénitiennes
confèrent une continuité
horizontale et verticale
à l'espace. Les murs ont été
peints en blanc avec
des éléments en bois.
Les portes, les rampes et
les fenêtres sont en acier
inoxydable.

241

Maison à Santa Monica

Localisation : *Los Angeles, Californie, États-Unis*
Année de construction : *1988*
Architecte : *Frank Dimster*
Photographies : *Reiner Blunck*

La maison se dresse au sommet d'une colline aux versants prononcés sur une parcelle irrégulière et jouit d'une vue magnifique sur l'océan Pacifique, la ville de Los Angeles et les montagnes de Santa Monica. Avant de commencer les travaux, il a fallu modifier le terrain et construire trois terrasses. La maison à deux niveaux s'élève sur un rez-de-chaussée irrégulier. Le travail de terrassement a constitué le point de départ de l'architecte. La terre une fois enlevée, la zone ainsi modifiée et le système de drainage ont fait partie intégrante des concepts sur lesquels s'est élaboré le projet ; la réponse à apporter à ce contexte a déterminé la forme finale du bâtiment. Le rez-de-chaussée abrite la vie familiale : la cuisine, un bureau et la salle de séjour reliée à la salle à manger située à un niveau différent. Le garage et les zones de service se trouvent également à ce niveau. L'étage supérieur héberge les chambres qui ont toutes accès direct aux terrasses. Le lien entre les espaces intérieurs et les zones avec jardin se fait par de grandes ouvertures qui permettent aussi de profiter de la vue.

Les façades associent la pierre et des surfaces peintes en beige. Les menuiseries, l'escalier métallique et les rampes sont peints en blanc.

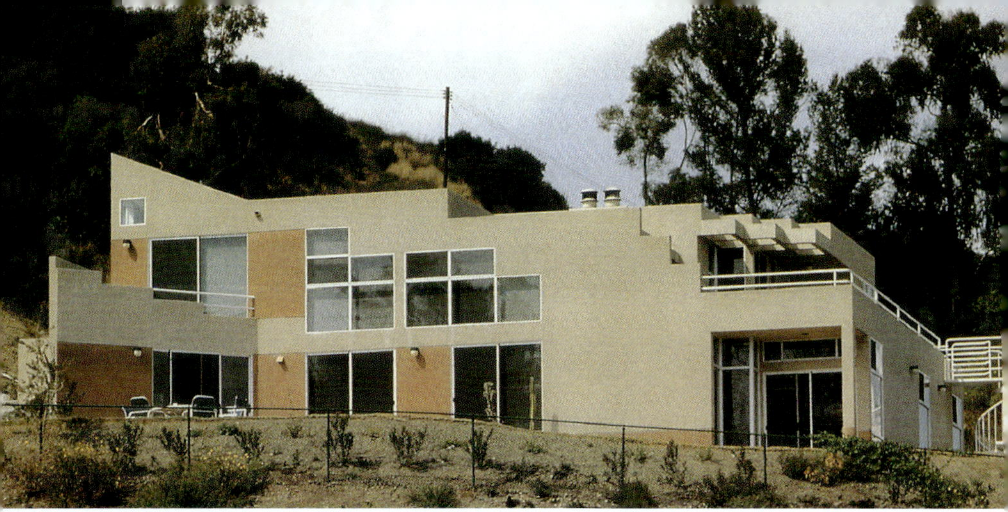

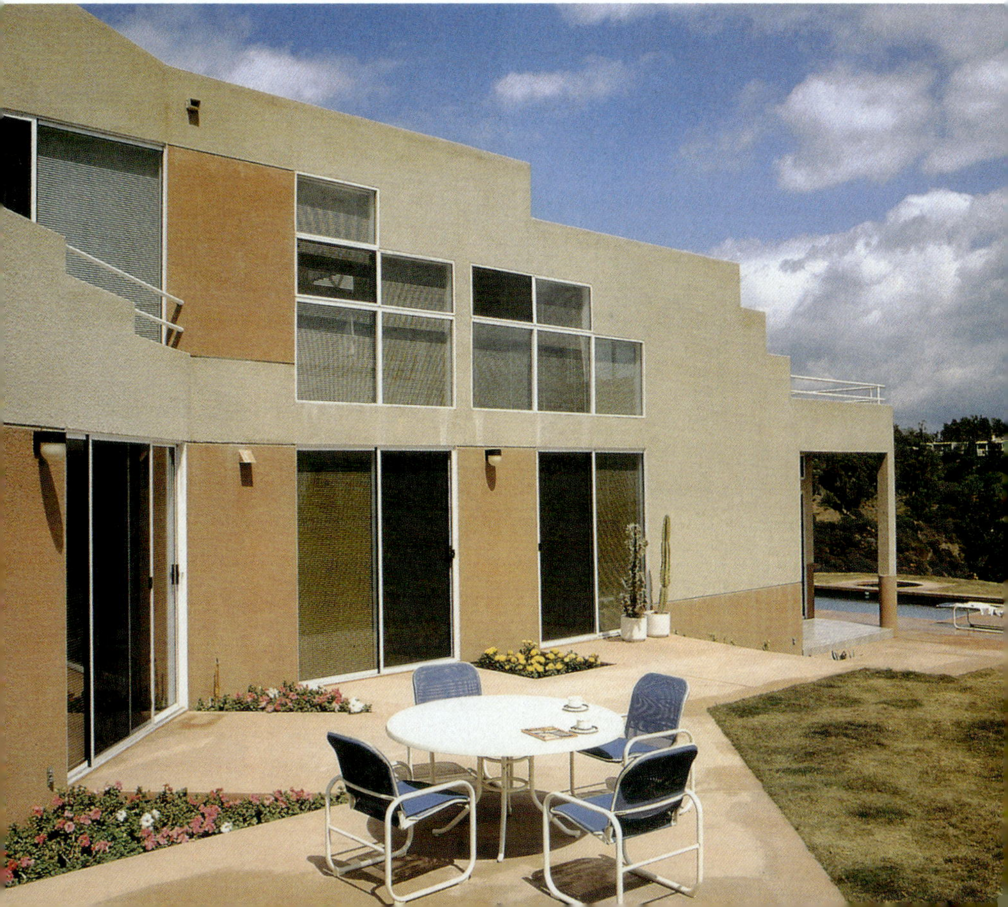

Un escalier en colimaçon
relie la piscine à la terrasse
principale. Sa forme
contraste nettement avec
la conception linéaire de
la maison. Au fond, belle vue
nocturne sur la ville
de Los Angeles.

Page de gauche :
Vue partielle des différents
niveaux de
la maison.

La cuisine,
très fonctionnelle,
donne directement
sur une des terrasses.

En raison de l'entrée
excessive de lumière
naturelle par les grandes
baies vitrées,
des persiennes ont été
installées pour tempérer
les rayons solaires.

Un sol en parquet est
utilisé dans certaines
zones, une moquette de
couleur grise dans d'autres,
dont les escaliers.
Les murs et les parements
sont peints en blanc.

Détail de la salle de bains
spacieuse, avec
vue panoramique
sur les montagnes
de Santa Monica.

Maison à Los Angeles

Localisation : *Los Angeles, Californie, États-Unis*
Année de construction : *1988*
Architectes : *Morphosis Architects*
Photographies : *Reiner Blunk*

Cette maison à trois étages, construite sur une base légèrement irrégulière, s'organise de façon totalement insolite, avec la zone de séjour au niveau le plus élevé et les chambres et les salles de service aux niveaux inférieurs. Les occupants peuvent ainsi jouir depuis la salle de séjour de la vue sur l'océan Pacifique qui serait, sinon, masquée par les maisons alignées de l'autre côté de la route côtière. Les plans montrent clairement l'intersection de deux volumes différenciés : un élément central qui héberge les salles de bains, la cuisine et l'ascenseur, et un autre élément en diagonale où se situe le reste des chambres.

Les architectes ont particulièrement soigné l'entrée, de forme circulaire, placée sur l'un des côtés du bloc central de l'édifice. Après celle-ci, on parvient à un salon familial qui s'ouvre sur un patio, à main gauche, et sur une zone destinée aux invités, face à laquelle se trouvent une salle de bains et un sauna, à droite. Le niveau suivant accueille le bureau, avec accès au patio, et une chambre avec garde-robe, dépendances privées et accès à l'extérieur. Le niveau supérieur héberge la salle de séjour, près de la salle à manger et de la cuisine ; un petit couloir conduit à une grande terrasse ouverte. Un sous-sol, qui sert de garage et d'entrepôt vient compléter avec une zone de services cet ensemble.

Les fenêtres, disposées de façon à surplomber le paysage, fournissent à la fois intimité et lumière. La vue est orientée vers l'ouest, l'océan Pacifique et les jardins privés des premier et troisième étages. Une seule ouverture fonctionnelle dans la cuisine et un ensemble de trois baies vitrées sur le côté nord fournissent un éclairage indirect sur l'espace central.

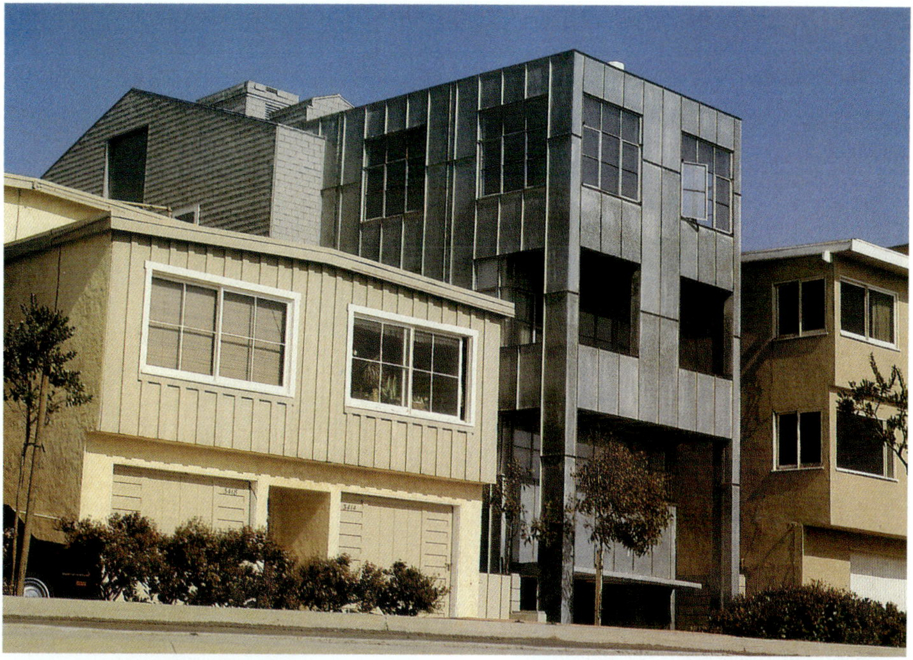

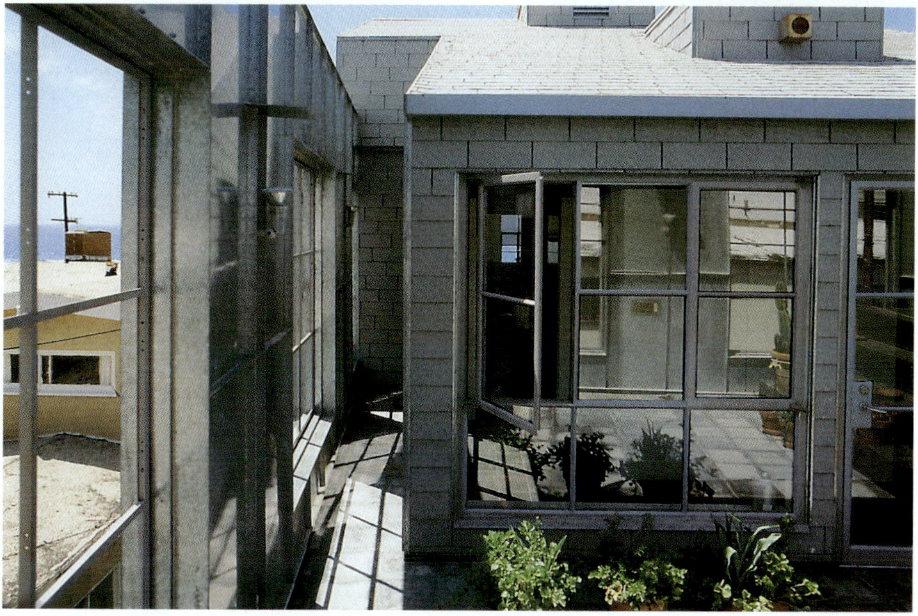

Page de gauche :
La composition
de la cuisine, située au
troisième étage du bloc
central, est la plus
complexe ; s'y combinent
des éléments structuraux,
des appareils de haute
technologie et des systèmes
d'ouverture compliqués
vers les divers espaces
internes de
la maison.

À l'intérieur du logement,
la simplicité d'utilisation
des matériaux répond à la
complexité des espaces et
des volumes : les sols
sont en céramique, les
murs peints à la détrempe
et, au dernier étage, les
toits laissent apparaître
des panneaux de bois.

Maison à Vicence

Localisation : *Thiene, Vicence, Italie*
Année de construction : *1990*
Architecte : *Franco Stella*
Collaborateur : *Flavio Albanese*
Photographies : *Studio Azzurro*

L'importance du projet réside en premier lieu dans une transformation calculée des inconvénients topographiques au bénéfice d'une distribution insolite, mais très efficace, des zones fonctionnelles. Le fait d'élever l'édifice en partant d'une dichotomie de présence et d'absence, de vide et de plein, d'ajout et de soustraction, constitue également un succès esthétique d'une singulière élégance, complété par l'articulation soignée des axes de construction qui définissent la stratification des différents niveaux.

Le projet part de l'intention de mettre en scène de façon formelle et conceptuelle un lieu isolé, serein, presque intemporel qui s'érige en ignorant les conditions environnantes. L'architecte y parvient en faisant des installations annexes une partie intégrante de la construction et en donnant une importance inhabituelle au sous-sol de l'édifice. L'idée de maison unicellulaire naît, dès le départ, de la nécessité de créer un espace optimum pour l'individu ; en fonction de cela, Franco Stella élabore une architecture humanisée qui ne renonce pas aux valeurs propres à sa discipline.

Pour pallier le caractère inexpressif du terrain, Stella a choisi de profiter de la plate-forme pour développer la construction sur des niveaux. Il profitait ainsi au maximum des dimensions de l'espace total, ainsi que d'une distribution parfaite des zones, le corps du logement se situant au point le plus élevé – en contact avec la voie d'accès – et les installations complémentaires sur la cote inférieure.

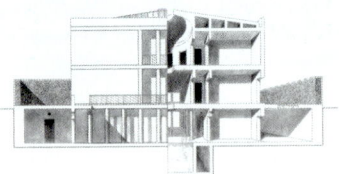

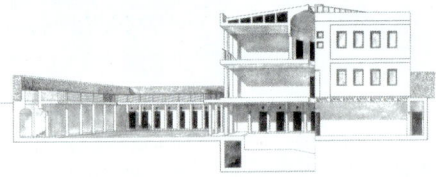

L'édifice se présente comme une
combinaison de deux figures antithétiques,
un ajout et une soustraction, de plans
quadrangulaires similaires. Ces deux coupes
peuvent se traduire, en termes classiques,
comme une maison à trois étages, deux
apparents et un troisième souterrain,
plus un patio enfoui.

Au niveau souterrain,
l'axe longitudinal
s'organise autour
de la salle ponctuée
des colonnes de la piscine
et de cinq portiques vitrés
qui fournissent la lumière
provenant du patio
inférieur.

La maison Schnabel

Localisation : *Brentwood, Los Angeles, États-Unis*
Année de construction : *1988*
Architecte : *Frank O. Gehry*

Des clients compréhensifs, plus préoccupés par les aspects esthétiques, culturels et pragmatiques du processus d'habitation que par la simple soumission à des logements classiques et aux modes courantes en architecture domestique, permirent la morphologie inhabituelle du bâtiment, sa typologie atypique et le choix surprenant des matériaux.

Le lieu choisi est une propriété d'environ 530 m², sans caractéristiques topographiques particulières. À l'une de ses extrémités, le terrain rectangulaire se termine par une zone trapézoïdale irrégulière dans laquelle la pente s'aplanit pour former une terrasse privée à un niveau plus bas. L'absence d'éléments contraignants significatifs a donné à l'architecte une plus grande liberté dans la conception du projet tout en tenant compte des avantages du terrain.

Frank O. Gehry opta pour son plan de construction – un espace privé, une zone de service, une autre de loisirs, plus un garage et des installations extérieures – pour une solution reposant sur des structures indépendantes et traitant chaque élément en une entité différenciée. Ce rapport s'étend à la sphère conceptuelle et esthétique. Le changement de forme et de superficie dans chacun des bâtiments préserve son style architectural propre et spécifique. Leurs éléments se complètent et s'opposent dans un dialogue sculptural, expressif et spatial.

Page de droite :
Vue de l'intérieur
du rez-de-chaussée
de l'habitation.
Le parement de verre
qui enveloppe l'entrée
principale permet
une pénétration abondante
de lumière naturelle
et une vue directe
sur le jardin.

Vue générale de la résidence Schnabel
prise depuis la partie arrière du
terrain. Le traitement ingénieux
de l'eau et de la végétation est en
harmonie avec l'atmosphère
conceptuelle de l'ensemble.

MAISONS DES FAUBOURGS

Confrontés aux limites spatiales imposées aujourd'hui par la plupart des principaux centres urbains internationaux, les architectes ont été obligés de rechercher des solutions de remplacement pour permettre aux villes de poursuivre leur croissance normale. Le concept de noyau urbain évolue donc et les tendances des interventions antérieures laissent la place à des lignes de conduite différentes, nécessairement dirigées vers des zones plus éloignées du centre, qui offrent des possibilités plus grandes et représentent une économie considérable dans l'acquisition du terrain où sera édifié le logement. Les problèmes de densité croissante et les activités peu lucratives se répercutent nécessairement sur la rare habitabilité des zones de logements, écrasées tout à la fois par la densité du tissu urbain, les bouchons, les faibles investissements et la pénurie d'équipements communautaires et de zones de détente. En effet, l'augmentation de la population détermine l'extension de la ville. Ce phénomène de débordement est localisé dans la périphérie, par le biais de processus d'urbanisation qui résultent de multiples comportements sans aucun lien. Dans certains cas, les pouvoirs publics régulent ces opérations et imposent des normes, voire définissent des plans pour contenir ce développement et faire en sorte d'y intégrer la population. Dans d'autres cas, ces logements périphériques naissent d'une occupation illégale du terrain, se consolidant de façon précaire par le biais de formes

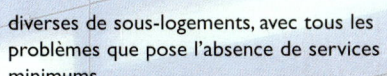

diverses de sous-logements, avec tous les problèmes que pose l'absence de services minimums.

Le processus de métamorphose permanente, propre au centre névralgique des grandes villes, est en train de déborder sur les alentours. Les zones périphériques acquièrent ainsi l'élan nécessaire pour réussir leur intégration dans la structure nucléaire, en tentant d'adapter, dans la mesure du possible, leur morphologie à la disposition existante dans les anciens tracés urbains. Les auteurs ont trouvé dans cet espace complémentaire des extensions de terrain où ériger leurs maisons, difficiles à trouver sur le sol urbain. Beaucoup des grands complexes architecturaux destinés à des logements ou à des bureaux se situent nécessairement dans les faubourgs métropolitains. Ces zones, qui se caractérisent par une capacité spatiale quasi illimitée, offrent aux créateurs de nouveaux projets un avantage intéressant par rapport aux autres zones potentielles : comme il s'agit de zones peu exploitées, les architectes jouissent d'une liberté de construction inusitée, non conditionnée par des constructions antérieures, peu fréquente lorsque les ouvrages présentent un environnement concret et défini.

Enfin, la création de nombreuses constructions de caractère expérimental est l'une des conséquences de cette liberté formelle et fonctionnelle.

Maison sans murs

Localisation : *Karuizawa, Nagano, Japon*
Année de construction : *1997*
Architecte : *Shigeru Ban*
Photographies : *Hiroyuki Hirai*

Ce pavillon s'inscrit dans une série expérimentale
de projets que l'architecte appelle Case Study
Houses. Construite sur une pente, cette maison a
été insérée pour sa moitié arrière dans le
terrain pour réduire les travaux d'excavation. Le
sol se courbe à une extrémité pour rejoindre la
dalle de la toiture qui n'est par ailleurs soutenue
que par trois piliers ronds très svelte. L'idée
essentielle qui a présidé à la conception de cette
maison est de parvenir à une continuité spatiale
aussi bien à l'intérieur que dans l'environnement
extérieur. Deux plans déterminés par le sol et
la toiture marquent et définissent un horizon.
Les limites ont été éliminées, l'espace intérieur
n'a pas de séparations, la visibilité est totale y
compris dans des recoins aussi intimes que la
salle de bains, qui s'offre crûment à la vue. Seul
le bloc-cuisine, un banc et quelques meubles
suggèrent des différences de niveaux de zones
dans un espace unique, lisse et homogène.
Le logement se transforme grâce à des panneaux
coulissants et multiplie ainsi ses possibilités
d'utilisation tout en conférant un caractère neuf
à chaque pièce. Les formes curvilignes sont
d'une extrême simplicité, la structure disparaît
presque et la transparence totale des limites
extérieures donne l'impression que la maison
est contenue dans le paysage.

Au début des travaux,
un terrassement a été réalisé de
la partie basse vers la partie
supérieure. L'idée était de ne
pas intervenir de façon
arbitraire sur le terrain.

Bien que les concepts
qui régissent le projet
n'aillent pas dans le sens
de la fonctionnalité,
ils ont servi d'exemples
à d'autres créateurs.

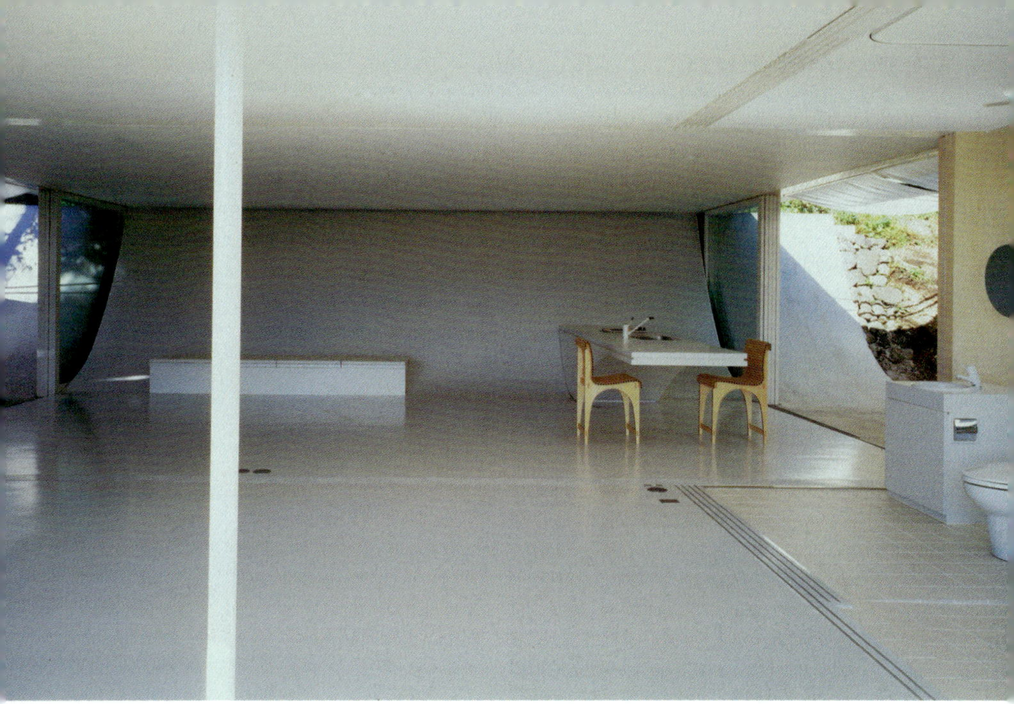

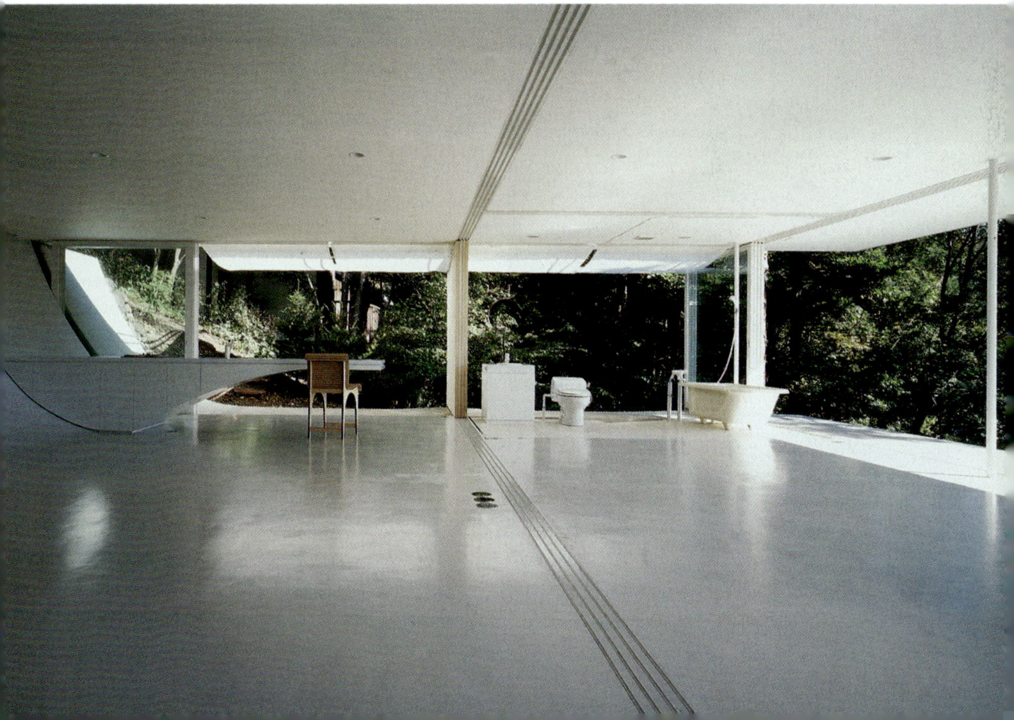

La maison Russ

Localisation : *Constance, Suisse*
Année de construction : *1994*
Architecte : *Ernst Giselbrecht*
Photographies : *Peter Eder*

Détail du jardin, avec
la piscine au premier plan
et le lac de Constance
au fond.

Page de droite :
Les surfaces de verre ont
été spécialement traitées
pour filtrer les rayons
solaires en été.

Giselbrecht a conçu cette maison comme un mirador. Dans toutes les pièces, la vue sur le lac est une référence constante, une toile de fond sur laquelle se développent toutes les activités de la maison.

Le mur de soutènement voulu par l'architecte a permis de disposer d'un terrain plat pour construire la piscine et le logement. Sur ce premier réaménagement du terrain, la maison s'élève tel un petit pavillon vitré à deux étages ; au rez-de-chaussée, les espaces communs et, au premier étage, les chambres. Il existe bien sûr une distinction entre la façade principale (avec vue sur le lac) et la façade arrière.

Comme on le constate dans la maison Russ, Giselbrecht allie rigueur de construction, goût du détail et retenue formelle importante. Ses édifices sont presque toujours construits à partir de formes géométriques simples et de façades abstraites. Dans ce cas, en partant du volume de verre, le seul élément supplémentaire est un balcon étroit qui, après avoir parcouru toute la façade principale, fait saillie à une extrémité, tel un poste de garde.

Aspect du double espace
de la salle de séjour.
Toute la menuiserie
métallique est laquée
en blanc.

Le cloisonnement vitré
du bureau favorise
la relation visuelle avec
la salle de séjour.

La vue sur le lac est un
point de référence constant
depuis toutes les pièces
du logement.

La maison Schickert

Localisation : *Meerbusch, Allemagne*
Année de construction : *1998*
Architectes : *Döring, Dahmen, Joeressen*
Photographies : *Manos Meisen*

Le génie est l'ingrédient de base de la maison
Schickert. Wolfgang Döring répond de manière
intelligente et subtile aux données préexistentes
et aux impératifs du projet. Il surprend par
des mécanismes spécifiques qui renforcent
les vertus du programme ou passent au crible
les inconvénients du terrain.

À première vue, le logement ressemble à
une résidence unicellulaire type : un programme
classique accueilli dans une construction simple
et contemporaine entourée d'un jardin
généreux. Les détails de conception convertissent
la maison en un ensemble de « clins d'œil
architecturaux » pensés pour le plaisir des
occupants.

L'objectif principal est de se cloisonner et
de tourner le dos à la périphérie, en créant un
espace privé plein de distractions esthétiques
et de construction pour le confort des
habitants. Certaines fenêtres sont ainsi
disposées à des hauteurs limitées pour que le
spectateur assis dans la salle à manger n'ait que
des images du jardin.

Le système de construction de la maison
répond à une organisation stricte : des blocs
légers et isolants s'allient aux vitrages
des ouvertures et à la structure métallique qui
supporte le niveau de la terrasse. La conception
du jardin complète une maison qui se veut un
reflet de la forme de vie de ses occupants,
véritable lieu de lumière et d'espace.

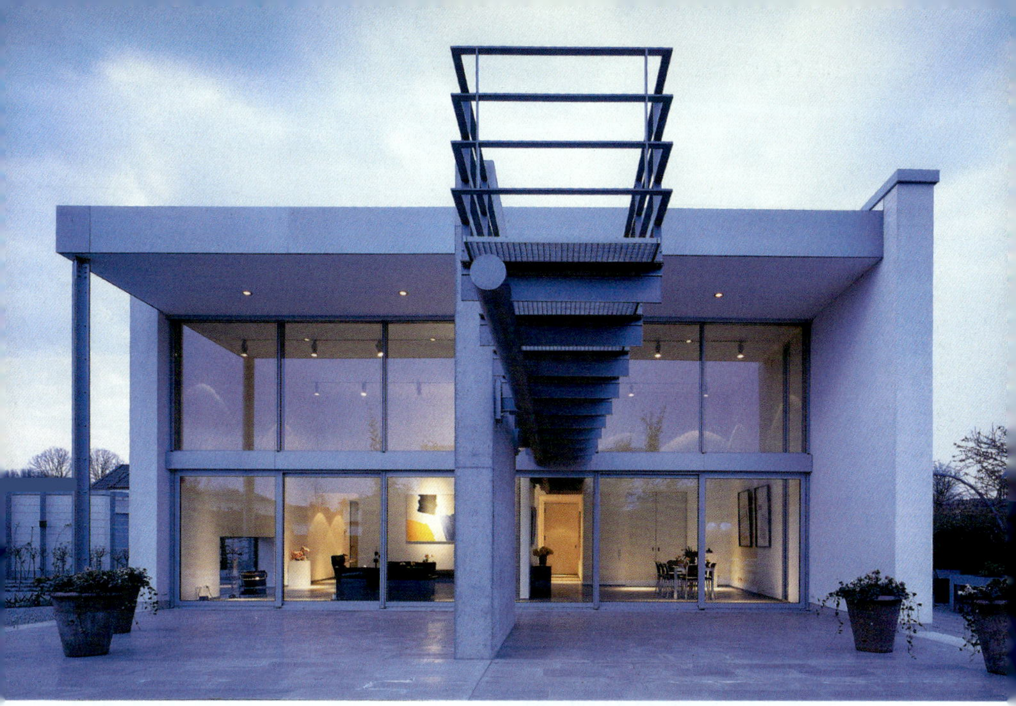

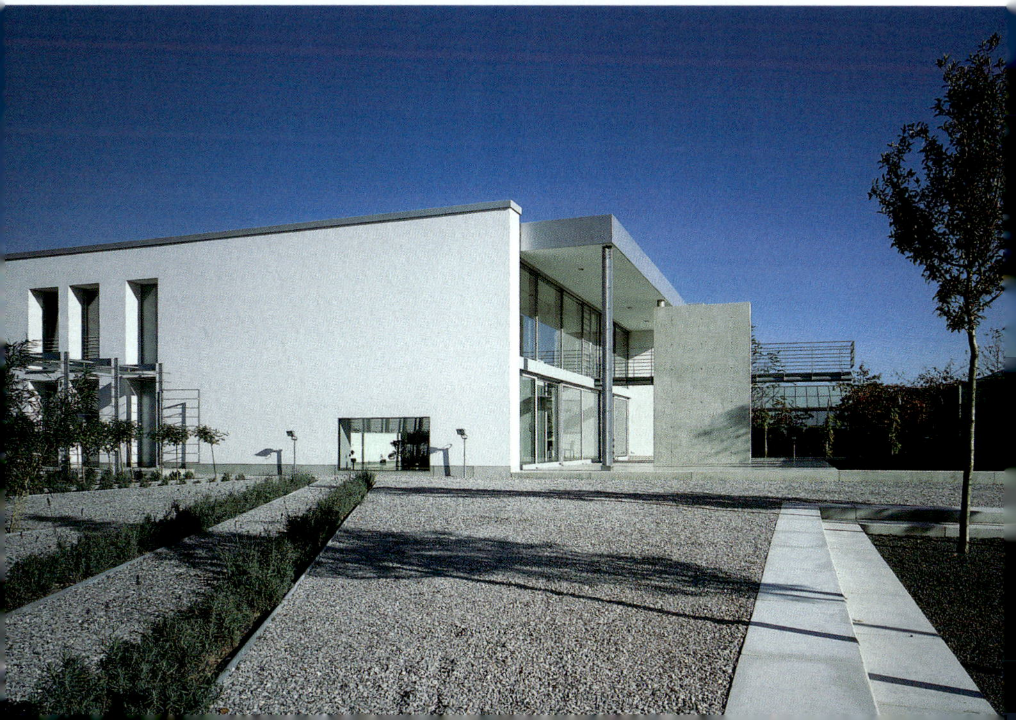

Les espaces intérieurs,
tels un musée, abritent diverses
œuvres d'art et jouissent
de finitions superficielles propres et
élégantes. Les transparences
et les reflets jouent un rôle majeur
dans la perception
de la maison.

Pages précédentes :
Le bassin est délimité par
un mur en granit noir poli qui
semble n'avoir d'autre finalité
qu'esthétique. Döring là encore nous
surprend, car il ne s'agit que d'un
mécanisme permettant d'observer le
reflet des poissons du bassin depuis la
salle de séjour.

Depuis la rue, côté nord,
on accède à l'édifice par
un patio de forme
rectangulaire. Ce premier
espace ouvert sert de sas
entre l'espace public urbain
et l'intimité de la demeure.

La maison Huete

Localisation : *Madrid, Espagne*
Année de construction : *1998*
Architectes : *Vicens/Ramos*
Photographies : *Eugeni Pons*

Un terrain magnifique, un budget généreux et des clients attentionnés ne sont pas forcément gage de la réussite d'un projet. Si ces conditions facilitent le processus de réalisation, elles peuvent aussi se convertir en piège parce que l'architecte peut facilement tomber dans l'opulence, l'extravagance superficielle et la matérialisation de ses caprices les plus absurdes. Vicens et Ramos ont su éviter ces tentations ; ils ont mis à profit les avantages de la commande et ont conçu une maison aux formes contondantes et aux finitions exquises.

La zone dédiée à la journée comprend des espaces larges séparés par des murs de bois, qui n'arrivent pas au toit, dans lesquels sont aménagés des ouvertures stratégiques permettant d'établir des rapports visuels concrets. Les finitions précisent le rôle des différentes zones : d'une part les murs massifs et stuqués assurent la fonction structurelle, d'autre part, les cloisons de bois, comme les paravents, donnent une note chaleureuse. La coupe des parties supérieures met en évidence l'intérêt du projet qui permet l'arrivée d'une lumière zénithale.

La coupe du projet
qualifie en grande
partie les espaces.
Elle détermine en premier
lieu le contact avec
le terrain. Par ailleurs,
elle crée un jeu de pleins
et de vides qui confère
une richesse sensorielle
aux différentes ambiances.

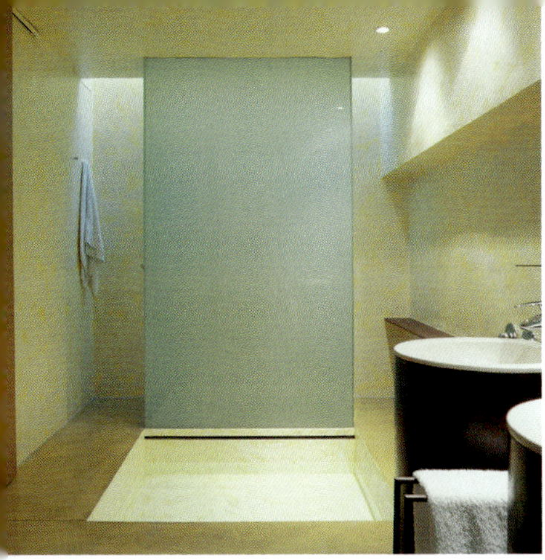
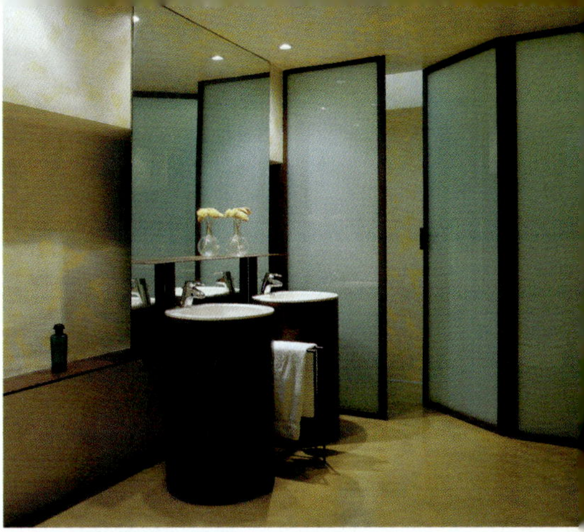
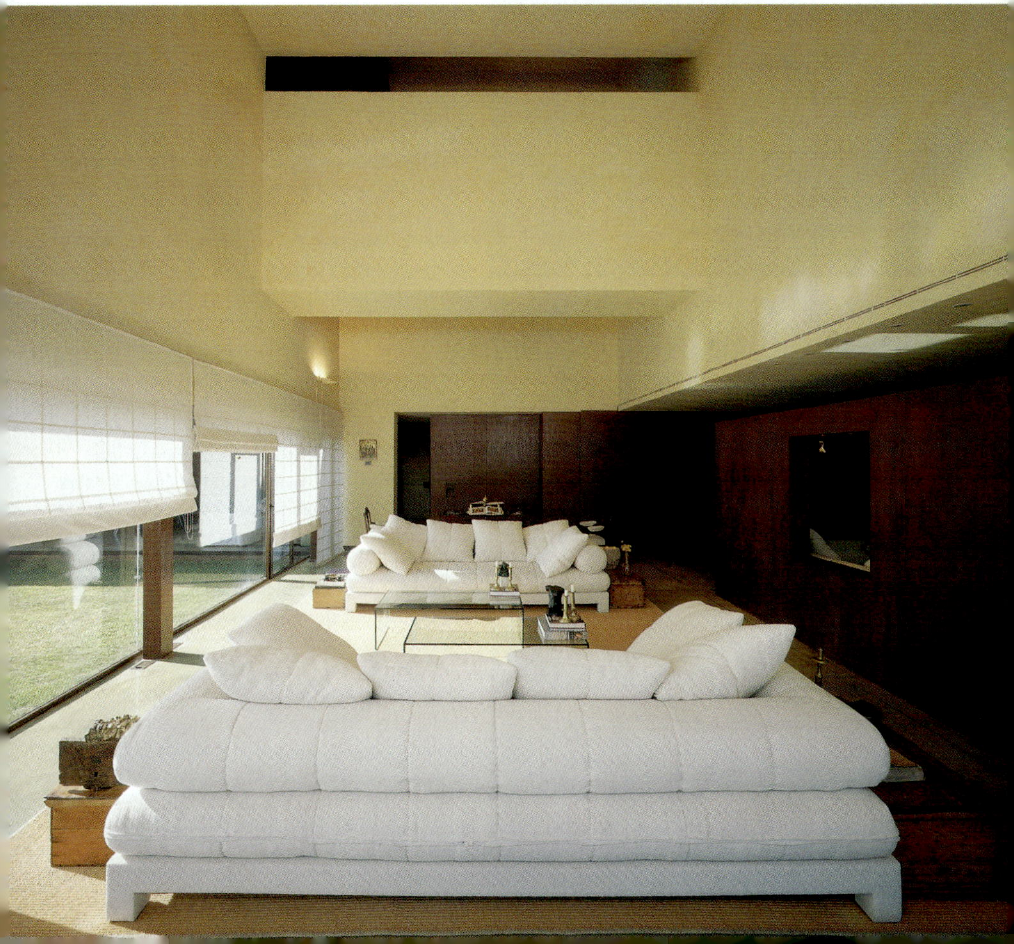

Maison à Dazaifu

Localisation : *Dazaifu, Japon*
Année de construction : *1995*
Architecte : *Hiroyuki Arima*
Photographies : *Koji Okamoto*

L'architecture japonaise façonne la dichotomie d'un environnement culturel très particulier : le futurisme, esthétique et fonctionnel, est profondément influencé par une tradition ancestrale qui confère aux projets une sensibilité exquise qui ne se retrouve pas dans l'architecture occidentale. Les constructions les plus radicalement d'avant-garde sont perçues comme annonciatrices du futur mais ont toujours conscience d'appartenir à une culture millénaire.

Plongé dans cet environnement particulier, Hiroyuki Arima propose une demeure qui jouit au maximum du paysage et de la lumière, serait-ce au détriment de sa fonctionnalité.

L'objectif du projet n'a en effet rien à voir avec l'économie ou la rentabilité, mais avec la perception des espaces pensés essentiellement de façon sensorielle.

La résidence se situe près du temple de Dazaifu, mais les environs sont calmes, à l'abri du tumulte de la zone touristique. Les arbustes de bambou et autres arbres indigènes couvrent le terrain aux pentes douces. La maison est répartie sur deux blocs situés sur un dénivellement dont les extrémités sont distantes verticalement de 10 m.

Hormis un soin exquis dans les détails de construction (menuiserie épurée, entrées de lumière en des points stratégiques, escaliers sculpturaux, etc.), le projet jouit de finitions presque sensuelles qui complètent un logement pensé pour la diversité des sensations et pour profiter de la nature dans toute sa splendeur.

Sans rideaux ni persiennes,
les espaces intimes de la
maison sont rares. Le projet
doit renoncer à certains
conforts pour profiter de
la vue et s'approprier la nature
extérieure.

La pente prononcée règle
l'emplacement des étages
sur différents niveaux qui
communiquent par des escaliers
et des passages aménagés dans
le terrain. La valeur de l'espace réside
dans les mécanismes d'inclusion
de la nature plus que dans
la fonctionnalité et l'efficacité
de la résidence. Avec ces priorités,
Arima se démarque des tendances
résidentielles japonaises de la fin
du siècle qui cherchent le rendement
maximum des surfaces construites.

Les escaliers sont
soigneusement conçus.
L'ascension s'accompagne
toujours d'une vue directe
vers le ciel, en guise
de métaphore. Les
dernières marches sont
translucides pour
permettre le passage de
la lumière zénithale.

Hiroyuki Arima et son
bureau Urban Fourth
ont obtenu des espaces
intimement liés avec
l'extérieur. Leur choix
est contondant ; intégrer
la lumière, la vue et le
vent aux pièces de la
maison. La nature se
glisse dans chacune des
ouvertures de façon
physique ou perceptive.

La maison Schöener

Localisation : *El Pedregal de San Angel, Mexique*
Année de construction : *1995*
Architectes : *Alfonso López Baz, Javier Calleja Ariño*
Collaborateurs : *Raúl Pulido, Octavio Cardozo*
Photographies : *Fernando Cordero*

Cette maison fait partie d'un ensemble de trois maisons, avec accès et mur en pierre volcanique communs. Le terrain présente une pente prononcée dans la direction ouest-est, c'est-à-dire, du fond de la maison jusqu'à l'entrée.

Ce projet, complètement introverti, ignore l'environnement. Malgré un terrain en pente, l'édifice se développe pratiquement sur un même plan au rez-de-chaussée ; cette volonté est le résultat d'une décision préliminaire qui marque entièrement le projet : construire la maison autour d'un patio.

Par opposition à cet hermétisme, l'intérieur est très vaste et ouvert, avec des lignes visuelles de plus de 20 m. La maison s'organise en trois franges perpendiculaires aux murs mitoyens. La première correspond à la zone sociale, les espaces communs de la maison. Au rez-de-chaussée, la salle de séjour, la cuisine et le reste des services. Au premier étage, un salon très retiré.

Les architectes ont cherché à ce que chaque pièce ait une image particulière. L'architecture répond ainsi aux différentes situations qui interviennent dans une même demeure.

Les deux portiques géants
en acier, des deux côtés
du patio, sont l'un
des éléments les plus
caractéristiques de cette
maison. Le plan
des piliers est un triangle
équilatéral dont l'un
des sommets est orienté
vers le patio.

Page de droite :
Les revêtements de sol
sont essentiellement en
bois et en marbre
travertin fleuri.

La cheminée sert
d'élément de séparation
entre la salle de séjour et
le passage qui conduit
depuis l'entrée au couloir
qui traverse le patio.

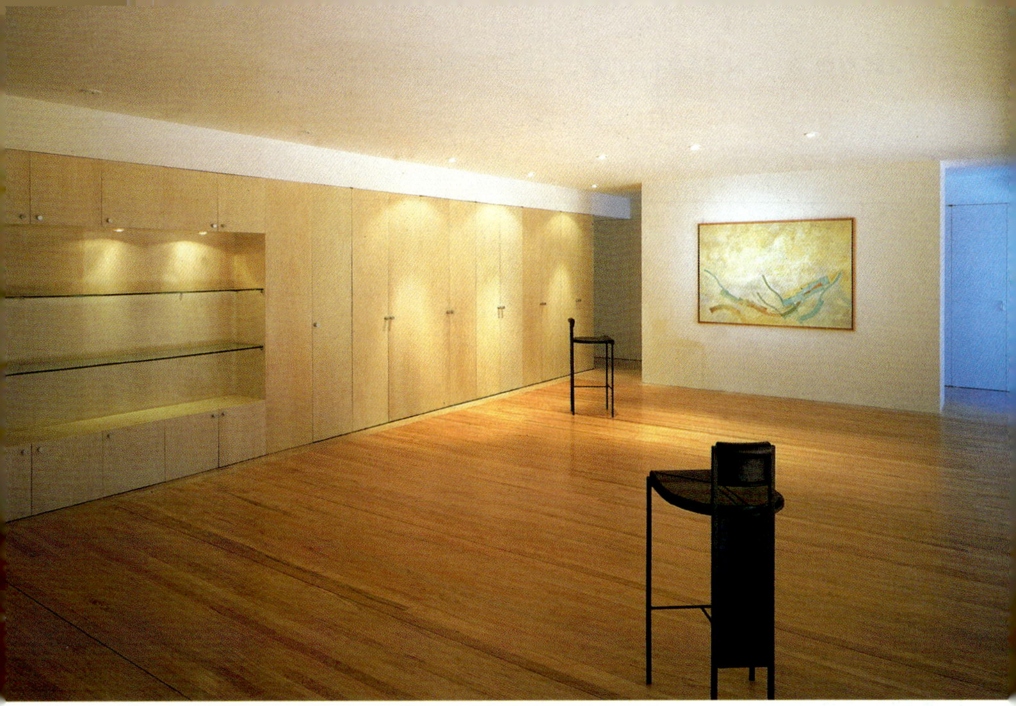

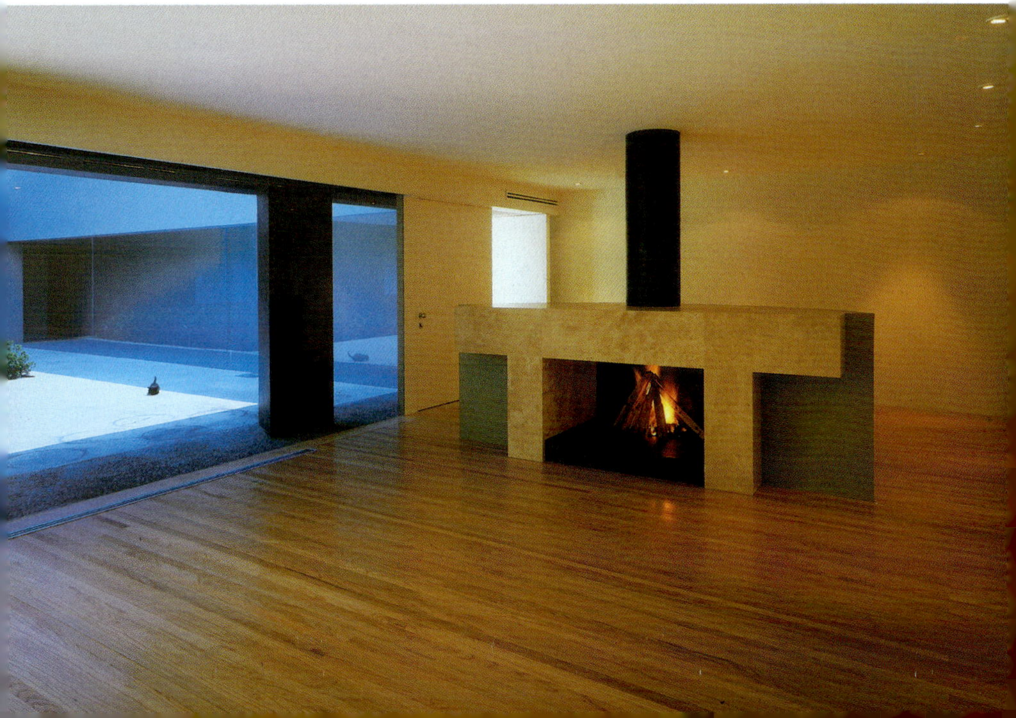

Maison à Querétaro

Localisation : *Querétaro, Mexique*
Année de construction : *1997*
Architectes : *Bosco Gutiérrez Cortina, Fernando
Cárdenas González, Emilio Guerrero y
Ramos, Alejandro Medina Macías*
Collaborateur : *Roberto Stark (structures)*
Photographies : *Alberto Moreno Guzmán*

Face à la salle familiale,
dans le secteur
des chambres,
un petit bassin et un mur
de couleur bleu cobalt.

Bien qu'elle soit réputée pour avoir repris une certaine tradition vernaculaire, l'architecture de Gutiérrez Cortina fait à notre avis partie de l'une des grandes traditions artistiques du XXᵉ siècle : l'abstraction. Son goût pour la composition géométrique avec des plans parfaitement définis et des volumes clairs rapproche ses œuvres de celles de Gerrit Rietveld, Piet Mondrian, Barnett Newman, Sol Lewitt, Frank Stella... Comme dans toutes celles-ci, on distingue une recherche d'harmonie qui repose sur des combinaisons chromatiques et géométriques et la conviction que l'abstraction en soi peut susciter émotions et sentiments.

Les caractéristiques du terrain, vaste, 30 m de large et 50 m de profondeur, soit une superficie complètement plate de 1 500 m², sont à l'origine d'une double décision : construire la maison pratiquement sur un seul niveau et laisser une grande place carrée devant la façade principale pour servir d'antichambre au logement.

La place, même si elle fait partie du terrain, est conçue comme un espace étranger au logement. Comme dans certains de ses autres projets, le cabinet Gutiérrez Cortina Arquitectos veut conserver ici une certaine distance entre les espaces pour qu'un parcours préside à tout changement d'activité.

Détail de la grande
baie vitrée qui donne
sur le jardin.
La menuiserie en forme
de croix est inspirée
d'une des fenêtres
de la maison de Luis
Barragán à Tacubaya.

Les ouvertures dans le toit
permettent à la lumière
naturelle de pénétrer sous
forme de rayons orientés
et géométriques.

La résidence Stampfel

Localisation : *Düsseldorf, Allemagne*
Année de construction : *1995*
Architectes : *Wolfgang Döring, Michael Dahmen,*
    Elmar Joeressen
Collaborateur : *Bernhard Korte (paysagiste)*
Photographies : *Dieter Leistner, Frank Springer*

L'influence des maîtres allemands du modernisme (Walter Gropius, Marcel Breuer, Bruno Taut) se reconnaît ici à la rigueur géométrique et au type de finitions choisi ainsi que dans la composition des ouvertures.

Cette maison s'organise autour d'une symétrie presque parfaite, peu courante dans l'architecture moderne, plutôt propre à la tradition des Beaux-Arts. La symétrie n'est pas ici une méthode de composition ni un instrument de construction d'une façade équilibrée et plaisante, mais plutôt un moyen d'ordonner les espaces le plus simplement et le plus immédiatement possible.

Le bassin des poissons japonais contigu à la maison et le jardin où s'alignent arbres et piliers abstraits ne sont pas conçus comme un espace extérieur mais comme un prolongement du logement.

L'entrée prend place à l'extérieur de l'édifice et l'espace ainsi créé entre la porte du jardin et celle de l'édifice sert d'antichambre.

La clôture qui entoure la parcelle interdit toute vue sur l'intérieur. Seules quelques taches de couleur se devinent à travers le verre translucide du patio du premier étage.

Döring propose ici une architecture géométrique et austère pour mettre en valeur des créations trop souvent noyées par l'accumulation d'images spectaculaires.

La maison Stampfel, d'une superficie de 275 m², a été conçue pour un couple sans enfants. La structure repose sur des murs porteurs en blocs de béton à inertie thermique importante, souvent utilisés en Allemagne dans un souci d'économie d'énergie.

Page de droite :
Sur presque tous les murs de la maison sont accrochés les tableaux appartenant à la collection d'art moderne du couple de propriétaires.

La maison Bielicky

Localisation : *Düsseldorf, Allemagne*
Année de construction : *1995*
Architectes : *Wolfgang Döring, Michael Dahmen,*
    Elmar Joeressen
Collaborateur : *Georg Döring*
Photographies : *Manos Meisen*

Page de droite, en haut :
Vue des maisons Stampfel
et Bielicky depuis une autre
maison conçue par Döring.
On notera qu'elles ne sont
pas orientées selon le même
axe et que les accès
sont perpendiculaires.

Un langage austère et sans concession est ici la règle, avec des détails inspirés de la tradition moderne (rampes en tube métallique, balcons étroits, fenêtres coulissantes, murs blancs). Le volume de l'édifice se définit comme un prisme parfait : aucun élément ne ressort par rapport au plan des façades.

Le mur qui coupe longitudinalement le logement sert d'élément de connexion, supporte l'escalier et sépare les petites pièces des espaces larges et des hauteurs doubles. La division est presque parfaite car elle coïncide avec un puits de jour dans la toiture et le vide de l'escalier qui se prolonge par une ouverture étroite et allongée dans le plancher au-dessus du vestibule.

Cette maison témoigne de l'intérêt de Döring pour les enveloppes de l'édifice. La façade qui donne sur la rue est complètement hermétique : au rez-de-chaussée, les portes des deux garages de la maison et l'accès piétonnier composent une frange de tôle métallique qui l'occupe entièrement ; au premier étage, elle est fermée par un mur de verre translucide.

La salle de séjour, qui peut aussi servir de salle de concerts, se présente comme un vaste espace à double hauteur, peu meublé. Bien que située à un angle de l'édifice, c'est le centre réel de la maison, car elle fait partie d'une zone plus grande qui inclut la terrasse pavée et se prolonge au-delà des baies vitrées.

Le bloc, composé d'une structure
métallique, de murs de tôle
métallique et d'une partie en verre,
contient deux garages et une terrasse
à l'étage supérieur. Il sert de sas
entre la rue et les intérieurs privés.
L'édifice a deux entrées :
une dans la façade qui donne
sur la rue, l'autre au bout
du couloir qui traverse le volume
de verre.

Le programme de la maison
a été pensé pour une famille
de cinq personnes :
un couple et trois enfants.
Elle comporte quatre
chambres, trois avec un petit
lit et une avec un grand lit,
toutes situées au premier
étage.

Les membres de la famille Bielicky,
outre leur intérêt pour l'art contemporain,
sont de grands mélomanes.
La salle de séjour peut être convertie
en une petite salle de concerts. Le toit
a par exemple été construit dans un type
de matériau spécialement pensé
pour absorber le son.

La maison Bergadà

Localisation : *L'Ametlla del Vallès, Barcelone, Espagne*
Année de construction : *1996*
Architecte : *Tonet Sunyer i Vives*
Maître d'œuvre : *Estructuras MABA1*
Promoteur : *Lurdes Bergadà*
Collaborateurs : *Eva Morral, Daniela Hartman (concep-*
        tion),
        Eduard Doce (structure),
        Francesc Belart (architecte-assistant)
Photographies : *Joan Mundó*

Tonet Sunyer a d'abord procédé à un réaménagement du terrain afin d'obtenir deux niveaux pratiquement plats, avec une différence de côté de 3 m environ, pour que les deux étages de la maison coïncident.

Le logement est donc à cheval sur ce talus artificiel. Le plancher entre le rez-de-chaussée et le premier étage est fait de voûtes surbaissées en tuiles creuses sur chacune des enfilades : une technique autochtone appelée voûte catalane. Tonet Sunyer a choisi cette solution traditionnelle car la propriétaire souhaitait que sa maison ressemble à une ferme.

Au rez-de-chaussée, les deux enfilades principales sont occupées par la salle de séjour et l'entrée principale par le jardin. La double hauteur de cette salle relie ces pièces à l'étage supérieur. L'escalier passe derrière une grande bibliothèque.

Les deux enfilades latérales sont destinées à abriter, d'un côté, la zone de service, de l'autre, la chambre principale. La première se compose de la cuisine, du cellier, d'une chambre avec cabinet de toilette orientée vers le jardin, de la salle à manger.

La décoration est l'un des aspects les plus importants du projet. Chaque pièce propose un ensemble authentique de meubles et d'éléments de bon goût, oscillant entre la modernité et la simplicité des objets traditionnels.

La façade se compose d'une série de plans horizontaux. Le premier d'entre eux correspond aux portes vitrées et aux persiennes coulissantes en bois du rez-de-chaussée. Le second est une frange en brique qui forme la rampe de la terrasse du premier étage. Le dernier est une fenêtre allongée, située juste en dessous de la toiture. Cette composition rappelle certaines maisons de Frank Lloyd Wright.

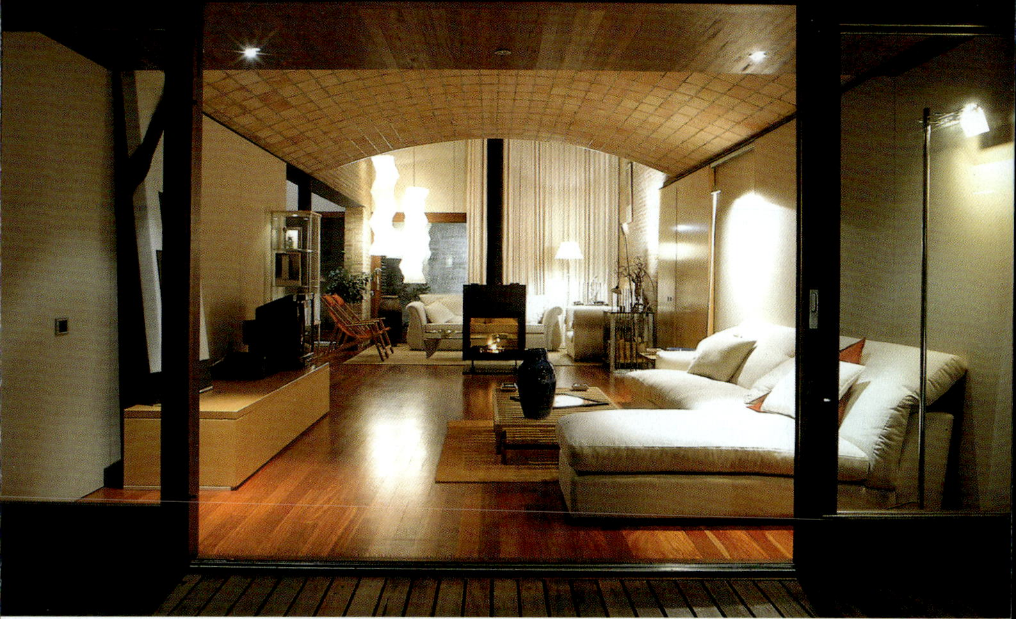

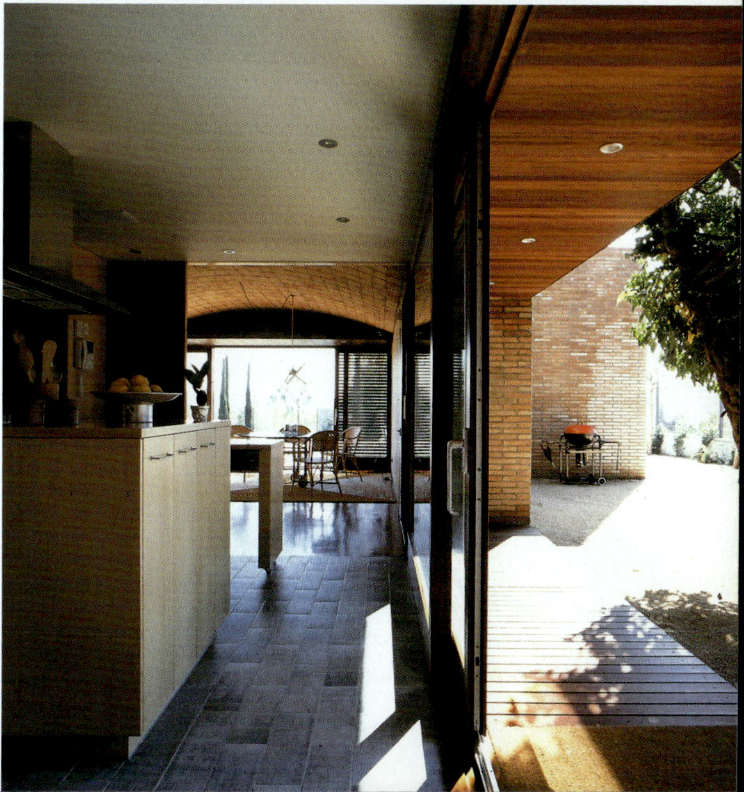

L'étage supérieur (avec accès indépendant de l'extérieur) est destiné aux enfants. C'est un étage complètement symétrique où l'intervention est minime : une grande armoire parallèle à l'ouverture du double espace sépare l'espace commun des habitations.

La chambre principale se compose, outre la pièce où se trouve le lit, d'un dressing, d'une grande salle de bains et d'un patio privé.

La maison López Bueno

Localisation : *Hinojos, Espagne*
Année de construction : *1996*
Architecte : *Antonio González Cordón*
Photographies : *Hisao Suzuki, Fernando Alba*

Le projet se présente comme la création d'une résidence de campagne permanente, située dans un paysage naturel et isolé, en lisière du Parc national de Doñana. Il devait par ailleurs répondre à un programme familial de facture classique, élargi par une série de dépendances annexes destinées aux ateliers et à des utilisations diverses.

L'architecte a été particulièrement attentif aux caractéristiques de l'emplacement : la qualité de l'environnement, avec un paysage agricole composé de larges espaces, et la rigueur du climat andalou, important ici, car la vue la plus intéressante coïncide avec l'une des orientations les moins clémentes, celle au sud-ouest. Ces problèmes sont résolus au moyen de deux gestes architecturaux simples : la création d'un patio intérieur qui sert d'élément d'articulation entre l'espace résidentiel et les dépendances complémentaires ; et un porche couvert et fermé par des persiennes qui s'interpose entre les dépendances du logement et l'extérieur.

L'édifice est en forme de U. Les deux branches sont formées par les dépendances du logement et les espaces complémentaires, la cuisine délimitant le patio et permettant un accès direct de l'extérieur.

Antonio González démontre ici que la réinterprétation de l'architecture traditionnelle peut tenir compte de données climatiques externes et créer des espaces domestiques contemporains, confortables et élégants.

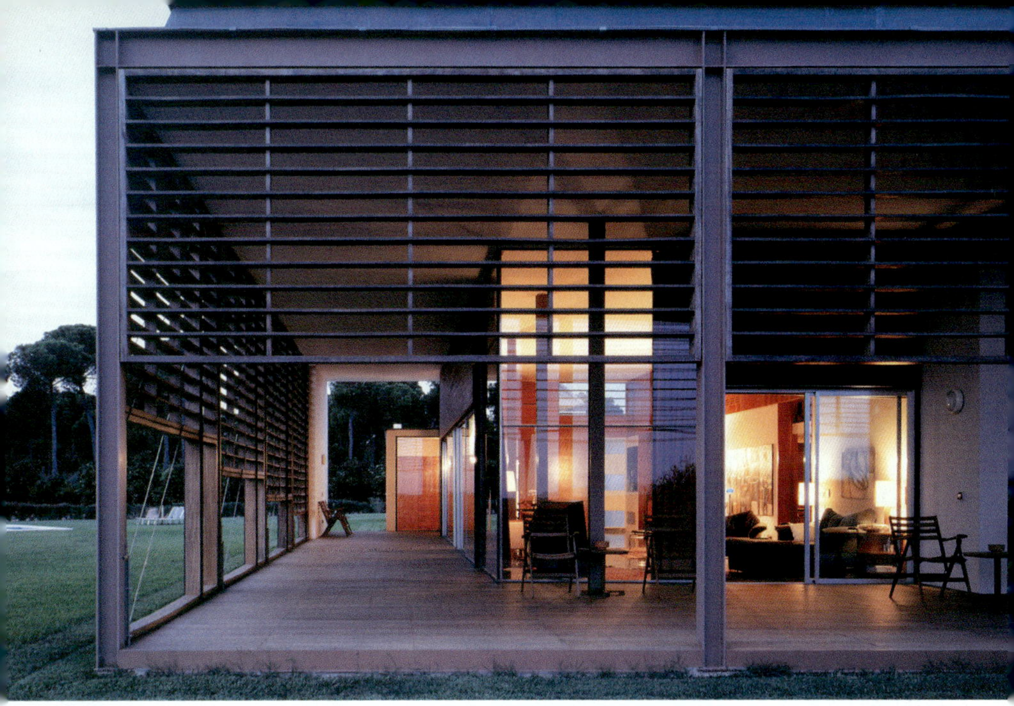

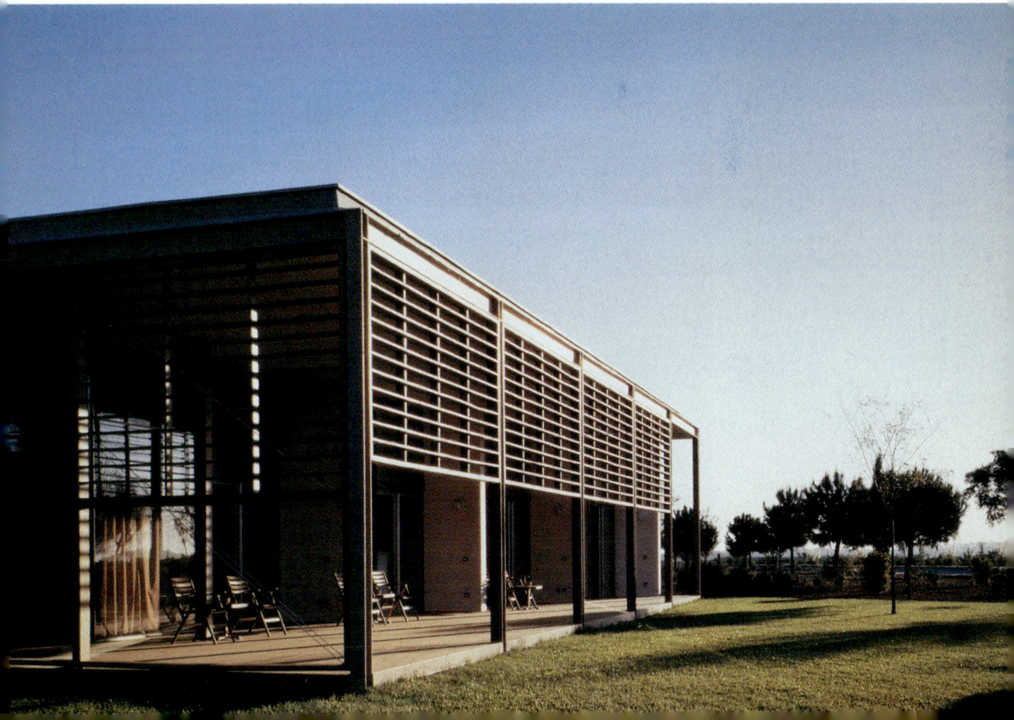

Page de droite :
La zone comprise entre
le logement et l'extérieur
assume les rôles assignés par
la typologie traditionnelle :
prolongement dans le paysage
de l'espace résidentiel fermé,
méticuleusement protégé
des rayons solaires grâce
à des persiennes horizontales
qui ferment son périmètre.

Le patio s'organise tel
un mécanisme entre
les deux volumes de base
de l'ensemble, s'éloignant
ainsi du patio traditionnel
qui s'érigeait comme
centre névralgique
de la maison.

Les espaces intérieurs
de la maison jouissent
d'une vue magnifique
sur le paysage rural, sans
souffrir d'une exposition
solaire directe car les
porches amortissent
les rayons.

Maison au Bouscat

Localisation : *Le Bouscat, France*
Année de construction : *1998*
Architectes : *Brochet Lajus & Pueyo Architectes*
Photographies : *Philippe Ruault*

La toiture de la maison se transforme en pergola de lames métalliques qui obstruent le rayonnement solaire direct.

L'implantation de la maison répond ici à la volonté de s'approprier la totalité du terrain. Les limites de l'édifice sont floues et le logement ne se lit pas comme un objet indépendant mais plutôt comme une maison diluée dans un jardin.

La façade principale orientée au sud sert de frontière poreuse et perméable. Elle est composée de panneaux de verre identiques qui peuvent s'ouvrir pour la circulation entre intérieur et extérieur et permettent une aération naturelle contrôlée. L'oscillation de persiennes en bois régule l'éclairage et permet de préserver l'intimité. L'espace et la lumière des pièces sont modulés de façon similaire par des cloisons coulissantes qui peuvent se déployer ou se replier au bon vouloir de l'usager. La maison est divisée en zones qui s'enchaînent de manière ordonnée. Ce rythme spécial est réglé par les éléments de division verticaux qui définissent des perspectives déterminées et associent chaque pièce intérieure à une frange particulière du jardin. Dans la maison, le sol est divisé par des paravents tandis qu'à l'extérieur, il s'organise en trois zones : la première, en étroite relation avec la maison, abrite les terrasses et les espaces verts contigus au bâtiment ; la deuxième est formée par la piscine et le bassin ; et la troisième inclut la végétation, les arbres, les arbustes et la pelouse.

La souplesse de l'édifice repose sur ce type de subterfuges qui peuvent modifier les pièces, tantôt lumineuses et ouvertes sur le jardin tantôt intimes et introverties. La maison naît d'un système géométrique rigide qui donne un logement riche en ambiances variées.

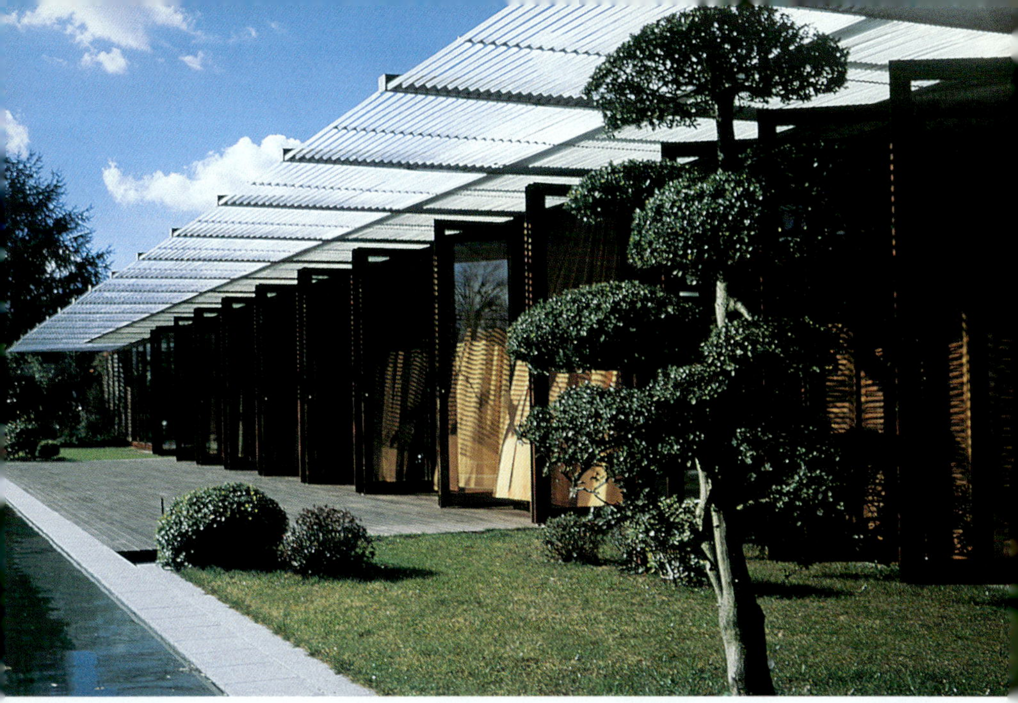
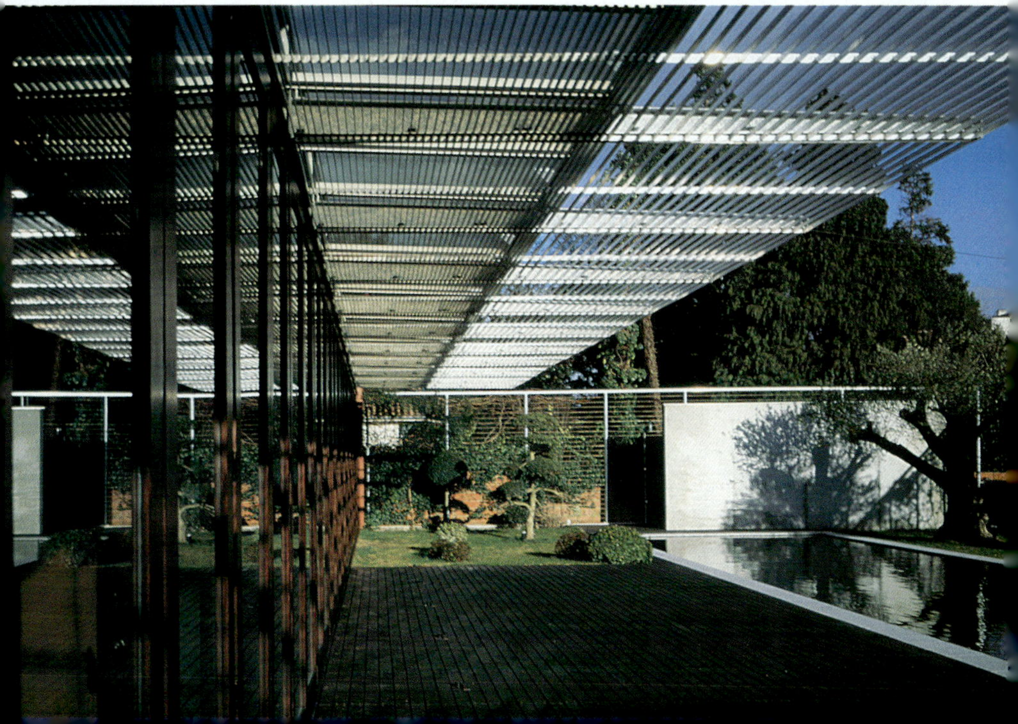

Dans cet espace unique
et inséré dans les murs
mitoyens, les arbres,
placés de façon stratégique,
jouent le rôle de
« meubles » extérieurs.
Le banc du jardin
correspond au canapé
rouge de la salle de séjour.

Chaque meuble adossé à
l'un des murs mitoyens
qualifie les espaces
selon leur fonction.
D'armoire pour les
ustensiles de cuisine,
il devient rayonnage
pour livres ou meuble
télévision. Lorsqu'on
pénètre dans la chambre
à coucher, il se transforme
en persiennes identiques
à celles de la façade
principale.

Maison à Bosques de Las Lomas

Localisation : *Bosques de Las Lomas, Mexico D.F.*
Année de construction : *1995*
Architectes : *Bosco Gutiérrez Cortina, Fernando Cárdenas González,*
Emilio Guerrero y Ramos, Alejandro Medina Macías
Collaborateur : *Roberto Stark (structures)*
Photographies : *Alberto Moreno Guzmán*

Bien souvent, lorsque l'architecture vernaculaire et les techniques traditionnelles sont exploitées, l'anecdotique, le pittoresque et le kitsch sont au rendez-vous. C'est l'erreur dans laquelle est tombée le postmodernisme, d'où sa caducité extrêmement rapide.

Si l'identification entre modernité et tradition s'accomplit dans très peu d'endroits, Mexico en est assurément un et, depuis Luis Barragán, il existe un langage propre à l'architecture mexicaine.

Cette maison conçue par Gutiérrez Cortina Arquitectos se situe sur un terrain compris entre des murs mitoyens d'une largeur de 17,5 m et d'une profondeur de 35 m, dont les dix derniers correspondent à un jardin postérieur. Le terrain est très pentu puisque la différence de cote entre la rue et l'extrémité du terrain est de 9 m. Cette caractéristique a obligé l'architecte à organiser la maison sur une série de terrasses échelonnées.

Le logement s'ordonne également autour de trois patios privés, entourés de murs. Un à l'avant, qui correspond à la terrasse que forme la toiture du garage ; un à l'arrière, de caractère privé et relié à la chambre principale et à la salle de séjour familiale du deuxième étage et un troisième central, en partie couvert par une pergola et une surface de verre et en partie fermé par une dalle de béton.

L'effet scénographique
est recherché dans
de nombreux cas.
Ainsi les escaliers d'accès
deviennent-ils de plus en
plus étroits au fur et à
mesure que l'on monte ;
ils débouchent sur l'atrium,
d'où l'on n'aperçoit depuis
l'entrée que la pergola
zénithale et un tube isolé
bleu entouré de murs
carmin.

Page de droite :
Pour parvenir à l'atrium,
il faut monter les escaliers
qui conduisent de l'entrée
à l'étage principal et
fonctionnent comme un
grand espace de connexion
entre les différentes salles.

À l'étage principal,
les espaces communs
de la maison, la salle de
séjour-salle à manger
(ouverte sur le patio de
devant et sur l'atrium) et la
bibliothèque, ainsi que
tous les services : cuisine,
blanchisserie, étendoir,
salle de service, etc.
Au second étage, les
chambres et un salon
familial.

Maison-école

Localisation : *Hayama, Japon*
Année de construction : *1998*
Architecte : *Kengo Kuma*
Photographies : *Mitsumasa Fujitsuka*

Les modèles de résidences traditionnelles ont évolué avec l'apparition de nouvelles technologies. Les matériaux, les méthodes de construction et surtout la révolution informatique, contribuent à une nouvelle façon d'appréhender le logement. Par ailleurs, la communication *via* Internet permet aux salariés de travailler chez eux tandis que, parallèlement, le concept de famille est devenu très variable.

La Maison-École de Kengo Kuma assimile ces exigences et sert de lieu d'apprentissage et de logement à des artistes. Les deux usages coexistent dans un édifice aux lignes épurées dont l'ambition principale est de se fondre dans le bois adjacent, non seulement au niveau formel mais aussi en intégrant des paramètres plus conceptuels de la nature.

Comme dans certaines de ses œuvres précédentes, Kengo Kuma veut élaborer un projet avec les éléments les moins tangibles de l'architecture : lumière, eau, air et paysage, créant de nouvelles relations entre l'usager et l'objet, non plus un concept fixe ou rigide, mais une accumulation de parcours et de sensations.

Au premier étage se situent les espaces communs : la cuisine, la salle à manger et une salle de séjour. L'étage supérieur accueille les chambres. La souplesse est la particularité de cette distribution au demeurant classique : les espaces étant proportionnés, on peut imaginer qu'une reconversion fonctionnelle ne supposerait pas de changements drastiques dans le projet et conserverait les propriétés qui le caractérisent.

Les intérieurs sont presque
minimalistes et organisés
avec une grande sensibilité
par rapport
à la lumière et à la vue.

Page de gauche :
De jour, l'ensemble apparaît
comme un volume rigide
mais, de nuit, la façade
laisse transparaître les
différentes atmosphères de
la maison.

La séparation et donc
l'espacement entre les lattes
verticales en pin permettent
de réguler la quantité de
lumière qui pénètre dans
chaque salle.

Maison à Teià

Localisation : *Teià, Espagne*
Année de construction : *1997*
Architecte : *Mario Corea*
Photographies : *Jordi Miralles*

Sise face à la Méditerranée, dans la petite localité de Teià, la maison de Mario Corea veut capter la luminosité et le paysage de la côte catalane.

Sa conception parie sur la sobriété des matériaux et l'absence d'artifices, laisse la lumière et l'enchaînement des espaces devenir les acteurs d'une base rationnelle établie sur des formes simples, une prédominance des angles droits et de la verticalité. Les références à l'architecture méditerranéenne se juxtaposent aux solutions modernes et au confort : le blanc uniforme obtenu généralement en pierre blanche calcaire est remplacé à l'extérieur par du travertin et à l'intérieur par des murs en plâtre ; les pavements classiques en terre cuite sont convertis en un sol flottant de bois rougeâtre qui parcourt toutes les pièces en accentuant la continuité spatiale.

La pente du terrain permet l'emboîtement de volumes de vide et de plein développés sur trois niveaux, soit une fluidité de l'ensemble aussi bien en perspective qu'en hauteur, la zone la plus collective de la maison avec le jardin et la piscine étant liée au prolongement du pavement en bois de l'intérieur vers l'extérieur.

La maison de Teià est, dans son ensemble, une juxtaposition de références architecturales nuancées par deux volontés claires, la maîtrise du paysage littoral et la prédominance d'une conception élégante.

Les zones extérieures à
l'édifice ont été conçues
avec le souci du détail, soit
un ensemble harmonieux.
Le jardin participe aussi
au pari minimaliste par
la composition orthogonale
et superposée du pavement
avec la pelouse et la piscine.

Page de droite :
Les espaces intérieurs sont régis par
un parti pris minimaliste qui prévaut
dans l'utilisation des matériaux
et l'application de formes simples.
L'emploi de travertin et de bois
rougeâtre dans les pavements et
les meubles est revalorisé par deux
éléments en dissonance : la cheminée
et un mur ocre dans l'accès principal.

La résidence Kappe-Tamuri

Localisation : *Topanga, Californie, États-Unis*
Année de construction : *1997*
Maître d'œuvre : *Finn Kappe*
Architectes : *Finn Kappe, Maureen Tamuri*
Collaborateurs : *Reiss, Brown, Ekmekji ;*
Woods Engineering (structure),
Richard Reiss (ingénierie),
Finn Kappe (éclairage)
Photographies : *David Hewitt/Anne Garrison*
Architectural Photography

Cette maison à deux niveaux située d'un côté du canyon de Topanga, une zone semi-rurale proche de Los Angeles, sert de résidence et de bureau à ses architectes.

Même si Kappe avoue que son idée de projet part d'une image de camion traînant une remorque, un des principaux attraits de la maison réside dans son interprétation du paysage et de la topographie ; et sans aucun doute, les formes abruptes et saillantes qui, s'enchaînant selon des tracés sinueux, rappellent la formation du canyon de Topanga.

La maison est bâtie sur pilotis et sa structure en acier est presque toujours visible. Il est primordial pour Kappe que le squelette de l'édifice soit intelligible et que les solutions de construction adoptées confirment ce que suggèrent les formes apparentes. Toutefois, la logique de la structure ne doit pas dominer le projet ; Kappe se démarque aussi bien de l'architecture qui récompense le risque et l'innovation technique que de celle qui se préoccupe exclusivement des découvertes formelles.

Les architectes se sont également intéressés à des matériaux préfabriqués ou industriels, comme la tôle métallique ondulée, car son immédiateté et la facilité avec laquelle cet élément s'ajuste à tout type de structures les attiraient. Le projet regroupe des intérêts divergents et devient en fin de compte un véhicule pour expérimenter l'architecture. Avec ce projet, Kappe et Tamuri démontrent que la grande erreur est la peur de se tromper et que l'aventure reste le seul pari valable.

Page de gauche :
Finn Kappe associe
ses travaux d'architecte-
concepteur à ceux
de directeur de chantier
et d'entrepreneur. Sa maison
est un exemple de synthèse
de détails, de choix de
matériaux et de systèmes
structurels.

La partie arrière de la maison
est davantage fermée pour
se protéger du bruit de la route
au nord du terrain et de la vue
des maisons voisines,
situées à l'ouest.

Pages suivantes :
Lors de la construction, le couple de
propriétaires et les architectes étaient
très désireux d'obtenir un espace
intérieur fluide. La succession
d'éléments architecturaux : murs,
poutres, piliers, rampes… s'enchaîne
comme les notes d'une mélodie.

Maison à Collserola

Localisation : *Barcelone, Espagne*
Année de construction : *1995*
Architecte : *Joan Rodón*
Collaborateurs : *Sac Groc (maître d'œuvre)*
Photographies : *Eugeni Pons*

La maison s'organise sur trois niveaux, qui se superposent en suivant la ligne de la pente, grâce à une série de murs de contention en béton. Le bois est l'autre matériau de prédilection, utilisé pour la menuiserie extérieure et dans les pavements intérieurs.

Aux deux premiers niveaux, reliés par un double espace entre la salle et le bureau, se situent la plupart des dépendances qui composent le programme de base du projet. La couleur remplit une double fonction : d'une part, elle sert à structurer les plans des différents murs échelonnés qui, de la maison et à travers les différents terrasses, conduisent jusqu'au niveau du garage et de la rue ; d'autre part, elle façonne esthétiquement l'édifice, lui apportant une plasticité certaine. Par moment, la couleur sert aussi à rehausser les formes. L'un des escaliers extérieurs, en béton apparent, est splendidement mis en valeur par le bleu intense du mur sur lequel il s'adosse et y gagne un aspect encore plus aérien. Il en est de même de l'alternance entre couleurs chaudes et couleurs froides ; en observant le logement sous divers angles, on remarque une prépondérance de jaunes et de rouges qui font ressortir avec brio les formes, bleues ou blanches, qui rappellent la proximité géographique de la Méditerranée.

La superposition des niveaux est l'un
des grands succès de l'intervention.

La végétation contribue à intégrer
le logement dans le paysage.

Matin et après-midi, la lumière
naturelle imprègne l'édifice.

Béton, bois et couleur
s'harmonisent à la perfection.

Le logement est parfaitement
adapté au terrain.

L'emplacement de la maison, au cœur de la Sierra de Collserola, offre une vue magnifique sur la ville de Barcelone.

La chambre principale s'inscrit dans un volume cubique, dans lequel s'intègrent les principales ouvertures.

Au niveau inférieur, un espace continu abrite la cuisine, rythmée de meubles en bois et en acier inoxydable.

Maison-atelier d'artiste

Localisation : *San Diego, Californie, États-Unis*
Année de construction : *1995*
Client : *Robert Treat*
Architecte : *Jeanne McCallum Architect*
Maître d'œuvre : *Bruce Hanson*
Collaborateur : *David Smith (ingénieur)*
Photographies : *David Heawitt/Anne Garrison*

Page de droite :
Tous les murs sont finis en stucs
de couleurs vives, formant une sorte
de tableau tridimensionnel. La seule
exception est la cabine du bureau,
en tôle métallique ondulée, qui se
convertit en élément indépendant.

La toute première maison se présentait comme une petite construction à un seul niveau avec une répartition symétrique des espaces.

Le projet de Jeanne McCallum intègre le vieil édifice et le revalorise. L'étude est construite comme une annexe à la lisière ouest du jardin arrière. La disposition des deux constructions forme un patio protégé et ramassé autour d'un arbre, une zone de séjour extérieure qui, en raison du climat tempéré de San Diego, devient le centre névralgique de la résidence. Une plate-forme de bois contiguë à la maison a été ajoutée et les murs sont stuqués de couleurs différentes, selon les préférences des propriétaires. La nécessité de fournir une lumière abondante et diffuse venue du nord, qui éviterait des reflets dans l'étude et dans l'atelier d'art était l'une des conditions fondamentales. Jeanne McCallum a donc fait des parements extérieurs une combinaison entre surfaces aveugles et surfaces vitrées.

Les fenêtres praticables sont disposées indifféremment sur les éléments solides ou sur les superficies vitrées, où elles se découpent sur la trame des montants en bois, qui arrivent jusqu'au toit.

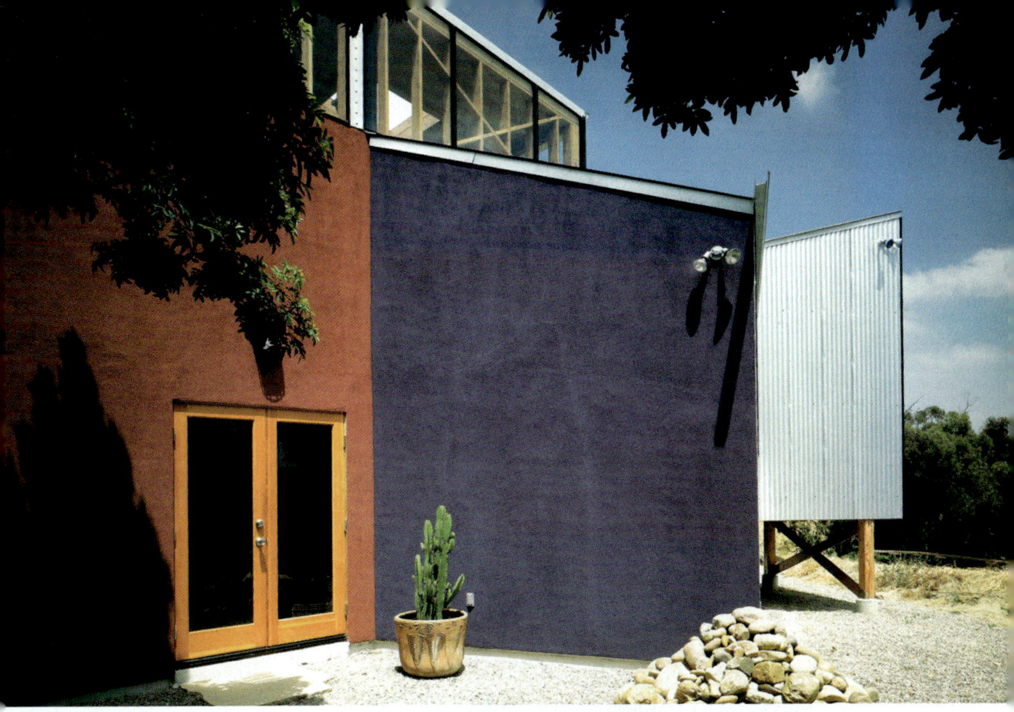
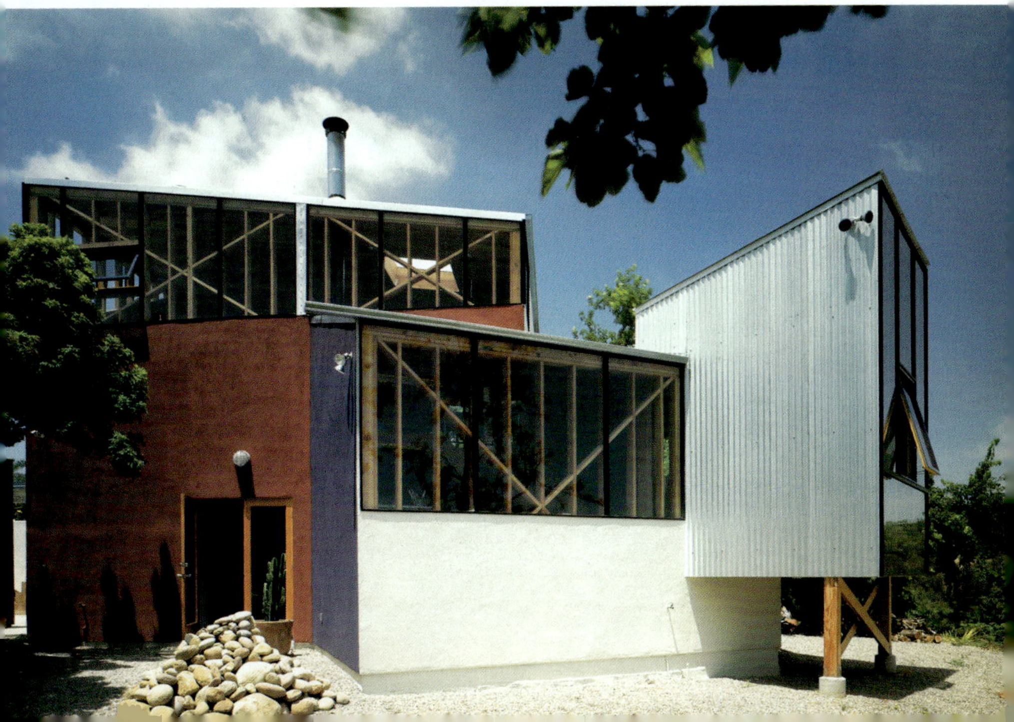

Page de gauche :
Vue générale de l'étude
depuis le jardin arrière,
avec le circuit de trains
au premier plan.

Lumière et amplitude
devaient régner dans
l'atelier.

Vue des combles. Le bois y
est l'élément presque
exclusif.

Vue de l'escalier en bois
qui conduit aux combles.
La structure et les nerfs
des parements verticaux
sont restés nus.

355

La résidence Weiss-Churchill

Localisation : *San Diego, Californie, États-Unis*
Année de construction : *1993*
Architecte : *Jeanne McCallum Architect*
Collaborateurs : *Mary Wilkinson, Roger Hill,*
                      John Baez
Photographies : *Efteling*

Située au-dessous du niveau de la rue, cette maison-bureau s'appuie sur un terrain de collines en pente, développé sur quatre niveaux. Par un pont arqué qui conduit à une tour d'acier, de bois et de verre, une entrée spectaculaire transporte l'hôte et ses invités d'un monde à l'autre. Une fois à l'intérieur, la vision d'un espace en mouvement – ample et plastique dans ses dimensions accentuées – culmine dans la transparence d'une paroi vitrée, ouverte sur le paysage des collines. De l'arrière de la maison, la même paroi laisse transparaître l'intérieur et sa structure en bois.

La nouvelle construction de forme trapézoïdale se situe dans l'aile ouest de l'édifice préexistant. Depuis le pavillon d'accès, un escalier en bois adossé au mur, qui unit tous les niveaux et domine la totalité de l'espace intérieur, descend vers un premier niveau. On y trouve la cuisine et la salle à manger, ouverte en saillie dans le volume intérieur. Au niveau intermédiaire, un petit bureau et, au niveau inférieur, la salle de séjour-bureau, avec de grandes parois vitrées ouvertes sur le paysage d'un côté et sur l'espace intérieur de l'autre. Sur l'une de ces parois vitrées, un grand cadre représente métaphoriquement un miroir destiné aux expressions créatrices des clients.

Les éléments qui donnent forme
à l'espace résultent d'un mélange
de matériaux naturels et
industriels, comme le métal,
les blocs de ciment, le bois et le
verre. Le pont est en bois et les
rampes en tubes métalliques ;
il s'appuie aux extrémités sur
des murs en blocs de béton.

Vue de la salle à manger, avec,
au fond, la cuisine.

Dans la partie centrale de la maison, des poteaux en bois supportent la toiture ; on retrouve ces poteaux sur le périmètre vitré. Ainsi a-t-on eu recours à la technique du *balloon frame*, typique de l'architecture nord-américaine. De poutres de bois moisées ou jumelées forment la structure du plancher, réalisé également en planches de bois.

La maison Wierich

Localisation : *Recklinghausen, Allemagne*
Année de construction : *1997*
Architectes : *Döring, Dahmen, Joeressen*
Photographies : *Stefan Thurmann, Gruner & Jahr*

Un budget généreux, un terrain favorable et des clients attentionnés ne sont pas gage de réussite. Si ces conditions facilitent le processus de conception, elles peuvent aussi devenir des pièges si l'architecte tombe dans l'opulence, l'extravagance superficielle et la matérialisation de ses délires absurdes de créateur du monde. La maison Wierich présentait tous ces pièges mais Wolfgang Döring a su les éviter et construire une maison fonctionnelle et sophistiquée.

La résidence se situe dans la zone nord de la Ruhr et occupe le quart d'une parcelle de 1 600 m². Le projet naît de décisions claires et contondantes qui, ne rigidifiant pas le développement, l'ordonnent pour que toute exception devienne délice pour les habitants. En premier lieu, le programme fonctionnel est concentré sur un corps de plan rectangulaire qui rompt son orthogonalité pour orienter la salle de séjour et la salle à manger au sud-ouest.

La structure est également en accord avec la nature du projet. Ainsi le corps principal est-il en béton armé pour compenser en construction la poussée des remblais des dénivellements de terrain. Le triangle en acier qui accueille la salle de séjour et la salle à manger capte la lumière naturelle grâce à une façade entièrement vitrée.

Les espaces extérieurs ont été conçus par Bernhard Korte, qui a combiné de petits dominos métalliques à des porches et à des superficies végétales orthogonales. Le jardin a également été le lieu de réflexions intelligentes. Enfin, le confort du logement culmine dans les zones de séjour extérieures.

L'entrée de la maison
associe les matériaux
de la salle de séjour et des
autres espaces intérieurs :
béton et vitrages avec
menuiseries métalliques.

Au niveau de la rue se dresse la pièce angulaire du logement : une serre pour la collection d'orchidées. Cet équipement, ainsi que la piscine, le sauna et l'épurateur d'eau, nécessitent une zone d'installations spécifiques qui prend place dans un second souterrain.

Le rez-de-chaussée de l'édifice
inclut la partie la plus vaste
d'un programme fonctionnel
complexe. Les pièces privées
et celles de service sont séparées
par l'escalier et l'ascenseur. Cette
connexion verticale relie les
différents niveaux de la maison,
depuis la cave et le garage jusqu'à
l'étage supérieur, et sert de patio
de lumière car ses limites sont
entièrement vitrées.

Outre sa réponse à toutes les
exigences fonctionnelles, la maison
Wierick ne néglige pas le plaisir
esthétique et propose une
promenade architecturale au niveau
supérieur. Le parcours commence
à la fin de l'escalier, élément de
cohésion du logement et passe à
travers le balcon et la galerie, tous
deux avec vue sur les espaces
intérieurs et le jardin.

Maison à Sant Jaume Sesoliveres

Localisation : *Igualada, Espagne*
Année de construction : *1996*
Architecte : *Jaume Riba*
Photographies : *Eugeni Pons*

Page de droite :
La façade sud est orientée
vers le jardin.

La relation ambiguë entre l'intérieur et l'extérieur est le thème de base développé dans ce projet, résolument moderne ; la frontière entre les deux devient diffuse. L'intérieur n'est pas un espace fermé, mais s'ouvre et communique avec le patio et le jardin. Plus qu'une conception esthétique de l'espace, c'est le parcours qui organise la distribution intérieure de la maison qui est le plus valorisé. Pour cela, l'architecte a choisi des solutions globales et a essentiellement travaillé sur la continuité des matériaux afin que le même critère soit valable pour tout l'ouvrage ; le béton du toit se prolonge sur les saillies extérieures, certains murs intérieurs traversent des parements de verre et le traitement donné aux pavements tant intérieurs qu'extérieurs est très similaire.

L'espace intérieur est continu et unitaire ; les diverses pièces, affectées à des fonctions différentes, sont séparées par de grandes portes coulissantes qui donnent de la souplesse à l'organisation des lieux et permettent de redistribuer l'espace en fonction du moment, des nécessités ou des goûts.

La clarté dans la définition des espaces s'obtient en grande partie grâce à une automatisation poussée : une bibliothèque rotative, une armoire à accès latéral pour masquer les ustensiles du lavabo, un panneau et une vitre coulissants qui permettent d'accéder à une table de cuisine. Le mécanisme pneumatique des portes extérieures a permis d'utiliser des portes coulissantes de la même hauteur que le mur. Enfin, la quasi-totalité de l'œuvre est réalisée en béton blanc.

Détail du bassin et du jardin.

La piscine se situe dans
la partie nord de la parcelle.
Outre la surface
rectangulaire formée par
l'eau, le mur courbe qui
accueille les vestiaires
et les étendoirs est un
élément architectural
important.

Vue de la salle à manger.

Le lavabo est pensé comme
un élément isolé inséré
dans le mur.

Vue de la salle de séjour,
située dans la partie est.

La chambre des enfants.
Une fenêtre coulissante
offre une vue sur le jardin.

Page de droite :
À l'instar des salles
de bains et des lavabos,
les finitions de la cuisine
sont en silice blanc.

Maison à Igualada

Localisation : *Igualada, Espagne*
Année de construction : *1996*
Architecte : *Pep Zazurca*
Photographies : *Eugeni Pons*

Pep Zazurca expérimente généralement des structures, des matériaux et des finitions plus proches des édifices industriels que de l'architecture domestique. Ici, le logement s'organise autour d'une nef de plan rectangulaire, avec une structure en piliers métalliques et une toiture de tôle en acier galvanisé ajourée supportée par des fermes métalliques en demi-cintre d'une portée de 10 m ; ce parti pris donne lieu à des intérieurs amples et diaphanes. Toute la structure en acier a été fabriquée dans un atelier et apportée ensuite par camion grue pour être installée. Les lignes extérieures du bâtiment furent montées en peu de jours. En revanche, les murs latéraux qui ferment la maison sont en maçonnerie traditionnelle. Les creux des fenêtres suivent la logique des anciennes constructions industrielles. La brique est restée apparente à l'intérieur ; à l'extérieur, elle est recouverte d'acier corten. La façade principale, construite en bois, tôle galvanisée et verre est totalement autonome par rapport au reste de la construction. Elle ne suit pas de règles de composition précises mais se limite à transporter la section transversale de la maison vers l'extérieur.

L'architecte a voulu retrouver ici l'image de certaines nefs industrielles réhabilitées ces derniers temps en logements : espaces amples, sans cloisonnement ni piliers. Ici, l'édifice n'est pas réhabilité mais construit dans cette optique.

Si réunir des images connues est une attitude très proche du postmodernisme, l'imaginaire est ici totalement différent.

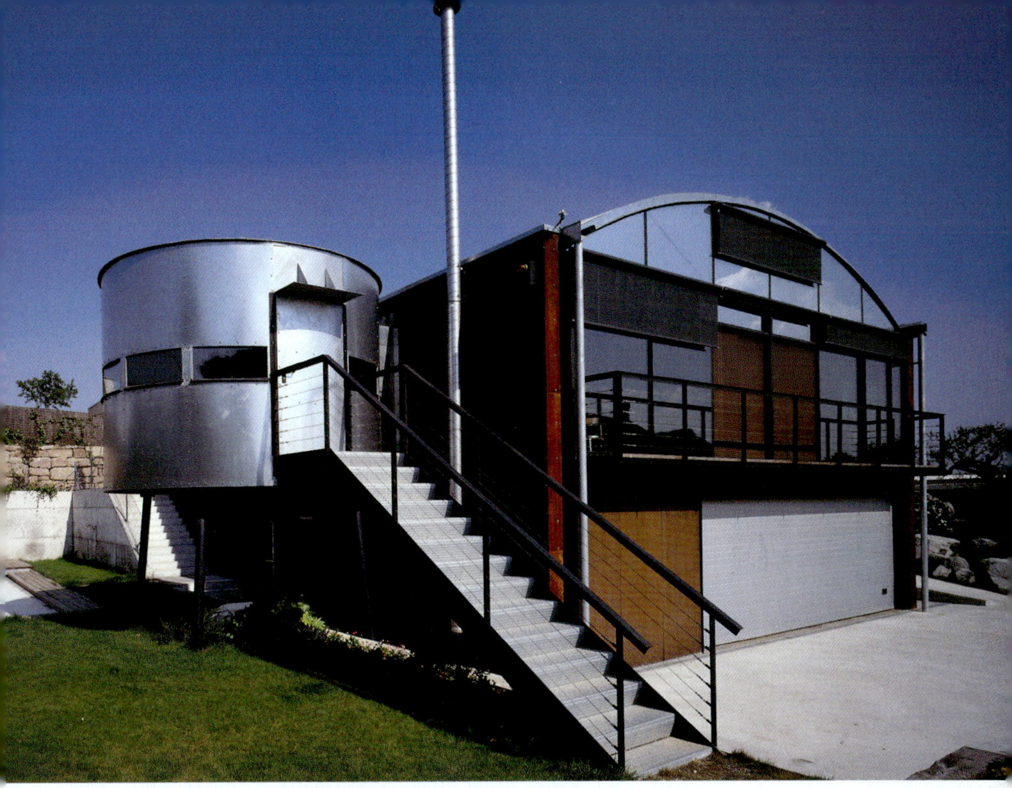

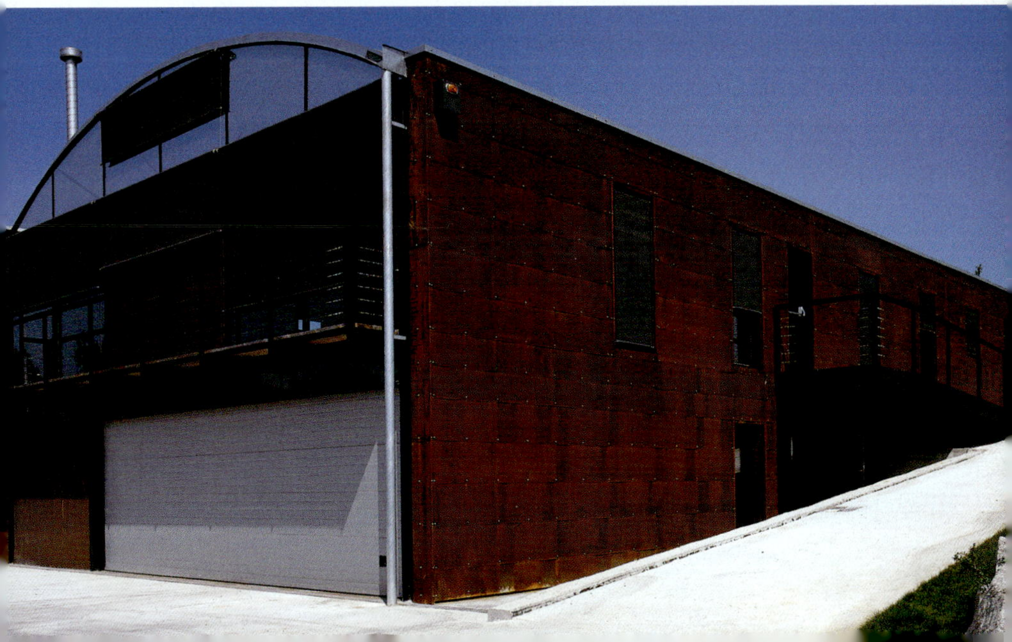

Le terrain présente une pente assez prononcée
avec une façade principale à deux étages
et une façade arrière à un seul étage. Au rez-
de-chaussée, le garage, la salle des machines,
la chambre des invités, une salle de bains-
dressing et une salle de jeux ou gymnase,
avec accès direct depuis le jardin latéral.
Un bureau circulaire, revêtu d'acier galvanisé,
a été aménagé sur l'un des côtés ; sa forme
rappelle inévitablement les réservoirs
industriels classiques.

Détails des finitions avec
les tôles en acier corten
des façades latérales.

Au premier étage, le
grand espace qui donne
sur la façade principale
héberge toutes les
fonctions diurnes de la
maison : salle de séjour,
salle à manger, cuisine,
lieu de travail, etc.

La maison Rezek

Localisation : *Los Angeles, Californie, États-Unis*
Année de construction : *1991*
Architecte : *Michael W. Folonis*
Photographies : *Julie Phipps*

La maison Rezek se dresse dans une rue calme et résidentielle du secteur ouest de la ville de Los Angeles, en Californie. Aux environs, deux petites maisons encadrent un espace vert sis au milieu de cette zone privilégiée qui sert depuis cinquante ans de délimitation spatiale au terrain.

Ron Rezek, propriétaire de la maison, est aussi l'initiateur du projet. L'idée lui est venue de concevoir et de bâtir sa résidence familiale avec les caractéristiques propres aux galeries d'art. Le jardin jouait également un rôle très important dans ce projet car Rezek souhaitait un lien étroit entre l'architecture et l'environnement naturel : des extérieurs où la végétation agrémenterait la vue depuis l'intérieur.

Simple, la maison Rezek est de plan presque rectangulaire ; telle une abside, un corps semi-circulaire s'en détache, annexé à la façade situé à droite de l'entrée principale. Ce bâtiment agit en contrepoint, rompant totalement avec les lignes et angles droits qui caractérisent la planimétrie de cette construction. Ce bloc auxiliaire, totalement vitré, forme à l'intérieur une zone de relations familiales ouverte qui communique avec la cuisine, la salle à manger et la salle de bains.

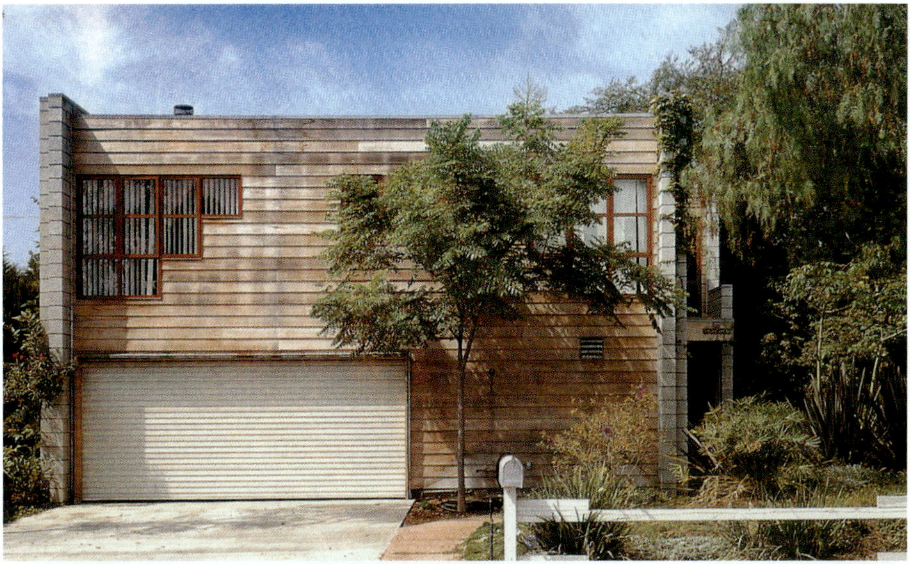

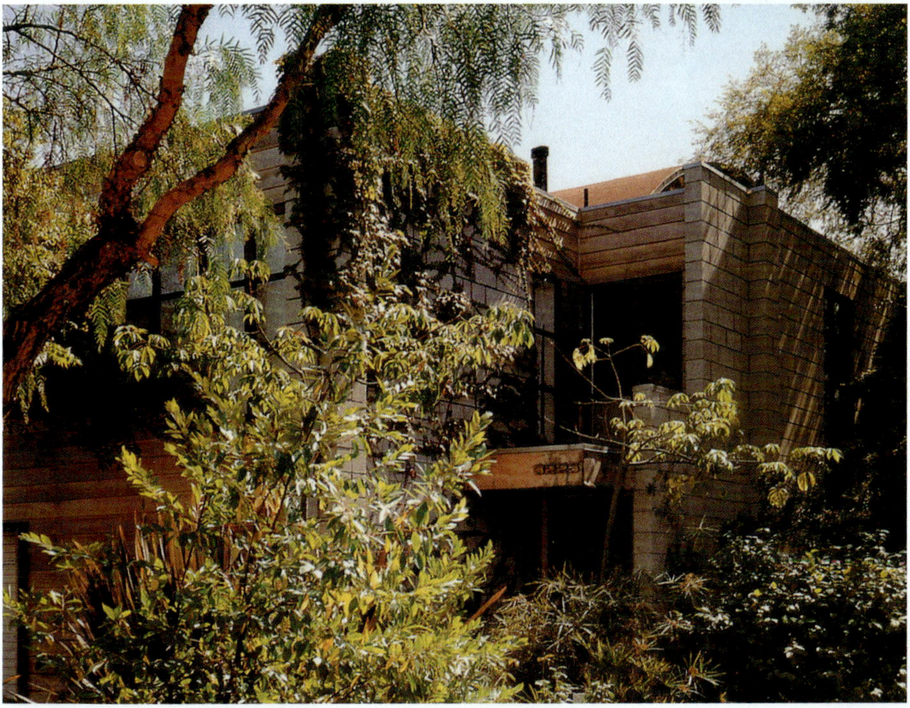

Toutes les pièces de l'édifice s'ouvrent sur l'extérieur grâce aux portes et aux grandes baies vitrées.

Face à l'accès principal, on a placé contre le mur un escalier qui se divise, à droite et à gauche, en deux tronçons qui conduisent, unis au même parement, à l'étage supérieur.

Page de droite :
La salle de séjour dispose d'une voûte originale en bois. Grâce à une bonne acoustique, des concerts de jazz et des récitals d'opéra y sont organisés.

Vue de la salle à manger,
avec une série de tableaux
en noir et blanc.

La couleur blanche
prédomine sur la majorité
des murs. L'escalier mène à
l'étage supérieur où
se situent les chambres
et la salle de bains
principale.

La cuisine, spacieuse, jouit
d'une lumière naturelle
généreuse. On y observe l'une
des nombreuses œuvres d'art
qui font du logement une grande
salle d'exposition.

Maison Lingg

Localisation : *Bregenz, Autriche*
Année de construction : *2000*
Architecte : *Dietrich + Untertrifaller Architekten*
Photographies : *Ignacio Martínez*

La Maison Lingg est située sur une colline des environs de la ville de Bregenz. Elle jouit d'une vue magnifique sur le lac de Constance. Au nord-est, la construction est encastrée dans le sol afin qu'elle soit isolée du froid et que son inertie thermique soit ainsi augmentée.

En raison des complications liées à la construction et aux coûts supplémentaires que supposent les déplacements de terre, il fut décidé de bâtir la demeure perpendiculairement à la pente et d'aplanir uniquement l'espace correspondant au jardin, orienté sud. A cet endroit, des murs de soutènement en béton armé s'élèvent et rompent avec la continuité de la pelouse.

Le rez-de-chaussée, qui sert de soubassement à la maison, est également en béton et se compose de l'entrée, du garage et de la buanderie. La marquise formée par la protubérance du deuxième étage au-dessus de l'entrée, crée un espace intermédiaire pour souhaiter la bienvenue ou prendre congé de ses invités.

C'est au premier étage que se trouvent toutes les chambres. Celles des enfants donnent directement sur le jardin et celle des parents jouit d'un fabuleux panorama sur le lac grâce à une fenêtre panoramique située sur la façade ouest. Les escaliers sont construits le long de l'un des murs extérieurs de la maison afin de réduire les allées et venues à cet étage et de ne pas gêner les tâches ménagères.

Le troisième étage est dépourvu de tout cloisonnement. Ainsi, la salle de séjour, la cuisine et la salle à manger ne forment plus qu'un seul espace donnant sur la terrasse extérieure, que le prolongement du toit protège. Les façades sont composées de plusieurs matériaux : béton, planches métalliques et contreplaqué, que l'on a choisis pour leur polyvalence fonctionnelle et pour leur contraste chromatique avec le cadre naturel.

Le décalage des étages
permet de créer des
espaces intermédiaires afin
que les occupants de la
maison puissent se sentir
en plein air sans pour
autant être soumis à la
rigueur du climat. Par
exemple, le rez-de-
chaussée s'avance en saillie
pour protéger l'entrée de
la pluie et des rayons du
soleil. Le niveau supérieur
est en retrait pour faire de
l'espace en vue de
l'aménagement d'une
terrasse.

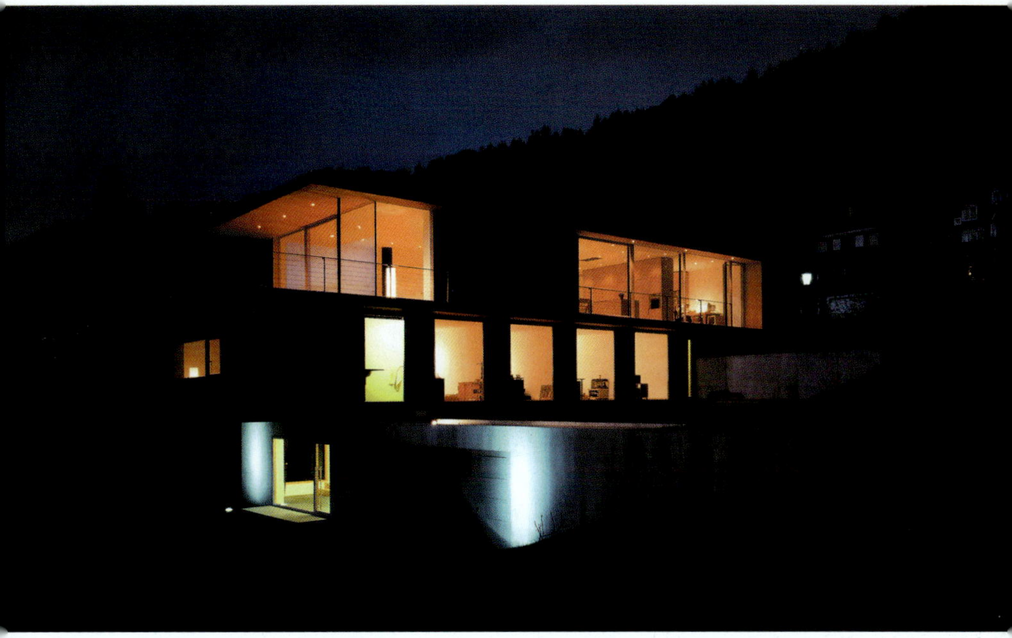

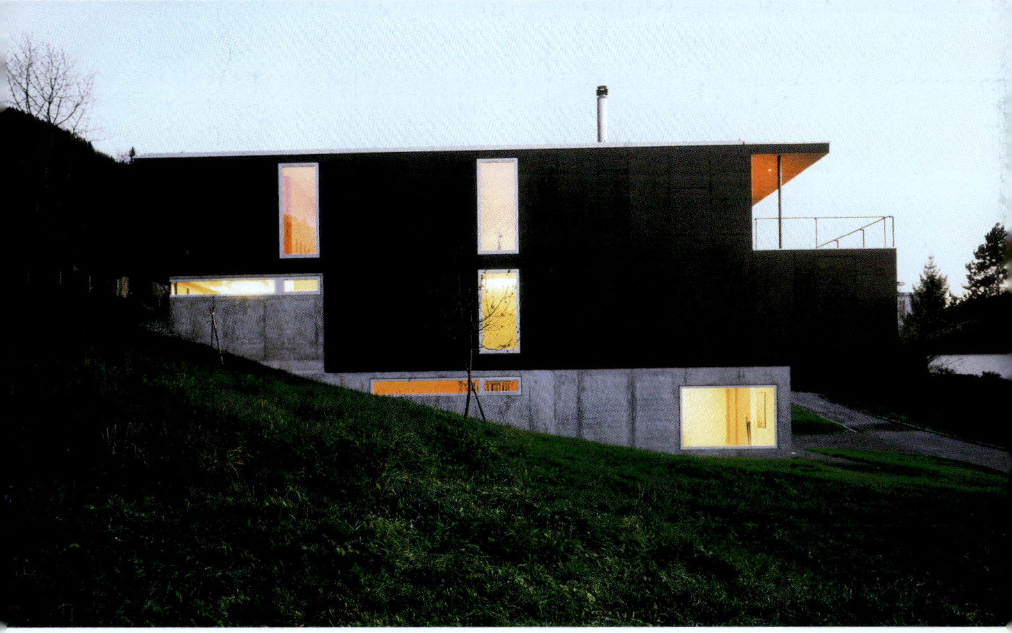

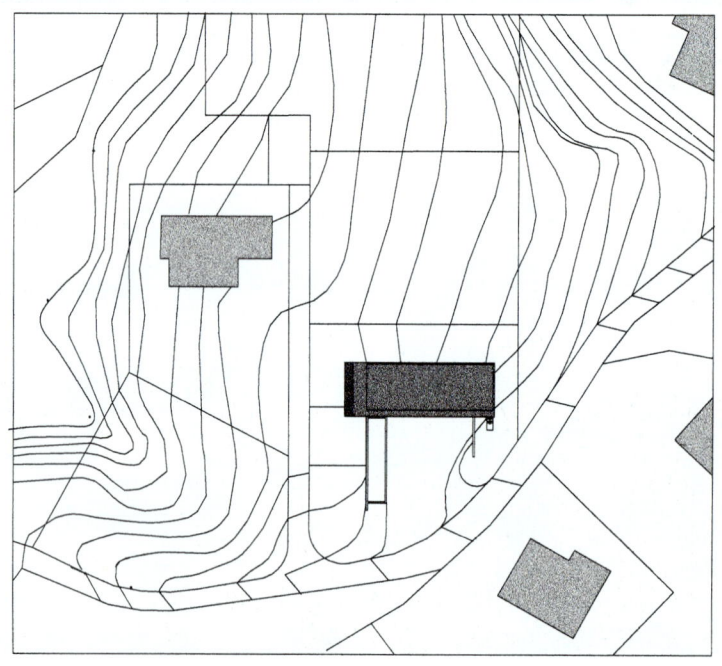

Les architectes Dietrich et Untertrifaller ont voulu établir une relation entre les nombreuses salles de séjour et l'extérieur. La disposition stratégique des chambres et des parties communes est conçue de telle sorte que chaque espace intègre de grandes fenêtres. Au niveau de certaines ouvertures, on a préféré installer du verre translucide pour respecter l'intimité du foyer.

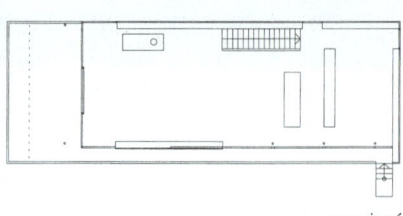

premier étage

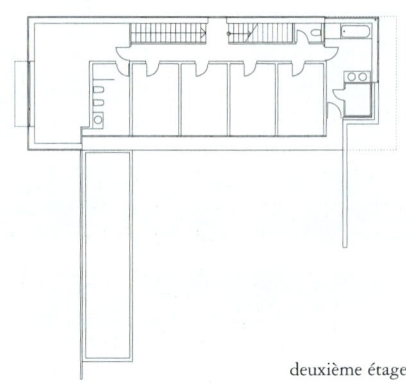

deuxième étage

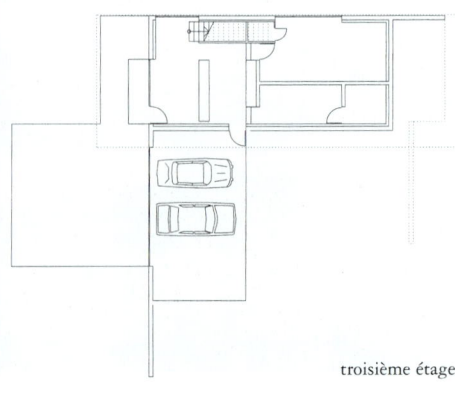

troisième étage

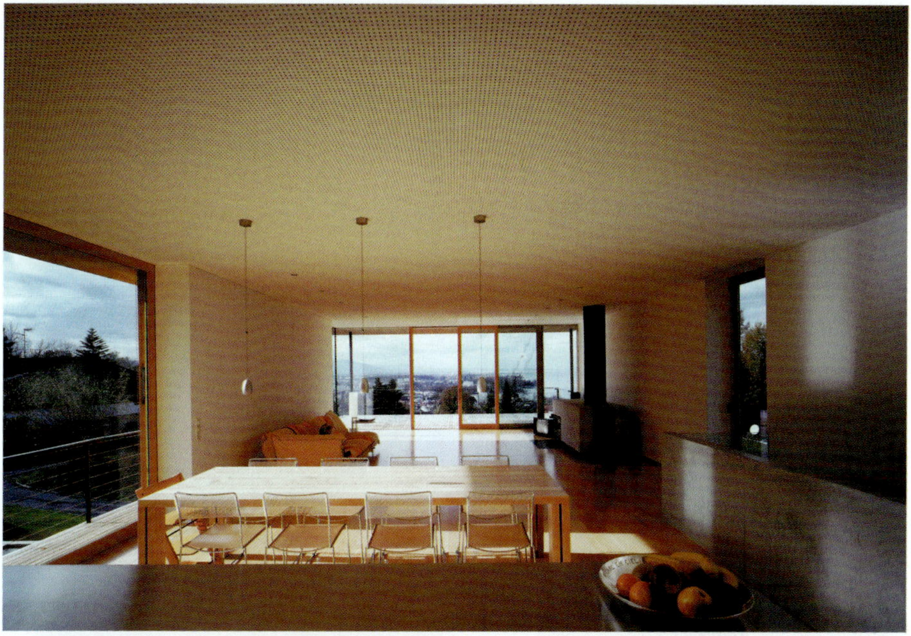

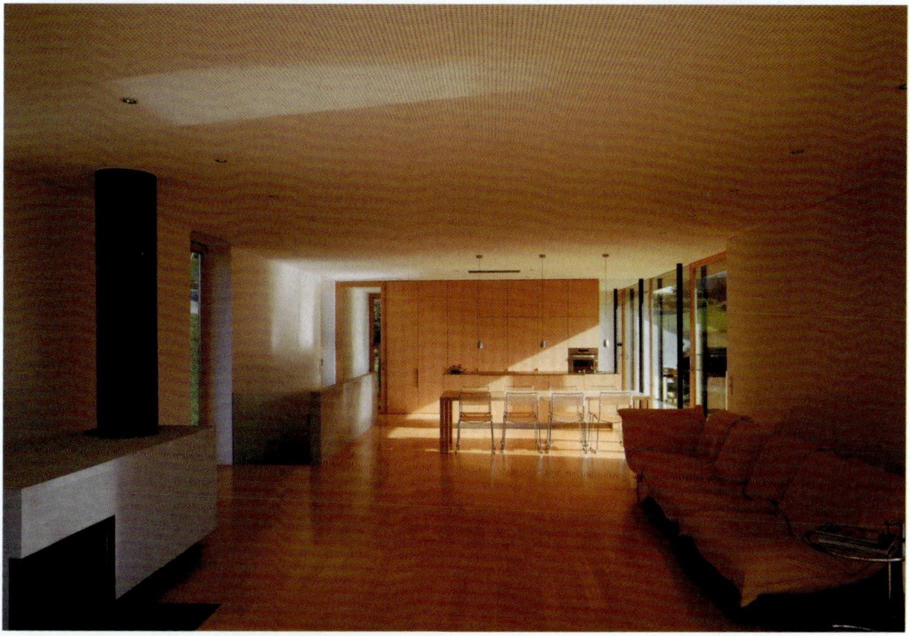

Maison de banlieue

Localisation : *Californie, États-Unis*
Année de construction : *1995*
Architectes : *McKay & Lyons*
Photographies : *Undine Pröhl*

Cette maison s'organise de façon très méthodique en bandes qui parcourent le terrain longitudinalement et laissent un espace libre pour le jardin. Ces bandes parallèles, perceptibles également dans la façade, varient en dimensions quant à la largeur, la hauteur et l'alignement. Ce retrait ou cette avancée donne lieu à différents espaces, en forme de patios, vestibules ou porches dans le jardin. Cette disposition provoque un jeu subtil visible dans les façades car les planchers, bien qu'au même niveau, semblent être à différentes hauteurs.

Le formalisme strict de la maison pourrait supposer une certaine rigidité à l'intérieur, mais l'édifice n'est pas soumis aux bandes et contient tous les préalables fonctionnels sans qu'apparaissent des espaces morts ou inutilisables par leur géométrie. La souplesse est également manifeste dans la création d'espaces multifonctionnels.

L'éclairage de la maison a été étudié en détail. En raison de la longueur du terrain et de la disposition particulière des fenêtres dans la façade, la lumière naturelle filtre par de nombreux orifices. Le déplacement de certains planchers permet aux rayons solaires de pénétrer dans des lieux bien déterminés créant ainsi des lignes de lumière dans les couloirs ou les escaliers.

L'orthogonalité omniprésente et la couleur blanche appliquée à presque toutes les surfaces ne respirent pas la froideur. À l'intérieur, la construction a un aspect chaud et confortable. Tandis qu'un jardin introduit la nature dans la maison, un petit bassin, des pierres rondes et des palmiers dotent la résidence d'une zone sylvestre.

La maison est une combinaison
de plans géométriques qui ne
cèdent rien à la courbe.
Toutefois, cette rigidité
formelle ne se fait pas
au détriment de l'édifice
car il jouit d'ambiances
souples et confortables.

Maison à Harmisch

Localisation : *Harmisch, Autriche*
Année de construction : *1988*
Architectes : *Michael Szyszkowitz, Karla Kowalski*
Photographies : *Andreas Lichtblau*

Les œuvres créatrices de Szyszkowitz et Kowalski tendent généralement à la construction de logements individuels ou de résidences, dans une optique innovatrice et spectaculaire qui a établi leur renommée. Le style préconisé est souvent associé aux idées de l'école architecturale de Graz, dont le premier est natif, et son langage s'oppose volontairement à la sécheresse excessive et à la rigidité de la méthodologie des années 1960. Cette réaction s'est traduite par une organisation dans laquelle les formes submergent le plan de l'édifice. Son travail tente d'instaurer l'idée de volumes spectaculaires et baroques, à mi-chemin entre le biomorphisme et les contenus expressionnistes. Sur cette base, les créateurs projettent un édifice dans lequel le dialogue de l'individu avec l'œuvre est aussi important que celui de celle-ci avec l'environnement.

Conçue par les descendants d'une vieille famille de la contrée, la maison se situe sur un terrain touché par la guerre. La construction préexistante avait été très endommagée et une restauration aurait abouti à une opération coûteuse et peu adaptée aux nouveaux objectifs. Ceux-ci ne répondaient pas à une conception classique du luxe, mais à une interprétation du niveau culturel et de la vie des propriétaires. Cette interprétation envisageait d'établir une harmonie entre l'architecture, le paysage et la création d'une atmosphère généreuse et paisible avec une pointe d'extraordinaire et d'insolite. La commande des promoteurs était en adéquation parfaite avec les théories des créateurs, qui se limitèrent à développer leurs arguments novateurs dans une atmosphère physique bien déterminée.

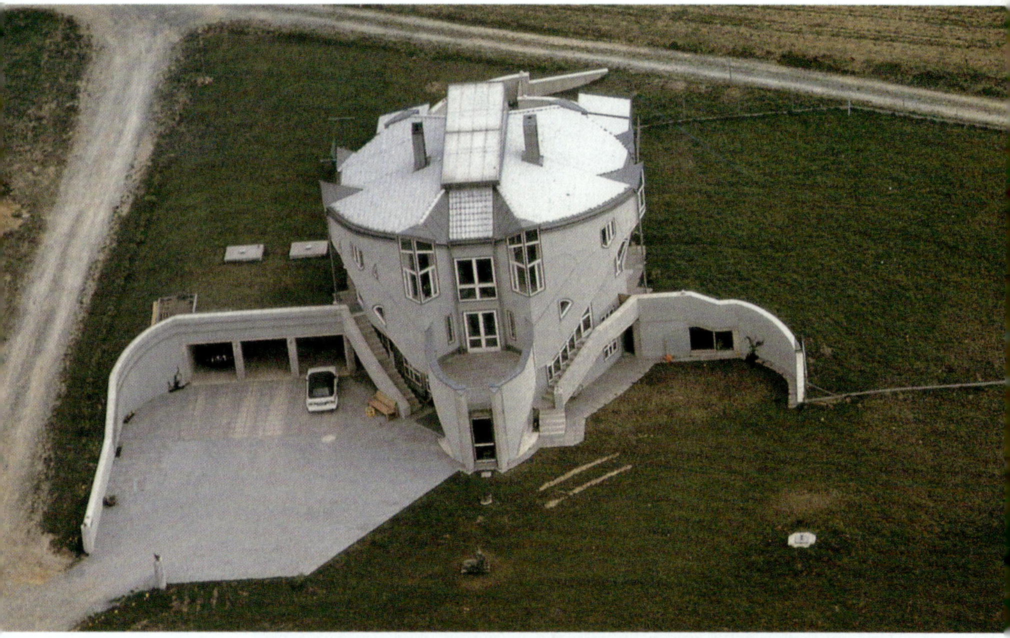

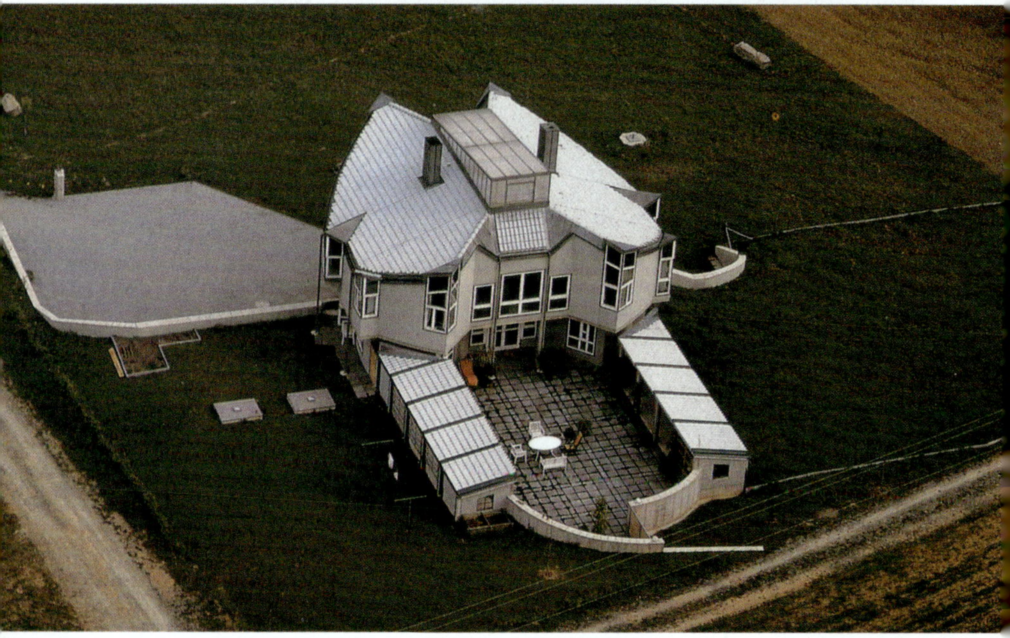

La configuration volumétrique du logement répond à une double argumentation : d'un côté, le terrain proprement dit et l'environnement ; de l'autre, la morphologie typologique singulière préconisée par les créateurs.

À l'intérieur, les différentes dépendances sont en parfaite adéquation avec l'environnement. Dans la zone septentrionale se situent les espaces publics : garages, bureau de réception et vestibule ; et, vers la pente sud, les pièces qui répondent à une idée plus classique de résidence : chambres, bureau, cuisine et salles de bains.

La maison Wolf

Localisation : *Ridgway, Colorado, États-Unis*
Année de construction : *1989*
Architecte : *Sottsass Associati*
Collaborateurs : *Johanna Grawunder, Lichtdesign,*
Michael Barber
Photographies : *Santi Caleca*

Expérimenter, rechercher et découvrir de nouvelles valeurs architecturales puis les appliquer à toutes les manifestations propres à la conception est l'un des objectifs fondamentaux du groupe associé Sottsass. Il s'agit non seulement de créer de nouveaux signes et de nouvelles formes, mais aussi de doter cette morphologie de contenus et de concepts qui permettent la communication entre édifice et individu. Un processus qui poursuit l'innovation et repose sur des bases intuitives toujours cautionnées par la sécurité que garantissent technique et expérience.

Le projet envisage la création d'une résidence individuelle, avec maison adjacente pour les invités, la conception des intérieurs et l'architecture des jardins. L'intégration du logement dans le paysage étant l'un des ses buts fondamentaux, la disposition des patios et de la végétation a été un élément de composition de la structure typologique de l'édifice. La topographie, qui présente une légère déformation, a été mise à profit pour intégrer la maison à son environnement. Celle-ci, placée dans une direction sud-nord, s'adapte à la douce inclinaison du terrain pour capter le plus beau panorama sur le mont Sheffels. Il se crée une double relation entre l'édifice et l'extérieur ; d'un côté, sur une échelle référentielle principale, l'architecture constitue un nouvel élément à l'intérieur du cadre naturel en affirmant son indépendance, avec des couleurs et des formes, tout en se pliant à la grandeur du paysage avec recherche des meilleures perspectives ; d'un autre, sur une échelle plus immédiate, l'édifice compte sur la présence de jardins et de végétation utilisés comme composants architecturaux qui aident la maison à offrir le meilleur d'elle-même.

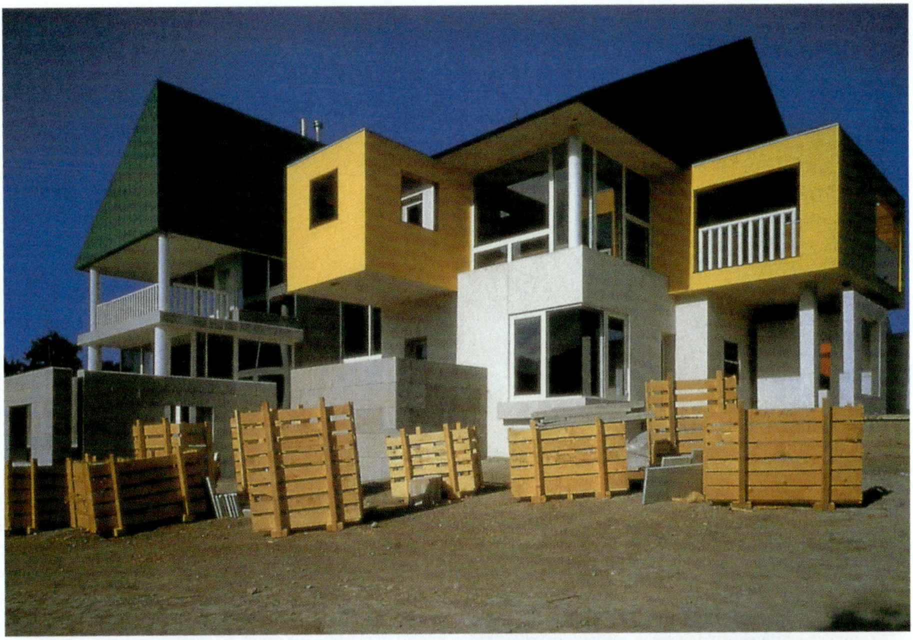

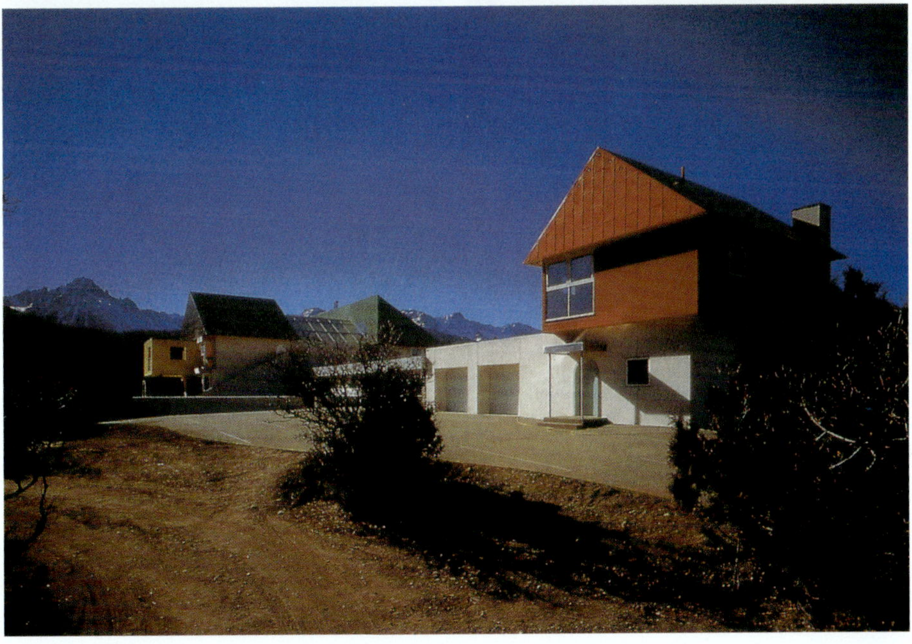

Le programme structurel de l'ensemble est réparti entre deux édifices indépendants qui correspondent à l'édifice principal et à celui des invités. Le premier présente la configuration la plus complexe. Son organisation est horizontale et se divise en deux volumes connectés par une galerie vitrée qui sert à la fois d'accès et de salle de séjour.

La menuiserie métallique et le verre, consistant et isolant, constituent les matériaux idéaux pour la captation de la lumière et de la vue et établissent une connexion entre les deux secteurs de la maison. Les tons de couleur employés à l'extérieur contrastent avec le chromatisme discret et doux de l'intérieur.

La maison Hidalgo

Localisation : *Alella, Barcelone, Espagne*
Année de construction : *1988*
Architectes : *Jordi Garcés, Enric Sòria*
Photographies : *Lluis Casals*

La maison Hidalgo, d'une superficie de 450 m², est bâtie sur un terrain qui s'étend longitudinalement d'est en ouest et est limitée au sud par une pente accusée qui descend jusqu'à la route. La construction jouit grâce à sa hauteur d'une bonne orientation par rapport au soleil et d'une vue panoramique magnifique qui s'étend jusqu'à la mer.

Garcés et Sòria, profitant des caractéristiques topographiques du terrain, sont intervenus de façon très créative en partant de lignes géométriques simples. Le logement individuel s'organise autour d'un jeu abstrait de trois volumes cubiques et de trois grandes baies vitrées reliées entre elles au rythme variable de leurs positions relatives. De l'extérieur, l'ensemble paraît gigantesque, sobre et uniforme, car tous ses parements extérieurs ont été crépis, formant ainsi des surfaces lisses de tonalité grise.

La rigidité géométrique extérieure reste diluée à l'intérieur, où l'espace est continu et fluide ; les fenêtres des façades principales étant contenues dans leurs plans correspondants, la triple composition cubique originale qui structure la réalité architecturale de la maison Hidalgo se retrouve à l'intérieur de la maison.

Dans un volume aussi singulier se développe un programme classique, avec tous les éléments et les services d'un logement contemporain.

Dans les trois polyèdres, la façade principale qui regarde vers la mer semble ouverte grâce à d'énormes fenêtres rectangulaires construites en menuiserie métallique et divisées en grands panneaux. Ces ouvertures s'élèvent depuis le pavement du premier étage jusqu'au toit du second en un seul morceau, s'affirmant, par leur ampleur, comme les principales actrices dans la configuration de l'édifice.

À l'intérieur de la maison alternent parements de brique apparente peints et parements plâtrés et peints. Sur les murs règne un chromatisme clair qui intensifie la transparence ambiante, créée par le riche éclairage naturel dont jouit toute la maison.

La maison Westchester

Localisation : New York, États-Unis
Année de construction : *1987*
Architectes : *Richard Meier & Partners*
Photographies : *Wolfgang Hoyt/Esto*

La colline sur laquelle se situe cette maison permet des vues différentes sur le paysage entrelacé avec les murs de pierre. La maison Westchester s'en détache de façon imposante, comme un édifice presque magique qui surgit entre la végétation exubérante et le bleu du ciel. Parce que la maison est pratiquement blanche – la couleur préférée de l'architecte, Richard Meier – elle aiguise la perception des couleurs qui existent dans la lumière naturelle et dans la nature. Les jeux entre lumière et ombre d'une part et masse et volume d'autre part s'apprécient dans leur plénitude grâce au contraste avec la surface blanche.

Cette maison n'est pas orientée dans une seule direction. Au lieu de se présenter de face, la façade comporte deux volumes rectangulaires qui glissent l'un sur l'autre dans le sens est-ouest à côté d'un vestibule auquel on accède par un escalier situé parallèlement au même axe.

Le blanc brillant de l'édifice ne résulte pas uniquement d'une idée traditionnelle de la maison, mais apporte un caractère extraverti et fort qui va au-delà de la simple fonction de refuge, sans pour autant perdre de vue l'emplacement du logement. La maison est un corps qui agit comme un prisme par rapport au paysage naturel qui l'entoure.

La conception est simple et pure. Meier, considéré comme le Palladio du XXe siècle, a utilisé une conception classique en lui associant des touches de modernité dans les façades. La maison, le garage et la piscine se situent les uns à côté des autres juste en dessous du point le plus élevé et s'organisent autour de l'axe est-ouest qui divise la maison et sert aussi de mur de séparation.

Vue de la salle de séjour au premier étage. La décoration est fonctionnelle et l'utilisation de la couleur blanche, du verre et du bois contribuent à créer un intérieur lumineux.

Vue de la porte frontale dotée d'une structure métallique et d'une toiture originale, toutes deux peintes en bleu.

Maison en Allemagne

Localisation : *Allemagne*
Année de construction : *1997*
Architectes : *David Chipperfield Architects*
Photographies : *Stefan Müller*

Cette maison se situe dans une zone résidentielle. L'accès à la parcelle se fait depuis la rue au niveau le plus bas du terrain. Dès l'entrée, un escalier latéral traverse parallèlement la propriété pour déboucher dans le jardin arrière, laissant derrière la façade latérale de l'édifice avec son entrée principale.

La maison, développée sur trois niveaux, témoigne d'un travail approfondi sur son élévation. Le niveau le plus bas, qui absorbe la pente du terrain, se caractérise par une implantation dans le terrain et un traitement de l'intérieur comme de l'extérieur particulièrement soignés. Les deux niveaux supérieurs, en revanche, s'organisent autour d'un patio orienté vers le jardin arrière, au sud, avec un accès depuis le niveau intermédiaire.

L'architecte organise ce projet comme une succession d'espaces. La maison est ainsi le résultat du groupement d'une série de pièces, chacune d'entre elles travaillée de façon individuelle, aussi bien dans la composition que dans l'espace. Les matériaux sont pour Chipperfield des éléments déterminants : après de nombreuses recherches, la texture retenue ici a été la brique fabriquée à la main.

Dans cette maison, l'architecte associe à un soin particulier du lieu et du bien-être des occupants des mécanismes mentaux divers, tels que l'abstraction. Chipperfield est le digne successeur des traditions d'Europe centrale – Mies Van der Rohe et Mendelsohn entre autres – de programmes domestiques à la fin du XIXe siècle et au XXe siècle.

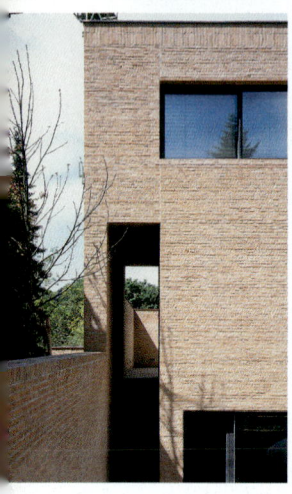

L'esthétique de la maison se
fonde sur le contraste entre
les surfaces vitrées
et la rugosité de la brique.
Cette collision consciente
entre matériaux irréguliers
et textures complètement
lisses s'affirme comme une
réaction aux tendances
actuelles de perfection
des finitions.

414

Maison à Glencoe

Localisation : *Glencoe, Illinois, États-Unis*
Année de construction : *1989*
Architectes : *Arquitectonica Architects*
Photographies : *Tim Hursley*

La volonté de l'étude Arquitectonica dans la conception de ce logement individuel était de respecter trois conditions fondamentales : d'un côté, répartir les différents espaces sur un seul niveau, d'un autre, profiter du caractère spectaculaire de l'emplacement en se laissant séduire et, enfin, disposer d'une place suffisante pour héberger une riche collection d'œuvres d'art. Les architectes Laurinda Spear et Bernardo Fort-Brescia ont ajouté à ces conditions une interprétation particulièrement personnelle et suggestive du concept d'architecture moderne.

Cette maison individuelle se dresse dans la localité de Glencoe, dans l'État de l'Illinois, près de la ville de Chicago, sur un terrain élevé de 20 m environ par rapport aux eaux du lac Michigan, sur un grand plateau couvert d'herbe, avec quelques chênes majestueux çà et là. Ces arbres ne devaient pas disparaître et tout l'édifice devait être construit en conséquence pour tenir compte de l'environnement et de ses caractéristiques topographiques. Son emplacement inhabituel, de face dans trois directions au moins, permet de jouir d'une vue merveilleuse sur le lac de la plupart des pièces.

L'objectif principal est de procurer confort et plaisir, sans se préoccuper ni de la symétrie ni de l'équilibre des différentes pièces formant le produit final. Tout est planifié pour sembler n'être que le fruit du hasard, comme on le devine dans la distribution fortuite des fenêtres qui donne des vues singulières et dans leur configuration irrégulière qui provoque une cadence interrompue, avec un naturalisme propre à la maison, qui ravit l'esprit.

La porte d'accès se tient au sud, dans le prolongement d'un mur de granit qui guide symboliquement les visiteurs vers l'intérieur.

Les différentes ouvertures adoptent des formes incroyables et variables ; une même porte se sous-divise parfois en plusieurs formes irrégulières, conservant néanmoins une harmonie agréable.

Vue de la terrasse est, près du salon.

Page de droite :
Détail de l'une des larges baies vitrées.

Vue partielle de la piscine couverte, de plus de 20 m de long.

Vue de la salle à manger, qui forme un espace unique avec le salon ; y sont exposées des peintures et des sculptures modernes.

419

Extension de la maison Tait-Doulgeris

Localisation : *Paddington, Australie*
Année de construction : *1999*
Architectes : *Buzacott & Ocolisan associates*
Photographies : *Patrick Birgham Hall*

Ce projet consistait à remodeler une vieille maison à deux niveaux, située sur un terrain de 7,5 m de large sur 25 m de profondeur.

La rénovation s'est faite en aménageant de grands espaces ouverts, deux chambres, un bureau et une piscine orientée au nord dans la partie arrière de la maison.

La largeur du terrain a permis une grande souplesse dans la conception de la zone de services, qui semble appuyée sur l'un des côtés créant ainsi des espaces diaphanes et ouverts.

Le rez-de-chaussée est divisé par un meuble plaqué en bois qui sépare la salle à manger et la salle de séjour des espaces de service. Ces espaces s'ouvrent vers le patio arrière de la maison où une piscine s'étend le long de l'un de ses côtés. L'allège de la fenêtre qui relie la cuisine à la piscine peut se transformer en siège informel pour s'asseoir ou prendre un repas.

À l'étage, on retrouve la même volonté de sous-division de l'espace au moyen d'un meuble de bois disposé longitudinalement et parallèlement à l'escalier. Il sert d'armoire aux deux chambres et au vestiaire. La salle de bains, de son côté, est orientée face à la piscine. Le bureau situé au second donne sur une terrasse avec des vues de profil excellentes sur la ville et sur Harbour Bridge.

L'architecture, simple et maîtrisée, emploie peu de matériaux.

Les cloisons verticales se transforment en murs creux aux surfaces laquées ou en bois. Ces murs adoptent différentes hauteurs et intègrent des orifices qui servent de portes.

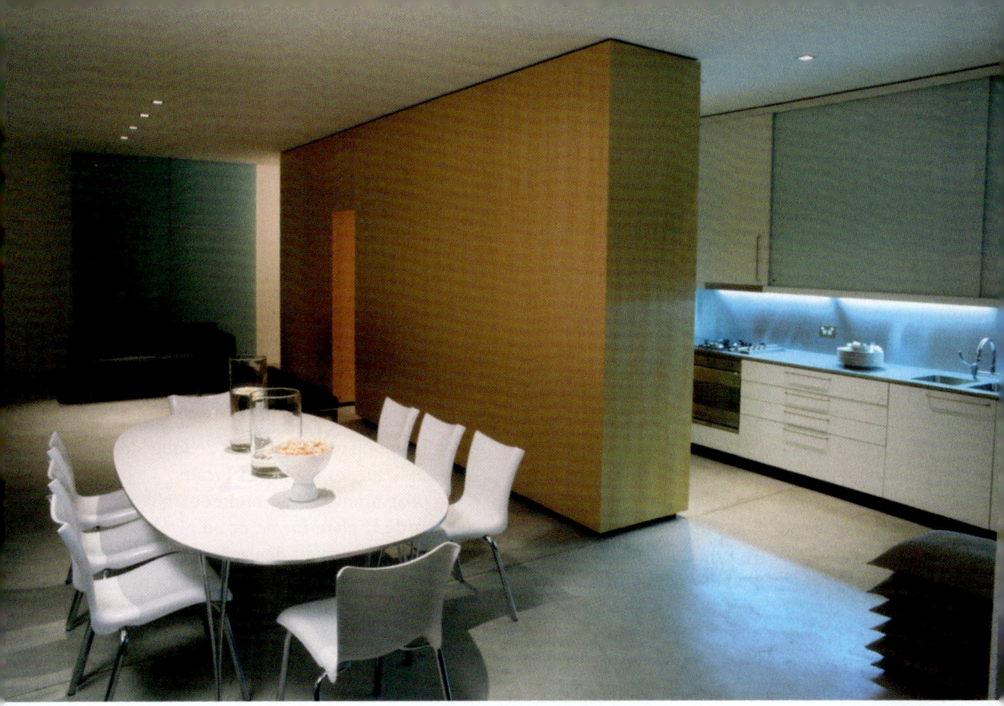
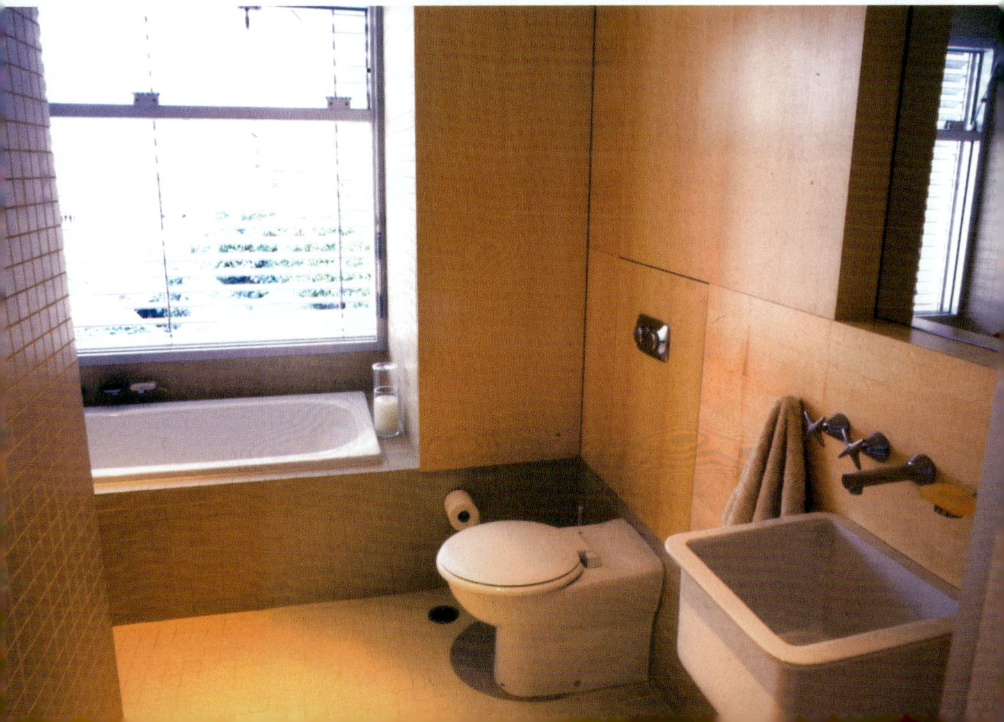

Maison à La Punta

Localisation : *Bosques de las Lomas, Mexico*
Année de construction : *1998*
Architectes : *Alfonso López Baz, Javier Calleja*
Collaborateurs : *Raul Pulido, Octavio Cardozo*
Photographies : *Héctor Velazco*

L'objectif de cette construction, entourée d'une multitude de maisons de plusieurs styles, semble être celui d'organiser et d'harmoniser le chaos urbain environnant plutôt que de briller par son esthétique raffinée.

Pratiquement totalement refermée sur elle-même pour s'offrir presque immaculée à la vue, la dernière œuvre du groupe LBC repose sur une surface élevée de 2 m par rapport au niveau de la rue ; profitant de cette position, la maison s'organise autour d'un patio qui respecte l'intimité et contrôle la vue.

Avec beaucoup de figures géométriques et des détails soignés, la maison montre avec simplicité de grands pans d'enveloppe pierreuse d'où partent des corps de diverses formes. Des toits plats et voûtés d'une réalisation impeccable, avec des parasols en aluminium pour aérer les façades constamment ensoleillées, projettent de l'ombre sur un miroir d'eau de forme irrégulière et sur une place qui permet de jouir de vues multiples sur les différents locaux.

Le programme comprend deux niveaux au-dessus de la plate-forme et un niveau en sous-sol, obtenu grâce au dénivellement de la rue, pour le garage. Le jardin entoure toutes les pièces pour conférer une certaine intimité et disposer d'un environnement privé.

La gamme de couleurs claires utilisée donne à la maison une ambiance de sérénité et de simplicité qui nous rappelle que les acteurs principaux de celle-ci sont… ses habitants.

L'architecte a pensé à un espace
vert autour de l'édifice pour faire
tampon entre l'affairement de la
ville et la tranquillité désirée. La
maison se démarque ainsi
du voisinage urbain.

Page de gauche :
La façade est à la fois sobre et
raffinée. Elle combine des pans
aveugles et des surfaces vitrées
et couvertes de lamelles
métalliques qui protègent
du rayonnement solaire direct.

L'intérieur combine
les mêmes matériaux que
l'extérieur : verre, béton
et aluminium.

Les toits voûtés font
l'originalité de certaines
pièces et créent des jeux de
lumière très chaleureux.

Les terrasses et les balcons
permettent de s'adonner
à des activités à l'air libre.
Dans ces espaces extérieurs,
des subterfuges ont été
prévus pour se protéger du
soleil : pergolas, persiennes
ou vélum.

La maison Asendi

Localisation : *Reykjavik, Islande*
Année de construction : *1997*
Architecte : *Studio Granda*
Photographies : *Sigurgeir Sigurjónsson*

Parce que le client voulait disposer de chambres, d'une salle de bains, d'un comptoir pour déjeuner, d'un cellier et d'un bureau, Studio Granda lui a proposé l'agrandissement d'une maison des années 1960. La construction existante comprenait un seul niveau, avec un garage qui lui était adossé et se situait dans un angle. L'architecte a choisi de transformer le garage en petit entrepôt et coin travail. De cette façon, la superficie à ajouter diminuait considérablement. L'extension, qui s'est faite au-dessus du garage, est reliée au logement par un nouveau hall d'entrée.

La façade et la forme de l'extension imitent celles de la maison originale et veulent réduire l'impact des modifications faites au cours des années 1980. L'angle est accentué par la construction d'un second niveau qui qualifie l'espace et équilibre l'échelle et la proportion des ouvertures.

L'utilisation de matériaux primaires (basalte, iroko, granit et carreaux de céramique) crée un nouveau paysage dans l'entrée et un nouvel espace pour les voitures. Une combinaison simple de finitions forme un ensemble chaud et élégant qui se poursuit à l'intérieur.

Au-dessus de l'entrée principale est exposée une œuvre de l'artiste Lilja Pálmadóttir, commandée spécialement pour l'édifice.

L'espace pour les voitures n'est
pas couvert mais profite d'une
superficie annexe à la maison.
La différenciation des espaces est
soulignée par un changement
de parement.

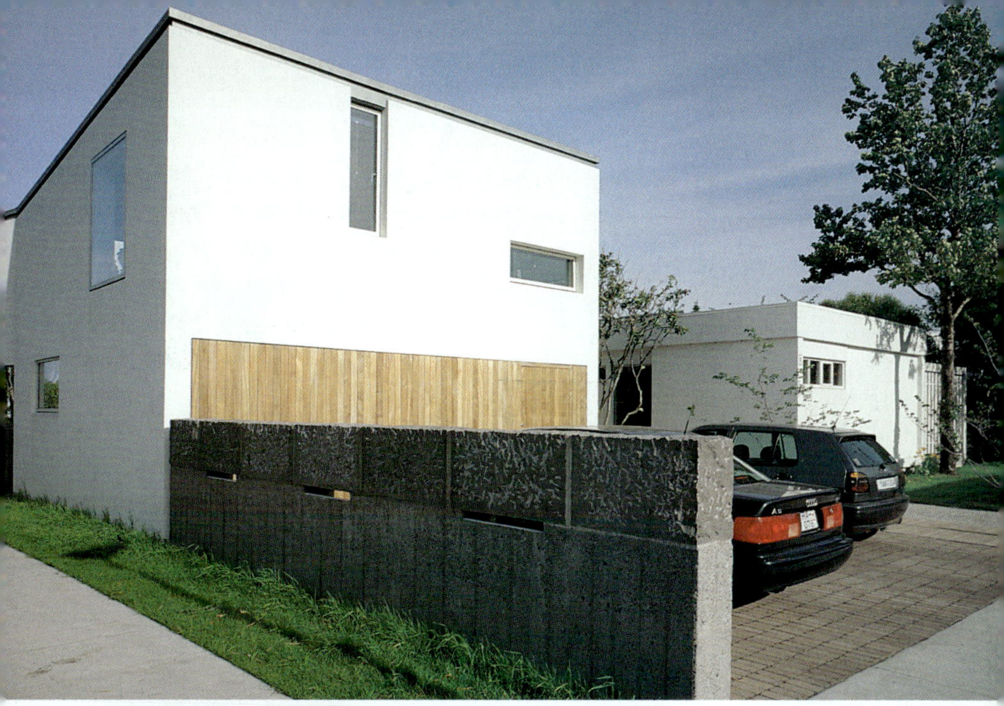

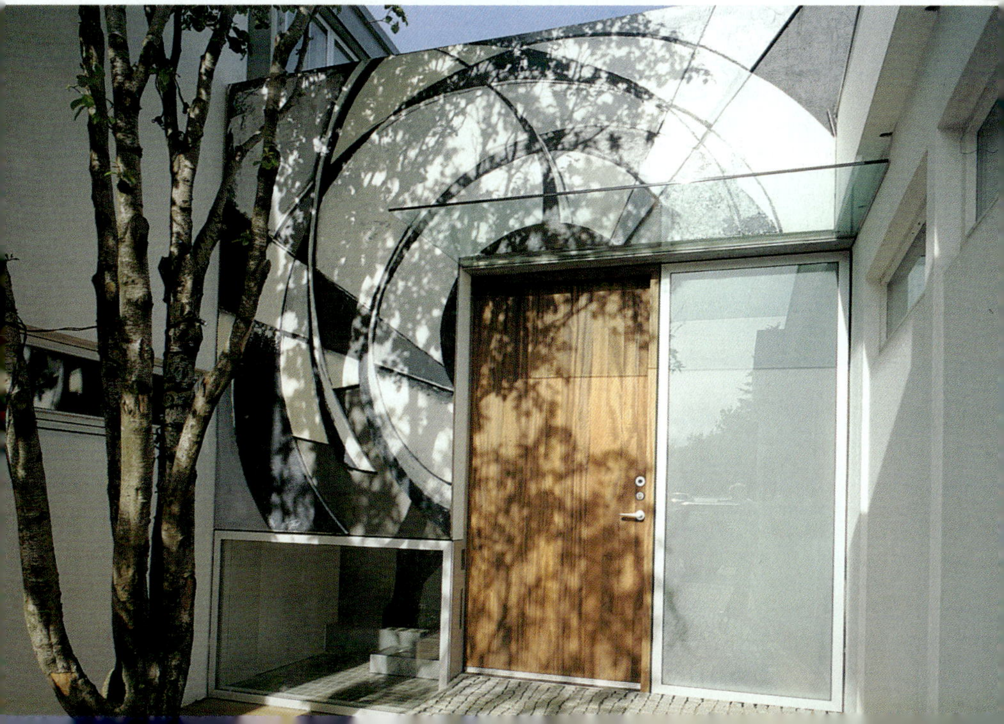

La lumière solaire
incidente dans le patio
crée de multiples jeux
de perception grâce aux
surfaces vitrées et
aux autres finitions.

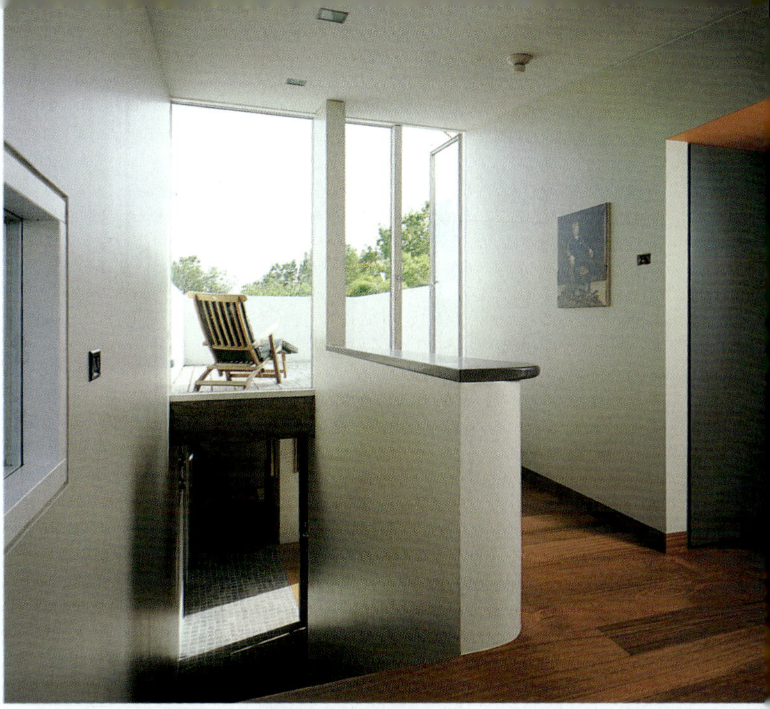

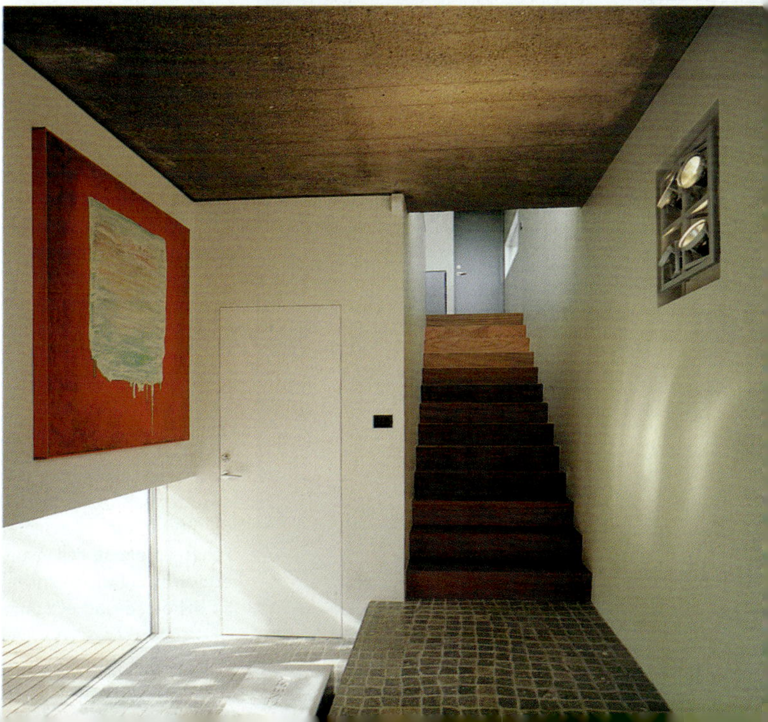

Maison de verre à Almelo

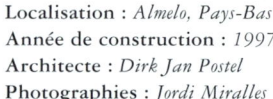

Localisation : *Almelo, Pays-Bas*
Année de construction : *1997*
Architecte : *Dirk Jan Postel*
Photographies : *Jordi Miralles*

Le projet repose sur la répétition d'un module, correspondant à la taille d'une chambre à un lit simple, qui détermine la structure et la distribution des espaces ou le rythme de composition de tous les orifices. Ce cube sobre admet facilement le programme, qui s'organise de façon classique sans introduire de variation, ou à peine, et qui se retrouve aussi à l'extérieur.

Vers la rue et sur les façades latérales, une enveloppe de verre sérigraphiée et disjointe revêt tout le volume, masquant la taille et la position des ouvertures. Seul un petit porche d'accès et la porte du garage interrompent la continuité de l'enveloppe et marquent les entrées. Pendant la journée, le plan de verre reflète l'environnement tel un miroir ; la nuit, la lumière intérieure révèle le monde de la maison.

Cette caisse, muette et froide vers la rue, s'ouvre en revanche sur le jardin. Là, de grandes baies vitrées qui suivent également le module structurel permettent une connexion fluide entre intérieur et extérieur. Une urne de verre d'une pureté exquise sert de terrasse en hiver et de symbole de cette volonté d'oppositions.

Le reste de la façade est couvert de lames de bois légères, disposées comme sur la partie aérée, qui complètent la façade la plus agréable du logement. On retrouve cette atmosphère à l'intérieur revêtu en bois de bouleau.

Cette maison est un exemple de rentabilité du travail avec un minimum d'efforts, tout l'engagement se résumant à des décisions nettes et claires qui modèlent un édifice froid et raffiné au dehors, chaud et confortable au dedans.

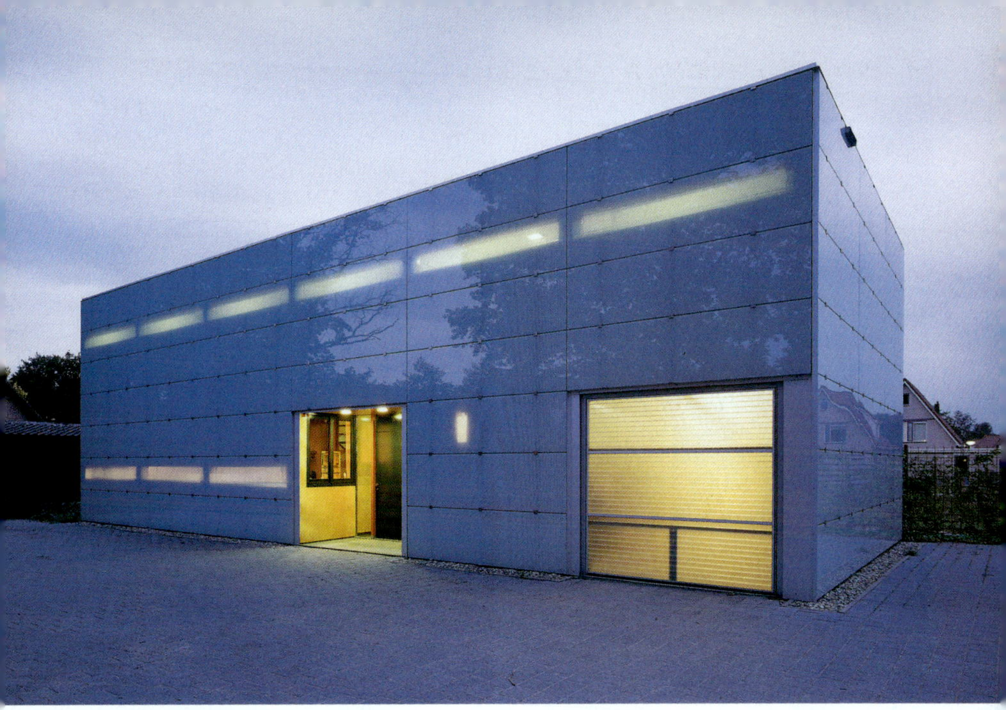

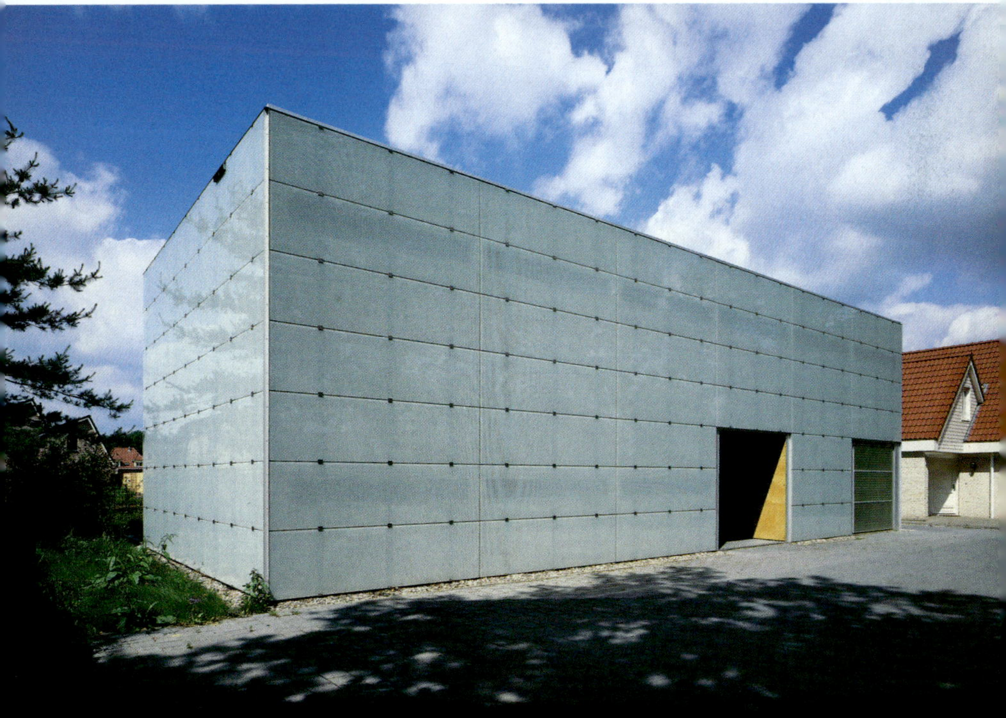

L'escalier que l'on aperçoit
depuis la rue établit le
lien avec l'étage supérieur
où sont aménagées
les chambres.

Les matériaux utilisés
aussi bien en façade qu'à
l'intérieur sont limités.
Par opposition avec la
peau de verre extérieure,
toutes les cloisons
intérieures sont en bois.
En revanche, toutes les
portes de la maison sont
en verre translucide.

MAISONS DE BORD DE MER

Un emplacement près de la mer implique la coexistence de tout une série de facteurs qui rend possible l'apparition de zones ou noyaux urbains ayant des conditions paysagères et climatologiques exceptionnelles. La simple proximité d'immenses étendues d'eau, comme c'est le cas pour toutes les maisons individuelles présentées dans ce chapitre, a une grande incidence sur le climat. En effet, parce que leur inertie thermique est plus grande que celle des masses d'air, les mers et les océans sont capables d'atténuer des variations de températures extrêmes et donc de tempérer aussi bien l'air très chaud que très froid. La terre située sous le vent d'un habitat maritime sera plus chaude en hiver et plus fraîche en été. Cela se vérifie aussi bien pendant la journée qu'au changement de saisons.

Les habitants des climats chauds vivent davantage autour de leurs maisons qu'à l'intérieur, puisqu'ils passent la plupart de leur temps à l'air libre et ne cherchent la protection du foyer que lorsqu'ils ont besoin d'intimité ou lorsque les mauvaises conditions atmosphériques les y obligent. Dans les climats chauds et humides, si typiques des localités côtières, les individus passent encore plus de temps dehors que dans les régions arides, puisqu'ils profitent d'une agréable brise.

L'architecture caractéristique des lieux au climat sec et chaud, ou bien froid, est réellement différente de celle des lieux plus humides et chauds des bords de mer. Parce que la côte se caractérise généralement par une grande diversité géographique et sociale, chaque cas doit être considéré de façon spécifique ; néanmoins, il existe tout un ensemble de traits et d'éléments communs qui sont largement illustrés dans les divers projets présentés ici.

Il est intéressant d'en analyser certains puisque ce sont les plus caractéristiques des habitations côtières recensées ici ; la fréquence de leur apparition et la fonction évidente qu'ils remplissent en témoignent. Les auvents ou encorbellements sont fixes, situés dans la partie haute des façades de la plupart de ces édifices ; ils se projettent à l'horizontal, protégeant ainsi les murs et, en particulier, les ouvertures, des rayonnements solaires et de la pluie. En général, ils sont opaques et leurs dimensions dépendent essentiellement de l'angle d'incidence du soleil. Le mieux adapté est celui qui permet de profiter du rayonnement en hiver, et de l'éviter en été. Les auvents situés au sud sont les plus efficaces.

Les écrans sont des éléments opaques, rigides et normalement fixes, situés sur les façades pour faire de l'ombre sur une surface spécifique vitrée. Ils peuvent être orientés selon l'incidence du soleil. Les persiennes, elles, sont des éléments mobiles et réglables composées de lamelles ; placées devant une ouverture, elles empêchent totalement les rayonnements directs tout en permettant la ventilation, une certaine luminosité et la vue sur l'extérieur. Parce qu'elles sont réglables, elles s'adaptent à tout moment aux désirs d'intimité ou d'ouverture. Les vélums ou les stores extérieurs sont également des éléments mobiles et flexibles, verticaux ou inclinés, permettant de faire de l'ombre sur une partie de la façade d'un édifice ou sur une véritable ouverture.

Les vitres de couleur et/ou réfléchissantes sont des éléments permettant de fermer une ouverture ; elles ont aussi une fonction de défense, laissant passer la lumière et voir à l'extérieur tout en empêchant la ventilation. Elles peuvent convenir lorsque cette dernière importe peu et que le rayonnement solaire n'est pas excessif. Quant aux galeries, ce sont des espaces couverts adossés à une habitation qui peuvent être ouverts sur l'extérieur ou séparés par une cloison vitrée.

Les porches font partie des moyens architectoniques les plus appréciés pour les constructions de bord de mer. Ces espaces couverts sont ajoutés à un édifice en rez-de-chaussée et ouverts sur l'extérieur. Ce sont des volumes intermédiaires qui éclairent les zones extérieures avec lesquelles ils communiquent. Les patios sont aussi très utilisés : ce sont des espaces entourés de murs d'un ou plusieurs volumes et ouverts sur l'extérieur par le haut.

Cette analyse des caractéristiques de l'architecture dans les zones côtières, où les conditions atmosphériques sont le plus souvent chaudes et humides, suppose de montrer clairement qu'il existe des traits et des éléments communs conformes à un type d'habitat très concret. Chacune des maisons individuelles présentées dans ce chapitre montre d'ailleurs à quel point le milieu influe sur le développement humain et dans quelle mesure le climat et l'environnement physique concret peuvent déterminer le style et la construction des différentes habitations conçues par et pour l'individu. À ce titre, l'incidence solaire, la protection contre les phénomènes atmosphériques gênants et la beauté de la nature ont été les principaux responsables de la configuration de l'architecture.

Maison à Na Xemena

Localisation : *Ibiza, Espagne*
Année de construction : *1997*
Architecte : *Ramon Esteve*
Collaborateurs : *Juan A. Ferrero, Antonio Calvo*
Photographies : *Ramon Esteve*

La majesté de tous les éléments qui s'intègrent dans ce paysage intemporel nous impose une attitude révérencieuse face à tant d'équilibre, une certaine sensibilité face à la grandeur et un réel dialogue entre l'image du territoire et l'édifice : c'est ce qui doit perdurer, ce que le monde de l'architecture a de séducteur et d'extraordinaire.

Depuis l'élaboration des premiers plans, le choix des matériaux et des couleurs, les volumes et les éléments de construction se sont articulés naturellement, sans être contraints par un schéma géométrique rigide, mais en gardant toutefois une base rationnelle. La maison est située de manière à pouvoir être agrandie en fonction des lignes du noyau d'origine. Le rajout des différents corps, qui constituent les dépendances intérieures, est disposé comme une séquence d'espaces dont les mesures varient proportionnellement à leurs trois dimensions, traçant un parcours croissant.

L'ensemble architectonique s'organise en escaladant une base rocheuse, formant un tout compact et simple, parallèle à la forme de la falaise. De l'extérieur, la disposition des terrasses et de la piscine, avec de légers dénivellements, crée une perspective visuelle qui se termine dans la géométrie éclatante des volumes de la maison. L'ensemble cherche une relation harmonieuse avec l'environnement, sans aucune extravagance, telle une succession douce et logique entre le terrain et le paysage. Les différents niveaux qui caractérisent la conception de l'édifice dynamisent l'espace, définissant des zones extérieures, telles que la terrasse et la piscine – avec une entité propre – orientées vers la mer, ce qui permet de profiter de la lumière changeante de la Méditerranée à toute heure du jour.

La géométrie austère des façades
est complétée par les escaliers
donnant accès à l'habitation et
aux terrasses, qui s'élèvent
en formant une enceinte sculptée
dans le terrain, entourée de l'eau
de la piscine et de bancs construits
avec de vieilles traverses.

De minuscules trous carrés
diffusent une faible clarté
sur le pavement extérieur
pendant la nuit.

Page de droite :
Aspect de l'escalier extérieur
pendant la construction.

Les espaces de service s'organisent dans un coin de la chambre principale. La baignoire est encastrée à ras du sol avec vue directe sur l'extérieur.

Les murs extérieurs sont percés pour capter la lumière selon un ordre naturel donné par la configuration intérieure.

Un plancher en bois d'iroko recouvre le sol du salon et s'arrête au pavement de ciment lissé en passant par le plafond et le mur de la salle à manger. Un escalier intérieur construit avec des tablettes d'iroko incrustées dans le mur relie le salon au bureau situé au-dessus de la salle à manger, d'où l'on accède aux terrasses supérieures du toit.

Les grandes baies vitrées
sont constituées d'une
seule feuille de verre.
Les portes coulissantes
s'introduisent à l'intérieur
des murs. Les menuiseries
sont en bois d'iroko.
L'ensemble dégage une
impression de continuité
entre les différentes pièces
et la terrasse. En été,
les baies vitrées peuvent
rester ouvertes
jour et nuit.

Maison à Los Vilos

Localisation : *Los Vilos, Chili*
Année de construction : *1996*
Architecte : *Cristián Boza*
Maître d'œuvre : *Pablo Epulez*
Collaborateurs : *Paola Durruty (projet),*
Ricardo Aránguiz (structures)
Photographies : *Cristian Boza*

Le contexte et la topographie affectent toujours l'architecture, mais dans certains cas, de façon si radicale qu'il est parfois difficile de discerner si ce dont on parle est un édifice ou un paysage. Cette maison, conçue par l'architecte chilien Cristían Boza au sommet de falaises, près de Los Vilos, appartient à ce type d'architecture qui s'intègre dans le paysage, au point qu'il devient vite impossible d'imaginer qu'elle n'ait pas toujours existé.

Boza construit d'abord un chemin entre les rochers qui descend en une succession de terrasses et plates-formes de la partie la plus haute du terrain jusqu'au bord de la falaise. Toutes les pièces de la maison se situent le long de ce sentier étroit. Elles donnent, d'un côté sur le chemin, de l'autre, sur la falaise. La succession de portes et de fenêtres à des niveaux différents sur le mur courbe du couloir extérieur donne l'impression d'une rue étroite dans un village et non celle d'une seule et même maison.

À l'extrémité de la maison, au bout de la falaise, un grand espace de 8 m de haut héberge la salle de séjour, la salle à manger et, dans les combles, la chambre principale, qui peut s'ouvrir ou se fermer complètement grâce à un système de portes coulissantes en bois.

Les différents niveaux, les chemins, les vues encadrées : ici il ne s'agit pas d'édifier un lieu nouveau, mais de l'inclure dans un paysage existant, de modifier légèrement un endroit de la côte pour pouvoir y dormir, y manger et attendre la tombée du jour à l'ombre d'un mur en regardant l'Océan.

La toiture de la maison est plate et sert d'immense terrasse à laquelle on accède soit par la partie supérieure du terrain, soit par le sentier.

L'architecte chilien a créé autour de la maison toute une série d'éléments paysagers : miradors, escaliers, pergolas, ponts…

Tous les murs sont en maçonnerie de rochers et ciment. Les cloisons intérieures, en eucalyptus, sont disposées horizontalement ; les menuiseries sont en bronze.

Il n'y a aucune différence de finitions entre l'extérieur et les intérieurs. Ainsi, lorsqu'on est dans la salle de séjour ou dans la chambre, on a l'impression d'être plongé dans le paysage.

Maison à Miami

Localisation : *Floride, Etats-Unis*
Année de construction : *2003*
Architecte : *Ramon Esteve*
Collaborateurs : *Jorge Rangel (architecture d'intérieur)*
Photographies : *José Luís Hausmann*

Cette maison conçue pour une famille catalane de Key Biscayne, à Miami, a été modernisée afin de gagner en fonctionnalité et en esthétisme. L'objectif était d'obtenir un espace plus lumineux avec une organisation plus pratique pour se rapprocher davantage de l'océan.

Aucun changement structurel n'a été apporté mais les propriétaires ont décidé de retirer certains éléments dépassés comme les moquettes et le carrelage, et de ne conserver que le revêtement au-dessous. L'étage inférieur abrite les parties communes, c'est-à-dire un vaste salon-salle à manger, un sauna, une salle de bains d'invités, la piscine et une salle à manger sur la terrasse. Cette dernière communique avec les deux blocs qui composent la maison. Une structure en acier a été imaginée pour la terrasse, structure à laquelle on peut accrocher des plantes qui donnent de l'ombre en été. Les trois chambres des enfants et des invités ainsi que la chambre principale se trouvent à l'étage. La chambre principale, avec vue sur l'océan et la piscine, jouit d'une grande intimité et possède une salle de bains, un dressing et une terrasse.

Bien que la majorité des surfaces soient peintes en blanc pour faire ressortir la luminosité du climat presque tropical, on a eu recours à des surfaces en verre à plusieurs endroits, non seulement pour permettre à la lumière d'entrer mais aussi pour profiter de la vue sur l'océan. La salle de séjour, la salle à manger extérieure, la chambre et même la salle de bains donnent sur l'océan. Grâce à des panneaux coulissants, plusieurs espaces s'intègrent dans le paysage, effaçant ainsi les limites entre l'intérieur et l'extérieur et accentuant le style de vie de plein air propre à Miami.

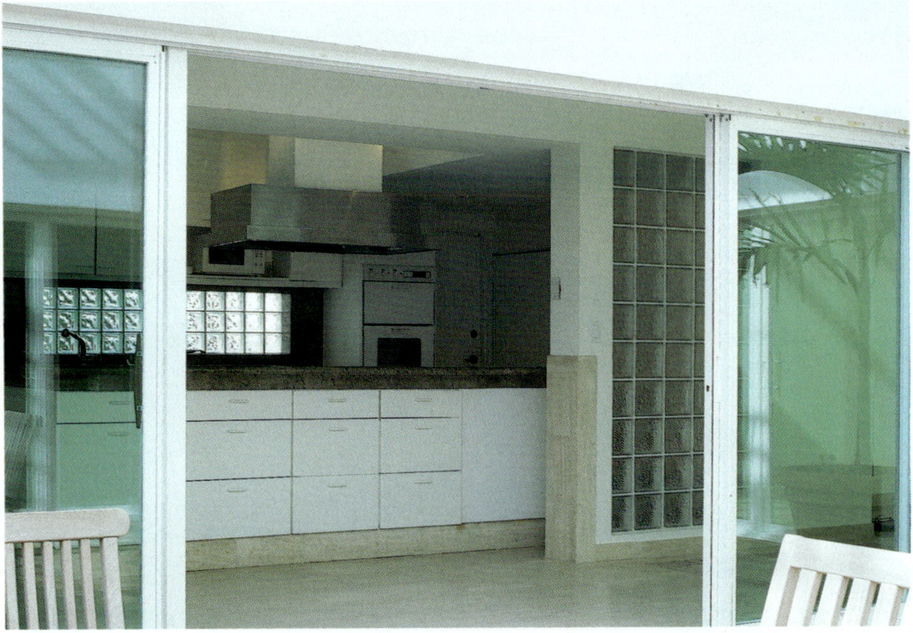

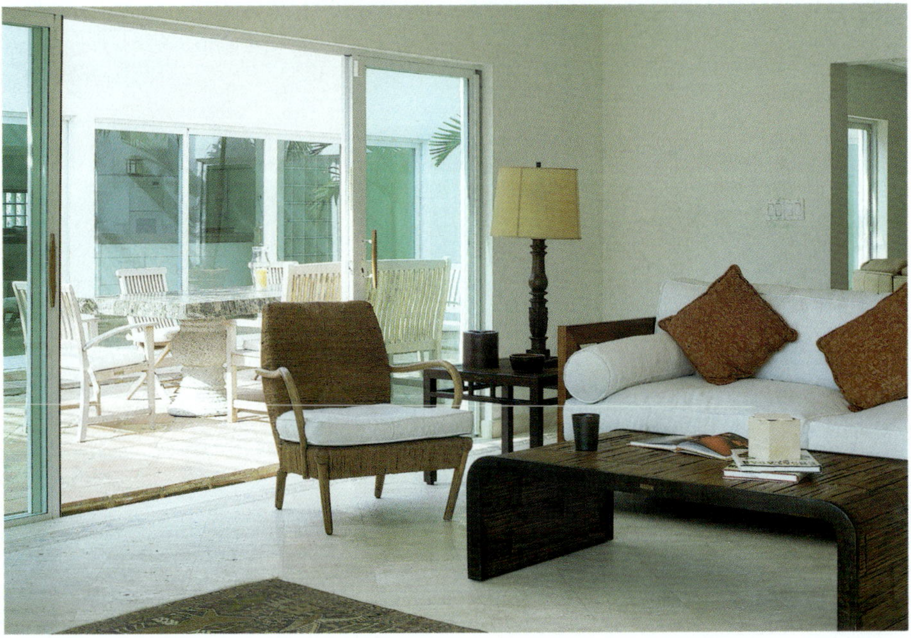

Résidence Belvedere

Localisation : *San Francisco, Etats-Unis*
Année de construction : *2000*
Architecte : *Cass Calder Smith*
Photographies : *Roger Casas*

Prévue en tant que résidence principale d'une famille de cinq personnes, cette maison à deux étages entièrement rénovée est située près de la baie, entre la rue et l'eau. Un axe mène à la maison, traverse le hall central de deux étages et mène à la baie tel un quai. Cette organisation autour de l'axe transversal s'étend tout au long du hall central et est flanqué du séjour-salle à manger d'un côté et de la cuisine et d'un autre salon de l'autre côté. Les deux espaces possèdent des ouvertures similaires qui les relient au paysage et à l'eau. L'intérieur, discret, présente des murs blancs, des sols en pierre calcaire, du bois naturel et de l'acier.

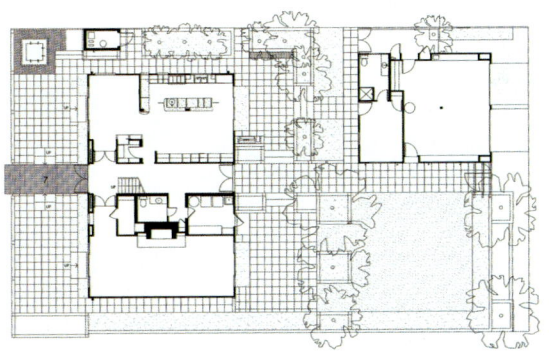

Rez-de-chaussée

Maison d'eau et de verre

Localisation : *Shizuoka, Japon*
Année de construction : *1995*
Architecte : *Kengo Kuma*
Photographies : *Futjitsuka Mitsumasa*

À l'origine de cette maison, une vive critique des formes prédéfinies, convertie en clichés de ce que doit être une villa, et surtout, une réflexion sur le fait de voir et d'être vu. L'idée centrale de la Water and Glass House part de l'étude des différentes manières de voir, la nature dans le cas présent. Il existe toute une série de filtres et de cadres entre cette nature et le sujet, à travers lesquels on voit. Ces matériaux montrent ainsi leur transparence. Il n'y a que des surfaces translucides qui dupliquent les images et construisent l'espace intermédiaire entre la nature et le sujet-même.

La maison se définit non comme un objet, mais comme une diversité d'espaces résultant de la superposition de plusieurs transparences, traversées par le paysage. Les éléments tels que la pièce d'eau qui, située dans la partie supérieure de la maison, se confond avec la mer, au loin, ou la toiture couverte de plaques métalliques, qui atténue la lumière, sont considérés comme des filtres ou des cadres abstraits, et non comme des obstacles. Le tout donne une impression générale de calme et d'équilibre et témoigne d'une utilisation objective des matériaux.

Pour Kuma, la vie qui se développe dans les édifices est plus importante que la forme même de l'architecture. Dès lors, les déplacements et la circulation à l'intérieur de cette maison devaient susciter le plus grand intérêt. En outre, la nature, ou le paysage, prend part à la vie qui se déroule dans ce lieu ; en réalité, la nature acquiert tout son sens lorsqu'elle entre en relation avec l'architecture qui lui donne donc un cadre. Ainsi, l'architecture permet une relation ouverte avec l'extérieur ; il n'y a pas de nette différence entre ce qui est dedans ou dehors.

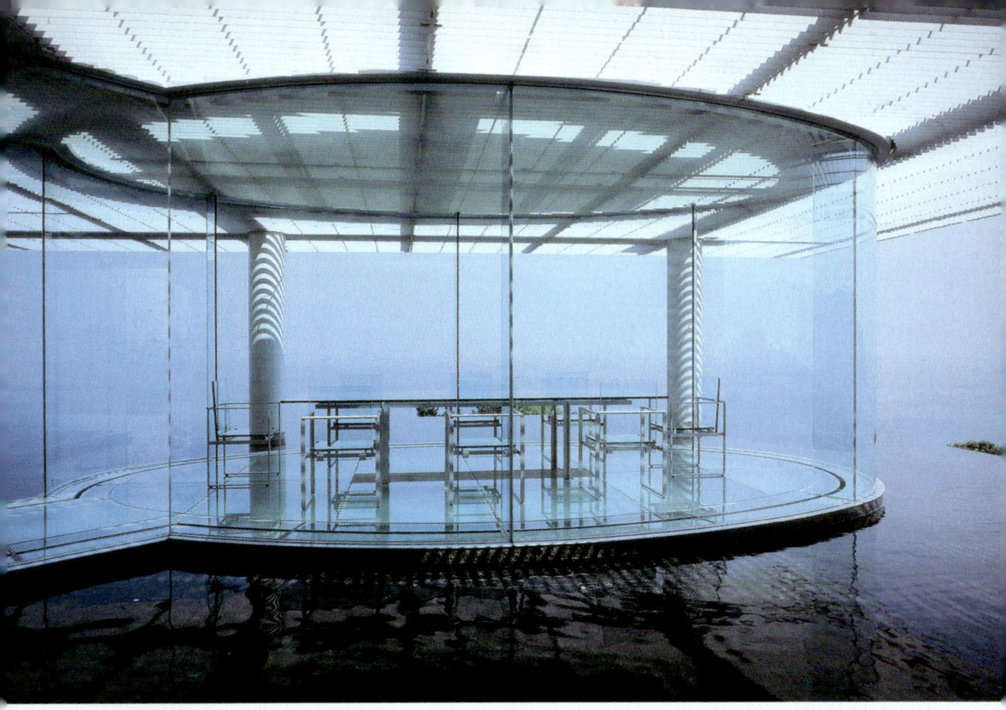

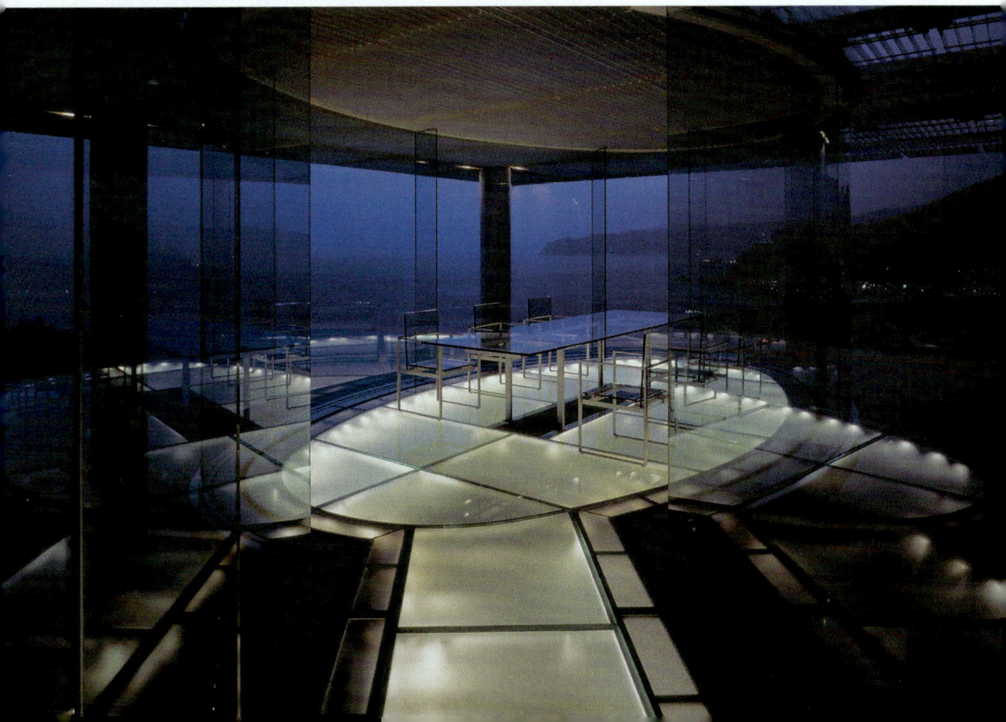

L'escalier est léger et translucide, avec des marches en verre et une structure métallique.

L'espace qui traverse le pont, en rentrant dans la maison, bénéficie d'un éclairage zénithal.

Les volumes vitrés et les piliers ont l'air de flotter sur l'eau.

Page de droite :
Pour comprendre l'architecture de Kengo Kuma, il suffit de regarder le paysage et le lever du jour depuis la Water and Glass House.

Villa Nautilus

Localisation : *Acapulco, Mexique*
Année de construction : *1998*
Architectes : *Migdal Arquitectos*
Photographies : *Alberto Moreno*

Située dans la ville d'Acapulco, la Villa Nautilus est le résultat de concepts qui intéressaient les architectes en raison de la localisation et du programme de la maison : topographie, climat, fonction, vues et terrain notamment.

L'énorme dénivellement du terrain exige de la construction une grande cohérence avec le site puisqu'il faut réinterpréter la topographie existante en établissant une série de volumes adaptés au terrain.

Il n'y a pas de hiérarchisation des espaces ; les zones habitables se mêlent aux zones de passage et de circulation vers les étages. Dans cette riche combinaison de milieux, les espaces de service sont orientés à l'ouest pour obstruer les rayons du soleil et fonctionner comme un filtre environnemental, atténuant ainsi les écarts climatiques prononcés et notamment les fortes températures que l'on atteint parfois à de telles latitudes.

La villa se conceptualise dans un schéma logique et rationnel, à travers son harmonie, sa structure et une mise en œuvre du projet régie par des règles internes cohérentes. Étant donné ces caractéristiques, on pourrait penser que le schéma de la construction est quelque peu rigide, mais la maison nous étonne par sa richesse et sa splendeur. Migdal Architectes a su produire un ensemble de milieux variés qui, en plus du fait de satisfaire le confort physique et spirituel des habitants, surprend par les multiples sensations esthétiques et les perceptions qu'il procure.

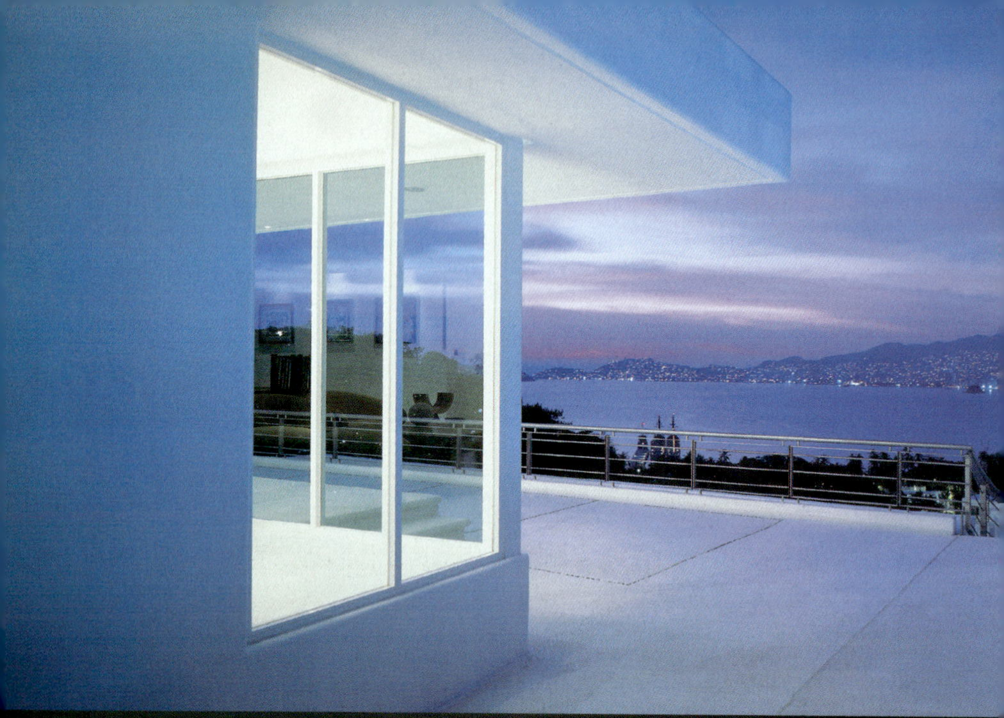

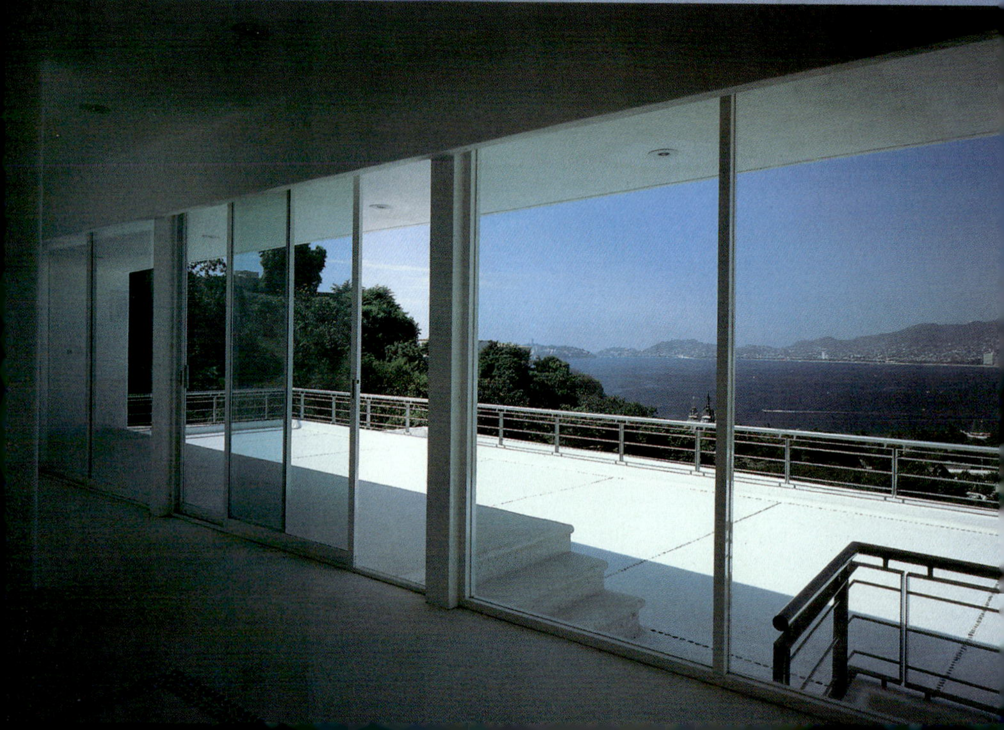

Les différents niveaux subissent une légère rotation pour pouvoir embrasser du regard toutes les vues sur la splendide baie. Le spectateur pourra ainsi apprécier tel ou tel paysage selon le niveau auquel il se trouve. Cette rotation s'exerce vers le nord, de telle sorte que les parapets de protection solaire voient leur taille réduite au fur et à mesure qu'ils tournent. Le caractère tectonique du projet est inhérent à la volonté structurelle qui l'a généré. Pour résoudre les problèmes de construction lors de l'édification sur la falaise, il a été choisi de soutenir les volumes avec des murs porteurs, des dalles massives, des poutrelles et des entrevous.

Page de gauche :
Les détails sont le fruit d'une étude minutieuse. Une partie de l'éclairage extérieur, par exemple, est constituée de tubes de lumières situés le long des soubassements qui forment la transition intérieur-extérieur. Les finitions superficielles et les menuiseries complètent un ensemble qui apparaît luxueux, mais jamais ostentatoire.

Maison Equís

Localisation : *Cañete, Pérou*
Année de construction : *2002*
Architectes : *Barclay et Crousse*
Photographies : *Barclay et Crousse*

Bien que la côte péruvienne abrite l'un des déserts les plus arides du monde, ses conditions climatiques ne sont pas extrêmes pour autant. La température moyenne oscille entre 15°C en hiver et 29°C en été. Par conséquent, l'ombre est le seul élément indispensable pour vivre confortablement. La maison Equis est un exemple parfait d'architecture intelligemment intégrée dans un milieu naturel aussi spectaculaire que celui-ci.

Afin d'obtenir une architecture équilibrée et respectueuse du site, les architectes ont décidé que la structure devrait occuper la majorité du terrain et se projeter tel un bloc solide ancré dans la terre, comme si elle avait toujours été là. L'excavation progressive de l'intérieur a généré la découverte de plusieurs espaces. Ce processus d'excavation a produit des espaces ambigus dont les limites entre l'intérieur et l'extérieur sont peu définies mais caractérisées par leur relation avec le ciel et l'eau. Conçue comme une plage artificielle, une grande terrasse s'étend vers l'océan et vers l'horizon à travers une longue et étroite piscine transparente. Un panneau coulissant en verre et le toit tout en longueur transforment le salon-salle à manger en une vaste terrasse. Un escalier suit l'inclinaison du terrain et relie les différents niveaux des chambres et des terrasses.

Les caractéristiques du paysage ont aussi inspiré les architectes au moment de concevoir la maison. Les perspectives, les couleurs et les matériaux ont été choisis en fonction de l'environnement. Similaires à ceux utilisés dans les constructions précolombiennes du littoral péruvien, des tons ocre et sable ont été appliqués sur les façades afin d'éviter l'usure provoquée par le sable du désert qui recouvre généralement les édifices. L'association de ces deux couleurs rend l'ensemble de la construction plus harmonieux.

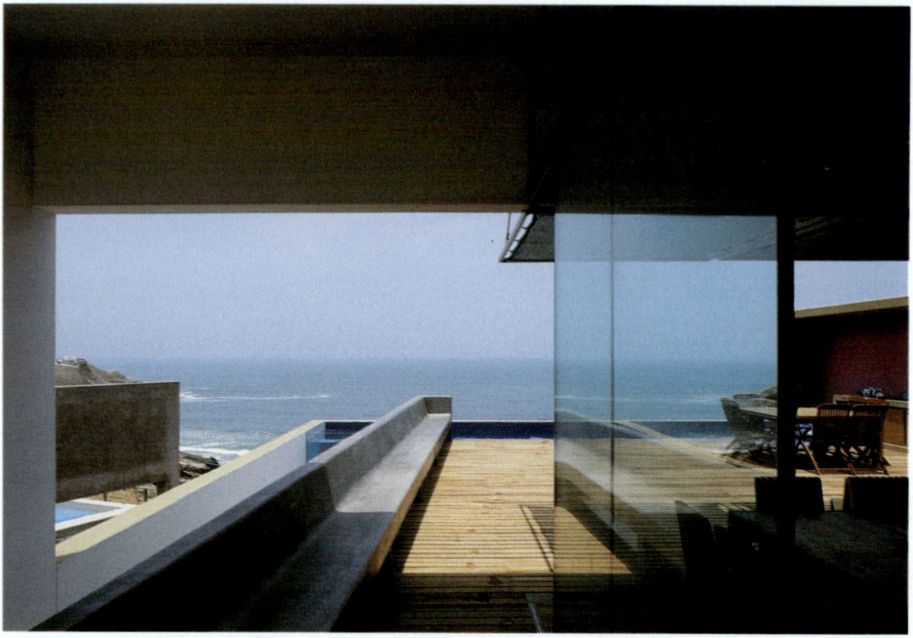

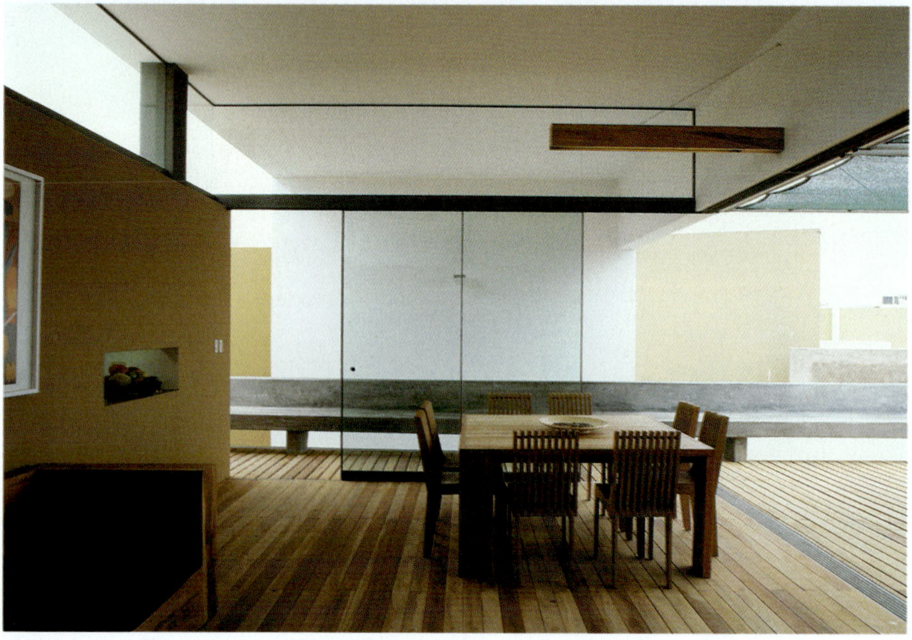

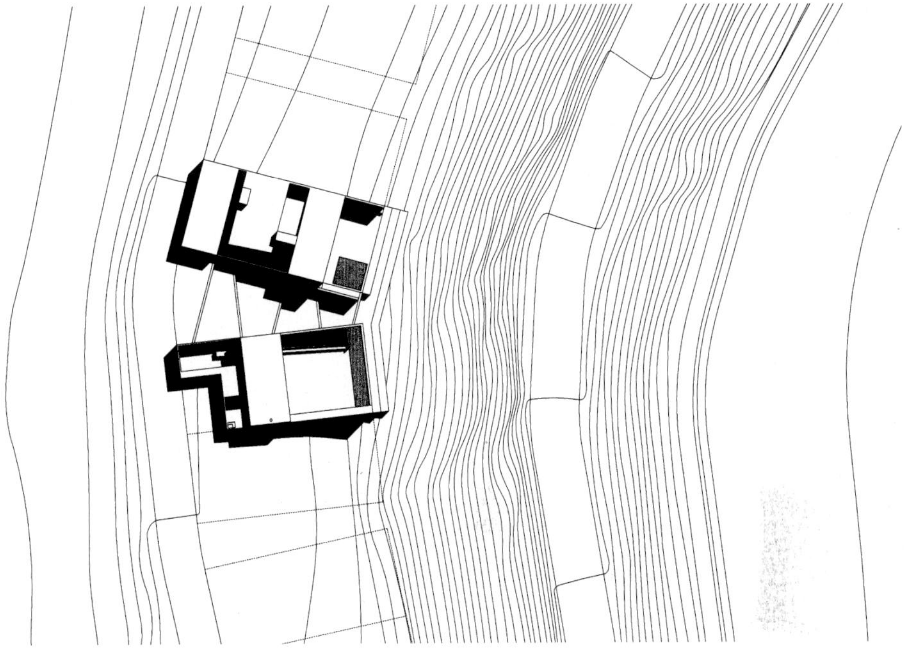

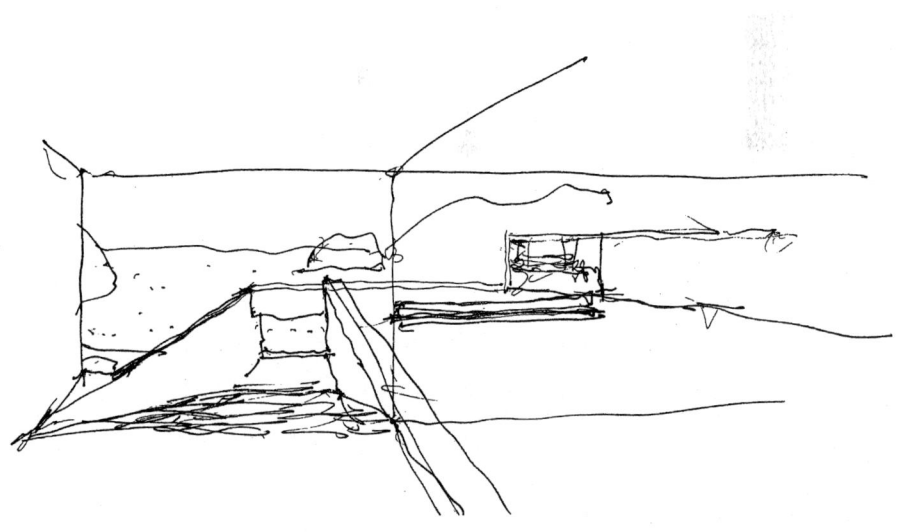

Plan de situation

481

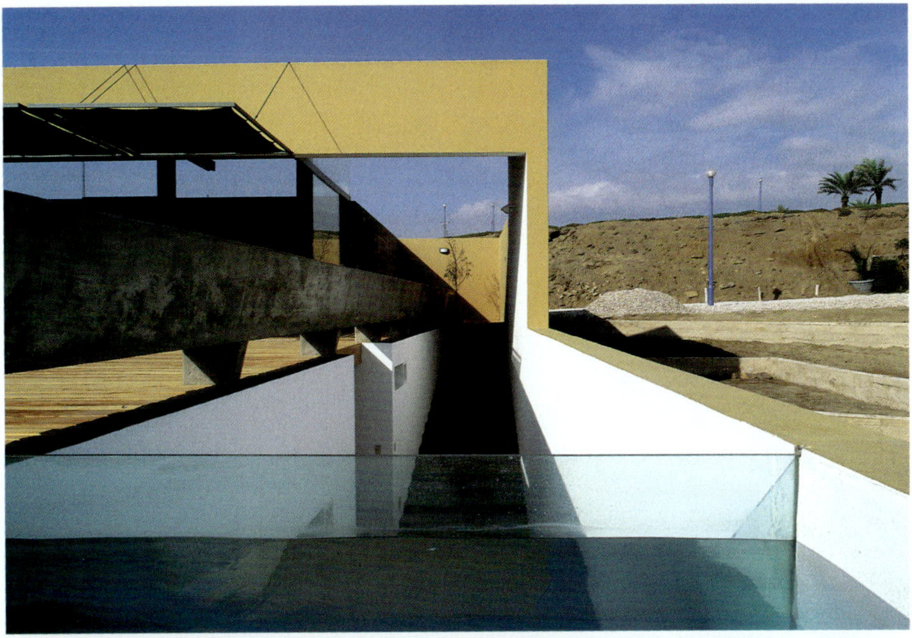

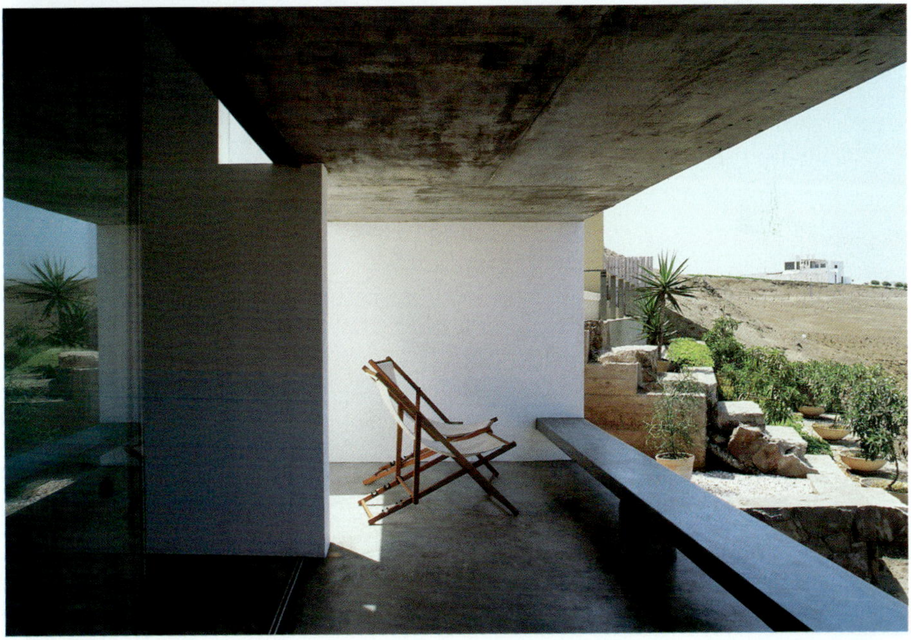

La passerelle extérieure protège du soleil l'étage inférieur, où sont aménagées les chambres d'amis et des enfants.

Maison à Sintra

Localisation : *Sintra, Portugal*
Année de construction : *1995*
Architecte : *Frederico Valsassina*

Page de droite :
Les jalousies des chambres
servent non seulement de
protection solaire mais aussi
de système de sécurité.

L'un des principaux atouts du projet de Valsassina est sa parfaite communion avec le paysage. La maison est construite de plain-pied. Pourtant, le sol n'est pas partout au même niveau, car il s'adapte au terrain. Parce que la propriété était située dans une pinède, l'une des conditions initiales à sa construction était de ne pas couper d'arbres sans raison. La maison a un périmètre irrégulier, avec de nombreux décrochements. En un sens, elle s'étend comme une tâche d'huile, de manière organique, en rajoutant des petits modules. À certains endroits, une parcelle de jardin est entourée par le bâtiment, formant un patio intérieur, à d'autres, un bâtiment disparaît entre les pins.

Malgré cette complexité spatiale, le système de construction est d'une grande simplicité. Tout s'ajuste à un ensemble de piliers. Il n'y a ni murs courbes ni diagonales, mais la maison dessine un périmètre échelonné, avec d'évidentes références à Utzon et Coderch.

Il existe une nette différence entre la façade côté jardin et celle côté accès. L'entrée se situe au centre de la maison et le vestibule offre une large vision du jardin et de la piscine, puisque l'espace en ce lieu est très étroit. D'un côté, se trouvent les espaces communs, et de l'autre, les chambres. Toutes les pièces importantes de la maison – salle de séjour, salle à manger et chambres – donnent sur le jardin, tandis que les toilettes, le garage et la chambre d'amis donnent sur la façade d'entrée.

L'agencement du jardin, la grande terrasse pavée et la piscine sont tout aussi importants que la construction elle-même.

Frederico Valsassina a
respecté la topographie
lorsque c'était possible, en
s'adaptant aux courbes de
niveau. Pour la construction
de la piscine, il a mis à profit
une dépression du terrain.
Il a aussi planté plus de pins,
de jacarandas et autre
végétation locale.

488

Le vestibule permet plusieurs
vues à travers la maison :
de la piscine, sur la pinède,
et de l'entrée, sur le jardin.

Frederico Valsassina a utilisé
des matériaux et systèmes de
construction traditionnels
tels que les murs blancs
et maçonnés ou les dalles
en céramique.

La maison Boenders

Localisation : *Ibiza, Espagne*
Année de construction : *1988*
Architectes : *José Antonio Martínez Lapeña,*
Elías Torres Tur

Les architectes chargés du projet de cette construction ont choisi de créer un espace unique où la maison et le jardin, l'intérieur et l'extérieur, le travail et le repos seraient en harmonie avec les distractions et le plaisir.

Cette résidence individuelle a été construite sur l'île d'Ibiza (Espagne), au milieu d'une épaisse forêt de pins et sur une douce pente orientée au sud, ce qui offre des vues splendides sur la mer et la baie de Sant Antoni. L'ensemble architectural que forme cet édifice a été parfaitement adapté à la topographie du terrain.

Un plan irrégulier constitue la base sur laquelle est érigée cette habitation à un seul niveau. La ferme intention des architectes de ne créer aucun type de séparation préétablie, artificielle et inutile, explique qu'il n'y ait qu'un seul étage pour les salons, la salle à manger, une cuisine très fonctionnelle, le bureau – les pièces à vivre – et la chambre principale ou partie destinée à la nuit. Tous ces espaces s'articulent autour d'une série de patios intérieurs et de petits recoins ouverts sur l'extérieur. Le jardin, qui s'étend sur un grand terrain, comprend une piscine, avec une plate-forme à une extrémité qui peut servir de solarium.

L'espace extérieur a été délimité grâce à un système complexe de murs, persiennes, pergolas, etc., qui le rendent habitable et convertissent les différents coins du jardin en de nouvelles pièces qui se greffent sur la maison. De l'extérieur, la construction offre une architecture essentiellement rectiligne, brisée uniquement par l'effet pyramidal créé par le perron en pierre qui entoure la maison et par les piliers cylindriques qui émergent de la piscine.

L'objectif initial du projet était de créer un tout homogène sans interruptions ni changements brusques de décor. Les matériaux fragiles utilisés pour construire les éléments architecturaux extérieurs – le bois à l'une des extrémités de la piscine, les tapis de mosaïque sur les pavés de la terrasse et les matériaux métalliques, notamment – renforcent cette conception et brisent effectivement les limites apparemment existantes entre le jardin et l'intérieur de la construction, créant ainsi une réelle continuité spatiale.

Dedans comme dehors, la couleur dominante est le blanc. À l'intérieur, le carrelage est recouvert de grès et les plafonds, de traverses en bois. Le mobilier a été pensé pour sa commodité. Tapis, canapés et rideaux ont partout des teintes claires.

Maison à Manhattan Beach

Localisation : *Los Angeles, États-Unis*
Année de construction : *1989*
Architecte : *Ray Kappe*
Photographies : *Reiner Blunck*

Ray Kappe voulait construire une maison pour le week-end, dont les principaux attraits étaient le divertissement, le soleil, l'eau et le repos. Pour cela, il imagina un système de petites terrasses extérieures qui, associées à une autre terrasse, beaucoup plus grande, située sur le toit, permettent de relier facilement l'habitation à l'Océan et aux zones publiques de la plage.

Cet édifice est situé face à la plage de Manhattan, en front de mer. Le terrain sur lequel il est bâti présente une certaine inclinaison à laquelle s'adapte parfaitement la maison ; c'est à cette particularité topographique que l'on doit les splendides vues sur la mer et le privilège de voir se lever et se coucher le soleil tous les jours de l'année.

La maison, qui compte trois étages différents, se dresse sur une base totalement irrégulière. Le rez-de-chaussée héberge les chambres d'amis ainsi qu'une pièce pour le temps libre, avec une télévision à écran géant. Le niveau intermédiaire regroupe l'entrée principale, à laquelle on accède par un perron, la salle de séjour, le bar, la salle à manger, la cuisine, la lingerie, les toilettes, une petite cave, le cellier, et un immense garage ; c'est donc l'endroit où se déroule la plus grande partie de la vie familiale. L'étage supérieur comprend la chambre principale, une salle de bains et un vestiaire avec accès direct à la piscine. Mis à part l'escalier principal, un petit ascenseur relie tous les niveaux. Un escalier en colimaçon situé derrière la maison est l'unique accès au toit où s'étendent la piscine ovale, un passage recouvert de verre et des coins pour bronzer et profiter des fabuleuses vues sur la mer.

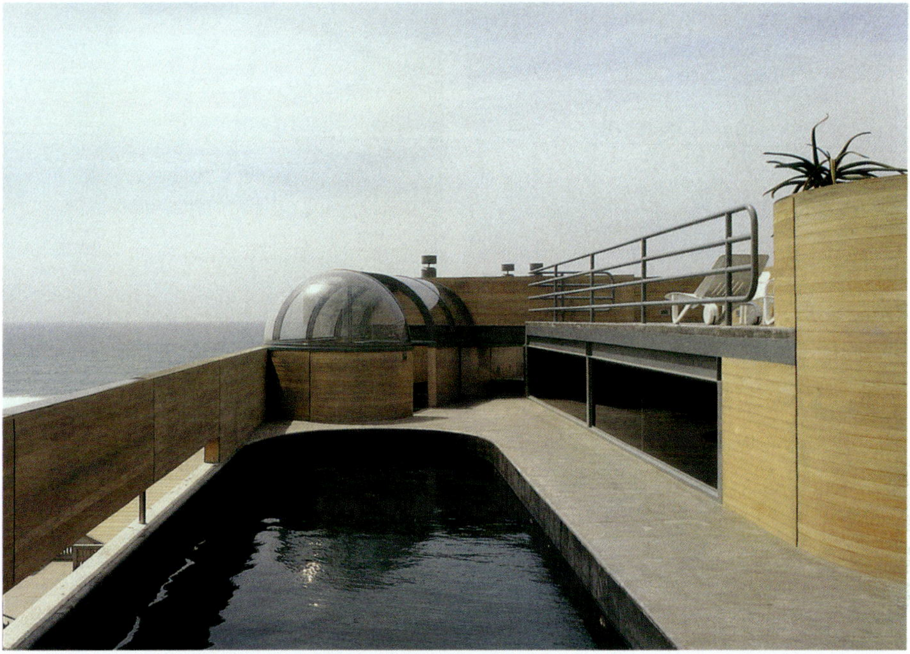

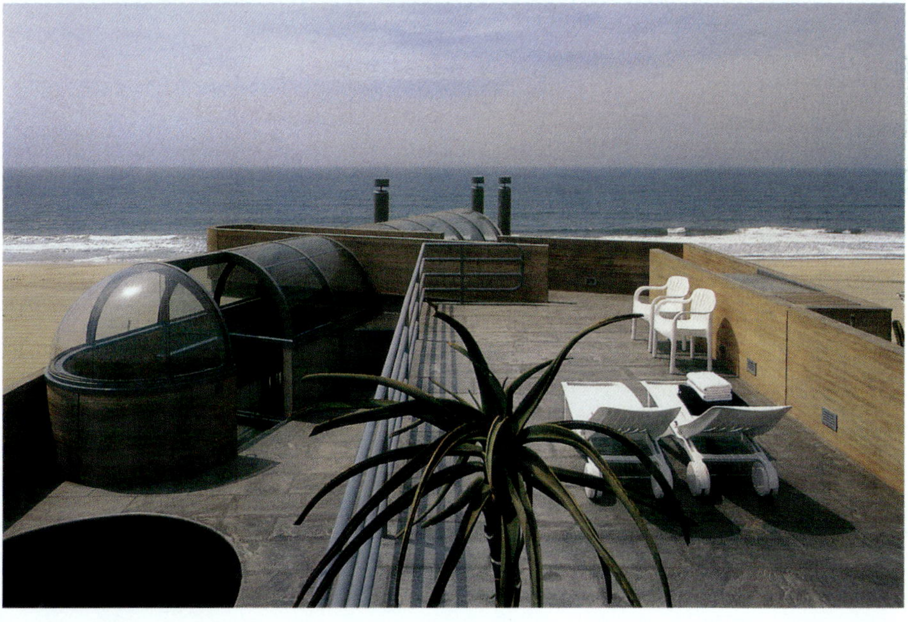

La cuisine, tout en lignes courbes.

La forme semi-circulaire
du bar et de la salle de séjour
facilite la relation des
propriétaires de l'habitation avec
leurs invités.

L'escalier principal en verre
laminé, ainsi que la rampe
et le mur, de même matière,
créent une couche satinée
qui renforce la pénétration
de lumière obscure dans
la maison.

Maison insulaire

Localisation : *Ibiza, Espagne*
Année de construction : *1990*
Architecte : *Francisco de la Guardia*
Photographies : *Ferrán Freixa*

En utilisant les matériaux traditionnels de l'île d'Ibiza, Francisco de la Guardia a su créer une maison où l'on respecte l'intimité de l'individu et où le fait de profiter du merveilleux paysage n'est pas seulement un privilège, mais une réalité absolument palpable.

Cette maison est située à Ibiza, au milieu de la Méditerranée, sur un monticule élevé, ce qui permet à la construction de jouir de magnifiques vues sur la mer. L'implantation des volumes a été réalisée en s'adaptant fidèlement à l'inclinaison propre au terrain. Toutes les pièces sont donc distribuées en fonction des différents niveaux.

L'édifice comporte trois niveaux. Le niveau supérieur correspond à celui de l'arrivée des véhicules et à l'entrée principale. Il est composé d'un grand vestibule, avec deux patios/jardins spacieux, qui donne sur les quatre parties principales de la maison : la partie avec les salons et la salle à manger, celle avec les pièces de service et le bureau bibliothèque, puis les chambres, ainsi qu'un espace réservé aux invités et, enfin, l'entrée de service, l'office et la cave. Dans la partie nord prennent place une chambre double avec salle de bains, une cuisine et un bureau/salle à manger avec sortie sur la terrasse principale qui entoure tout l'édifice et donne accès à un sauna et à un cabinet de toilette. C'est dans cet espace de loisirs que se situe la grande piscine qui trône à la partie antérieure de la maison.

L'architecte a créé deux grands patios/jardins, des éléments architecturaux où l'on capte la plus grande partie des rayons du soleil, puisque les autres ouvertures, des fenêtres carrées sur les murs, sont de taille réduite.

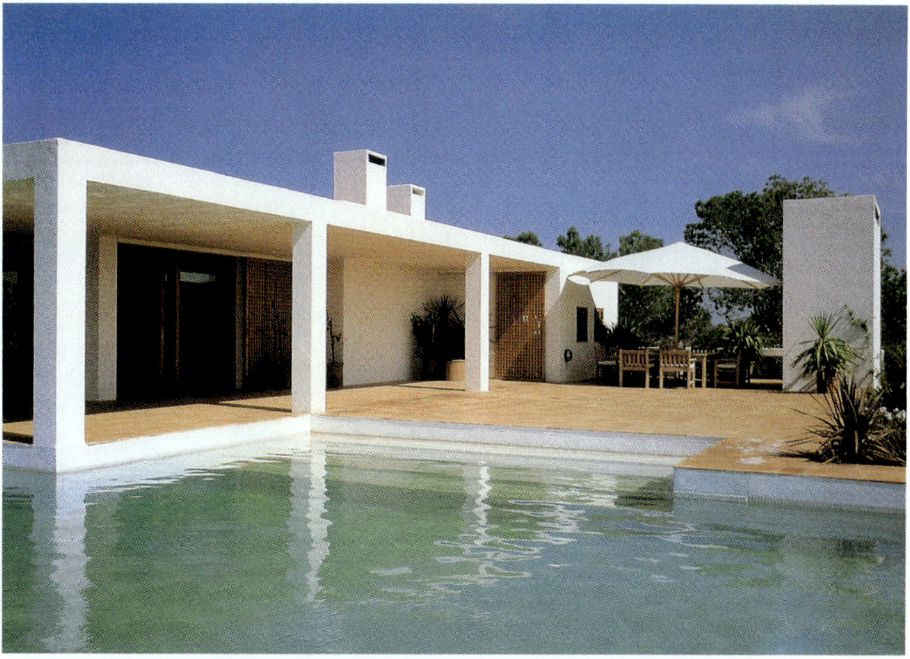

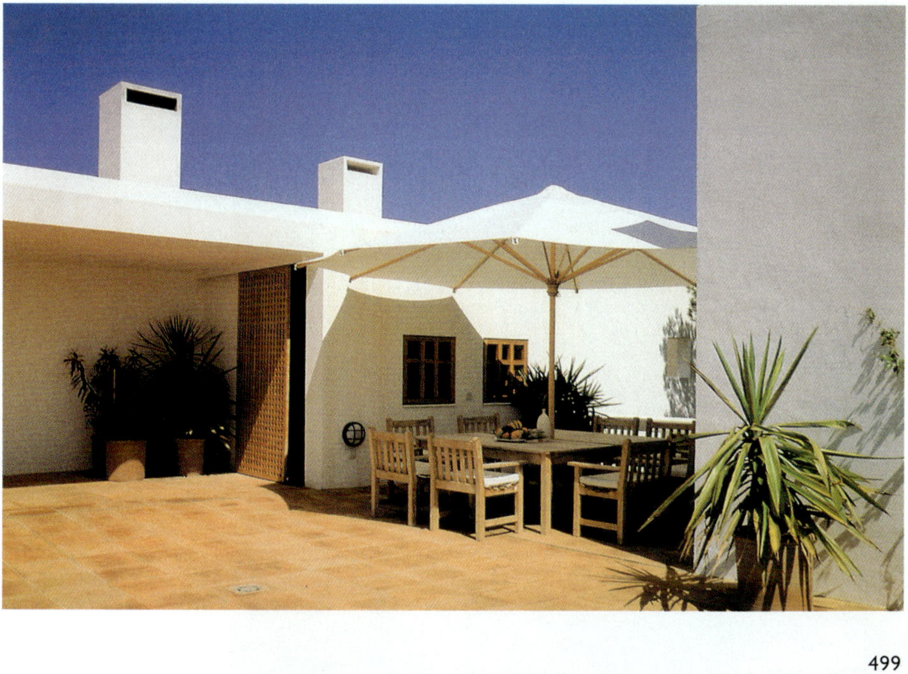

Page de droite :
Les matériaux de construction utilisés sont autochtones. Tous les murs sont crépis, à l'intérieur comme à l'extérieur ; le carrelage et les murs des salles de bains sont en marbre blanc du pays. Les menuiseries (les portes et fenêtres coulissantes, les fermetures extérieures ou les armoires) sont en mélèze, traité de couleur naturelle.

Il existe une véritable relation entre l'extérieur et l'intérieur de l'habitation ; ce sont les patios intérieurs qui constituent le lien le plus évident : les murs en verre reflètent les couleurs du jardin ; la végétation apparaît donc comme un élément essentiel. En outre, on retrouve une série de matériaux tels que les dalles en pierre.

Maison individuelle à Ibiza

Localisation : *Ibiza, Espagne*
Année de construction : *1988*
Architectes : *Enrique Álvarez-Sala, Carlos Rubio,*
Ignacio Vicens y Hualde
Photographies : *Francesc Tur*

Rappelant d'autres architectures blanches intemporelles, profondément enracinées, cette maison individuelle est bâtie tout près de la mer et prétend incarner une géométrie essentielle, claire, éclatante et contenue, proche d'une nature sans cesse différente, si belle, si sobre et si dramatique.

Cet édifice est situé à Ibiza, au milieu de la Méditerranée, au sommet d'un coteau, avec une pinède dans le fond et la majeure partie du terrain donnant sur la mer. Parce que la maison est établie en fonction de l'orientation à la mi-journée, on peut apprécier de magnifiques vues sur D'Alt Vila et le port de la ville d'Ibiza.

La construction, conçue sur une base rectangulaire à un seul niveau, est structurée selon deux axes, orthogonaux entre eux, sur lesquels se greffent les différentes pièces qui composent le projet. Ces lignes axiales sont mises en relief à travers les murs de couleur qui se prolongent vers le jardin, l'organisant en plusieurs zones. Un mur de soutènement est utilisé comme support d'une grande terrasse dont la forme est analogue à celles déjà existantes, de telle sorte qu'en même temps que le garage se forme, le niveau des fondations de l'édifice se définit. Toutes les pièces principales donnent sur l'espace extérieur, enfermé par la façade, le transformant en un patio/jardin clairement délimité par le mur où se trouve la piscine.

Mis à part le volume principal, a été prévu un pavillon pour les invités, totalement indépendant du reste de la maison.

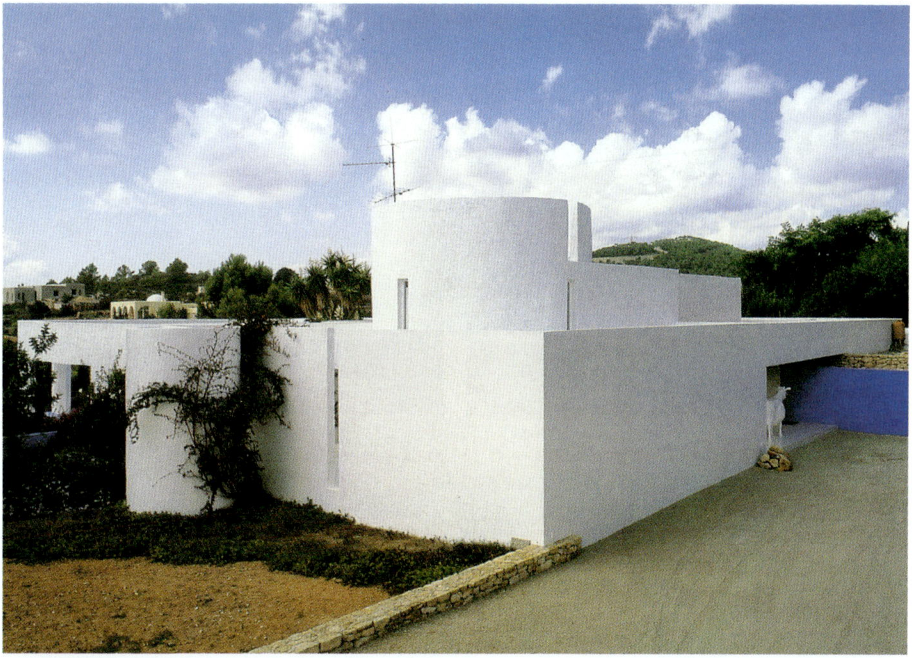

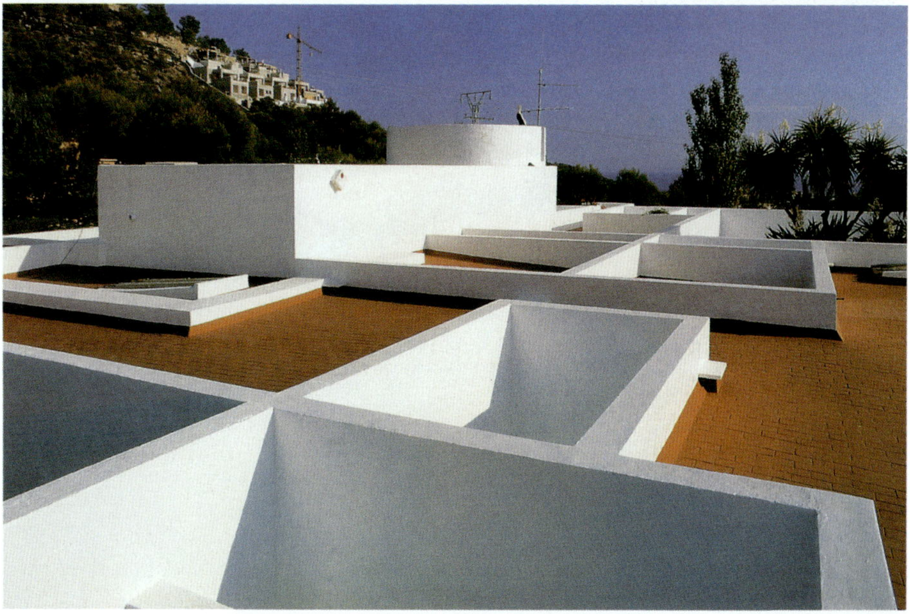

Les chaises, différentes dans
chaque pièce, ont un rôle à
la fois décoratif et fonctionnel.

Vue de la salle de séjour.
On peut apprécier
la singulière structure
circulaire du plafond.

Vue de la piscine depuis le porche. La
géométrie rectiligne et régulière de la
maison facilite le repos et
les conversations agréables.

Les couleurs vives
de l'extérieur trouvent leur
écho à l'intérieur dans les
tableaux accrochés au mur et
dans certains meubles peints
en jaune, rouge et bleu,
contrastant ainsi avec
l'ensemble. Les différentes
pièces du mobilier ont été
soigneusement choisies
et se remarquent
pour leur caractère
moderne et novateur.

505

Maison à East Quogue

Localisation : *État de New York, États-Unis*
Année de construction : *1987*
Architecte : *Robert Stern*
Photographies : *Peter Aaron*

Avec cette maison, Robert Stern s'attache à défendre la simplicité en utilisant des matériaux caractéristiques d'une architecture pure et authentique qui semble avoir disparu de la civilisation moderne sophistiquée.

Cette charmante maison individuelle est située à East Quogue, dans l'État de New York (États-Unis), au bord de l'océan Atlantique, sur un terrain qui présente toutes les caractéristiques d'une zone côtière ; ses dimensions sont réduites et le trait le plus marquant est probablement le fait qu'elle se trouve le long d'une dune. Uniquement séparé par une bande de sable d'une plage tranquille, le terrain sur lequel est bâtie la maison est irrégulier et ondulé, et seuls quelques buissons y poussent.

L'architecte tente de profiter au maximum de cet emplacement particulier en adaptant la construction à la topographie, afin de jouir de la belle vue.

Cette construction est érigée sur une base rectangulaire à deux étages côté nord et un seul étage côté sud, plus une mezzanine. C'est justement l'emplacement risqué de cette maison au bord de la dune qui a permis de cacher trois petites chambres d'amis sous la pente du toit. Les différents types de fenêtres présentent une grande affinité de configurations qui s'opposent et se combinent tout en montrant la richesse de conception : carrées dans des demi-cercles, rectangulaires, rondes à l'intérieur d'un carré, ou en forme de paupière.

La pente mène à l'étage principal,
juste au dessous du niveau de
la dune, ainsi qu'à un porche
d'où l'on peut observer le coucher
du soleil sur la baie. Cet étage,
destiné à la vie familiale,
comprend la grande salle de
séjour, la salle à manger et la
cuisine. L'étage inférieur, dans
la partie la plus basse du terrain,
héberge les chambres, exceptée
la chambre principale,
et leurs salles de bains respectives.

Page de droite :
Le toit, fortement incliné,
est recouvert d'ardoises et,
sur la partie la plus haute,
de tuiles rougeâtres. Les murs
avec portes et fenêtres sont
peints en blanc, ce qui les fait
ressortir sur des fonds plus
sombres, tout comme
les balustrades des terrasses
et des balcons.

La chambre principale se situe dans l'attique, la partie la plus élevée de l'édifice, éclairée par une fenêtre arrondie d'un classicisme très audacieux.

Pour les murs, des tons crème et du blanc ont été utilisés. Les sols sont revêtus de céramique en terre cuite et de tapis qui créent un milieu accueillant et chaud. Le mobilier est plutôt rustique, en acajou.

Maison à Bells Beach

Localisation : *Bells Beach, Australie*
Année de construction : *1990*
Architecte : *Robert Robertson*
Photographies : *Reiner Blunk*

Le terrain de cette maison individuelle, située dans la région méridionale de Victoria, se trouve au bord même du continent australien, près de l'Océan et des brises maritimes estivales, directement sur la côte, sur un monticule élevé qui présente une légère pente et certaines irrégularités. La vue dont on peut profiter est tout simplement incroyable, puisque les vagues d'un vert bleuté de cette partie de la côte ont une beauté singulière qui contraste avec le vert intense de la végétation environnante.

La structure de cette œuvre architecturale est composée de trois pavillons disposés sur une ligne parallèle à la plage et reliés entre eux par un corps de service bas et une pergola. Le résultat est un ensemble distribué sur une base légèrement irrégulière à un seul niveau. La maison est composée d'une partie centrale d'habitation qui inclut une cuisine-office, une partie réservée aux parents à l'extrémité nord et une autre aux enfants, à l'opposé. Les toits en tôle ondulée choisis par Robert Robertson pour cette maison cherchent à imiter le mouvement des vagues de l'océan qui se forment et se brisent sur les trois pavillons : les deux latéraux ont l'air de dévaler vers le Pacifique ; celui du milieu, en revanche, s'éloigne en direction opposée, vers la colline.

L'intérieur de la maison donne un peu l'impression d'une tente vaste et bien finie. En réalité, à l'intérieur de la maison, on a l'impression de ne voir que les sols et les plafonds ; les murs sont effacés et la différence entre l'intérieur et l'extérieur s'estompe. Tout, dans cette maison, semble témoigner d'une habitude à vivre dans des espaces immenses avec simplicité, liberté et naturel.

Le cèdre rouge est le bois
utilisé pour recouvrir
la plus grande partie de la
maison, tandis que le verre
habille presque toute
la surface des murs.
Les cloisons sont peintes
en blanc et le mobilier
se fait rare afin de respecter
la transparence et
la netteté des espaces.

Maison à Noosa Heads

Localisation : *Noosa Heads, Australie*
Année de construction : *1989*
Architecte : *Geoffrey Pie*
Photographies : *Reiner Blunk*

Cette maison individuelle construite par l'architecte Geoffrey Pie a été conçue comme un refuge, près de la plage, pour un client en chaise roulante, ce qui, naturellement, conditionnait la structure et la distribution des différents espaces.

Cette résidence est située dans la localité australienne de Noosa Heads, dans le Queensland, un très bel endroit maritime pour l'été, au sommet d'une montagne où la végétation, très épaisse et très verte, abrite des koalas. Le terrain, irrégulier et escarpé, présente une forte déclivité vers l'Océan qui s'étend devant, jusqu'à l'horizon, offrant une très belle vue. Les particularités topographiques de l'emplacement ne sont pas un problème pour cet édifice prêt à s'adapter totalement au terrain choisi. Érigée d'après un plan très irrégulier, cette construction a deux étages et se compose de trois volumes indépendants ; le volume intermédiaire, couvert et transparent, permet de les relier. L'un des deux autres correspond au niveau d'habitation, et le dernier sert de garage (sur les deux niveaux) et de bureau.

L'objectif initial de Geoffrey Pie dans la conception de cette maison individuelle était, sans aucun doute, de parvenir à profiter de l'orientation vers le soleil, de la brise marine et des très belles vues, sans pour autant perdre le caractère privé des espaces de nuit et de repos.

La maison est conçue de manière à ce que le maximum de lumière naturelle y entre, car le propriétaire est tout particulièrement sensible au froid ; de grandes baies vitrées s'ouvrent donc sur l'extérieur et la terrasse, permettant ainsi de faire entrer le plus de lumière possible.

Grâce à la structure échelonnée de la façade donnant sur la mer, la plupart des pièces de l'étage supérieur ont un accès direct à la terrasse où s'étend une piscine rectangulaire, juste à côté de la suite du propriétaire.

Page de droite :
Grâce à une bâche en toile pliable, la terrasse connaît quelques zones d'ombre qui évitent ainsi de possibles insolations et conservent le plaisir de l'agréable brise marine toujours présente.

Les encadrements des portes
et des fenêtres sont
en aluminium peint en vert
foncé, comme la végétation,
et les vitres sont blindées.
Les murs intérieurs sont
peints en blanc.
Les escaliers sont revêtus
de dalles en terre cuite,
comme dans plusieurs
pièces. D'autres sols sont
en bois et certains sont
recouverts de tapis. Quant
aux terrasses et balustrades,
elles sont en hêtre.

Maison au Jutland

Localisation : *Jutland, Danemark*
Année de construction : *1990*
Architectes : *Torsten Thorup, Claus Bonderup*
Photographies : *Bent Rej*

Les architectes Torsten Thorup et Claus Bonderup ont jugé important que cette maison individuelle fasse partie de l'unité rigide que constitue le paysage, tout simplement dramatique, et s'incorpore ainsi à un ensemble. C'est donc dans son intérieur que cette construction développe sa personnalité et son caractère propre.

Cette maison a été construite sur la côte ouest de la péninsule du Jutland (Danemark), éloignée du front de mer, perdue entre les dunes de sable. Le terrain sur lequel elle est bâtie, irrégulier, cahoteux, est totalement recouvert d'une épaisse végétation qui la cache en partie ; elle échappe ainsi aux regards trop curieux. Son emplacement privilégié et son étrange configuration permettent de jouir de vues incroyables sur la mer du Nord.

La structure de cette résidence est composée d'une addition de corps carrés indépendants, de tailles différentes, qui créent une séquence complexe et confuse. La maison est sur un seul niveau, la tour étant le seul élément qui dépasse tous les autres bâtiments.

La construction des différentes pièces s'inspire des lignes simples du cube et du cercle, de la même manière que la salle à manger est basée sur le carré ; la hauteur de la pièce correspond parfaitement à ses dimensions, l'ensemble étant ainsi tout à fait équilibré et proportionné. En même temps, la vision classique d'une ville a été l'idée-force de cette œuvre architecturale. Les rues, les étals du marché et les places, de tailles et natures différentes, tout semble présent.

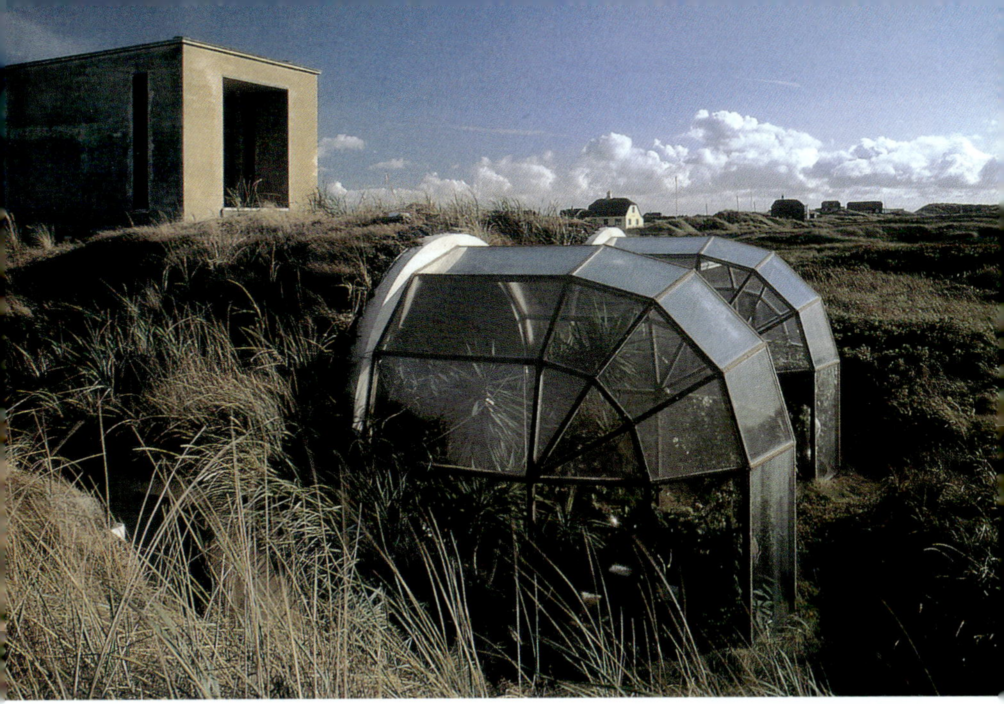

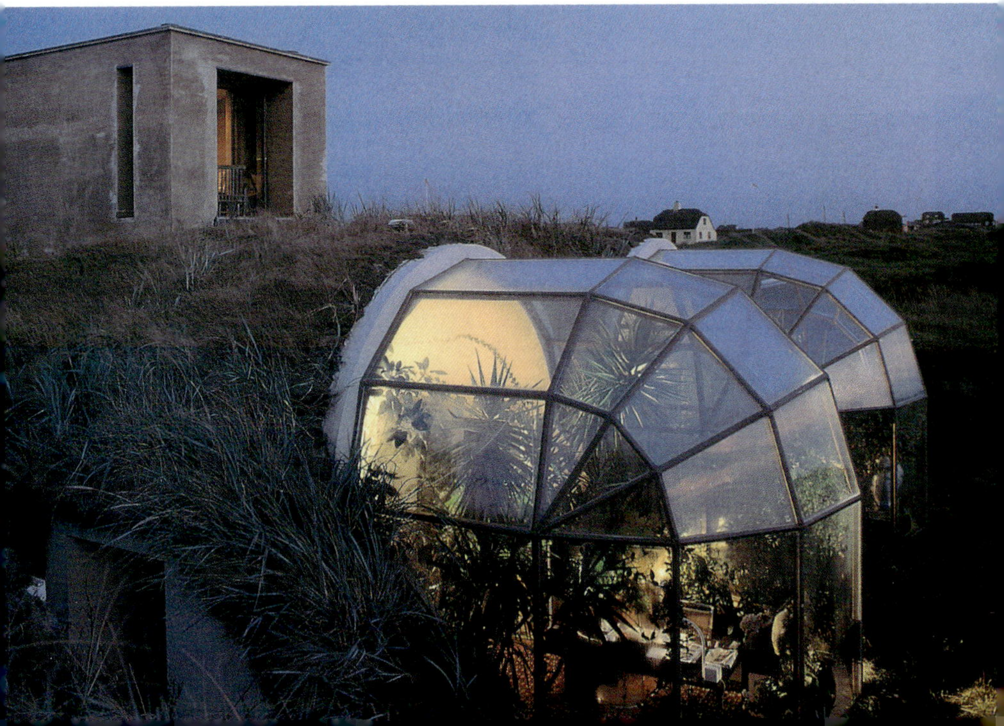

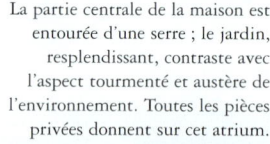

La puissante lumière
venant de la mer peut
s'apprécier dans les pièces
d'où l'on peut aussi
profiter du ciel et de
l'environnement créé
par les dunes de sable.

La partie centrale de la maison est
entourée d'une serre ; le jardin,
resplendissant, contraste avec
l'aspect tourmenté et austère de
l'environnement. Toutes les pièces
privées donnent sur cet atrium.

Les toits des deux corps
circulaires qui hébergent
la salle à manger d'été et
un bureau ont une forme voûtée,
comme une coupole, presque
sphérique, avec d'évidentes
réminiscences géodésiques.
L'abondante végétation qui s'y
développe permet d'établir une
relation étroite avec le monde
naturel extérieur, donnant ainsi
l'impression d'une serre.

Maison à Majorque

Localisation : *Majorque, Espagne*
Année de construction : *1990*
Architecte : *Pere Nicolau*
Photographies : *Francesc Tur*

Attentifs à l'appel de la mer, des pins, du versant de la montagne, d'une culture populaire, et poussés par les échos de la géométrie et de l'architecture contemporaine, les signes d'un langage particulier émergent de cette maison, qui est un exemple de ce que la conscience et le professionnalisme de Pere Nicolau peuvent proposer comme alternative à une destruction systématique de la côte de Majorque.

Cette maison individuelle est située dans l'anse Marmassem, à Port d'Andratx, au sommet d'un coteau très pentu, avec un bois épais de pins tout autour. Son intégration dans le paysage est respectueuse, puisqu'elle s'adapte soigneusement à la pente du terrain grâce à des terrasses.

Sur une base légèrement irrégulière et à partir d'un programme de vie familiale normal, d'une relation maritime profonde et d'une véritable austérité, Pere Nicolau a réparti sur trois étages le cadre des activités quotidiennes de cette maison.

Au rez-de-chaussée se succèdent l'entrée, une pièce qui donne sur la terrasse couverte près de la mer et qui se voit entre les cimes des pins, la splendide salle à manger, la cuisine et une bibliothèque ; ce niveau comprend aussi le garage et l'aire de service. Les quatre chambres sont situées à l'étage supérieur, avec trois salles de bains, l'une d'elles faisant partie du dressing de la suite principale. Ces pièces donnent toutes sur des terrasses d'où l'on domine la mer, par dessus les arbres ; ce sont des endroits ensoleillés. Enfin, l'étage inférieur, près de la piscine, se compose d'une aire de détente, d'une salle de bains, d'une salle de jeux pour les enfants et d'une salle de sport.

À l'extérieur, ce qui n'est
ni en verre ni en pierre
apparente est blanc.
Les murs, les piliers et
les jalousies sont de cette
couleur, contrastant avec
le bleu de la mer, le vert
des pins, l'ocre des pierres
et le ciel.

À l'intérieur, le blanc des murs s'associe au grès de teinte claire des carreaux et au bois des plafonds et de l'escalier qui relie les différents étages.

Maison à Vancouver

Localisation : *Vancouver, Colombie britannique, Canada*
Année de construction : *2000*
Architecte : *Patkau Architects*
Photographies : *Undine Pröl.*

Conçue pour une seule personne et située à English Bay, cette résidence de 285 m² offre un très beau panorama sur les montagnes qui dominent l'horizon de Vancouver. Le terrain étroit, de 10 mètres de large sur 48 mètres de profondeur, a été réduit à 8 mètres de large pour répondre à des exigences d'espace. Ces facteurs ont joué sur l'aspect peu conventionnel de cette spectaculaire maison où l'eau sert de point de référence.

L'étroitesse du terrain a forcé les architectes à exploiter l'espace verticalement et vers l'eau. Organisée sur trois niveaux, la maison possède un sous-sol et deux étages. En raison des dimensions du terrain, il était difficile de construire la piscine au niveau du sol tout en conservant un espace généreux. C'est pourquoi elle a été construite au niveau supérieur, le long du côté ouest de la maison, et reliée aux extrémités par chacune des terrasses communicant avec la chambre et le bureau. Cette piscine flottante semble superposée au paysage et crée un effet de prolongement entre les deux volumes d'eau : l'artificiel et le naturel. Depuis différents points de vue, on peut observer un magnifique panorama en plus des nombreux reflets capturés par la piscine.

A l'intérieur, les petites pièces semblent plus spacieuses grâce à de hauts plafonds. La salle de séjour ouvre sur une vue panoramique de la baie tandis que la salle à manger, sur deux niveaux, aboutit sur une claire-voie, rendue possible grâce à la piscine, qui inonde de lumière la partie centrale de la pièce. En raison des risques sismiques élevés dans cette région, la quasi totalité de la maison est construite en béton armé.

Tout en se baignant dans la piscine, on peut profiter d'un fabuleux panorama. De plus, le fond de la piscine étant vitré, les nageurs sont visibles d'en bas.

Think House

Localisation : *Skibbereen, Irlande*
Année de construction : *1998*
Architecte : *Philip Gumuchdjian*
Photographes : *Philip Gumuchdjian, Sandro Michahelles*

L'architecture de cette maison fait largement référence à des structures d'embarcations habitables, de hangars à grains, d'étables, de chalets de montagne et, de façon plus abstraite, à une perspective européenne des pavillons japonais. L'ensemble se regroupe et se concrétise en une simple expression de cadre, toiture et surfaces.

L'élément dominant du concept est la structure en saillie du toit qui protège des fortes précipitations annuelles connues dans la région, donnant ainsi une certaine sensation de recueillement. Une véritable hiérarchie des éléments architecturaux – toit, structure et parements vitrés – était nécessaire pour pouvoir considérer cette construction comme une structure fermée préexistante, comme un « ensemble » trouvé sur le site : un simple objet intemporel. L'accent a été mis sur l'effet de transparence grâce à des écrans perforés afin de rendre l'édifice le plus ouvert possible tout en limitant les regards et en conservant intimité et protection. Les matériaux de la structure ont été choisis pour juxtaposer à la fois des éléments stables, comme le verre et l'acier inoxydable, et d'autres, davantage susceptibles de subir des modifications substantielles ou d'importantes dégradations, tel le bois des voliges du toit, des liteaux et de la plate-forme en cèdre, ainsi que de la structure en iroko.

En opposition aux couleurs intenses et aux reflets qui émanent du site – le vert des champs, le bleu argenté de la rivière, les gris bleu dramatiques du ciel –, la teinte argentée de l'édifice change en permanence, chaque fois que la structure et le toit sont mouillés ; ceux-ci se décolorent ensuite sous l'effet du soleil.

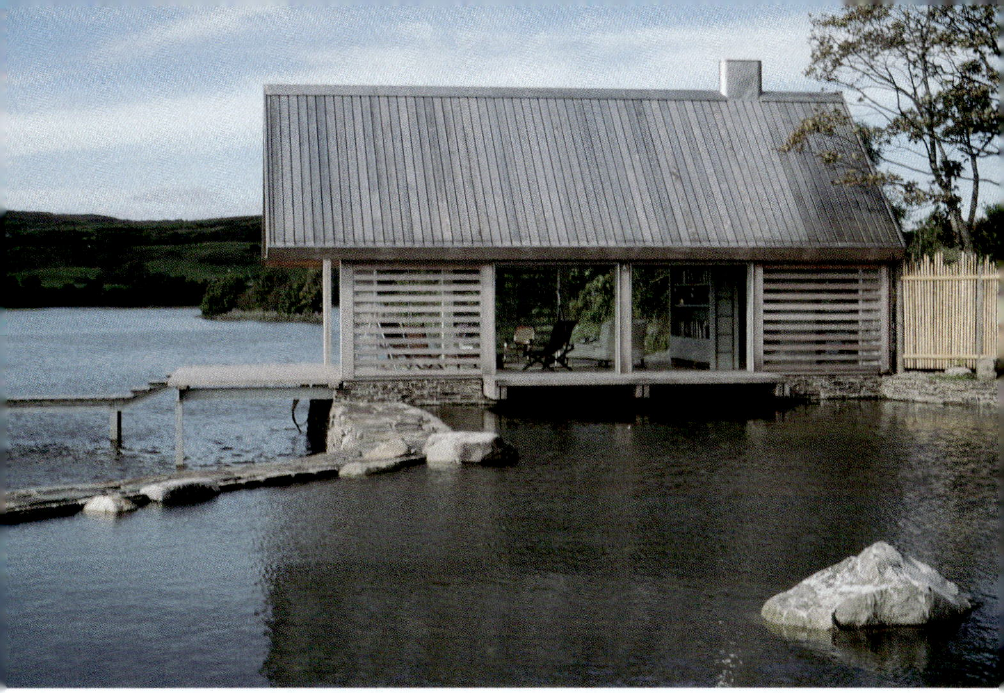

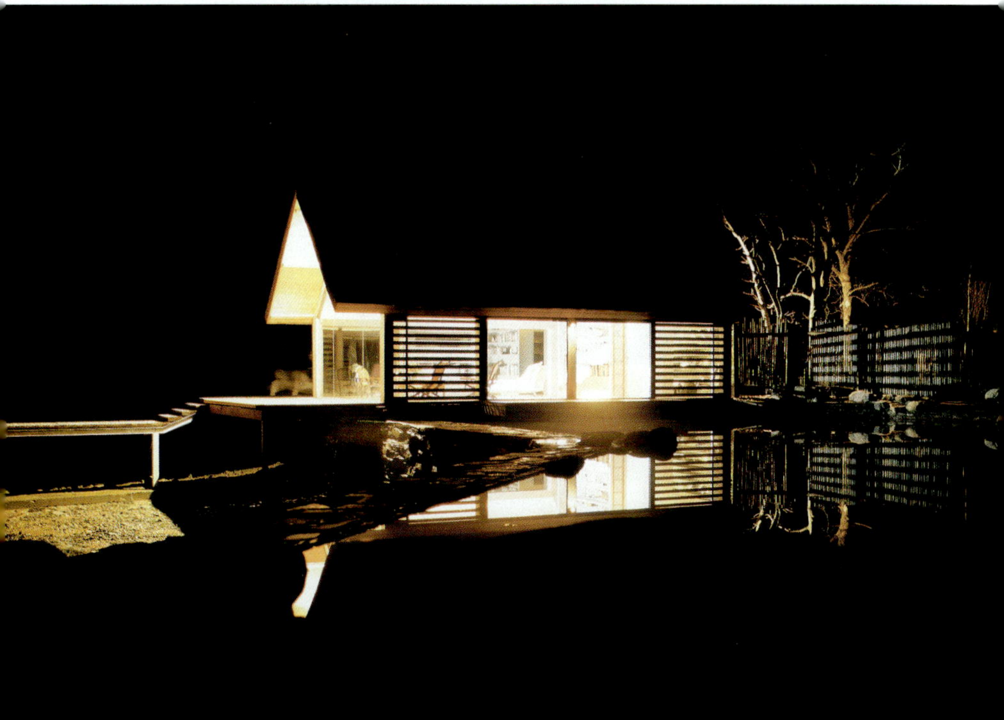

L'interaction avec les forces de la nature
est directe et totale.

L'opposition de matériaux stables (l'acier
inoxydable) et changeants (le plancher en
bois) est une caractéristique fondamentale
de la construction et de la structure
de la maison.

Page de gauche :
L'image récurrente de ce projet qui apparaît
comme un hangar élémentaire est
une interprétation contemporaine sobre
et élégante du premier habitat.

L'endroit où se situe la maison évoque
l'isolement et l'introspection.

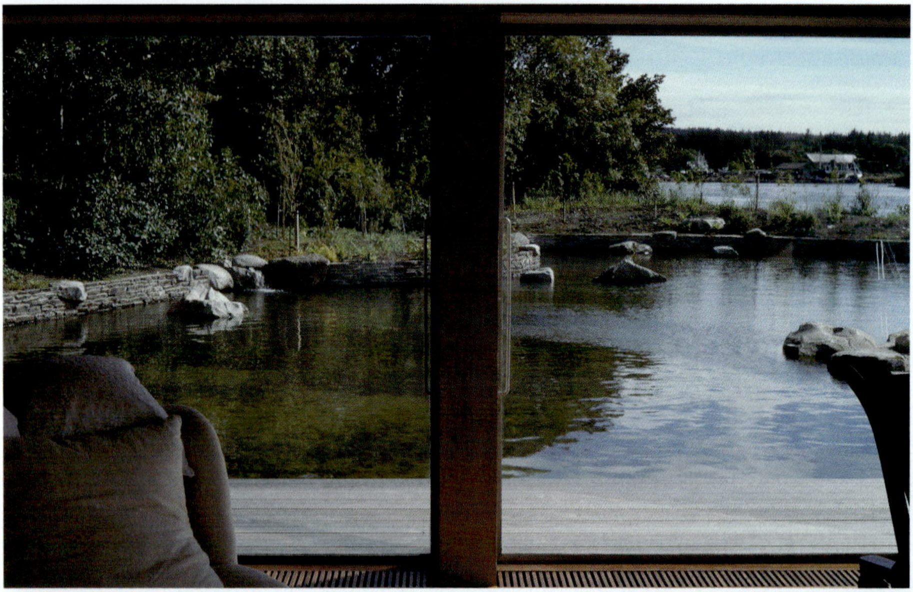

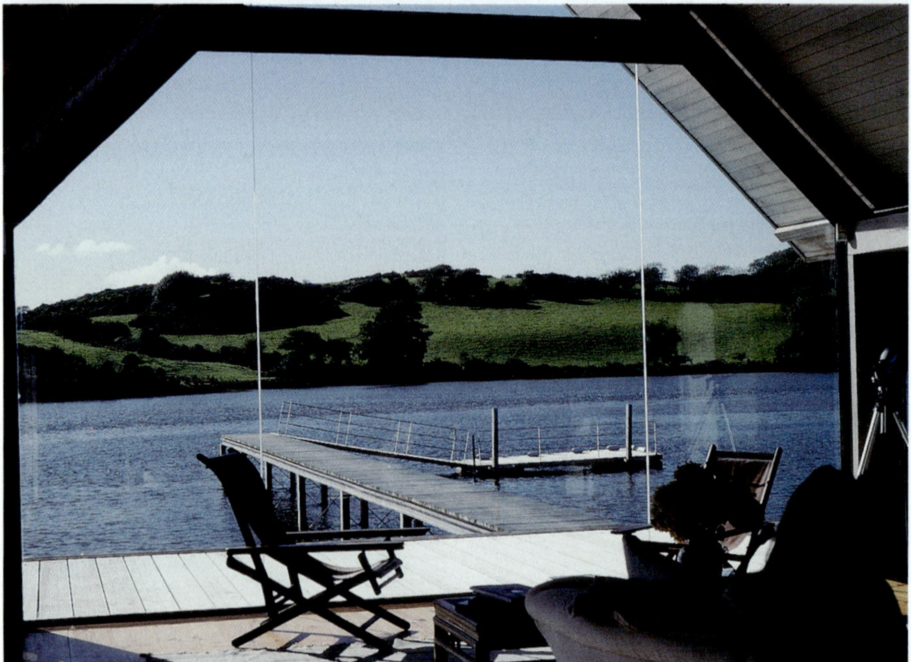

Le soin et la correction apportés
à l'élaboration du détail
de construction pendant
la conception, ainsi que son
exécution ultérieure, font de
la simplicité une vertu et du
langage des matériaux un monde
riche et complexe.

Malgré une surface minimale,
l'espace intérieur parvient à se
libérer d'éléments séparateurs
qui fragmenteraient
la perception du paysage.

La maison Baggy

Localisation : *North Devon, Grande-Bretagne*
Année de construction : *1998*
Architectes : *Hudson & Featherstone*
Photographies : *Jo Reld, John Peck, Tim Brotherton*

La principale caractéristique du lieu où se trouve cette maison est le contraste entre les vues ouvertes vers le sud et l'est, et celles orientées au nord, où le terrain monte vers Middleborough Hill. Les premières ébauches reprenaient des idées préliminaires de la maison avec deux parties : une plus opaque face à une autre plus transparente, orientée vers le soleil, la mer et les montagnes.

La façade nord protège les pièces privées d'une ancienne étable adjacente. Elle représente le côté solide, qui se perçoit en arrivant, et qui empêche de voir la mer, rendant l'intérieur plus intime. L'opacité s'obtient grâce à des formes basses et compactes, couvertes d'ardoises, des petites fenêtres et une imposante cheminée qui marque l'entrée. La porte d'entrée une fois franchie, on arrive dans un vestibule assez bas de plafond, présidé par une colonne en granit et, au fond, des escaliers baignés de lumière

naturelle ; ceux-ci conduisent aux pièces du niveau supérieur, orientées au sud et jouissant de vues magnifiques. Des vitres les encadrent et, en été, on peut les déplacer de manière à convertir la salle de séjour en pavillon ouvert sur l'Océan. Cette pièce est le cœur de la maison, elle dessert les autres espaces et relie les parties opaques et transparentes.

Les décisions qui furent prises quant à la forme et à la construction de l'édifice furent fondamentales, notamment en ce qui concerne l'environnement et la structure même de la maison : les larges murs du côté nord disposent d'un isolant sur la face extérieure qui procure une forte chaleur, tandis que les murs côté sud, en bois, acier et verre, tirent profit du rayonnement solaire pour obtenir par différents moyens un éclairage naturel et une ventilation passive des espaces de la maison.

Soutenus par le mur rose
qui émerge de l'eau,
le plongeoir en béton, la
chute d'eau et les marches
ont été construits *in situ*.
Des plates-formes en bois
et un pont en ardoise
au niveau de la piscine
définissent et séparent
ses différentes parties.

547

Le jardin-bassin s'organise dans le jardin
de pierres préexistant, à l'endroit le plus bas
et le plus protégé du site. Depuis la maison
et les jardins situés plus hauts, la piscine
présente un mur rosé qui s'étend vers
l'horizon, contrastant avec un mur en
pierres sèches au premier plan. Le mur isole
la piscine de tous les regards extérieurs,
celle-ci n'étant alors visible que depuis
le chemin d'accès à la maison.

Page de droite :
Une séquence de marches préfabriquées
en béton forme le pavement
qui conduit au jardin caché.

La situation proéminente de l'édifice
et la préservation de l'environnement
naturel dans lequel il s'inscrit
ont marqué le processus de conception.
Le projet obéissait à des directives très
claires : un maison individuelle avec six
pièces, un espace pour les invités, le tout
tirant profit du lieu au maximum.

549

Maison à Fire Island

Localisation : *New-York, Etats-Unis*
Année de construction : *2002*
Architectes : *Bromley Caldari Architects*
Photographies : *José Luís Hausmann*

Véritable banc de sable, Fire Island est à 30 minutes en ferry de New-York lorsque l'on traverse la Great South Bay. Ce projet de construction résidentielle se trouve au nord de l'île, face au continent, à l'abri des vents forts de l'Atlantique. En raison de la fragilité de l'écosystème de cette île, l'accès aux voitures y est limité et les rues sont remplacées par des chemins en bois afin de préserver l'environnement naturel et les dunes.

Un petit chemin mène au pavillon des invités, derrière lequel se trouve un barbecue, une piscine et l'entrée principale à l'autre bout. La demeure est composée de deux grandes sections : la maison principale et la maison des invités. La maison principale est constituée de deux chambres et d'un espace commun qui comprend la salle de séjour, la cuisine et une salle à manger sur deux niveaux qui donne sur la baie grâce à un panneau en verre entouré de bois. Le panneau s'ouvre entièrement pour relier la salle de séjour et la salle à manger à la terrasse qui devient l'endroit idéal pour manger, discuter, lire ou contempler la superbe vue sur l'océan. A quelques pas du porche, une petite aire de repos tient lieu d'embarcadère. La seconde partie abrite la maison des invités, située à proximité de l'entrée, derrière la piscine. Cette structure, totalement indépendante de l'édifice principal, sert occasionnellement d'atelier de peinture au propriétaire.

La construction est unique dans la région car les matériaux utilisés ne sont pas les mêmes que ceux employés pour les autres maisons. Le sol est en briques et on a utilisé des panneaux en zinc dans les zones humides, et des panneaux en cèdre et en pin qui, avec les poutres, permettent de créer de vastes espaces diaphanes dans la demeure.

Ce cube en bois et en
verre entretient une
relation constante avec
l'océan. L'horizon est
toujours visible
grâce aux panneaux
transparents.

553

La maison Tsirigakis

Localisation : *Mykonos, Grèce*
Année de construction : *1998*
Architecte : *Xavier Barba*
Photographies : *Eugeni Pons*

Cette maison, véritable lieu de repos, se situe sur les hauteurs de Mykonos, loin des touristes. Le risque de tremblements de terre exigeait une construction en béton armé ; la maison devait aussi pouvoir résister aux vents violents de la mer Égée. Les murs se prolongent pour protéger la piscine et enclore le patio d'entrée. Pour renforcer le lien entre l'édifice et le paysage, la plupart des surfaces ont été recouvertes avec des pierres de la région, et les autres ont été blanchies à la chaux, comme de coutume dans les îles grecques. La nouvelle construction se dissout au loin dans les murs secs et rocheux, laissant à peine voir la coupole au-dessus de la salle de bains, et les cheminées, typiques. Une toiture en

bois et branches tressées repose sur des piliers en pierre pour faire de l'ombre sur la terrasse qui domine le port.

L'intérieur de 200 m² comprend une salle de séjour/salle à manger, une suite principale et trois chambres d'amis à l'étage principal, ainsi qu'un niveau avec deux chambres pour le fils de la famille et ses amis. La lumière naturelle éclaire doucement l'intérieur, entouré de murs blancs, d'arcs et de colonnes, avec un plafond traditionnel fait de poutres en bois et des sols marron clair. Quelques marches et un grand mur séparent la salle à manger de la salle de séjour. D'une façon générale, les détails de cette maison sont conçus pour favoriser au maximum le contact avec la nature.

Les formes douces et arrondies de la
maison, blanchies à la chaux, ainsi que
les murs secs et rocheux – les principaux
éléments des volumes et de la façade –
sont typiques de cette maison.

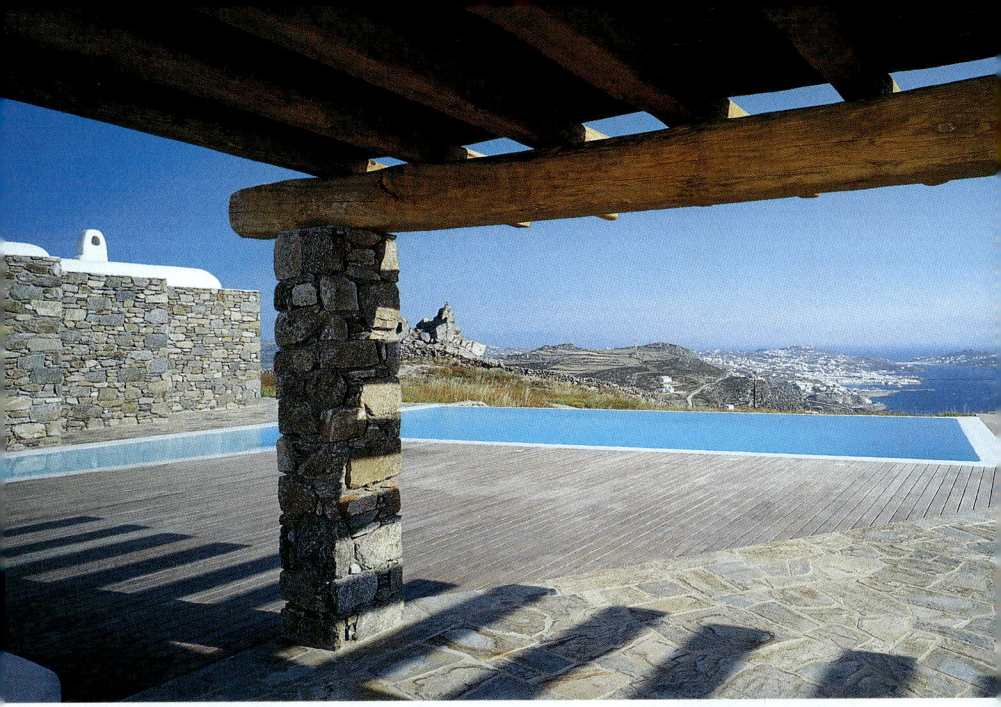

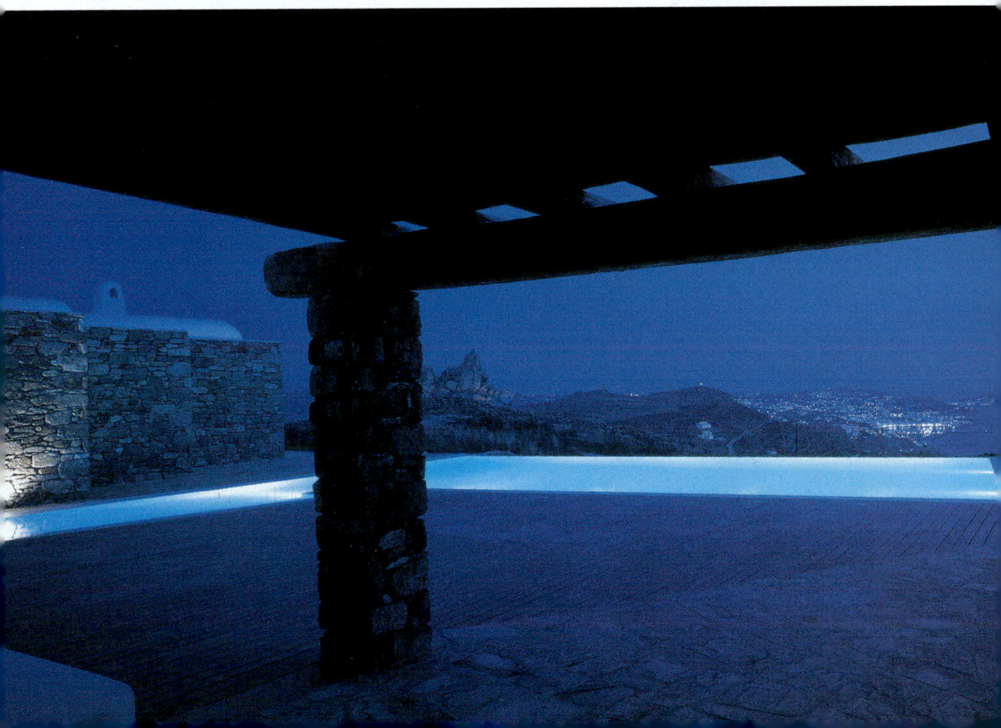

La maison González

Localisation : *Los Yesos, Grenade, Espagne*
Année de construction : *1998*
Architecte : *Javier Terrados*
Photographies : *Fernando Alda*

Le terrain sur lequel est bâtie cette maison est situé près de la mer, à Los Yesos, au sud de Grenade, en Espagne. Il s'agit d'une maison d'été très diaphane et ouverte sur l'extérieur qui permet de se tenir à l'air libre la plupart du temps. Les clients souhaitaient évoquer et conserver le souvenir de leur activité estivale qui avait été, pendant de nombreuses années, de voyager en caravane.

C'est donc cette idée qui a régi et façonné le projet pendant sa conception et sa réalisation. Profitant de la pente, un volume allongé perpendiculairement à celle-ci a été construit, fermé côté montagne et très ouvert côté mer ; il s'appuie sur le niveau supérieur du terrain et s'élève sur la partie inférieure. De cette manière, tout le rez-de-chaussée est un porche, un espace ouvert protégé de l'excessive exposition au soleil. La volonté de donner une impression de légèreté a déterminé le choix d'une structure métallique avec de grandes fenêtres entre des piliers très sveltes qui semblent disparaître à l'ombre du porche.

À l'étage supérieur, deux chambres avec salle de bains partagent une terrasse offrant des vues magnifiques. En front de mer, où les espaces sont beaucoup plus perméables à l'extérieur, se situent la salle de séjour/salle à manger et une seconde grande terrasse à moitié couverte.

Les fermetures de toute la façade, côté mer, ont été créées de façon modulaire avec des structures en aluminium qui soutiennent les baies vitrées, les persiennes et les garde-fous de la salle de séjour.

De l'entrée principale de la maison, côté montagne, on ne peut voir que les deux niveaux supérieurs qui sont subtilement séparés du sol : une fine bande de mer apparaît, soulignant les volumes et évoquant la légèreté, le mouvement et l'air.

L'organisation des pièces de la maison dépend
des différentes vues et de la proximité de la mer.
Côté montagne, où les volumes sont plus fermés,
se tiennent les toilettes et des débarras.
L'accès se fait par l'une des extrémités de la maison.

De l'entrée principale de la maison, côté montagne,
on ne peut voir que les deux niveaux supérieurs qui
sont subtilement séparés du sol : une fine bande
de mer apparaît, soulignant les volumes et
évoquant la légèreté, le mouvement et l'air.

565

La maison propose une succession de plates-formes face à la mer qui abritent les zones exposées à l'air libre, jouissant ainsi des plus belles vues. Chacune d'elles est ouverte en un endroit différent, ce qui permet de laisser passer la lumière et de créer une connexion spatiale entre les niveaux d'habitation. La terrasse ajourée donnant sur la salle de séjour laisse aux chambres l'intimité requise sans pour autant les priver de vues privilégiées.

La maison Reutter

Localisation : *Cantagua, Chili*
Année de construction : *1999*
Architecte : *Mathias Klotz*
Photographies : *Alberto Piovano*

La maison Reutter se dresse sur un terrain boisé légèrement pentu, près de la plage de Cachagua, à 140 km de Santiago du Chili. Elle se compose de deux volumes horizontaux maclés qui flottent, traversés par un troisième corps pierreux vertical qui sert d'appui. Ainsi, la maison se détache du sol et s'élève entre les pins pour atteindre une vue privilégiée sur l'océan Pacifique. Le bois la protège du soleil et confère plus d'intimité aux parties vitrées et aux terrasses.

Les deux corps sont de taille et de matière différentes ; le plus grand est en bois et l'autre est revêtu de cuivre ondulé. Comme « une maison dans une autre maison », le plus grand volume contient une part du corps métallique. Ensemble, ils produisent un effet d'horizontalité, accentué par un pont d'accès au toit de l'habitation, qui est en réalité une terrasse. De là, on arrive sur la terrasse devant la salle de séjour. La seule pièce à l'étage supérieur est un bureau contenu dans le corps de béton qui dépasse proprement au-dessus de la terrasse.

Tout l'espace de la salle de séjour, de la salle à manger et d'une partie de la cuisine forme une unité. Seules la cheminée et des étagères très légères le séparent de la partie consacrée à la nuit, avec les chambres contenues dans le volume en cuivre. La façade côté mer et celle qui est en face des chambres sont entièrement vitrées. De nouveaux liens entre intérieur et extérieur sont ainsi créés.

Ces deux volumes se combinent parfaitement ; l'un comprend la partie privée de l'habitation – plus fermé et compact –, et l'autre, transparent et lumineux, les espaces de rencontre familiale, donnant sur la pinède.

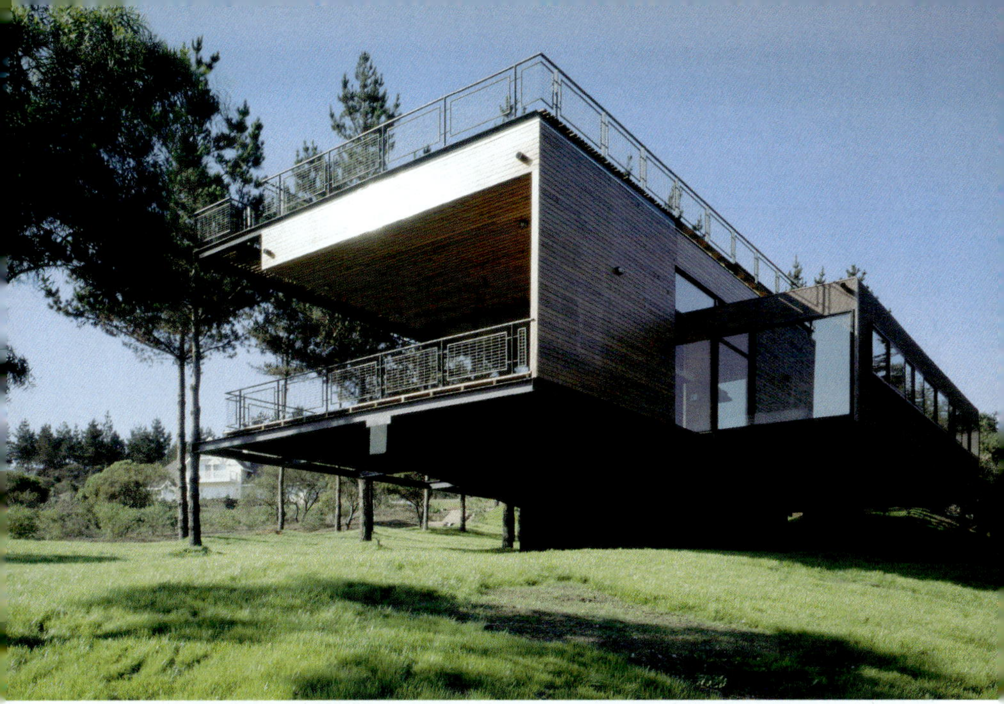

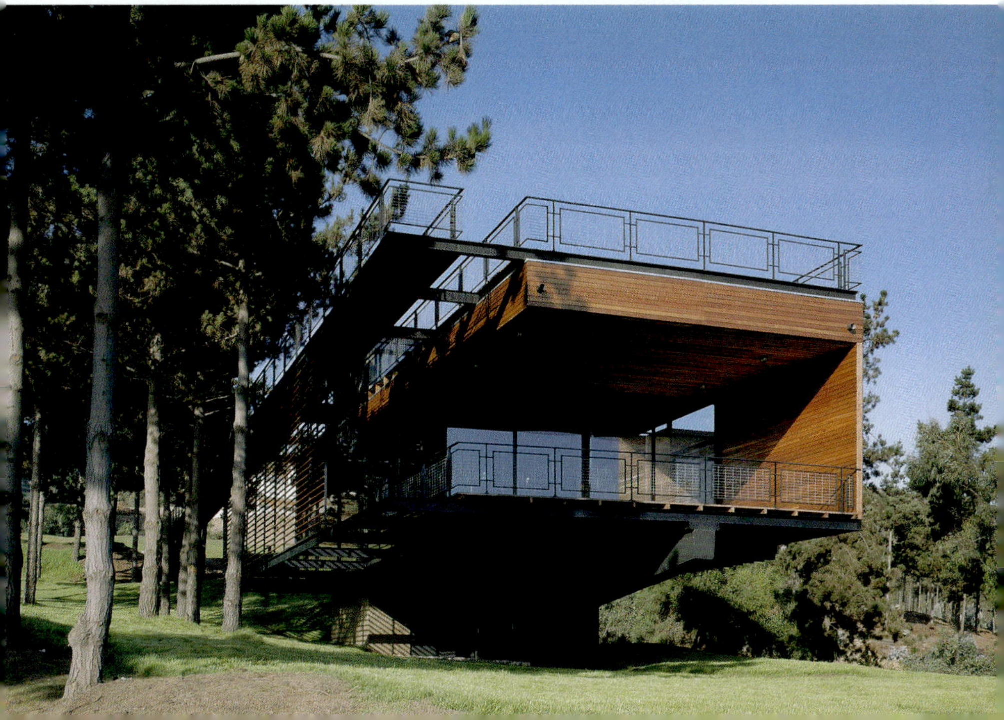

Dans cette maison de plage, l'important était de trouver un équilibre
et une communion avec l'environnement naturel. Les possibilités du terrain
ont été mises à profit au maximum, tant la pente que la vue et les arbres.
Les matériaux utilisés pour les revêtements extérieurs ont été
spécialement choisis, en tenant compte de cette harmonie désirée.

Séparé de quelques mètres de la façade nord (la plus ensoleillée), un treillis
en bois sert d'écran quasi transparent et protège ainsi l'intimité de la salle
de séjour et de la salle à manger, tamisant la lumière du soleil.

Certains éléments, tels que la grande terrasse en bois sur le toit ou le pont
qui la relie au sol, évoquent les références nautiques qui illustrent
l'environnement lui-même. Dans cette construction, les volumes et
les formes pures s'imposent, soulignés par des lignes claires et des
matériaux naturels. Cet édifice, qui sait s'adapter aux conditions du terrain,
s'intègre parfaitement dans le paysage.

La maison Gontovnik

Localisation : *Barranquilla, Puerto Colombia, Colombie*
Année de construction : *1996*
Architectes : *Guillermo Arias, Luís Cuartas*
Photographies : *Andrés Lejona*

Les volumes de cette maison, apparemment toute simple, parviennent à résoudre les situations difficiles et confuses qui caractérisent ce projet, en tirant le meilleur parti du lieu où il se situe. Malgré une situation géographique exceptionnelle, il s'agit d'une propriété dont les proportions et la topographie rendent difficile la vue sur la mer. Le terrain, de 16 m de large sur 55 m de long, est entouré d'autres habitations et dispose d'une pente ascendante depuis la rue qui va jusqu'au sommet du rocher. Le volume est donc fractionné sur plusieurs niveaux, comme s'il escaladait le terrain, pour finalement atteindre une vue spectaculaire sur la mer des Caraïbes. Cet impératif a donné lieu à trois corps principaux : le premier, au niveau de la rue, où se situent les chambres d'amis et des enfants. Le second volume, au niveau intermédiaire d'où l'on accède à la maison, héberge les dégagements, les pièces de service et la salle à manger, qui tournent autour d'un patio central. Outre le fait de contribuer au système de refroidissement naturel, ce patio est aussi le centre de lumière du projet, sur lequel donnent ces espaces, évitant ainsi d'être orientés vers les voisins immédiats. Enfin, le troisième volume, situé au sommet du rocher, abrite le salon et la chambre principale qui donnent sur la falaise. De la chambre, on accède au toit, conçu comme une terrasse-jardin ; les différents niveaux créés entre les volumes de la maison ont donc permis d'obtenir une plus grande surface utilisable. L'axe de circulation, qui longe un côté de la maison, est devenu l'un des points du projet qui bénéficie de la plus grande richesse spatiale.

C'est à partir de l'objet
architectural lui-même
qu'une solution fut
trouvée non seulement
aux difficultés du terrain,
mais aussi à l'ambivalence
du programme. Ce projet
traduit aussi la capacité
de l'architecture à créer
des milieux idéaux
d'habitabilité sans pour
autant avoir recours à des
systèmes sophistiqués et
à des matériaux coûteux.

Les arrivées de lumière ont été soigneusement conçues. Les pièces de séjour disposent de grandes surfaces vitrées protégées par des persiennes en bois qui empêchent l'incidence directe du soleil. Dans les pièces de service, la salle de bains par exemple, des ouvertures réduites ont été imaginées pour limiter l'entrée de lumière et conserver l'intimité.

Le bon résultat d'un projet architectural qui se veut un espace habitable dépend notamment de la relation avec le lieu où il se trouve. Ici, le but recherché était de faire de la maison Gontovnik à la fois une habitation permanente et une résidence secondaire en bord de mer.

Page de gauche :
Un petit mirador, délimité par une pergola et un petit bassin, est installé sur la terrasse. Ce jeu volumétrique est parachevé par une estrade en bois qui fait saillie sur la piscine, juste au bord du rocher.

Maison au Japon

Localisation : *Tokyo, Japon*
Année de construction : *1998*
Architectes : *Legorreta Architectes*
Photographies : *Katsuhida Kida*

Cette maison est utilisée comme résidence secondaire ou lieu de repos par un professeur de musique japonais. Les espaces ont donc été conçus en privilégiant les lieux de recueillement et de tranquillité et en établissant un contact direct avec la mer. L'apparence de l'architecture est simple afin de mettre l'accent sur les magnifiques vues.

L'entrée de la maison est intentionnellement cachée, ce qui est un trait commun aux cultures japonaise et mexicaine. Derrière, on découvre une tour d'accès qui conduit à un couloir voûté bleu. De là, on peut soit descendre dans la partie principale, où se situent la salle de séjour et la salle à manger, soit accéder aux deux chambres. Cette partie centrale se caractérise par sa grande ouverture sur la mer. Le traitement de la pierre et de l'eau, ainsi qu'un petit patio séparé, suggèrent de curieuses coïncidences de cultures. Le pavement intérieur à base de pierre, les lavabos, le bois et autres éléments spéciaux ont été produits au Mexique puis exportés au Japon. Il s'agissait de donner un caractère bien spécifique à chacune des pièces. L'interaction des cultures a donc joué un rôle important dans le processus de conception et de construction de la maison.

Un intérêt tout particulier a été porté à la relation entre l'intérieur et l'extérieur, et c'est ainsi que les terrasses sont devenues partie intégrante de l'intérieur et du paysage. La maison étant entourée d'un bassin, l'eau est toujours présente dans la conception. L'extérieur est composé de plans purs et blancs, avec une succession de volumes fixés et ordonnés le long du versant du terrain.

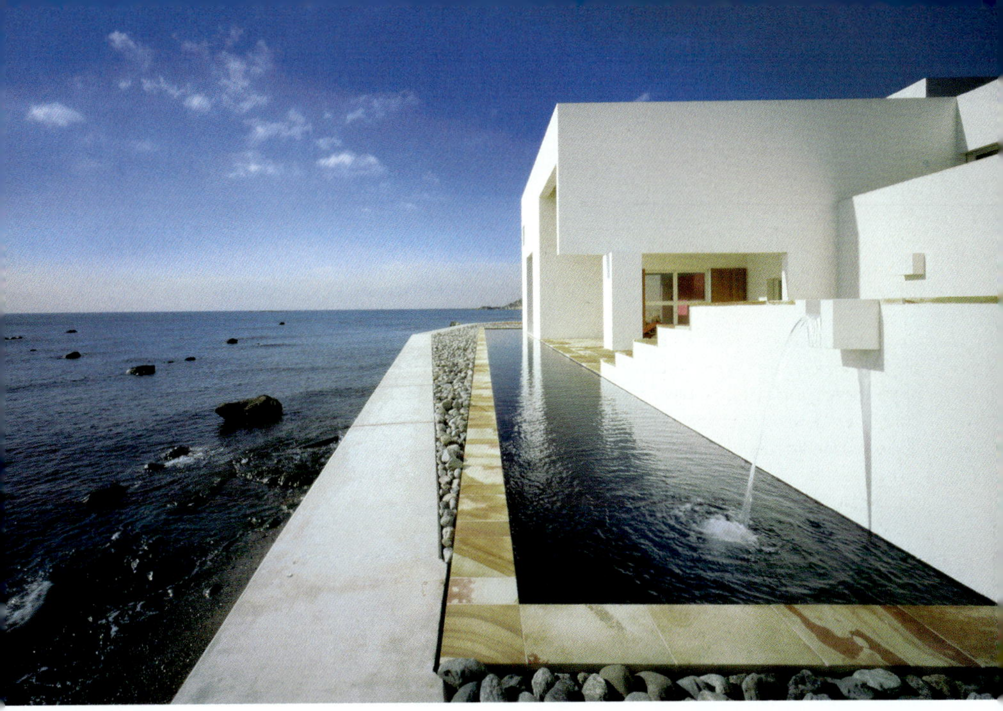

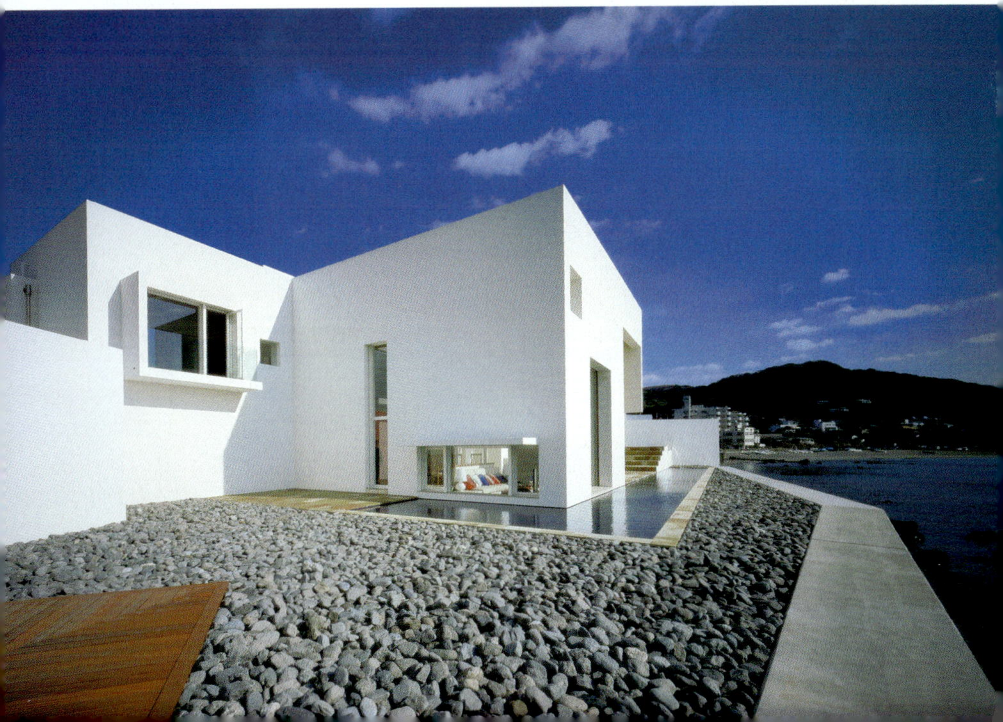

L'utilisation de la couleur
pour accentuer la valeur du plan,
et l'attachement pour les lames
d'eau resplendissantes et les canaux
rappellent Barragán qui, à son tour,
renvoie à la tradition des jardins
arabes. Le langage architectural
utilisé est en outre renforcé par
une série de citations et
de références fugaces qui créent
une plus grande richesse.

Page de gauche :
L'édifice regarde à l'ouest à travers
la baie et vers l'océan Pacifique ;
la première vue associe le ciel et la mer
à l'infini. Une imposante cordillère
entoure la baie et un ensemble de
maisons proches s'éparpillent sur les
coteaux rocheux. Située au sommet
d'un petit promontoire artificiel, cette
maison est séparée des habitations
voisines les plus proches, au sud, par
une petite route abrupte qui descend
vers la mer.

La maison Steel

Localisation : *Byron Bay, Australie*
Année de construction : *1997*
Architectes : *Grose & Bradley*
Photographies : *Anthony Browell*

La maison est située sur une colline orientée au sud, regardant vers la baie de Byron, le point le plus à l'est de l'Australie, et vers la Gold Coast en direction du nord. S'agissant d'un projet avec un environnement très diversifié, la vue principale donne sur le levant. D'une certaine manière, l'architecture de cet édifice est due à cette décision si déterminante.

Le désir de vivre à l'air libre dans ce paysage surprenant est un autre des arguments importants de la conception et de la création de cette œuvre : une « plate-forme » primitive installée dans la nature.

La forme de la maison est, d'une certaine façon, évidente. La preuve en est la création d'une structure minimum, selon la tradition rurale, avec ses propres mécanismes de contrôle environnementaux. Pour parvenir à concrétiser le sens d'occupation au milieu d'un environnement naturel, les murs de façade sont essentiellement plans avec des fenêtres fixes et réglables, dotées de persiennes qui protègent de la lumière directe du soleil.

En hiver, le chaud soleil matinal pénètre profondément à l'intérieur de la « plate-forme », tandis qu'en été, les ombres éphémères des persiennes refroidissent l'intérieur non seulement physiquement, mais aussi de manière figurée, sous forme de sensations.

La structure, en acier galvanisé, reste à l'état brut, avec son aspect grossier, non traité. De même, les murs sont revêtus de parements verticaux en zinc. L'utilisation de ces matériaux et leurs finitions font de l'édifice un objet artificiel rigoureux, ce qui est l'unique manière d'être face à un paysage si puissant.

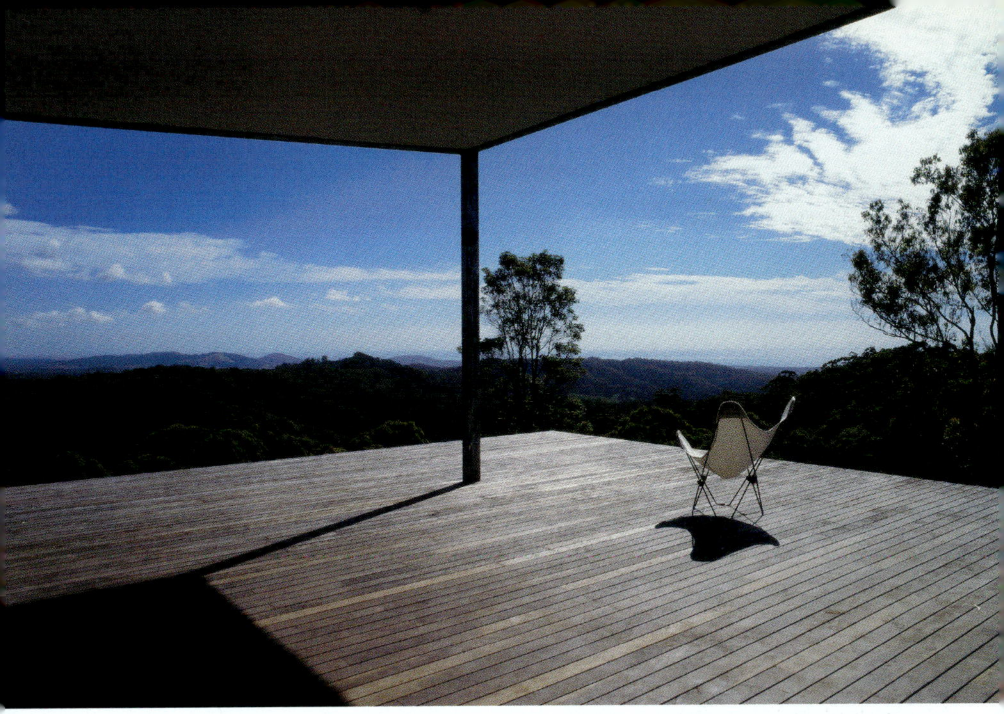

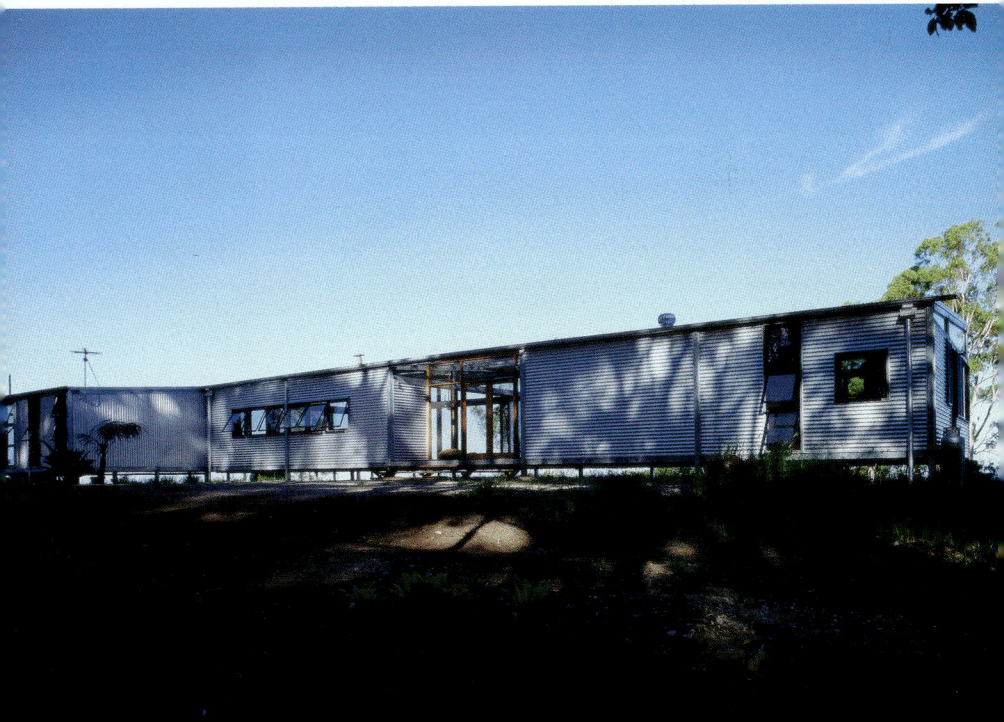

Cette habitation est érigée tel un simple corps volumétrique qui s'élève au sein d'un paysage puissant et fantastique.

La modulation de
la structure et la présence
de la plaque métallique
créent une série de
volumes claire et concise.

Page de droite :
Vues de la salle de séjour,
qui se conçoit comme
une pièce semi-extérieure.

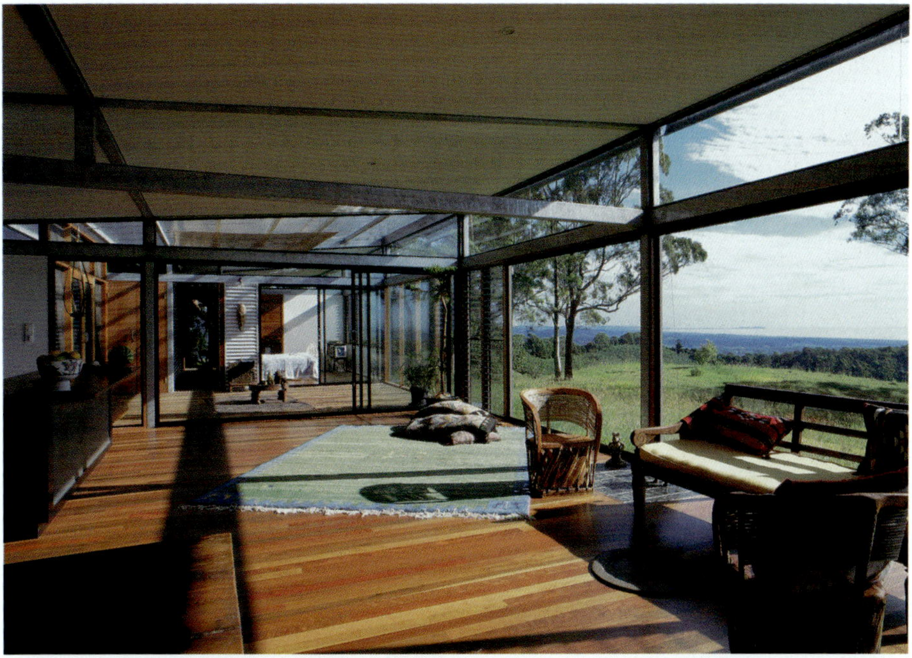

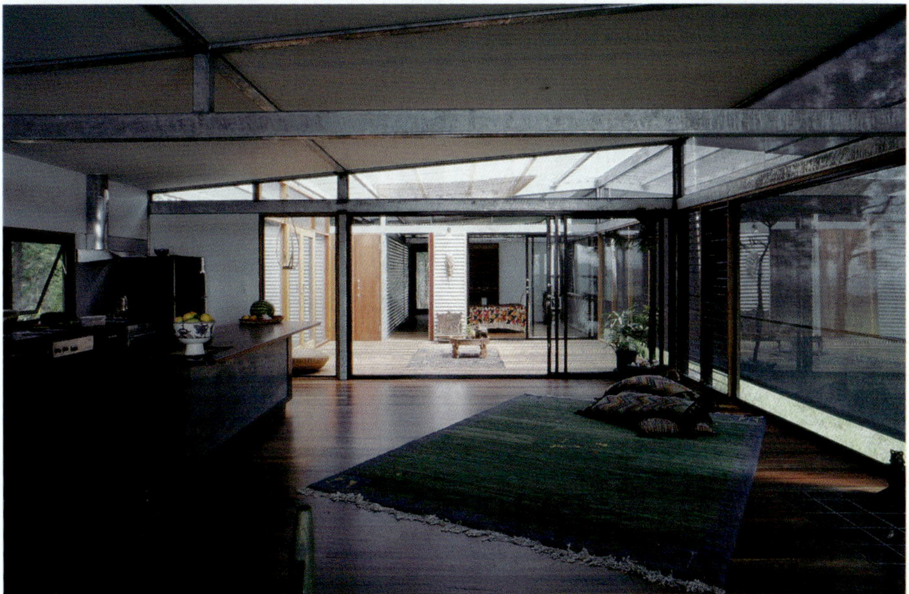

La maison Ugarte

Localisation : *Maitencillo Sur, Chili*
Année de construction : *1995*
Architecte : *Mathias Klotz*
Photographies : *Alberto Piovano*

Ce projet concerne une petite maison de week-end située près de la falaise de Maitencillo Sur, à 140 km au nord de Santiago du Chili.

Légèreté et luminosité émanent de sa structure élémentaire, réalisée selon les traditions locales : la finition, en bois brut, est grossière et rudimentaire. La maison, qui a l'air d'un refuge, évoque la précarité d'un abri primaire ; sa construction simplifiée contraste avec l'immensité du Pacifique. Sa présence en tant qu'objet à la fois idéal et abstrait a une forte incidence sur le paysage, le transformant et lui donnant un nouveau sens.

La maison est composée de deux parties séparées mais reliées par un passage qui constitue l'entrée principale et s'étend jusqu'à l'intérieur. Les chambres et salles de bains se situent dans le plus petit volume, tandis que dans l'autre corps, le rez-de-chaussée héberge cuisine, salles à manger et de séjour, et au premier étage, un bureau.

Les terrasses ont été conçues comme des espaces à demi construits, sortes d'ouvertures ou de vides pour protéger les deux volumes des forts vents du sud. Ainsi, la partie la plus grande de la maison est-elle largement ouverte à son extrémité sud, ce qui crée une impression de continuité avec la salle de séjour et permet de profiter de l'espace intérieur comme s'il s'agissait d'une enceinte beaucoup plus vaste.

La maison Ugarte est entièrement construite en bois, à l'extérieur comme à l'intérieur. Le revêtement des façades est constitué de planches superposées et, à l'intérieur, des panneaux en bois également, servent de finitions.

Afin de faire ressortir chacun des volumes de la maison, la disposition du revêtement des différents corps varie.

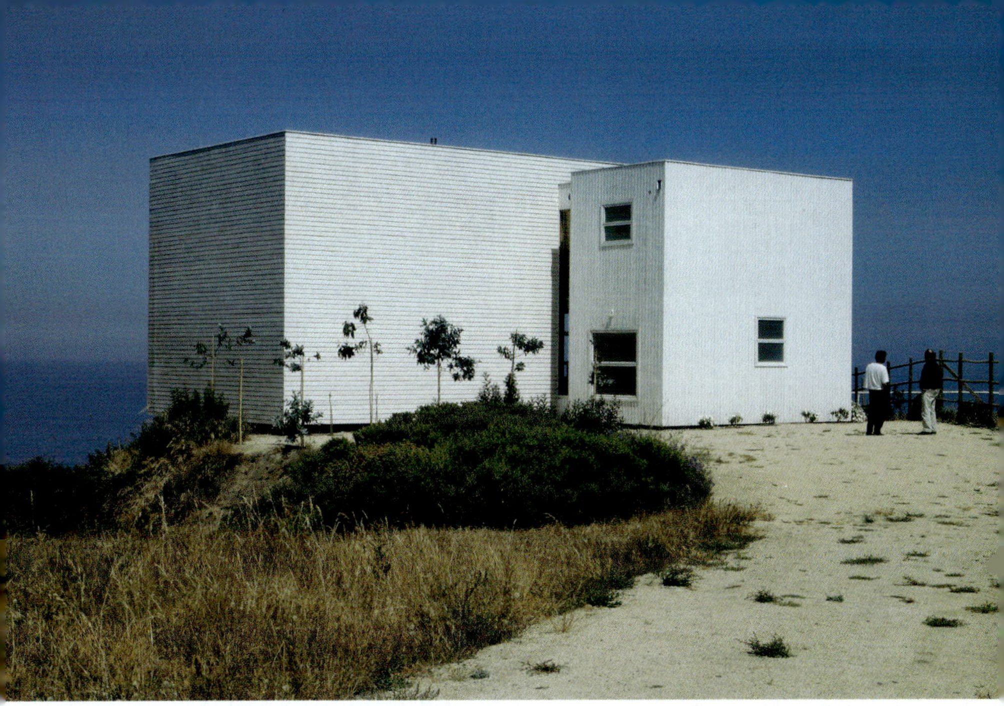
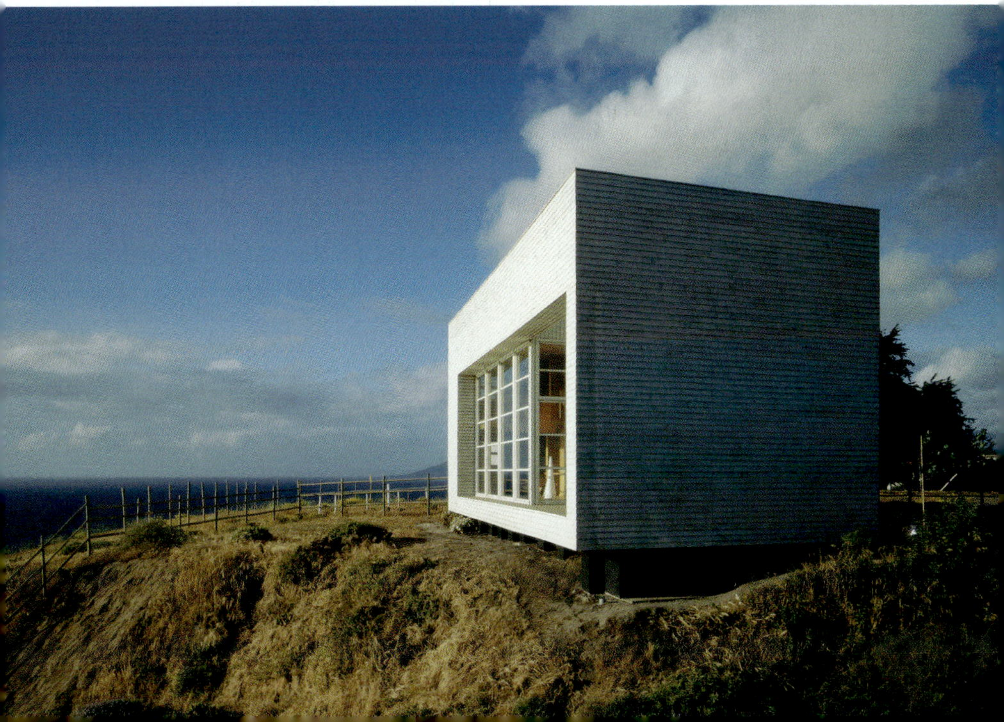

L'escalier et la cheminée
apparaissent tels des corps
à la fois encastrés
et autonomes.

La maison se compose
de deux parties séparées,
reliées par un passage
qui se prolonge vers
les espaces intérieurs.

Maison à Corfou

Localisation : *Corfou, Grèce*
Année de construction : *1998*
Architecte : *Xavier Barba*
Photographies : *Eugeni Pons*

Xavier Barba avait ici pour mission de construire une tonnelle pour l'été et une piscine pour Lord Jacob Rothschild ; ces espaces de loisir et de repos venaient se greffer sur une maison déjà existante. Le terrain s'inscrit sur un spectaculaire promontoire de Corfou avec vue sur les eaux territoriales d'Albanie.

Dès le départ, la conservation des conditions naturelles du site s'est imposée, et c'est ainsi que le lieu idéal fut choisi, à savoir une carrière de marbre vénitien particulièrement bien dissimulée. Après une première intervention pour extraire quelques pierres et nettoyer préalablement le site, les pentes escarpées de celui-ci furent utilisées comme cours naturel de la chute d'eau provenant de la piscine.

La tonnelle s'inspire des villas édifiées par les Romains à des endroits comme celui-ci.
À l'intérieur, une chaude piscine et une pergola blanche ouverte sur les côtés, qui sert d'abri à la partie salle à manger et au coin repos, avec une cuisine, des dressings et des toilettes dans la partie arrière. L'intervention sur l'espace extérieur ouvert sur la mer a consisté en l'ajout de statues classiques, de reliefs et d'une mosaïque byzantine. En outre, une série de terrasses avec des murets en pierre a été installée, ainsi qu'une fontaine à l'antique. Des oliviers et des cyprès sont la touche finale de cet endroit paradisiaque. Sur le côté, une entrée ayant l'apparence d'une ruine a été aménagée. Le développement du projet insiste sur la dimension horizontale et l'absence d'un corps construit ; ces deux éléments, ainsi que l'agencement des espaces extérieurs, sont les arguments fondamentaux de cette construction. En d'autres termes, la sensibilité qui permet de comprendre le lieu et la magnifique utilisation qui en est faite en laissant son essence à découvert sont les caractéristiques les plus importantes de l'intervention dans son ensemble.

La construction a consisté
à agrandir, sous forme
de salle à manger/jardin
extérieur avec piscine,
une résidence d'été
appartenant à la famille
Rothschild.

La relation entre la
maison et l'eau est d'une
immédiateté absolue.

Résidence Rochman

Localisation : *Californie, Etats-Unis*
Année de construction : *2001*
Architecte : *Callas Shortridge Architects*
Photographies : *Undine Pröl.*

Située sur le flanc d'une colline à Pacific Palisades, cette maison rénovée, des années cinquante, s'ouvre sur un fabuleux panorama des côtes de Santa Monica et de Malibu. Le schéma initial a été conçu par le défunt Frank Israel et développé par ses confrères Barbara Callas et Steven Shortridge.

La maison de 280 m², créée pour un couple, semble n'être construite que sur un seul niveau côté rue, mais compte en fait deux étages à l'arrière, côté océan. En raison des restrictions liées à la hauteur et à la distance entre les maisons, le toit a été conçu comme un parapet horizontal et continu partagé par les murs extérieurs qui s'inclinent vers l'extérieur depuis le centre de la maison, rendant l'intérieur plus spacieux. D'en bas, l'édifice ressemble à un berceau à deux étages encastré dans le terrain incliné qui se dresse hors de la colline vers la mer. L'entrée est située entre deux plans qui divisent l'espace en deux parties égales définissent trois zones : une zone à vivre, une zone privée et un bureau semi-public. Un mur en plâtre orange situé le long de l'entrée définit l'axe horizontal et divise l'espace privé au niveau inférieur et l'espace public à l'étage supérieur. Cet espace paysagé aboutit à une fenêtre de plus de 7,5 mètres qui continue le long de la salle de séjour et offre une vue panoramique sur la falaise.

Des poutres en cèdre suspendues en porte-à-faux s'étendent au-delà de la salle à manger et se prolongent pour former une terrasse. Un escalier dissimulé derrière un mur en plâtre mène à la chambre principale, à la terrasse inférieure et au jardin conçu par Mia Lehrer + Associates.

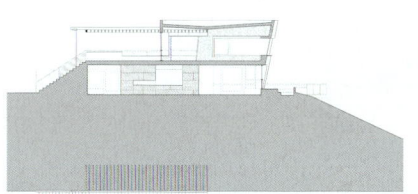

Coupe longitudinale

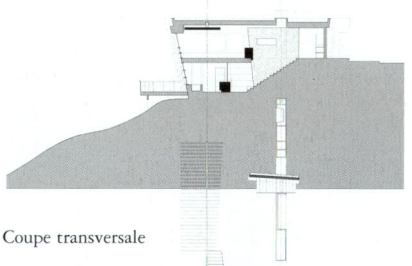

Coupe transversale

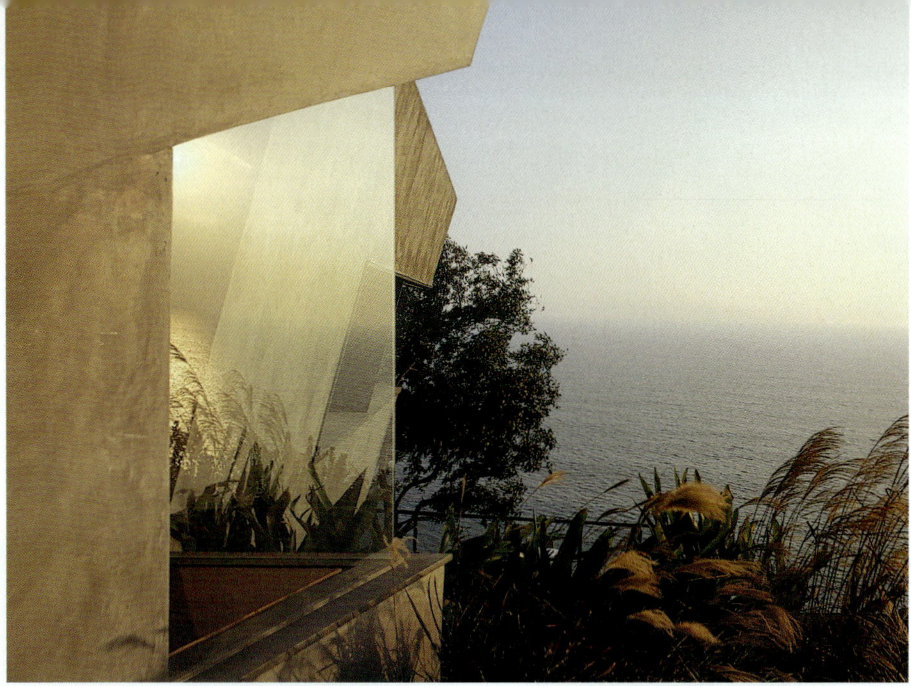

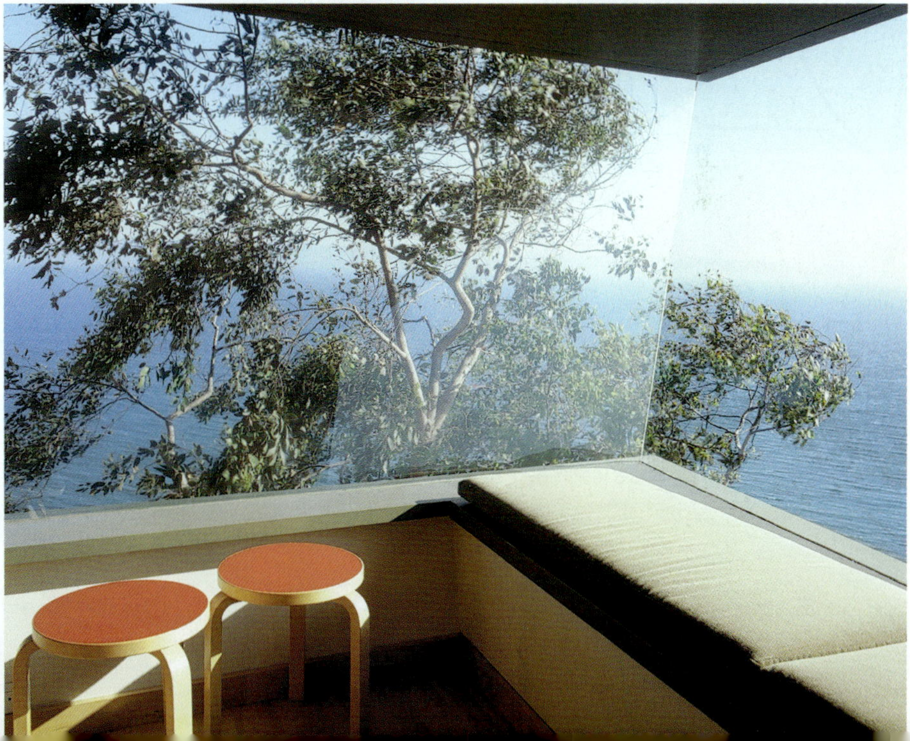

La salle à manger extérieure, située à l'étage, est protégée du soleil et de la chaleur par un toit à lamelles.

MAISONS À LA CAMPAGNE

L a propriété rurale s'est développée en étroite relation avec les activités économiques et agricoles, répondant à l'absolue nécessité de vivre près du lieu de travail. Et ce bien plus encore à l'époque où l'on ne pouvait pas tous les jours faire le trajet entre ces deux endroits. Cette réalité explique également l'existence d'habitations saisonnières sur les sites de culture éloignés de la maison principale et des villages voisins. À l'origine, la maison rurale réunissait un ensemble d'espaces, à l'intérieur comme à l'extérieur, dont la fonction économique était parfaitement définie : les basses-cours, les poulaillers, les caves, les hangars à outils, notamment, faisaient partie intégrante de l'habitation. L'ensemble de la propriété rurale était alors considéré comme une unité d'exploitation économique comprenant aussi les champs, les bois, les prés, les petits bâtiments d'habitation temporaire, ainsi que les canaux d'irrigation ou les mares qui l'entouraient. Ainsi s'agissait-il, au sens large, d'une entreprise, petite ou grande, avec une double finalité : assurer les besoins primaires de la famille, et intervenir dans l'économie de marché en tant que fournisseur. Cette vision du monde paysan explique le développement de l'économie rurale et le brassage traditionnel des populations rurales.

L'un des aspects communs qui définissent ces constructions est le phénomène de dispersion dû à trois principaux facteurs : la recherche d'eau, la nécessité d'être près des bois et les caractéristiques du relief. Il est donc clair que le caractère intrinsèque de ce type de constructions était déterminé par le travail aux champs, sa fonction étant par conséquent de fournir un abri aux éleveurs et aux agriculteurs, ainsi qu'un espace suffisant pour le bétail, le stockage et la production artisanale.

Cette vision historique de la maison de campagne nous permettra d'ailleurs de comprendre l'état actuel des choses. Les maisons présentées dans les différents projets de ce chapitre sont définies par des principes très différents de ceux qui déterminaient leur existence de départ. Ce type d'habitations représente aujourd'hui un lieu où l'on vient chercher le calme, les avantages et les charmes d'une vie en contact direct avec la nature, un monde désormais inconnu des grandes villes. Néanmoins, avant d'en arriver là, ces résidences agricoles ont évolué au fil du temps et de manière assez continue.

Nous pouvons donc établir une comparaison ou une opposition, selon les cas, entre ce qui a défini ces maisons rurales tout au long de l'histoire. Pour la bourgeoisie naissante, berceau des relations commerciales et d'échanges, cette maison à la campagne représentait un nouveau domaine d'activités. L'aristocratie, qui disposait de tout le temps libre possible et des moyens économiques pour en profiter, la considérait comme un refuge où se reposer et profiter de la vie dans tous les sens du terme, y ajoutant ainsi une nouvelle dimension. Et l'homme d'aujourd'hui, au-delà des différences de classes, a transformé ces résidences en lieux de loisir et de repos. Il y réalise de temps en temps une activité plus ou moins concrète qui vise généralement à évacuer tout le stress provoqué par son activité professionnelle. Enfin, il s'y consacre entièrement à sa famille, à sa propre personne et à sa sérénité.

Dans cette perspective, l'homme parvient à trouver, et surtout à profiter, d'un état de liberté et de vacance au sens étymologique du terme *vacare*, qui signifie « être libre ». Mais pour que cette liberté soit totale, il doit y avoir une solution de continuité, un nouveau mode de vie, dans lequel la maison secondaire représente un facteur essentiel. Ainsi, nombreux sont ceux qui recherchent leur bien-être dans une maison de vacances ou de week-end, quel que soit leur milieu social. Submergé par une activité intense, l'homme d'aujourd'hui, en particulier s'il travaille en ville, se consacre difficilement, ou après bien des efforts, à sa vie personnelle et familiale. Mais parce que les moments de détente sont absolument nécessaires pour son équilibre général, l'être humain voit dans cette maison de vacances la possibilité d'une rupture totale avec la vie quotidienne. C'est ainsi que la fonction des maisons situées à la campagne présentées ci-après est différente de ce qui fut leur fonction spécifique par le passé.

Du point de vue de la construction, nous trouvons, d'une part, l'adaptation et la reconversion de vieilles demeures, afin de satisfaire les besoins et exigences propres à la vie moderne, et, d'autre part, la réalisation de projets nouveaux. Bien qu'il y ait dans ce chapitre plusieurs exemples de reconstruction, la plupart des projets présentés ont été réalisés au cours des dix dernières années.

La maison Möbius

Localisation : *Het Gooi, Hollande*
Année de construction : *1998*
Architectes : *Van Berkel + Bos / UN Studio*
Photographies : *Christian Richters, Ingmar Swalue*

La maison Möbius propose une nouvelle façon de comprendre l'habitation : les espaces de la maison se succèdent les uns après les autres sans réelles limites entre les pièces. Il ne s'agit pas uniquement de limites physiques ou temporelles, la nature des activités pratiquées au sein de la maison pouvant varier. Les architectes Van Berkel + Bos ont élaboré un manifeste théorique qui se matérialise dans cette demeure.

L'édifice intègre le programme, les dégagements et la structure avec fluidité, sans « coutures » apparentes. Il relie et enlace toutes les activités de la résidence avec l'idée que le travail, la vie sociale, familiale et individuelle trouvent chacun leur place dans cette disposition en spirale. La structure de ce mouvement affecte également l'organisation des deux matériaux de base utilisés pour l'édification de la maison : le béton et le verre, qui échangent leurs applications. Le béton sert à la construction de meubles tandis que le verre constitue les façades et certaines cloisons intérieures.

Dans la maison Möbius, la typologie résidentielle sert de domaine d'expérimentation privilégié pour observer les rêves domestiques de la fin du siècle. Le projet est donc une véritable matérialisation des théories développées par cette équipe hollandaise qui a édifié une maison surprenante, incluant des espaces qui relient forme, fonction et temps, sans oublier de créer des atmosphères chaudes et sophistiquées.

Le plan de la maison
inclut deux parcours
linéaires fermés qui
convergent dans les
espaces de passage,
démontrant ainsi
comment deux personnes
peuvent vivre ensemble,
tout en restant
indépendantes, et se
retrouver dans les pièces
communes de la maison.
Cette idée préside à
la construction et à
la matérialisation
de l'édifice.

UN Studio a fait appel
à un spécialiste pour
photographier les espaces
utilisés, tel un spectateur.
La maison ne peut pas être
perçue dans sa totalité si on
la considère comme
une simple construction.
L'utilisation qui en est faite
et les déplacements font
partie intégrante
du projet.

Les matériaux de base utilisés
pour la construction sont le
béton apparent et le verre.
Ils ont inversé leurs rôles
dans certains cas : une partie
des façades et des cloisons
intérieures sont en verre
tandis que plusieurs meubles
sont en béton.

Villa Arketorp

Localisation : *Jönköping, Suède*
Année de construction : *2000*
Architectes : *Erik Ståhl*
Photographies : *Jan Erik Ejenstam*

Les projets de l'architecte Erik Ståhl reposent sur une conception intemporelle de l'architecture. Ses bâtiments sont durables grâce à la qualité des matériaux utilisés et classiques car il a recours à des formes qui ne cèdent pas aux effets de mode ou aux caprices esthétiques.

Cet architecte suédois fonde sa stratégie sur le rapport habile entre les fonctions et les formes, les matériaux et les textures, les espaces et la lumière. Ces paramètres, étudiés et appropriés à chaque projet, suscitent des ouvrages visant à durer à la fois fonctionnellement et esthétiquement.

Ce projet devait respecter les valeurs historiques et culturelles du site et créer une architecture sensuelle et honnête dépourvue d'artifice ou d'ornement.

La parcelle choisie pour cette maison familiale est située en pleine campagne quoiqu'à seulement 7 km du centre de la petite ville de Jönköping. La fabuleuse vue sur la forêt de chênes et sur le lac Vättern, à proximité, fait de ce site un emplacement de choix.

De grands efforts ont été déployés pour préserver les arbres et la nature environnante. De même, aucun projet de jardin n'a été élaboré ; seule la végétation de la cour d'entrée a été taillée sur le modèle d'un jardin japonais,

quoique quelque peu adapté à la culture suédoise et aux goûts personnels.

Le bâtiment est en complète symbiose avec la sensibilité de l'architecte pour la nature. Ce dernier a d'ailleurs cherché à établir un lien étroit entre l'intérieur et l'extérieur, notamment pour que les occupants puissent profiter du paysage lors de l'été suédois si vivement attendu : depuis n'importe quel endroit de la maison, on peut admirer la végétation environnante.

La demeure est organisée autour d'un couloir central relié à deux petites allées qui communiquent elles-mêmes avec les pièces de la maison. Cette disposition permet de multiples connexions et crée plusieurs espaces de rencontre. Qui plus est, de petits vestibules à l'entrée de chaque pièce favorisent les rencontres entre les habitants de la maison.

La lumière naturelle ainsi que les matériaux sont à l'image du projet qui se veut un foyer au milieu de la nature. Le contreplaqué en hêtre se retrouve un peu partout dans les murs et les plafonds tandis que les cadres des portes et des fenêtres sont brun foncé et contrastent donc avec la clarté du hêtre. On a posé du parquet en hêtre sur le sol des petites chambres et de la céramique sur celui du reste de la maison.

Autour de la maison ont
été posés différents types
de sol qui servent de
transition entre la
végétation et la maison.
A certains endroits, on a
aménagé de petites
terrasses en bois et devant
les espaces privés, on a
mis du gravier pour
empêcher les passants de
circuler. Les dénivelés ont
été compensés grâce à
d'imposantes marches en
béton.

Plan de situation

L'extérieur de la maison est revêtu de planches de pin. Le bois a été traité avec de l'huile sous pression pour éviter que le matériau ne soit détérioré par les insectes ou les intempéries. Les cadres extérieurs des portes ont également été peints en brun foncé.

Conformément à la théorie d'Erik Ståhl sur le respect de la nature, le corps de la maison doit imiter la pente du terrain. En dépit de son inclinaison, presque identique à celle de la colline, on a recouvert le toit d'un bardeau bitumé étanche afin d'éviter les infiltrations d'eau à long terme.

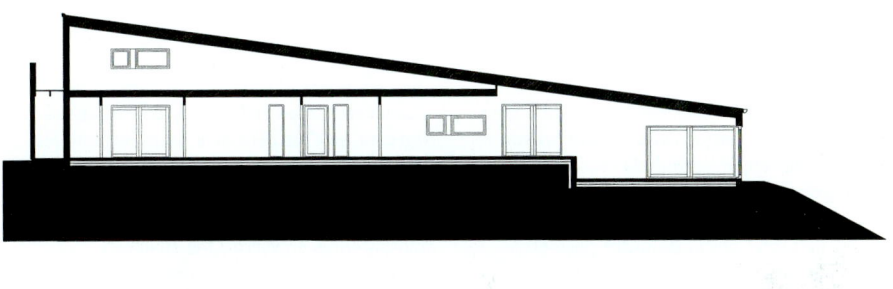

Maison linéaire

Localisation : *Millerton, New York, États-Unis*
Année de construction : *1996*
Architecte : *Peter Gluck*
Collaborateur : *Suki Dixon (directeur de projet)*
Photographies : *Paul Warchol*

Ce projet, situé à Millerton, à New York, avait pour objectif la transformation d'une maison sagement alignée au bord de la route : cette construction du début du XIXᵉ siècle devait en effet être agrandie pour une famille de quatre enfants. Le projet devait en outre permettre de rétablir une relation plus directe entre la maison et la nature.

La construction est devenue plus légère, avec un air de relative fragilité. La toiture est désormais en plaques métalliques et les murs transparents. L'aile nouvelle, éloignée de la route, a un environnement immédiat plus retiré et tranquille, vers le lac, protégée par les arbres. Deux éléments ont particulièrement été pris en compte : d'une part, le paysage, et d'autre part, l'architecture vernaculaire.

La différence entre les deux constructions est flagrante, et c'est peut-être pour cela que les deux formes ou langages sont parfaitement intégrés. L'agrandissement constitue un volume linéaire à deux étages, avec deux façades transparentes en verre. Une structure rationnelle en bois lamellé collé supporte des fermes également en bois. Le couloir du volume est de la largeur d'une pièce et sa disposition fait que toutes les pièces jouissent de belles vues sur la chute d'eau, d'un côté, et sur le nouveau jardin de pierres, de l'autre.

Le problème habituel de la relation entre la partie ancienne et l'aile neuve a été résolu en établissant une connexion entre les deux volumes, qui sert à la fois de lien et de transition.

Page de gauche :
Les deux toitures sont
clairement séparées.
L'espace entre elles entend
souligner cette différence
entre l'ancien et le neuf.
En même temps, leur
proximité marque la
relation inévitable qui
s'établit entre les deux
volumes. La toiture neuve,
très simple, en plaques
métalliques, évoque par sa
situation et sa géométrie,
le langage des anciennes
formes rurales.

Le schéma linéaire permet
en outre une véritable
intimité. La nouvelle aile
comprend deux chambres,
un bureau et une pièce,
en plus des espaces
de service. Une partie
indépendante a été prévue
pour les enfants et
les invités. Un escalier,
léger et métallique,
laqué en gris, sépare
les espaces de l'ancienne
maison de ceux
de la nouvelle.

Résidence au bord du lac Weyba

Localisation : *Noosa Heads, Australie*
Année de construction : *1996*
Architecte : *Gabriel Poole*
Collaborateurs : *Elisabeth Poole (design), Rod*
            Bligh-Bligh Tanner (structure),
            Barry Hamlet (aluminium)
Photographies : *Peter Hyatt*

L'édifice, à peine
en contact avec le sol,
donne l'impression d'une
construction légère.

Un architecte ne peut plus aujourd'hui asseoir uniquement son travail sur des données traditionnelles. Gabriel Poole est ainsi parfaitement conscient que la recherche et l'utilisation des nouvelles technologies pour construire sa maison permettent d'en réduire les coûts et que celles-ci ne sont pas incompatibles avec une coexistence harmonieuse au sein des paysages du lac Weyba, bien au contraire. La légèreté qu'il obtient en utilisant une fine structure métallique donne l'impression que la maison est à peine en contact avec le terrain, rappelant des constructions éphémères comme l'architecture de pavillons, de tentes ou de vérandas.

L'espace est un vide parfait qu'il faut mesurer et délimiter, et dans lequel il faut produire certaines formes nouvelles. Poole organise l'espace-maison en trois pavillons différenciés selon le programme d'une habitation. Sa toiture en polycarbonate et sa pente, ses bords et ses encoignures mettent en évidence la manière dont ses habitants font face aux éléments. De l'intérieur, la structure de la toiture apparaît également comme un thème de construction parfaitement intelligible. La toiture est la tête de la maison ; et comme elle se situe entre les habitants et le ciel, elle remplace aussi ce dernier pour le petit monde qui habite cette résidence.

Les matériaux permettent
de définir l'édifice. Ses
surfaces doivent être liées
à ce qui se passe
à l'intérieur.

Situé à une extrémité, le
pavillon d'entrée contient
la cuisine, l'office, la salle
à manger et la salle de
séjour/bureau. La surface
qu'ils occupent peut être
doublée en déployant les
panneaux en vinyle et
en acier, créant ainsi
une sorte de véranda.

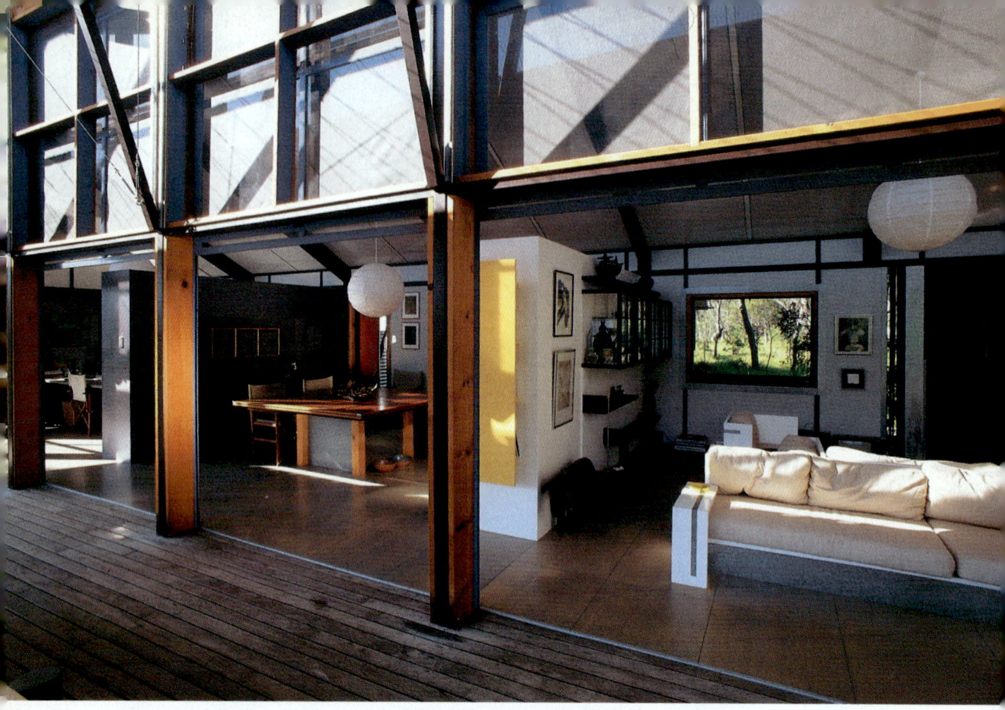

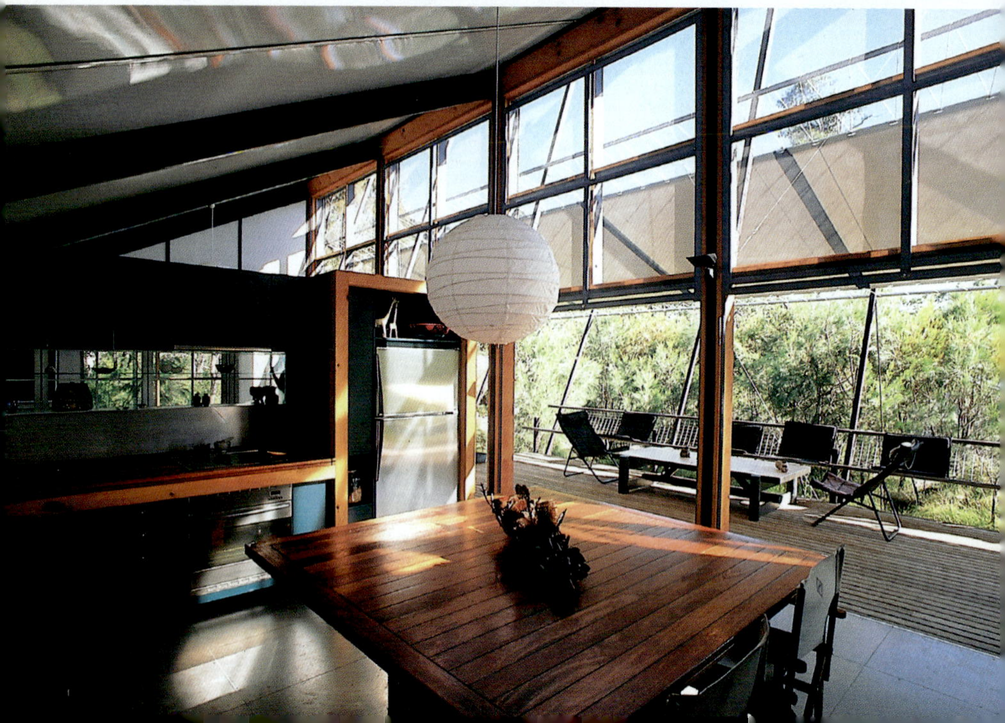

Le second pavillon abrite la salle de bains, avec
douche et toilettes. La couleur de certains
parements contrastant avec les murs
monochromes en Fibrociment, la lumière et la
vue de la nature depuis l'intérieur invitent à se
détendre et à méditer. Le troisième pavillon
correspond à la chambre principale.

Page de gauche :
Poole s'inspire de nombreuses caractéristiques
de l'espace traditionnel japonais, comme
l'horizontalité, la possibilité de s'ouvrir sur
le paysage en l'intégrant à la vie domestique,
la continuité spatiale et l'utilisation
de la lumière naturelle.

Cuisine et salle de séjour sont ouvertes et
protégées par une toiture extensible. La surface
totale de la maison est de 170 m². Le coût total
des travaux fut d'environ 150 000 dollars.

Maison Schmitz

Localisation : *Calera de Tango, Chili*
Année de construction : *2001*
Architecte : *Felipe Assadi Figueroa*
Photographies : *Juan Purcell*

Ce projet a été conçu pour un couple sans enfants qui souhaitait faire construire une maison au beau milieu d'arbres fruitiers. Le terrain est situé entre la Cordillère des Andes et les montagnes bordant la côte chilienne. Il est entouré par d'épaisses forêts d'eucalyptus du nord au sud. Le dessin et le rythme que suivent les arbres fruitiers semblent indiquer l'orientation optimale de l'édifice. D'autre part, le feuillage, d'un mètre de haut, a obligé les architectes à surélever la maison pour dégager la vue.

Ils ont donc construit un bloc en béton d'un mètre de haut et de 2,7 m de large, orienté d'est en ouest, englobant la piscine et le sous-sol et servant également de fondations à la maison. Au-dessus, au niveau de la cime des arbres, on a aménagé le rez-de-chaussée : un bloc en verre et en mélèze abritant les parties communes réparties sur un seul espace diaphane qui ne se ferme que pour cacher les salles de bains et une chambre d'amis.

L'étage, perpendiculaire à l'ensemble de la maison, est en béton apparent. En raison de l'orientation nord-sud, les parties saillantes de la maison projettent de petites ombres sur les façades inférieures.

Les différents blocs qui forment la maison sont connectés par un mur auquel l'escalier est adossé. Ce dernier relie le sous-sol aux deux étages. Les marches, en béton apparent, ne sont pas en contact avec les murs. Dans cette ouverture entre le mur et l'escalier, on a installé des lampes vertes pour éclairer le passage.

La perméabilité des volumes a été travaillée selon le degré d'intimité requis par la fonctionnalité des pièces. Ainsi, le séjour a été complètement conçu en verre et la chambre principale est opaque.

Grâce à la lumière du soleil, les vitres vertes qui forment les façades provoquent des tonalités, des transparences et des reflets qui, de l'extérieur, créent un dialogue avec la nature environnante. De l'intérieur, les limites de l'espace s'étendent jusqu'aux arbres et ce dernier est déterminé par le cadre naturel.

Les simulations par ordinateur permettent de visualiser le projet avant sa construction, y compris pour ce qui est de l'incidence de la lumière et de la disposition des meubles. De cette façon, le client et l'architecte peuvent faire des changements à partir d'une maquette presque réelle de ce que sera la maison.

Les fondations servent aussi de murs de soutènement à la piscine. La terrasse qui sert aussi de plongeoir a été couverte de lattes en bois de couleur foncée qui tranchent avec le béton apparent.
La terrasse à l'étage, par laquelle on accède depuis la chambre et le bureau, couvre toute la surface de la maison.

Les meubles de la cuisine se composent de deux rangées de placards soutenus par de minces piliers métalliques. Entre le comptoir et les placards supérieurs, on a placé des panneaux translucides qui permettent d'harmoniser cette pièce avec le reste de la maison. Dans le même esprit, les placards sont comme suspendus et ne sont en contact ni avec le plafond ni avec le sol.

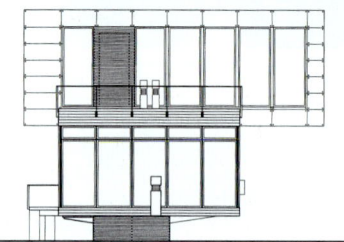

Elévation est

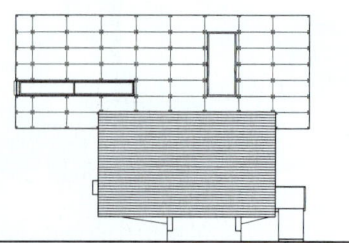

Elévation ouest

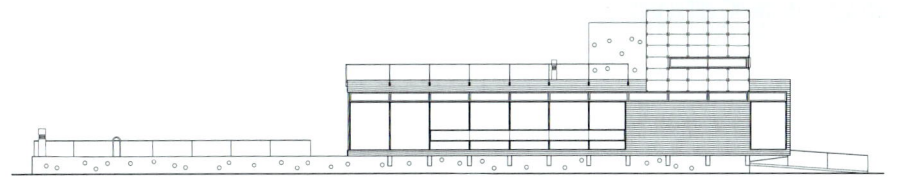

Elévation nord

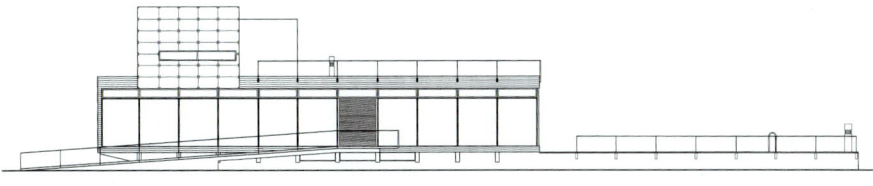

Elévation sud

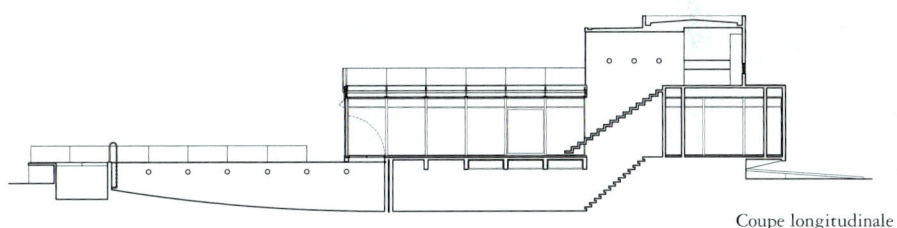

Coupe longitudinale

Maison à Celaya

Localisation : *Celaya, Guanajuato, Mexique*
Année de construction : *1994*
Architectes : *Alfonso López Baz, Javier Calleja Ariño*
Collaborateurs : *Guillermo Flores, Octavio Cardoza,*
Arturo Hérnandez (structure)
Photographies : *Fernando Cordero*

Cette élégante maison a été érigée sur une petite colline au milieu de la plaine du ranch San Rafael, aux environs de la ville de Celaya. Le ranch se consacre à des activités hippiques et comprend des carrières de saut d'obstacles, ouvertes et fermées, ainsi que des écuries pour trente chevaux.

La maison, proche d'un endroit très boisé, donne principalement sur la carrière de saut la plus importante ; à première vue, on dirait une réplique des barrières blanches qui séparent les prés et ressortent au milieu des différentes nuances de verts de ce paysage apprivoisé.

Le projet est composé de deux corps ou pavillons unis et séparés en même temps par un miroir d'eau qui répond à des critères aussi bien pragmatiques qu'esthétiques, puisqu'il déploie ses reflets tout en augmentant l'humidité et la sensation de fraîcheur dans un climat sec où l'on atteint facilement les 40 °C.

Les pavillons sont reliés par des passerelles en bois naturel au-dessus du niveau de l'eau. Leurs toits voûtés permettent d'obtenir une certaine hauteur dans la partie centrale sans perdre le caractère domestique du programme.

Les deux pavillons sont totalement indépendants. Derrière les deux façades en vis-à-vis se tiennent les pièces de service et les cheminées. Les deux bâtiments disposent de grandes baies vitrées sur les façades donnant sur les carrières de saut, dans la direction est-ouest.

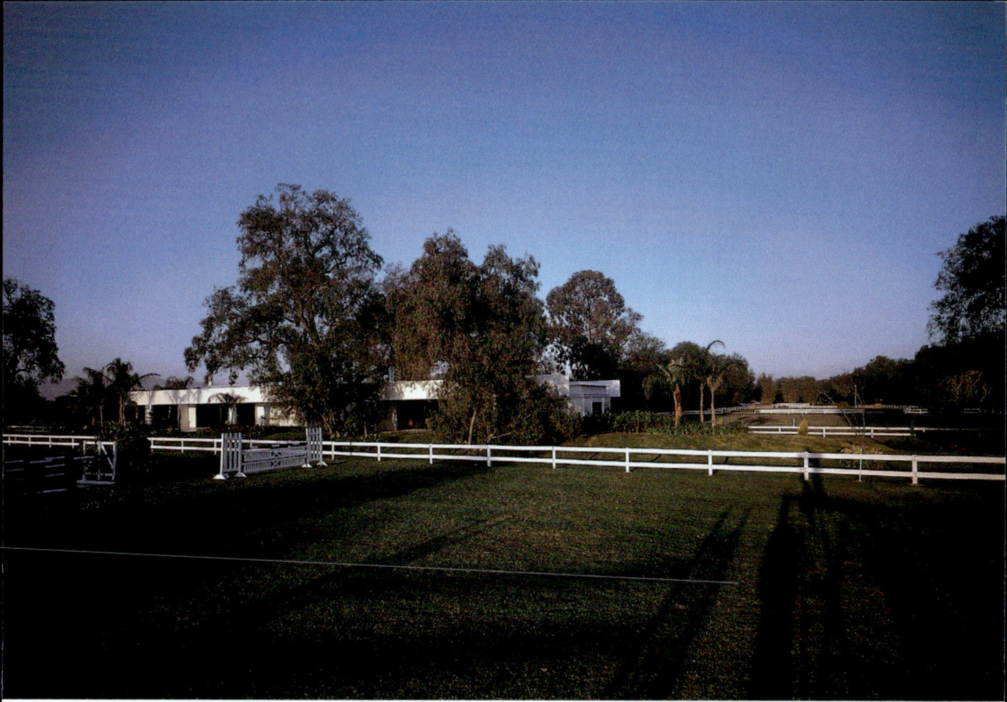

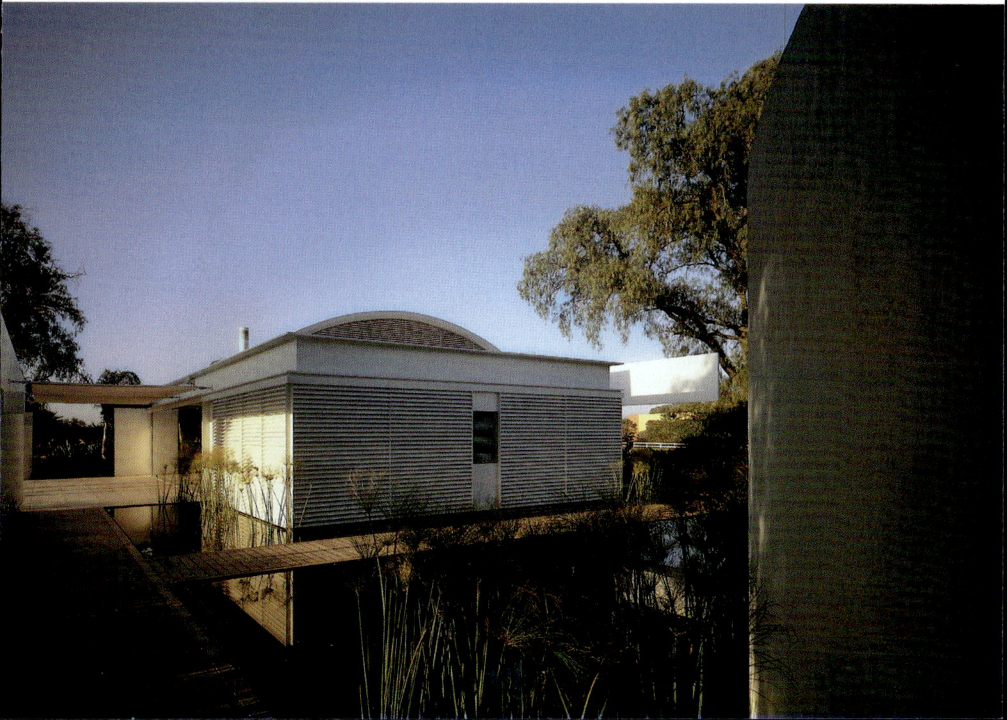

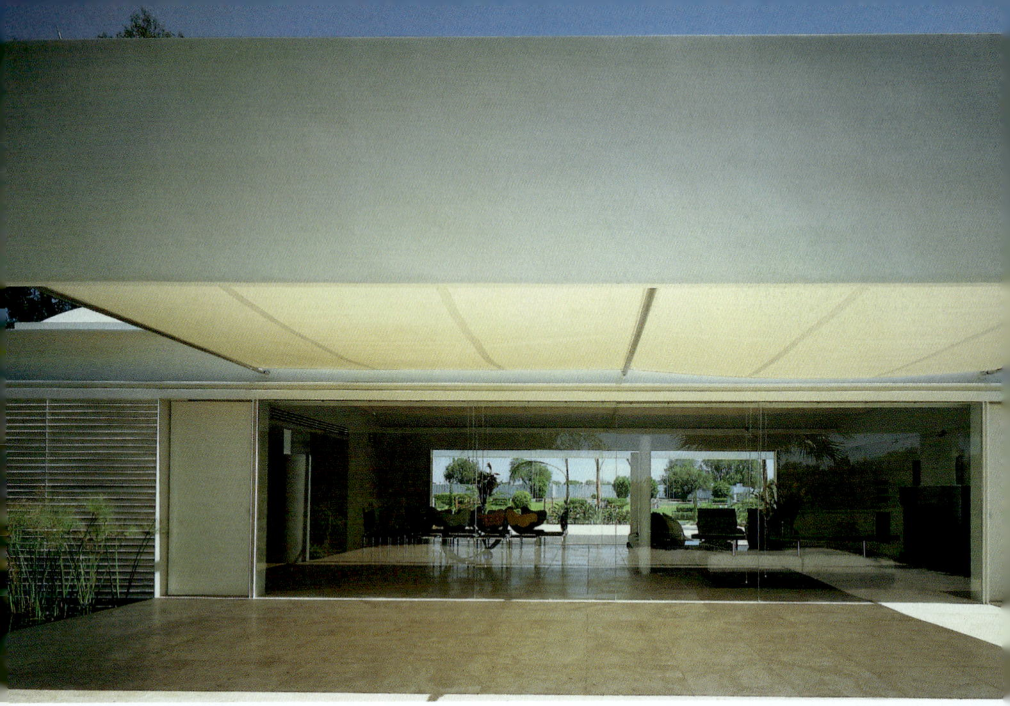

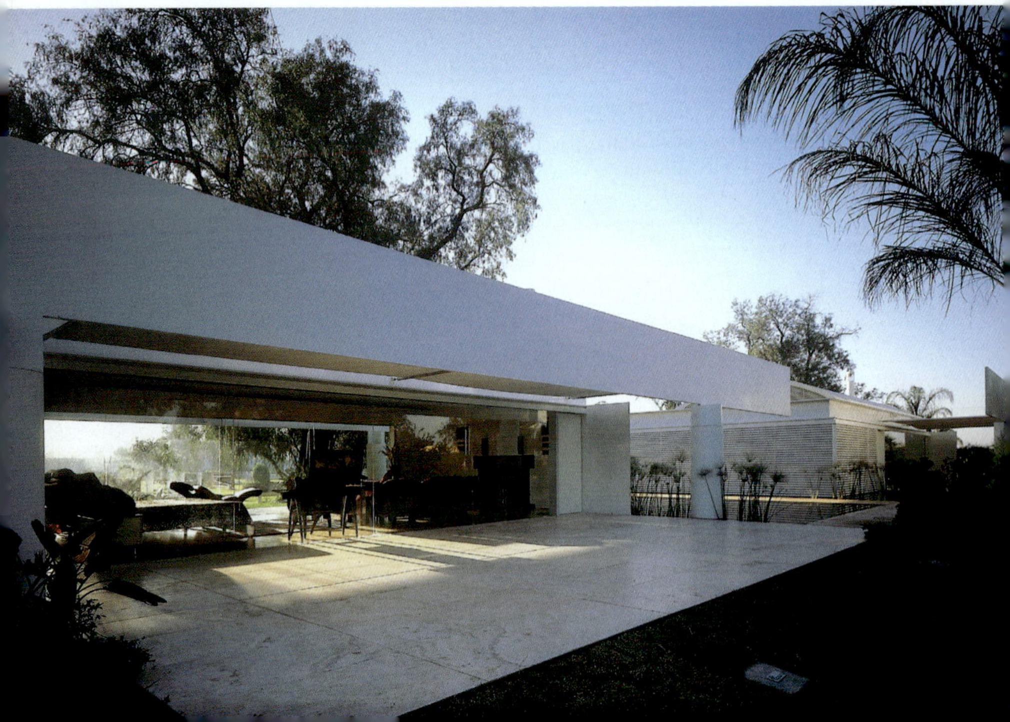

La voûte du toit est complètement lisse, sans source de lumière ni grille de ventilation. Toutes les armoires sont adossées aux murs de façon à laisser la pièce vide, meublée uniquement de sièges et de tables. Les vitres latérales ont été installées sans menuiserie intermédiaire. L'entrée se fait par une petite porte située dans un coin.

Résidence secondaire à **Nou de Gaià**

Localisation : *Nou de Gaià, Tarragone, Espagne*
Année de construction : *1993*
Architectes : *Pepita Teixidor & Xavier Sust*
Collaborateurs : *Nicole Grumser & Silvia Álvarez ;*
Inmaculada Casado (architecte-assistant) ;
Ferran Bermejo (structures) ;
Construcciones Serramia (maître d'œuvre)
Photographies : *Lluís Casals*

Page de droite :
Entrée de
la bibliothèque
depuis le jardin.

Parvenir à capter la lumière et l'air provenant de l'extérieur pour les parties de la maison condamnées par la montagne constitue l'un des premiers objectifs de ce projet. La toiture était l'endroit idéal pour situer l'ouverture la plus grande de la maison, l'endroit le plus favorable pour réaliser cet objectif.

Cette construction est très bien placée au centre d'un petit village près de Tarragone. Elle comprend deux niveaux, l'un d'eux étant circulaire et orienté au sud avec vue sur le village, les champs et, plus loin, la mer.

L'espace intérieur est très vaste, avec juste les séparations nécessaires pour la cuisine et la salle de bains. Un patio intérieur – qui accompagne l'escalier – a été prévu pour que la lumière de la fenêtre du toit arrive jusqu'à l'étage inférieur. Celle-ci représente un point complexe de lumière et d'architecture : obtenue par le prolongement d'une pente de la toiture, elle éclaire l'espace, de haut en bas et, à travers un faux toit transparent, les toilettes du rez-de-chaussée.

À l'extérieur, divers éléments ont été restaurés, comme l'escalier sur voûte et les créneaux d'origine. L'un des éléments significatifs est ce double escalier extérieur qui donne accès à l'étage, formant un arc sur l'entrée principale du rez-de-chaussée.

Cet ensemble austère était
suffisamment attirant pour
que l'objectif du projet de
réhabilitation soit de conserver au
maximum l'image extérieure, sans pour
autant empêcher
le bon fonctionnement
du programme. L'une des principales
difficultés était
de parvenir à capter la lumière
et l'air venant de l'extérieur
pour les parties condamnées
par la montagne, sans que
cela n'affecte trop les murs
– composés d'un mélange
de boue et de maçonnerie –,
dont l'état présentait des
risques d'écroulement.

La piscine s'efforce de
jouer le rôle de la lune
lorsqu'on la contemple du
haut de la maison.

Page de gauche :
Cette photo permet d'apprécier
le contraste entre la modernité
des matériaux et des couleurs,
et la tradition des ouvertures d'origine.

La fenêtre du toit éclaire tout
le volume de l'escalier.

La cuisine devait être petite, mais bien
équipée.

L'escalier se tient dans l'espace ouvert
de la salle de séjour, avec un plafond
en bois. Le bleu des murs ressort ;
c'est un choix du propriétaire qui a
personnalisé sa maison de manière
définitive.

L'entrée principale, la salle
à manger, la salle de séjour,
la bibliothèque, la cuisine et
un cabinet de toilette prennent
place au rez-de-chaussée. L'étage
comprend la grande chambre
principale, deux bureaux,
le dressing et la salle de bains.
Le pavement est en pierre et
céramique au rez-de-chaussée,
et en bois à l'étage.

Aktion Poliphile

Localisation : *Wiesbaden, Allemagne*
Année de construction : *1992*
Cliente : *Galerie Z.B., Francfort*
Architectes : *Studio Granda*
Photographies : *Norbert Miguletz*

Choisir un seul mot pour définir le projet Aktion Poliphile, du Studio Granda, serait très difficile, voire impossible. En réalité, deux ne suffiraient pas non plus puisque, même pour une description minimale, il en faut trois : symbolisme, beauté et utilité. Définir revient en quelque sorte à choisir et, pour être le plus précis possible, à garder le mot qui contient en soi tout le sens de l'objet. Ni le symbolisme, ni l'esthétique, ni le pragmatisme ne définissent à eux seuls Aktion Poliphile ; en revanche, les trois mots ensemble, leur constante interaction et leur interdépendance, forment une unité indissoluble qu'aucune expression ne peut, n'a besoin de définir.

Le projet est composé de deux maisons qui s'élèvent sur les terres fertiles du nord de Wiesbaden, en Allemagne : la maison de Saturne et la maison de Délia. Saturne symbolise l'idée du paradoxe du temps, qu'il crée pour ensuite détruire sa propre création. Sa descendante Délia est le symbole de la bonté chaste de la jeunesse, de l'énergie et de la santé. Elle symbolise les temps modernes. Son côté obscur, prudemment caché, reflète l'air froid, triste et paresseux de son voisin Saturne, les deux maisons formant un système planétaire privé.

Saturne est solide et impénétrable. Sa toiture est en plomb, et ses murs, sans trait ni élément caractéristique, sont d'un rouge sombre éclatant. Personne ne passe à travers lui et ses murs sans fenêtres, fermés sur la rue.

Provenant des forêts du nord, Délia est érigée gentiment sur la main tendue de son ancêtre. Ses murs sont en cèdre blanchi par le soleil.

Vue de la pergola formée par des planches en bois soutenues par des câbles en fer.

Détail de la finition des murs de la maison de Délia, formés par la juxtaposition de planches de cèdre disposées à l'horizontal.

Un pont relie la maison de Saturne à celle de Délia à l'endroit où se termine le mur allant de l'entrée à l'enceinte ; ce pont descend jusqu'à atteindre le niveau du sol pour réunir les deux bâtiments.

Le jardin aménagé sur la
terrasse de la maison de Délia
est un endroit secret avec
une vue imprenable
sur l'immense vallée.

Pages suivantes :
Vue générale de l'escalier qui relie
le rez-de-chaussée et le premier
étage de la maison de Délia.

Détail de la cuisine de la maison
de Délia, fermée par des portes
coulissantes en verre dépoli.

Une poutre termine le mur
sous la cage d'escalier.

Les carreaux noirs et les finitions
en fer s'associent au bois
omniprésent et aux murs blancs
de l'intérieur de Délia.

Maison à marquise

Localisation : *Allemagne*
Année de construction : *1994*
Architectes : *Sir Norman Foster & Partners*
Collaborateurs : *Ken Shuttleworth, Mark Braun,*
Dieter Mülller, Rob Watson,
Alison Holroyd ; Ove Arup &
Partners, Boll & Partner
Photographies : *Dennis Gilbert*

Le programme de la maison se développe sur deux étages reliés entre eux et au niveau d'accès par une rampe intérieure parallèle au mur de soutènement du terrain. Deux escaliers extérieurs, situés de part et d'autre du volume, permettent toutes les entrées voulues par le programme d'habitation, comme l'accès aux pièces de service ou l'accès direct au bureau privé du propriétaire, qui relie les différents étages avec la terrasse du niveau inférieur et le jardin. Un soubassement en béton apparent isole le volume de la maison du terrain naturel.

L'un des éléments fondamentaux de la composition de la maison est l'imposante marquise métallique supportée par des profils et qui englobe tout l'édifice.

Les pièces communes de la maison se situent à l'étage inférieur, ainsi que la chambre principale et les dépendances, en prise sur la terrasse extérieure par l'intermédiaire des grandes baies vitrées de la façade. L'organisation des lieux communs a été déterminée par les exigences pragmatiques du client qui accordait une grande importance à la cuisine et à la salle à manger.

Les connexions de tous les niveaux avec l'extérieur permettent l'accès direct au jardin pour les enfants, ainsi que l'accès à des endroits tranquilles près du bureau des parents et une entrée privée pour les pièces de service. Ce jeu de déplacements intérieurs et extérieurs donne une fréquente sensation de communauté, respectant toutefois l'intimité de chacun.

Pages précédentes :
La salle à manger donne sur
la terrasse grâce à la mobilité
des baies vitrées de la façade.

Un couloir en pente relie
les différents niveaux de la maison
à l'entrée principale.

La cuisine donne sur une salle
à manger très haute de plafond.

Un double espace relie le petit
bureau de l'étage supérieur
à la chambre principale.

Partie de la chambre
dans la suite principale,
d'où part l'escalier
qui monte au bureau.

Page de droite :
L'espace au-dessus de
la salle à manger est
souligné par le parement
vertical vitré qui
accompagne la rampe
du couloir dans sa descente.

La maison Gaspar

Localisation : *Zahara, Cadix, Espagne*
Année de construction : *1991*
Architecte : *Alberto Campo Baeza*
Collaborateurs : *Diego Corrales (architecte-assistant),*
Manuel C. (construction),
Mármoles Chacón (pavement)

Page de droite :
Patio arrière avec bassin et soleil. La
lumière, horizontale et continue dans
cette maison, se reflète sur les murs
des deux patios orientés est-ouest.

Une austère bâtisse carrée fermée par des murs blancs, une lumière continue horizontale, basse, et quatre citronniers placés symétriquement – deux dans le patio avant et deux dans celui arrière –, qui produisent un effet spectaculaire tout en assurant la symétrie de la composition : tels sont les atouts, simples mais grands, du projet de l'architecte Campo Baeza.

L'édifice, que l'architecte appelle *hortus conclusus*, fait partie de ce type de maison isolée dans la campagne andalouse. Souhaitant une intimité absolue, cette maison est située sur un terrain plat au milieu d'un champ d'orangers : un carré de 18 x 18 m est délimité par quatre murs de 3,5 m de haut et divisé en trois parties égales, la partie centrale étant la seule couverte. La toiture de celle-ci s'élève à 4,5 m de haut. Transversalement, la division se fait en trois parties proportionnelles : la surface de la partie centrale est deux fois plus grande que celle des deux parties latérales qui comprennent les pièces de service.

On entre dans la maison par le patio avant ; au fond, le patio arrière abrite un bassin ; la salle de séjour se situe dans la continuité des patios. La maison, dont l'emprise au sol est de 108 m², comprend deux chambres donnant sur les espaces extérieurs.

Patio arrière

Patio avant.
La symétrie de la composition est
accentuée par l'emplacement des
citronniers, aux effets grandioses.

Page de droite :
Une autre image de la séquence
continue des espaces.

Patio arrière avec le bassin.

Continuité intérieur-extérieur :
aux points d'intersection des murs bas
et des murs hauts, quatre ouvertures vitrées.

La résidence Byrne

Localisation : *Arizona, États-Unis*
Année de construction : *1997*
Architecte : *William Bruder*
Photographies : *Bill Timmerman*

William P. Bruder parvient une fois de plus ici à contourner la difficulté consistant à implanter une nouvelle construction dans un environnement existant. L'impressionnant désert que la maison Byrne a devant elle est l'un des principaux atouts de ce projet qui sait associer de larges ouvertures à une richesse d'espaces d'une grande intimité. Le dénivellement naturel du terrain est compensé par la construction d'une maison à deux niveaux. L'accès, des personnes comme des voitures, se fait par l'étage supérieur. La succession de murs nous fait parcourir l'édifice dans le sens de la longueur : tout d'abord de l'extérieur vers l'intérieur, pour ensuite arriver sur un autre espace ouvert à l'extrémité opposée de la maison. Les espaces de distribution et le couloir se concentrent près des murs tandis que les pièces donnent sur le paysage désertique. Tel est le cas, au niveau principal, de la cuisine, la salle à manger, la salle de séjour, la grande terrasse et la chambre double avec salle de bains et terrasse privée. L'étage inférieur est également orientée au sud-ouest, mais contrairement à l'étage supérieur, il est en retrait côté nord-ouest.

Par opposition à la prédominance des murs, les matériaux utilisés à l'extérieur – comme le revêtement en cuivre ou le métal galvanisé – se confondent avec le paysage environnant.

En définitive, William P. Bruder a réussi avec ce parti pris une maison qui a su équilibrer avec succès un langage personnel à vocation sculpturale et un véritable effort d'adaptation à un environnement réellement privilégié.

La construction ne détonne pas
dans cet endroit désertique.
Bien qu'intégré à la pente,
l'emplacement de la maison dans la
partie supérieure du terrain permet
de jouir de vues magnifiques.

L'un des éléments préexistants
les plus problématiques était
le terrain où se situe la maison :
le désert de l'Arizona. Pour s'y
adapter, Bruder a établi des
parallélismes entre la construction
et les murs rocheux des canyons.

Les matériaux utilisés
à l'extérieur se confondent avec
le paysage environnant.
Les revêtements en cuivre
ou en métal galvanisé
s'harmonisent de façon
chromatique avec le terrain.

Page de droite :
Les espaces de transition : couloir,
entrée, escaliers… ne sont jamais
fermés et maintiennent une
relation directe avec l'extérieur.

L'intérieur abrite des espaces variés,
certains lumineux
et reliés à l'extérieur,
et d'autres plus obscurs et intimes
réservés aux pièces plus privées.

La maison est située dans la partie
supérieure du terrain.
La disposition des murs
structuraux par rapport
aux courbes de niveau est telle
que toutes les pièces jouissent
de vues splendides.

La villa M

Le terrain où se situe la villa M est une clairière dans un bois d'environ un hectare, complètement plat. Il s'agit du jardin de la vieille maison contiguë, séparé par des murs en brique.

Localisation : *Zedelgem, Belgique*
Année de construction : *1994*
Architecte : *Stéphane Beel*
Collaborateurs : *Dirk Hendriks, Paul van Eygen, Hans Verstuyft, Harm Wassink, Hans Lust, Philippe Viérin (design), SCES (structure), R. Boydens (installations)*
Photographies : *Lieve Blancquart*

La maison, très allongée (60 m de long sur 7 m de large), est parallèle à l'un des murs existants. Au final, il s'agit d'un élément familier au jardin, un mur de plus : un mur dans lequel on peut vivre.

Les différentes parties se situent le long de la maison de manière séquentielle, séparées par des silences architecturaux pouvant être des petits patios ou bien des volumes comprenant les pièces de service. Ces silences ont pour fonction d'éloigner les pièces contiguës. Ainsi, bien qu'il n'y ait pas de portes qui interrompent la continuité spatiale, on parvient à séparer les pièces et à isoler la cuisine de la salle à manger, ou la salle à manger de la salle de séjour.

La façade arrière n'a pas d'ouverture, excepté une fenêtre coulissante qui correspond aux chambres individuelles et à la porte d'entrée. La façade avant, en revanche, présente de grandes ouvertures et des terrasses. Toutes deux sont revêtues de lattes verticales en cèdre rouge. Les pans de murs sont faits de plaques d'aluminium oxydé.

Cette construction qui, initialement, semblait illogique au vu de ses dimensions et de ses proportions, révèle, après une analyse plus poussée, d'innombrables relations possibles, aussi bien à l'intérieur de la maison qu'entre l'intérieur et l'extérieur. Associer la volonté de neutralité à un style risqué, relier la maison à l'extérieur selon une alliance indépendante, telles ont été les deux idées de base suivies du début à la fin du processus de construction.

La maison n'est pas
construite au niveau
du terrain, mais est
légèrement surélevée.
Cette frange entre le
terrain et le sol de la
maison est ouverte, ce qui
crée une ligne d'ombre,
comme si la maison était
suspendue en l'air.

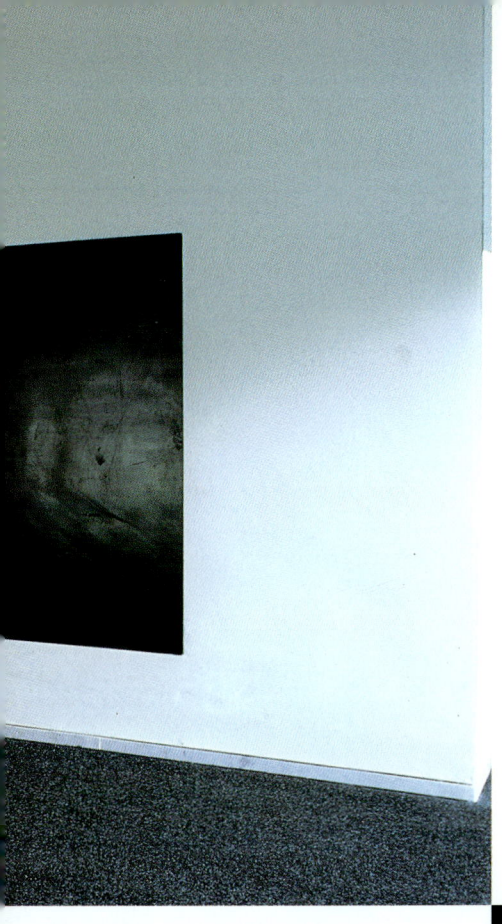

Depuis le jardin, lorsque
la lumière tombe, l'intérieur de
la maison apparaît tel un décor.
À travers les immenses ouvertures
en verre, on peut suivre
les mouvements des personnes
dans les pièces comme si elles
étaient les personnages d'une
pièce de théâtre muette sur
un plancher en bois. Depuis
l'intérieur, les grands pans
de verre encadrent le paysage
tels des tableaux perturbés par
le léger mouvement des feuilles
dans le vent.

Maison Innfeld

Localisation : *Schwarzenberger, Autriche*
Année de construction : *2000*
Architecte : *Dietrich + Untertrifaller Architekten*
Photographies : *Ignacio Martínez*

La maison Innfeld se trouve au bord d'un plateau dans les environs de la petite ville autrichienne de Schwarzenberger. Elle semble avoir été construite ici par hasard, comme les petites étables servant à sécher l'herbe et plantées çà et là sur les collines voisines.

Les plus anciennes maisons des alentours renforcent l'aspect moderne du projet signé Helmut Dietrich et Much Untertrifaller. Il se distingue par ses lignes sobres et son allure dépouillée tout en s'harmonisant avec le paysage et l'architecture locale.

Dès le début, le processus de conception du projet a été influencé par le site. Les architectes ont voulu profiter au maximum de la vue sur les vallées environnantes et sur les forêts. En ce sens, ils ont conçu une maison où l'étage est presque transparent, avec des fenêtres recouvrant les deux tiers de la façade et une vaste terrasse située au sud et protégée par un toit à double pente.

Derrière, au nord-ouest, la maison est composée de trois murs qui protègent les pièces du vent et du froid. Seules une fenêtre coulissante et une porte d'accès rompent avec l'inertie de ces murs.

Les façades sont revêtues de planches de bois de mélèze, disposées horizontalement et vissées les unes aux autres ainsi qu'au mur porteur. L'étroitesse de ces façades et le fait qu'elles se prolongent jusqu'aux extrémités de la construction altèrent la perception des murs et donnent l'impression de se trouver face à une surface continue, légère et aérée mais dissimulant la structure portante.

La distribution traditionnelle des fonctions domestiques est inversée pour offrir le meilleur panorama aux parties communes. Les chambres du premier étage possèdent également des fenêtres mais plus petites et ne s'ouvrant pas sur d'aussi beaux panoramas.

Dans l'ensemble du projet, l'ossature de la structure est dissimulée : le toit à deux pentes qui surplombe l'édifice est supporté par les murs à l'arrière et par de petits poteaux au niveau de la terrasse. C'est la raison pour laquelle elle semble suspendue, comme par magie, sur les parties communes.

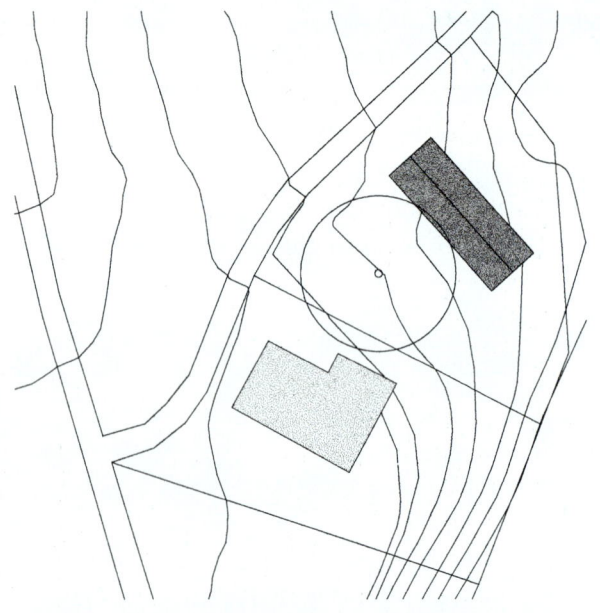

Le sous-sol a été conçu de sorte qu'aucune pièce ne soit privée de lumière. On y a aménagé la buanderie et un débarras. Cet étage isole de l'humidité l'ensemble de la maison.

La terrasse, ouvrant sur une vue imprenable de la splendide région de Voralbert, est couverte d'un plancher. Une balustrade est formée par le prolongement des murs, qui reposent sur de petits poteaux fixés à la structure.

La salle de séjour, la cuisine et la salle à manger occupent un même espace continu dominé par la vue panoramique. Grâce aux immenses fenêtres, les parties communes reçoivent la lumière naturelle toute la journée. Les meubles de la cuisine ont été conçus dans le cadre du projet.

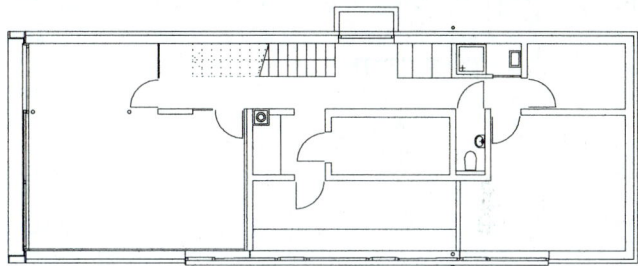

Rez-de-chaussée

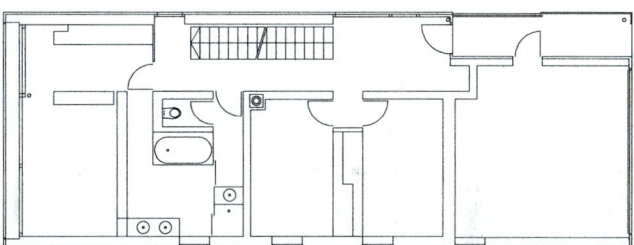

Premier étage

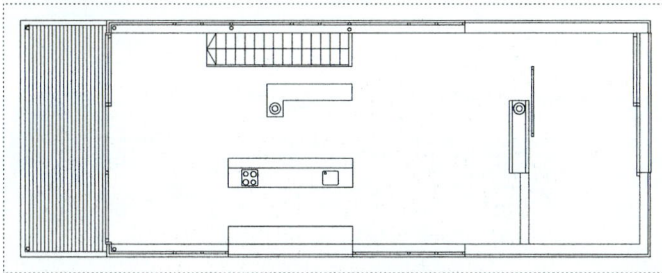

Deuxième étage

La maison Amat

Localisation : *Alella, Barcelone, Espagne*
Année de construction : *1993*
Architecte : *Antoni de Moragas*
Photographies : *Lluís Casals*

Le terrain sur lequel est construit cette maison est pratiquement carré et plat, bien que situé sur un dénivellement par rapport au terrain voisin. Cette différence de hauteur a facilité la construction d'un sous-sol qui abrite le garage, auquel on accède depuis la rue située à l'est, ainsi qu'une série de pièces à usages divers et des toilettes.

La maison s'organise à l'intérieur d'un volume parfaitement régulier ; il s'agit d'un cube à deux niveaux qui va d'un côté à l'autre du terrain, d'est en ouest. Un tunnel traverse l'édifice et relie le jardin de la partie nord à celui de la partie sud, deux espaces différents dont l'utilisation varie alternativement au cours de l'année : un pour l'hiver, l'autre pour l'été.

Le premier étage comprend deux chambres principales avec salle de bains et dressing privés, ainsi que deux chambres doubles, situées symétriquement par rapport aux premières, chacune disposant également d'une salle de bains et d'un dressing. Elles donnent toutes sur une large galerie ouverte à l'extérieur, mais ont aussi des fenêtres orientées au nord, vers l'arrière de la maison.

La toiture est en cuivre et suit une légère courbe, quasi invisible sur la façade principale, mais beaucoup plus voyante sur les façades latérales. Les cloisons sont en briques enduites et peintes au rez-de-chaussée, et revêtues de bois à l'étage. La menuiserie des fenêtres, coulissantes ou non, est en fer galvanisé.

Le pavement du jardin est réalisé dans un bois spécial pour l'extérieur et légèrement surélevé par rapport à la pelouse.

Deux vues de
la façade est.

Vues de la véranda qui
protège d'un excès de
lumière. La lumière filtrée
à travers le canisse reflète
sur les murs des couleurs
de différentes textures.
Les teintes de ces murs
sont chaudes et vont de
l'ocre au rouge en passant
par le jaune.

Vue de la cuisine
depuis la véranda.

689

Vue générale de la salle de
séjour, de la salle à manger
et de son mobilier ; deux
grandes baies vitrées donnent
accès au jardin et à la véranda.

Aire d'accès à l'escalier ;
celui-ci, d'une seule volée,
est placé transversalement
dans le volume.

Maison à Lochau

Localisation : *Lochau, Autriche*
Année de construction : *1996*
Architectes : *Karl Baumschlager & Dietmar Eberle*
Photographies : *Eduard Hueber*

Le travail des architectes est par essence axé sur le processus de création de l'édifice : communication avec le client pour trouver les solutions les plus appropriées à ses besoins, édifices en harmonie avec l'environnement et lien entre les différentes professions impliquées dans la construction. Ces éléments convergent vers une architecture sensible, fonctionnelle et distinguée.

La maison située à Lochau est un exemple de ce type d'architecture. Elle est bâtie sur un immense terrain appartenant à la famille du client qui, avec ce projet, cherche à s'assurer qu'aucun autre édifice ne viendra altérer les splendides vues sur le lac adjacent.

Le rez-de-chaussée comprend le garage, qui sert aussi pour des tâches domestiques ou professionnelles, les pièces de service et une salle de bains pour le cas où ce niveau hébergerait un jour des invités.

Le niveau supérieur accueille la salle de séjour et les chambres. La cuisine et la salle de bains se situent dans un volume adjacent. Ce niveau a l'air d'une seule et même pièce car les espaces défilent les uns après les autres sans séparations physiques évidentes. Ainsi, les pièces de service ne gênent pas la partie détente qui jouit des plus belles vues.

La façade double est l'un des concepts les plus intéressants du projet. Elle est née de réflexions d'une part autour de la préfabrication d'éléments de construction destinés à faciliter la réalisation d'un bâtiment et à en réduire les coûts, et d'autre part de la relation qui doit être établie entre l'édifice et l'espace extérieur.

La façade double est l'un des
concepts les plus intéressants
du projet : elle se compose
d'un volume en verre
recouvert de lattes de bois qui
régulent l'entrée de lumière
et l'intimité des pièces.
Ces lattes sont réglables à
l'étage et plus espacées qu'au
rez-de-chaussée, afin que
le paysage et la lumière
pénètrent à l'intérieur.

Page de droite :
La stratégie des architectes a
été de réduire le projet
à quelques décisions
essentielles. Ainsi les détails
de construction jouent-ils
un rôle important
puisqu'ils ont été
soigneusement pensés.

Détails de la façade.

Résidence McMackin

Localisation : *Nashville, Etats-Unis*
Année de construction : *2000*
Architectes : *Price Harrison*
Photographies : *Catherine Tighe*

La conception de cette maison d'allure peu commune répond aux exigences formulées par les clients : le projet devait être en harmonie avec le paysage local et intégrer une terrasse depuis laquelle il serait possible de profiter de la beauté du site. Price Harrison s'est par conséquent attaché à développer les espaces extérieurs, les terrasses, la piscine et les porches, qui servent de frontière entre la demeure et la nature. Pour souligner ce jeu et tirer le meilleur parti de la vue, des murs extérieurs au ras du sol ont été construits.

Le léger dénivelé a été corrigé en construisant des plates-formes connectées par quelques petits perrons. Dans un coin se trouve la piscine protégée par des murets permettant de respecter l'intimité sans obstruer la vue. A l'entrée a été aménagé un patio divisant la maison en deux corps : l'un sur deux étages et abritant les parties communes, la chambre d'amis et un bureau, et l'autre sur un étage et composé de la chambre principale et du garage.

Les cloisons sont conçues dans un style qui s'harmonise avec la pièce qu'elles délimitent : les murs du vestibule, du séjour et de la salle à manger sont presque entièrement en verre, alors que les pièces qui demandent davantage d'intimité, comme les chambres ou les salles de bains, n'ont qu'une petite fenêtre allongée. L'alternance entre des murs transparents et opaques et la disposition des ouvertures créent une composition esthétiquement intéressante et adaptée aux besoins des habitants.

Le choix des matériaux s'est fait dans le respect de l'environnement naturel afin de rendre hommage à la beauté du paysage et de délimiter les formes architectoniques minimalistes des volumes. On a enduit les façades d'un mélange pierreux de stuc qui n'a pas été repeint afin de faire ressortir les tonalités grises. Le toit et les trous d'écoulement sont en cuivre, les terrasses en béton et l'entablement en pierre calcaire. Pour l'intérieur de la maison, on a utilisé des matériaux chauds comme du bois clair au sol, du plâtre sur les murs et de l'acajou pour les boiseries.

Le mobilier a été soigneusement choisi par la propriétaire qui a collaboré étroitement avec l'architecte pour la conception des espaces intérieurs. Les tonalités claires qui ont été choisies dans les différents espaces renforcent cette atmosphère chaleureuse et lumineuse.

A certains endroits de la construction, la seule frontière entre l'intérieur et la nature est la vitre. On a préféré aux espaces intermédiaires, comme les terrasses, des espaces offrant un contact direct avec le milieu naturel.

Les petites fenêtres dans
l'escalier et dans les
chambres diffusent
continuellement de la
lumière.
Lorsque le soleil donne
directement sur ces
pièces, les rayons se
faufilent pour faire briller
le moindre recoin et le
moindre objet.

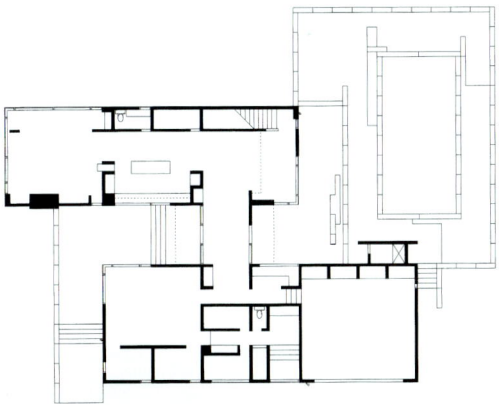

Premier étage

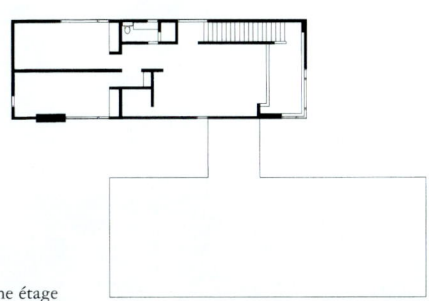

Deuxième étage

Maison dans le Worcester

Cette ferme construite au XVIIIᵉ siècle, avec des façades en bois peintes en blanc, quatre fenêtres parfaitement symétriques, une toiture à deux pentes et un petit porche, est située dans un pré entouré de bois, à quelques mètres seulement de deux grands silos à grains. Le projet consiste en un agrandissement de deux fois la taille de la maison existante, dont une piscine couverte et une galerie d'art. Cette transformation concerne donc les dimensions, mais aussi les fonctions mêmes de la maison.

L'agrandissement réalisé par Peter Gluck ne reprend et n'imite pas le style de la vieille maison en bois blanc, mais il cherche en revanche à s'imprégner de son atmosphère, de son esthétique et de sa bonne intégration dans le paysage. D'une certaine façon, la façade de la maison devait conserver une position prééminente, puisqu'il s'agit d'une image chargée de nombreux souvenirs, qu'il aurait été regrettable de supprimer.

Naviguant entre modernité et tradition, Peter Gluck reprend les formes des édifices qui entourent traditionnellement les fermes : greniers, hangars et entrepôts ; mais il les réalise avec une technologie et un langage modernes, et leur attribue de nouvelles fonctions. Une petite galerie en verre relie l'édifice existant aux nouvelles dépendances.

Localisation : *Worcester, New York, États-Unis*
Année de construction : *1995*
Architecte : *Peter Gluck*
Photographies : *Paul Warchol*

Le projet de Peter Gluck consistait à agrandir une vieille ferme du XVIIIᵉ siècle aux façades en bois peintes en blanc.

Le terrain autour de la piscine a été creusé. Ainsi parvient-on, d'une part, à ce que le volume ne dépasse pas du reste et, d'autre part, à assurer une plus grande intimité, puisque les fenêtres sont en dessous du niveau du terrain.

La piscine couverte, en étroite relation
avec le jardin, a été pensée non
seulement pour la baignade, mais aussi
comme lieu de détente, en alternance
avec la salle de séjour.

Vue générale de la salle de séjour ;
la poutre en bois supporte la toiture
à deux pentes.

La résidence Krummins-Hiller

Localisation : *Noosa, Australie*
Architecte : *John Mainwaring*
Photographies : *Peter Hyatt*

Un couple décida un jour de réhabiliter une vieille ferme connue sous le nom de Mount View et située près de Noosa, dans le Queensland, un État au climat tropical, au nord de l'Australie.

Les termites avaient endommagé une bonne partie de la structure, de la toiture et des cloisons de la maison construite presque totalement en bois en 1890. Le démantèlement de certains de ces éléments que l'on ne pouvait en aucun cas réutiliser, vu leur niveau avancé de détérioration, transforma l'image du bâtiment. On multiplia les vues sur les deux versants de la colline et l'on découvrit des relations visuelles intéressantes entre des pièces préalablement séparées, constatant l'amélioration qu'apportaient des espaces plus grands et moins morcelés.

La réhabilitation définitive n'a engendré que des changements minimum au niveau de l'aspect extérieur de la maison – essentiellement, la substitution de la toiture en bois par une autre en tôle – tandis qu'à l'intérieur, les transformations ont eu de véritables répercussions. La plupart des cloisons ont été retirées et remplacées par des portes coulissantes en lattes de bois. La structure existante a été renforcée par des profils métalliques et toutes les finitions ont été améliorées.

L'intention de l'architecte était de donner une image de colonie rurale, formée par des additions successives d'édifices et de constructions détruites par malchance.

Parce que le projet consistait à la fois à construire et à réhabiliter plusieurs édifices, l'architecte en a profité pour transmettre à l'ensemble une image proche de celle d'une colonie rurale, dans laquelle les différentes pièces sont situées sur le terrain sans ordre précis, en respectant les arbres et la topographie. En un sens, c'est dans de tels cas qu'il existe une véritable connaissance du terrain, puisque l'on en crée une partie.

Mainwaring travaille essentiellement avec des matériaux légers, à quelques exceptions près : la construction en béton peinte en rouge qui héberge le garage, par exemple.

Les ouvertures sur les deux façades,
les grandes baies vitrées et les
fermetures en lattes de bois ont été
choisies pour favoriser la ventilation
l'été et transformer la maison
en serre l'hiver.

Vue du pont qui relie le pavillon
existant, construit en 1890,
et le nouvel édifice conçu
par John Mainwaring.

« Après la réhabilitation, les intérieurs sont extravertis, aérés et ouverts sur l'extérieur. La construction existante était complètement introvertie puisqu'elle avait été conçue pour se protéger des chasseurs et des tribus locales. » John Mainwaring.

Étage de la maison réservé aux invités.

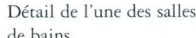

Détail de l'une des salles de bains.

709

La maison S

Localisation : *Ogumi, Japon*
Année de construction : *1996*
Architecte : *Toyo Ito*
Photographies : *Nacasa*

La structure est constituée de deux rangées de piliers qui supportent une toiture en tôle ondulée métallique, sous laquelle alternent des espaces fermés et ouverts.

Les clients, un couple d'artistes, souhaitaient inclure dans le projet, outre les espaces de vie quotidienne, un atelier et une salle d'exposition. Ils voulaient aussi que la plupart des activités liées à leur travail soient parfaitement visibles et que leurs voisins ou les curieux qui s'approchaient de leur résidence puissent en profiter. Leur maison-atelier devait parallèlement se convertir en centre culturel pour diffuser leurs propres œuvres.

Toyo Ito a situé la maison juste au bord d'un bassin artificiel – construit comme réservoir d'eau – et sur le versant d'une montagne. À aucun moment il ne cherche à intégrer l'édifice dans le paysage, à modifier la topographie ou à s'adapter à la pente. La maison est placée sur une plate-forme artificielle rectangulaire et parfaitement plate, comme on

pourrait le faire à n'importe quel autre endroit. Ce n'est pas pour autant que la maison ignore l'environnement. Au contraire, elle est en contact direct avec le bassin, le bois, le soleil et l'air. En revanche, l'architecte veut sans aucun doute donner l'impression que la maison n'appartient pas à l'endroit, qu'elle ne fait pas partie du paysage. Elle a l'air de pouvoir être démontée n'importe quand et emmenée partout ailleurs. Elle reflète manifestement un goût certain pour ce qui est éphémère et nomade.

Les espaces sont fermés avec des éléments préfabriqués et des matériaux bruts.

Ce qui étonne dans cette maison, c'est sa cohérence. Indubitablement, on ne peut y vivre que si l'on a une conception particulière de la vie, dans laquelle le travail, l'art et la nature représentent tout.

Vue depuis le bassin.
Comme on peut le constater,
les espaces ouverts
permettent de voir à travers
l'édifice. La maison ne
représente donc pas une
barrière visuelle.

Page de gauche :
Détail de la façade.
Les murs sont construits avec
des éléments préfabriqués.

Vue de la partie consacrée
à l'atelier. Bien qu'étant un
espace extérieur, des stores
permettent parfois d'avoir
une certaine intimité ou bien
protègent du soleil.

Page de gauche :
Aspect de l'atrium.
La plupart des éléments
et matériaux utilisés ont
une origine industrielle.
Les œuvres exposées dans
l'atrium ont été réalisées
par les propriétaires de
la maison, un couple
d'artistes.

Vue depuis la salle de séjour
vers l'atrium. L'un des
procédés souvent utilisés
par Toyo Ito est le jeu
des transparences.

Vue du bureau du premier
étage. La rigueur des
finitions est déterminée non
seulement par des
considérations esthétiques,
mais aussi pratiques,
puisque cela permet de
réduire considérablement
le coût de la construction.

La maison Sendín

Localisation : *Madrid, Espagne*
Année de construction : *1994*
Architecte : *Tonet Sunyer*
Photographies : *Ángel Luís Baltanás*

Bien qu'imperceptible depuis l'extérieur, le volume qui ferme le patio situé au sud comprend deux niveaux. Ce n'est que lorsque l'on accède à la maison que la hauteur créée par la réunion verticale du rez-de-chaussée et du sous-sol est visible.

La maison Sendín est née d'une réflexion sur le lieu où elle devait être construite et répond de manière intelligente à chaque élément caractéristique de l'environnement.

Le programme souhaité incluait une maison individuelle et un atelier de graphisme pour le propriétaire. Le projet devait donc prévoir différents usages et espaces verts extérieurs, tout en respectant l'indépendance des différents composants. La salle de séjour est orientée au sud et protégée du soleil pendant les périodes chaudes par une grande véranda extérieure en lattes de bois. Cependant, il fallait que cette pièce bénéficie d'une double orientation pour jouir des vues sur la sierra ; cet impératif est finalement devenu l'idée centrale de la construction.

Les deux patios de la maison se rejoignent autour du bureau. Ils diffusent une importante lumière naturelle, donnant l'impression d'un sous-sol agrandi et d'un endroit souterrain. Le bureau n'est donc jamais visible. Ceux qui y travaillent disposent de l'intimité nécessaire assurée par les jardins minéraux situés dans les patios.

Plusieurs types de jardins rythment les chemins vers l'atelier et la maison, en fonction de l'orientation de l'accès à la parcelle. Le jardin sud de la maison sert de filtre pour assurer l'intimité familiale et indique clairement les différentes entrées.

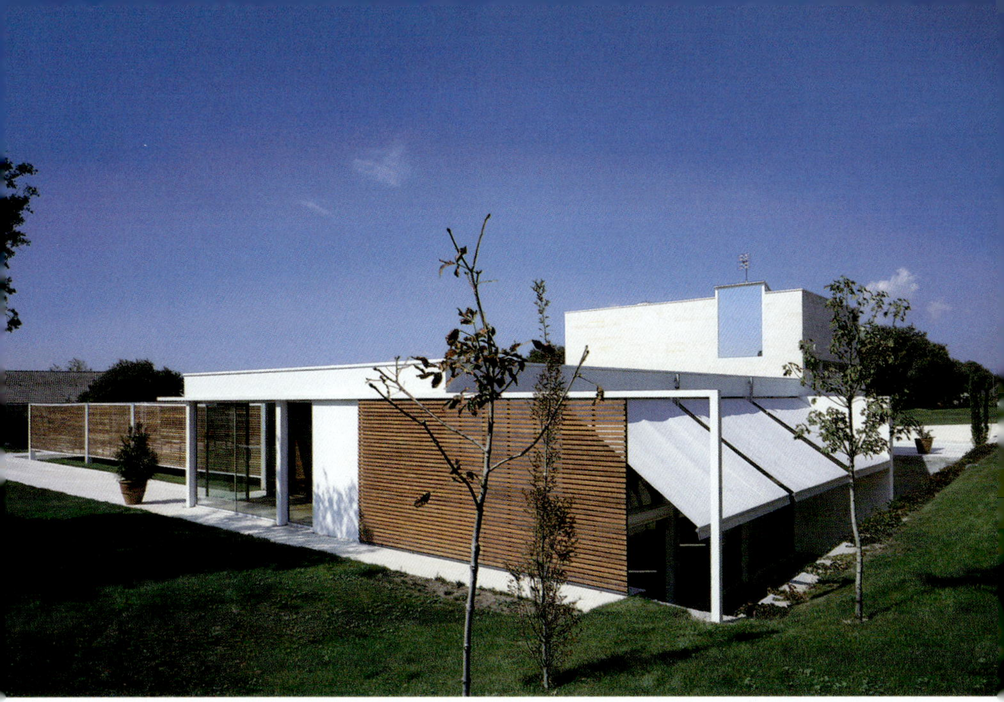

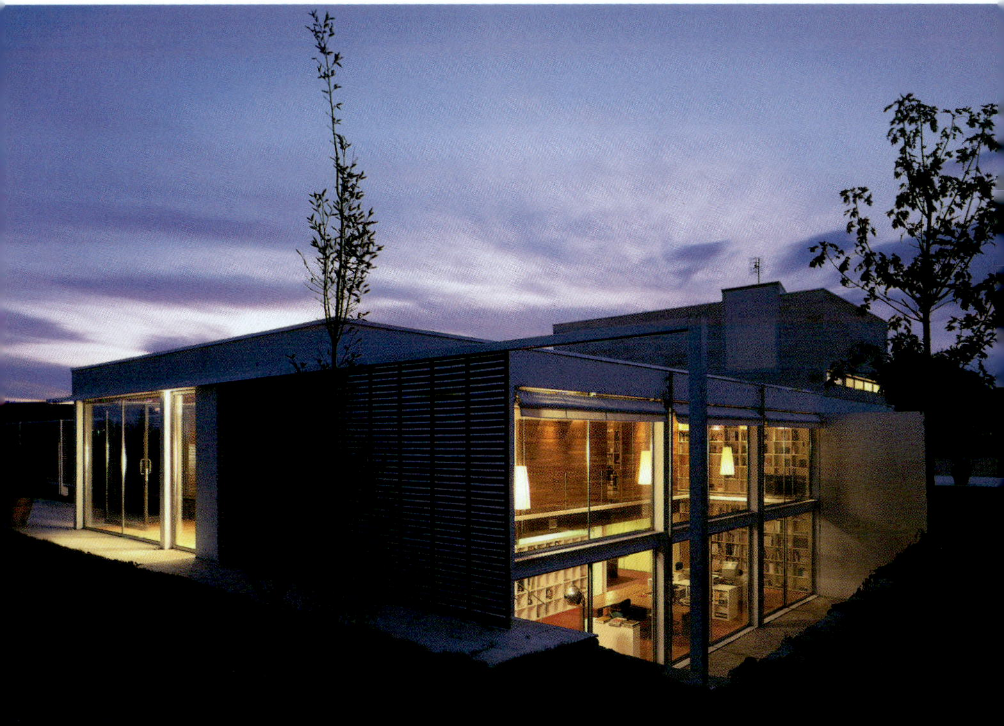

La maison est née d'une
réflexion sur le lieu, sa
situation géographique
et le climat. Elle répond
à chaque élément
caractéristique de
l'environnement en
insistant sur la disposition
et le choix des matériaux.

La pièce centrale abrite la salle de séjour et jouit d'une bonne orientation permettant de profiter des vues sur la sierra. Pour éviter les rayonnements solaires, il a été prévu une véranda extérieure constituée d'une structure métallique et de lattes en bois.

Les espaces intérieurs se caractérisent par une abondante lumière naturelle. Les matériaux utilisés et la finition des surfaces confèrent à la maison qualité et confort.

La maison Four Horizons

Localisation : *Watagan Forest, Hunter Valley, Australie*
Année de construction : *1998*
Architecte : *Lindsay Johnston*
Collaborateurs : *Su Johnston, Robert White*
Photographies : *Peter Hyatt, Michael Nicholson*

La maison Four Horizons est érigée sur une colline, au milieu d'un bois d'eucalyptus – la forêt de l'État du Watagan, récemment transformée en parc national. La construction, située à 430 m au-dessus du niveau de la mer, avec des vues spectaculaires sur la vallée de la rivière Hunter, se trouve à 150 km au nord de Sydney.

L'essentiel de ce projet réside dans la conception de la maison comme un tout. L'endroit où elle se situe, son relatif isolement géographique et l'absence de tout service public (eau, électricité, égouts, téléphone), donnent à penser que la volonté de l'architecte et du client était de réaliser une expérience présentant des conditions extrêmes. La maison devait être autosuffisante en matière d'énergies et de services sous peine d'être vouée à l'échec.

La provision d'eau se fait par récupération des eaux de pluie. L'énergie solaire est utilisée pour réchauffer l'eau, générer l'électricité et faire fonctionner une radio qui relie téléphone, fax et e-mail. L'orientation et les solutions de construction permettent une climatisation naturelle. Les déchets générés sont traités puis rejetés dans l'air, sachant qu'ils n'auront aucun impact négatif sur l'environnement. Le bois est utilisé pour la cuisine et le chauffage.

Parmi les maisons traditionnelles australiennes, celle-ci se distingue par son économie en matière d'énergie. L'emplacement de Four Horizons, l'orientation, le choix des matériaux, la méthode de construction, l'utilisation des ressources et des déchets générés ont été guidés par une conception intégrale du processus.

L'habitation, ancrée parallèlement aux falaises pour profiter du soleil matinal l'hiver et des brises fraîches l'été, tourne le dos aux vents dominants. Une série de panneaux solaires sont placés à l'extérieur, ainsi que les générateurs, les dépendances du garage et de l'étable, adossés à un jardin fermé qui forme un patio.

La maison Four Horizons se distingue par son économie en matière d'énergie. Sans compter l'énergie solaire et le bois, sa consommation nette d'énergie s'élève à environ un tiers de la moyenne de consommation normale.

Pages suivantes :
Le toit de la maison, à deux pentes, surélevé, est construit avec une structure métallique et recouvert de tôle ondulée galvanisée, selon le modèle australien. Cette première couverture est séparée de la maison proprement dite pour réguler la ventilation, les températures et l'entrée de lumière dans l'habitation. Elle fournit en outre une grande surface pour l'ombre et la récupération des eaux de pluie. Sous le hangar, deux volumes habitables avec des sous-toits courbés et métalliques hébergent, d'un côté, les pièces de séjour, salle à manger, cuisine et dépense, et d'un autre, un bureau et les chambres avec leur salle de bains respective. Ces deux parties de la maison sont séparées par un passage à l'air libre qui procure une meilleure efficacité thermique et isole du bruit et des activités.

725

Maison dotée d'une tour

Localisation : *Wisconsin, États-Unis*
Année de construction : *1995*
Architecte : *Turner Brooks*
Photographies : *Undine Pröhl*

Cette maison de campagne est située dans une magnifique prairie, aux États-Unis. Pour pouvoir profiter des plus belles vues et éviter tout dénivellement de terrain, elle repose sur un système de piliers qui l'élève à une hauteur variable selon les endroits, ce qui a permis de l'édifier sans aucun mouvement de terre. À l'extrémité la plus élevée de la maison, un mirador a été construit pour profiter davantage des vues splendides ; mi-périscope, mi-tour de guet, il caractérise l'édifice et permet aux habitants de jouir d'un paysage grandiose.

Cette résidence comprend trois volumes, dont deux sont réunis en dépit de leurs flagrantes différences de forme et de finition. La maison est presque tout en bois. Les détails de construction sont de vrais joyaux de menuiserie. Les points de rencontre de la toiture et des façades, l'association des deux corps qui composent l'édifice et les ouvertures ont fait l'objet d'une analyse poussée.

Un chemin situé à l'arrière du terrain mène à l'entrée de la maison. En revanche, l'accès au mirador se fait par un escalier puisque à cet endroit il faut compenser un dénivellement d'environ 1,5 m. Le niveau inférieur comprend les pièces communes : salle de séjour, salle à manger et cuisine, tandis que le niveau supérieur héberge la partie consacrée à la nuit, des chambres avec leur salle de bains respective.

Les intérieurs de la maison
associent le bois et les
surfaces plâtrées peintes
en blanc. La structure
de la maison apparaît
clairement à travers
les poutres et les piliers
en bois.

La maison a deux étages mais différents niveaux créant un jeu de perceptions très riche. Au rez-de-chaussée, par exemple, deux marches séparent la salle à manger de la salle de séjour. En outre, une partie du plancher a été supprimée pour créer des hauteurs doubles qui confèrent une certaine amplitude à l'ensemble.

Maison en Italie

Localisation : *Italie*
Année de construction : *2000*
Architecte : *Döring Dahmen Joeressen Architekten*
Photographies : *Manos Meisen*

Cette maison de campagne se trouve au sommet d'une petite colline, au fin fond de la campagne italienne. En raison de sa position géographique, la zone est soumise à des risques sismiques, un facteur dont il a fallu tenir compte avant d'entamer la construction.

Après avoir soigneusement étudié le terrain, on a décidé de construire un squelette en béton armé couvert par des murs en brique qui formeraient un ensemble rigide, surtout dans les angles. Ce système porteur est disposé selon une grille de 5 mètres qui détermine également la disposition de la maison.

Les murs en briques sont recouverts par des blocs de tuffeau. La porosité de ce matériau volcanique confère un aspect éthéré à cette construction à la fois lourde et massive. En outre, l'épaisseur des blocs, de 25 cm, forme des murs très épais, de 65 cm, qui permettent l'installation de volets particulièrement utiles dans les régions ensoleillées de la Méditerranée. D'autre part, l'épaisseur augmente l'inertie thermique de la construction, qui permet à la maison de rester fraîche en été et de diffuser la chaleur produite par le chauffage en hiver.

La maison est répartie sur deux niveaux : le rez-de-chaussée abrite un bureau et les pièces consacrées aux activités agricoles ; l'étage qui se trouve au niveau du sol en raison de la pente se compose des parties communes et d'une grande terrasse.

L'un des objectifs lors de la conception du projet fut de réduire les détails de la construction pour que la force de la maison ne réside pas que dans la perception des détails. Pour résoudre ces problèmes techniques, il a fallu compter sur la participation d'experts artisans locaux.

L'austère géométrie et l'utilisation à outrance d'angles droits s'opposent aux formes arrondies de la nature environnante et aux structures organiques que Bernhard Korte a disposées dans le jardin. Les deux pins, qui se trouvaient déjà dans ce dernier, cohabitent désormais avec des oliviers joliment taillés que Korte a sélectionné un à un.

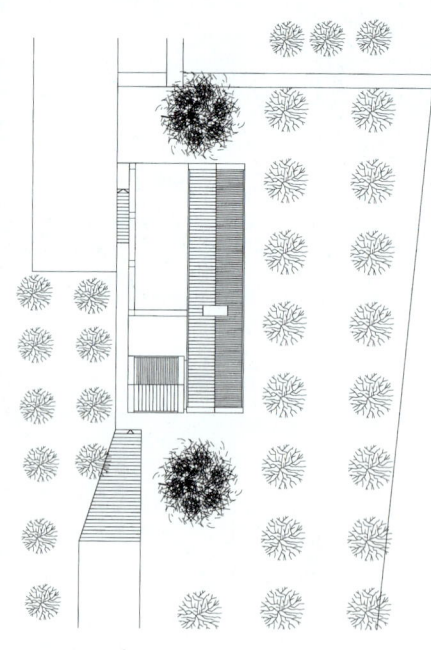

Croquis d'un village voisin

Plan de situation

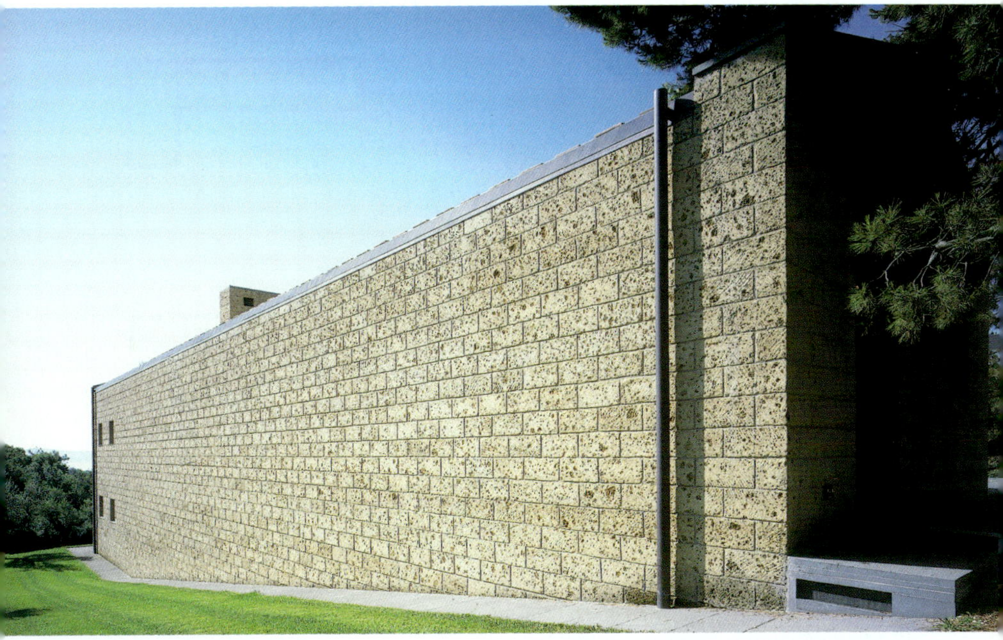

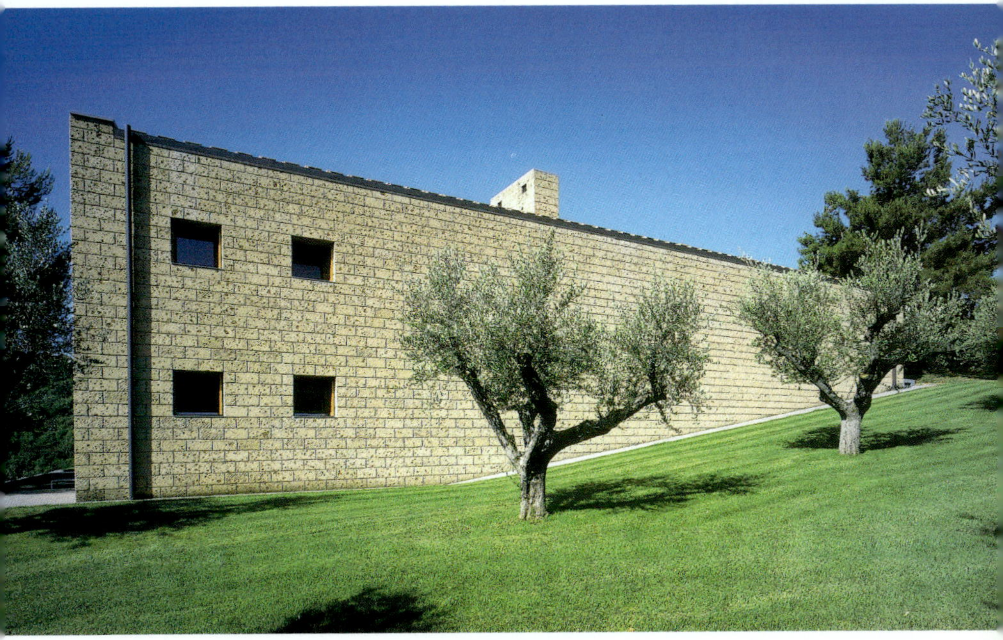

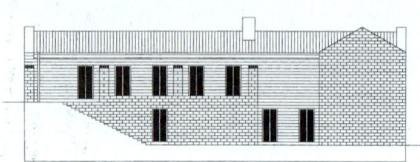

Elévation sud

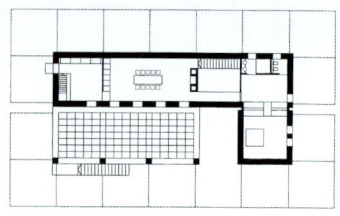

Rez-de-chaussée

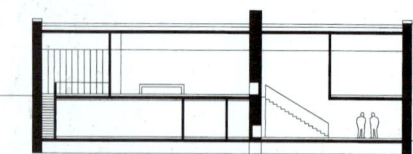

Coupe longitudinale

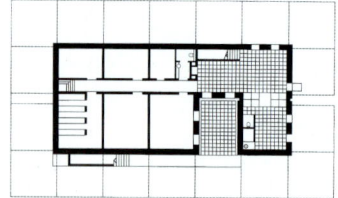

Premier étage

Les espaces intérieurs respirent la même sobriété que l'extérieur de l'édifice. Angles droits et formes géométriques épurées dominent des espaces illuminés par les petites ouvertures pratiquées dans les façades austères.

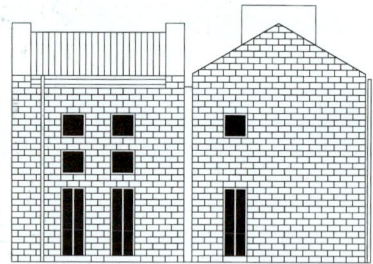

Elévation est

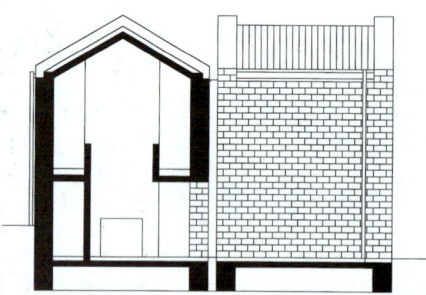

Coupe transversale

Maison à Viana do Castelo

Localisation : *Viana do Castelo, Portugal*
Année de construction : *1996*
Architecte : *João Alvaro Rocha*
Photographies : *Luis Ferreira Alves*

Érigé sur un petit soubassement, l'édifice se présente comme un corps rectangulaire simple de plain-pied, avec un sous-sol dans la partie centrale. Le soubassement, la toiture et les façades latérales dessinent un cadre rectangulaire qui, comme une grande fenêtre donnant sur la mer, contient les différents corps de l'habitation. Chacun d'eux s'ouvre sur l'extérieur par le biais d'un système de contrevents en bois qui, une fois fermés, restent dans l'alignement du bardage extérieur constitué du même matériau.

Bien que la maison s'intègre dans ce cadre énorme et simple, une certaine complexité règne dans ses pièces intérieures qui se combinent et se différencient à travers la lumière zénithale ou les différentes hauteurs des plafonds. Certaines parties dont l'utilisation est ambiguë, comme le porche ou la grille, sont d'une telle transparence qu'elles permettent de voir de l'autre côté du bâtiment. Les pièces de la maison s'organisent de façon linéaire le long de ce grand cadre, laissant à l'intérieur les sanitaires.

L'usage de la couleur, la mobilité de la façade arrière et les subtils jeux de niveaux entre le terrain, le sous-sol et la plate-forme principale confèrent aisance et liberté à ce corps régulier apparemment rigide et monolithique.

La métaphore de la fenêtre est une figure qui poursuit en permanence cet édifice, peut-être en raison de la force que dégage cette œuvre, qui naît de la réelle simplicité de son architecture.

La perception de l'intérieur
est influencée par les
ouvertures en façade qui
créent de multiples jeux
de lumière.

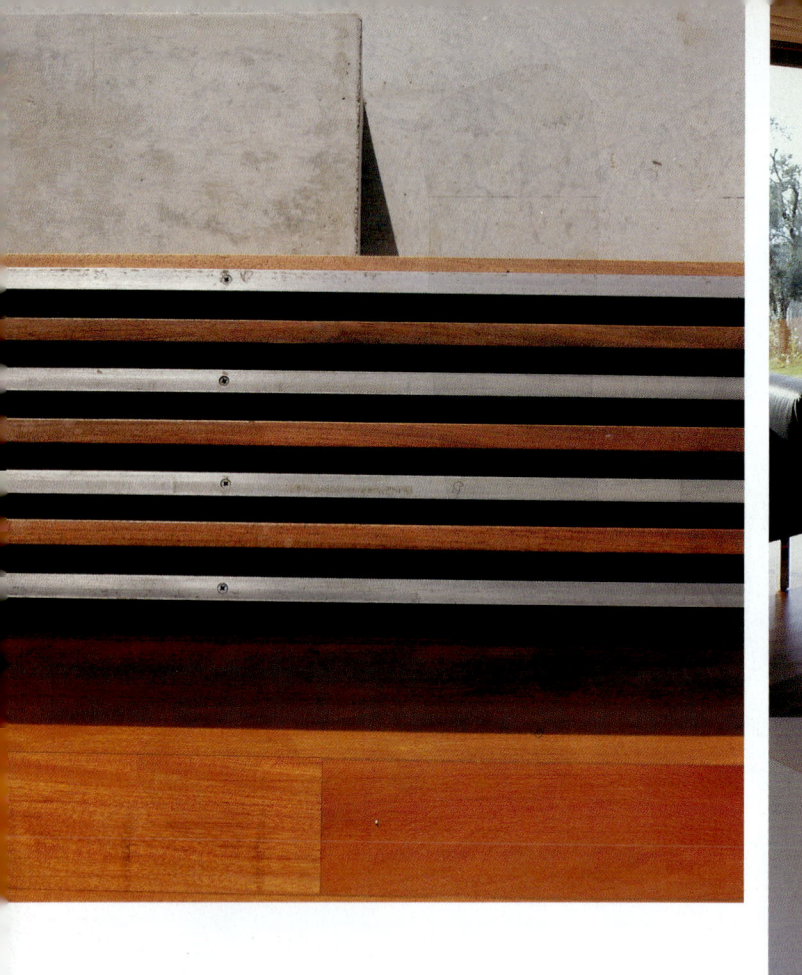

Les finitions associent
des surfaces en pierre,
des pavements, des
cloisons en bois et
du plâtre, lissé aux
plafonds et sur les murs.

Maison à Ibiza

Localisation : *Ibiza, Espagne*
Année de construction : *1998*
Architecte : *Stéphane Bourgueois*
Photographies : *Pere Planells*

Cette habitation située aux Baléares est à mi-chemin entre une construction traditionnelle et une maison contemporaine sophistiquée. Le propriétaire est parti d'un projet ancien et a dessiné la plupart des éléments constituant l'édifice. La distribution suit un programme conventionnel : le rez-de-chaussée comprend la partie consacrée à la journée et une chambre d'amis, et le premier étage héberge la chambre principale.

Les différents espaces sont séparés visuellement par des murs ou des ouvertures au sein de ces mêmes murs : ce sont des changements de sections qui permettent de subdiviser la pièce en créant différentes atmosphères.

Une attention particulière a été portée aux finitions des surfaces, en utilisant peu de matériaux et une palette chromatique restreinte. Les cloisons intérieures sont stuquées et les sols sont partout en pierre ; il n'y a pas de carreaux, même dans la salle de bains où le pavement de la douche et des lavabos est en galets polis.

La cohérence du projet s'obtient en partie grâce au mobilier qui, dans sa quasi-totalité, fait partie intégrante de la construction.

La salle de séjour a une
relation visuelle non
seulement avec
la cuisine mais aussi avec
les espaces extérieurs qui
entourent la maison.

Si les meubles rustiques
contrastent avec les
formes plus épurées,
ils ne détonnent pas
dans un tel ensemble
éclectique.

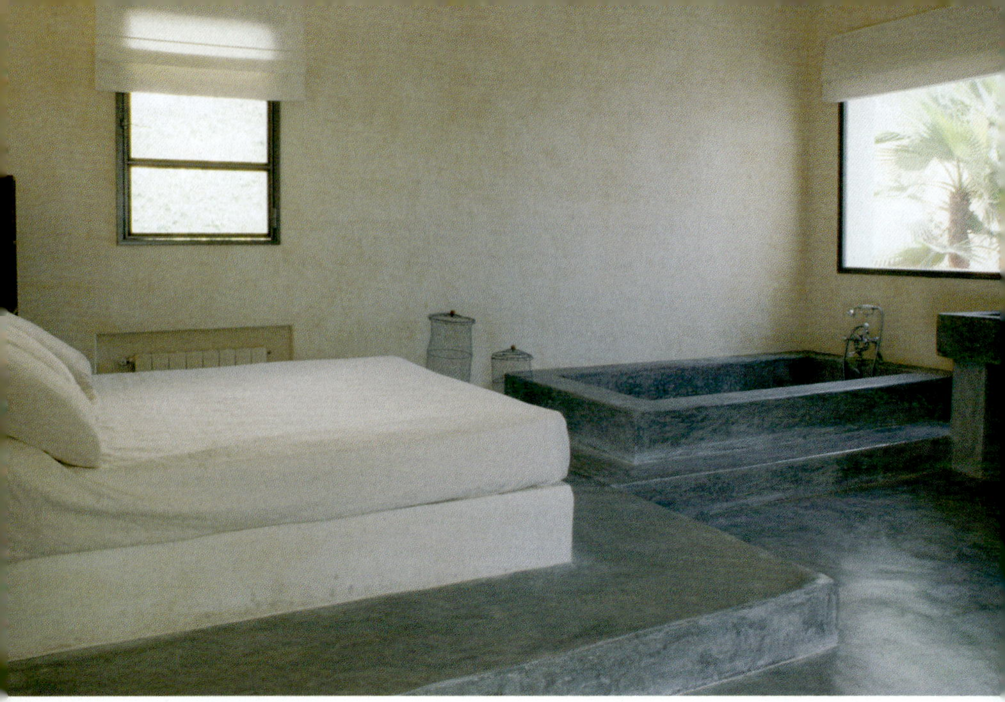

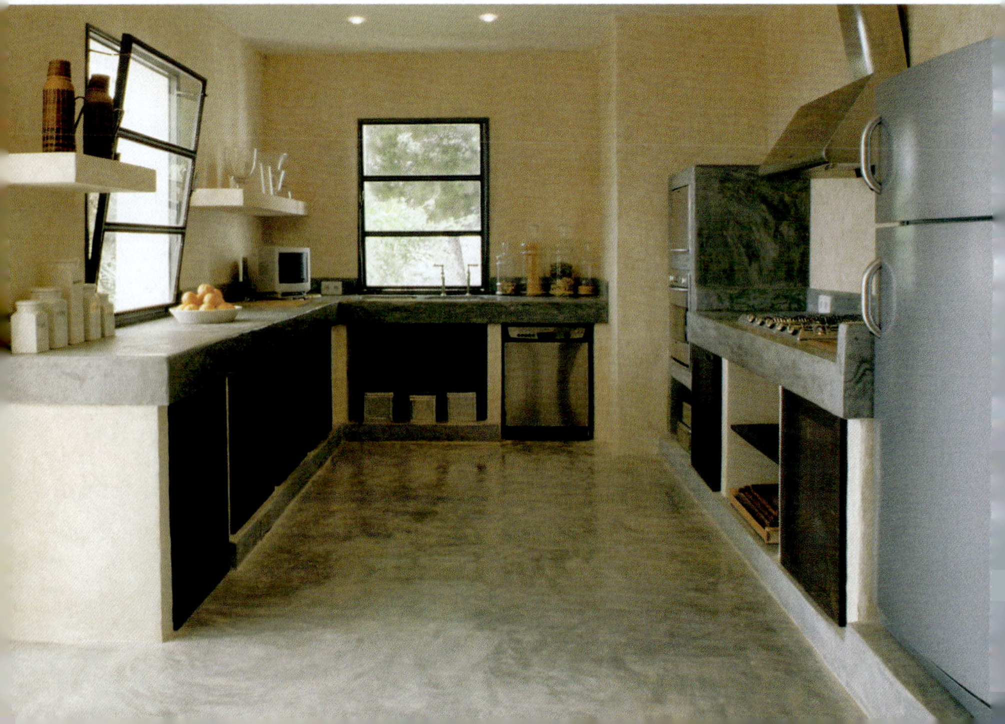

Maison à San Bernabé

Localisation : *San Bernabé, Mexico, Mexique*
Année de construction : *1990*
Architectes : *Ada Dewes, Sergio Puente*
Photographies : *Richard Bryant/Arcaid*

Cette construction est érigée dans la campagne mexicaine, telle une pyramide toltèque fidèle à l'idiosyncrasie du lieu. Cette maison individuelle, assez éloignée de la petite localité de San Bernabé, qui fait partie de la ville de Mexico, appartient au couple d'architectes qui l'a conçue, elle, allemande, et lui, originaire du pays. C'est précisément ce mélange d'origines et de cultures si disparates qui a eu pour résultat un authentique temple mexicain dont l'intérieur est un espace gris plomb qui retient la lumière solaire.

L'édifice a une forme pyramidale qui rappelle les temples mexicains érigés par les Aztèques. L'environnement de la maison a pris corps dans l'architecture à travers le contraste qui articule ses axes. Le design de la maison a été réalisé en fonction de son caractère naturel prédominant : une maison aérée, des ciels encadrés, des vues orientées et ouvertes transversalement sur le jardin d'agaves. L'axe de construction s'ouvre vers le haut par le toit en verre placé au centre de la maison, donnant ainsi l'impression d'une serre. Ce vitrage transforme le vide entre les volumes en espace, tout en reliant l'extérieur et l'intérieur. Néanmoins, la façade principale est fermée par l'axe central vers la rue, c'est-à-dire vers tout ce qui est urbain et social. Cette fermeture prétend en réalité protéger l'intérieur.

La façade d'accès à la propriété consiste en un bloc compact de béton, séparé par une porte en verre qui forme la structure axiale. Cet axe central se voit parfaitement depuis l'extérieur, matérialisé par l'escalier en bois qui conduit à l'intérieur de la maison, la traverse à angle droit et se prolonge par une volière.

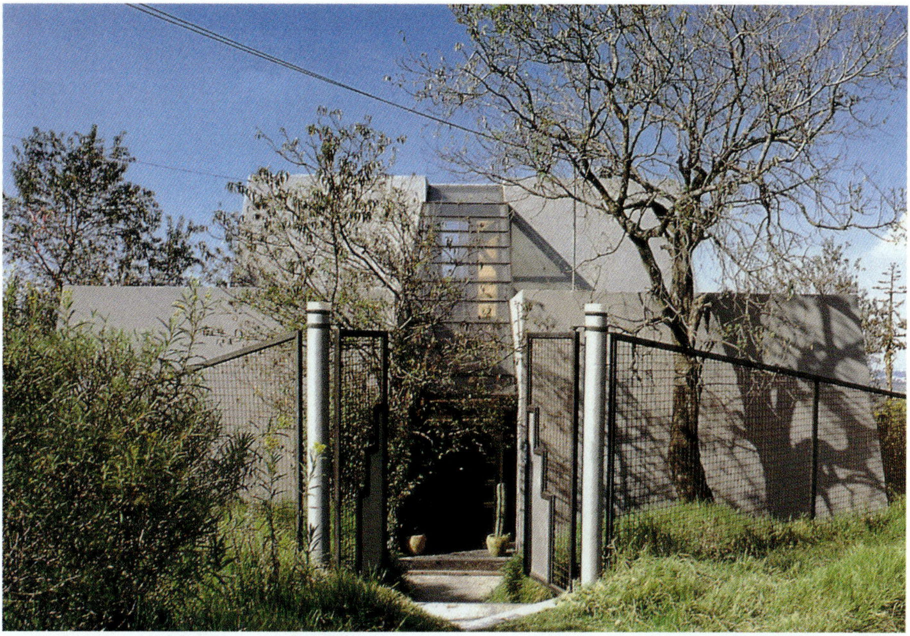

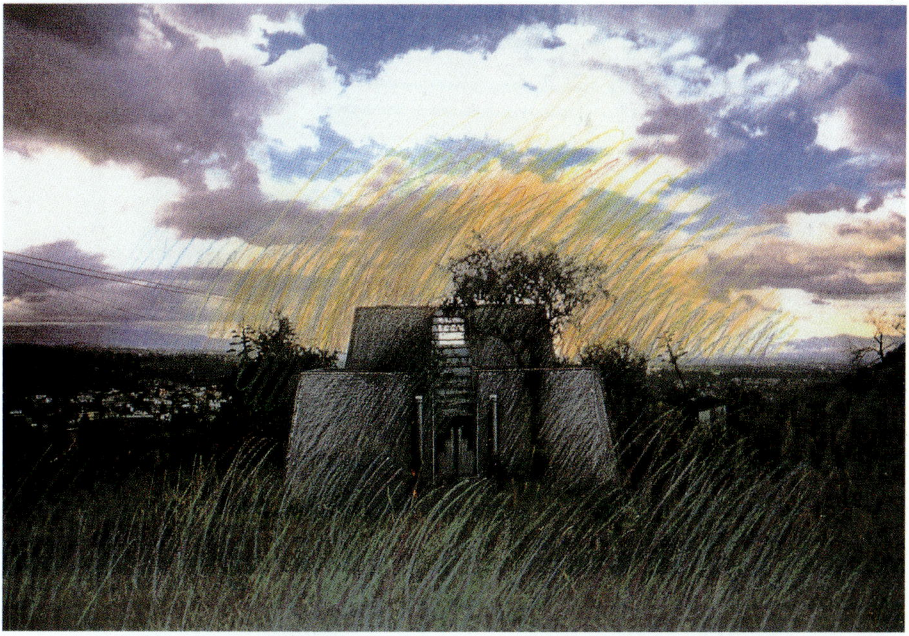

Page de gauche :
Parce que le vieil escalier
en bois de récupération
est central, c'est un
élément essentiel
de la maison, le point
de liaison entre l'intérieur
et l'extérieur, entre
le haut et le bas.

L'extraordinaire
luminosité de la maison,
favorisée par le blanc,
cette « non-couleur »,
donne l'impression que
l'intérieur de l'édifice
s'agrandit et se reproduit
sans cesse par le jeu
des vitres et des couleurs
froides.

La maison Sperl

Localisation : *Zerlach, Autriche*
Année de construction : *1989*
Architecte : *Ernst Giselbrecht*
Photographies : *Ernst Giselbrecht*

Pour la construction de cette résidence, située à Zerlach (Autriche), propriété de deux passionnés de chevaux, Ernst Giselbrecht s'est penché sur le paysage ; il a constaté que l'homme de la ville et l'homme de la campagne n'en avaient pas la même conception et qu'ils lui accordaient une valeur différente. Selon l'architecte autrichien, ces deux versions doivent trouver leur correspondance dans l'architecture : le fait de *consommer la nature*, par opposition au fait de *travailler* ou *vivre dans la nature*, doit transparaître dans les références architecturales du pays.
À ce titre, ces deux pôles opposés sont nécessaires à la rénovation et à la configuration du paysage, car le citadin qui passe son temps libre à la campagne devient, en un sens, un élément actif très important.

La maison Sperl est un lieu où les propriétaires, Ingebord et Gerfried Sperl, deux passionnés d'équitation, venaient passer leurs week-ends, se divertir et se détendre. Elle a été construite contre un bâtiment existant servant d'écurie. Située dans un paysage montagneux, idéal pour monter à cheval, la construction est érigée sur un terrain en pente, côté ouest ; Giselbrecht a maîtrisé cette irrégularité du terrain en utilisant des points de support. L'édifice a ainsi l'air de flotter virtuellement, comme un contrepoint sur un environnement abrupt.

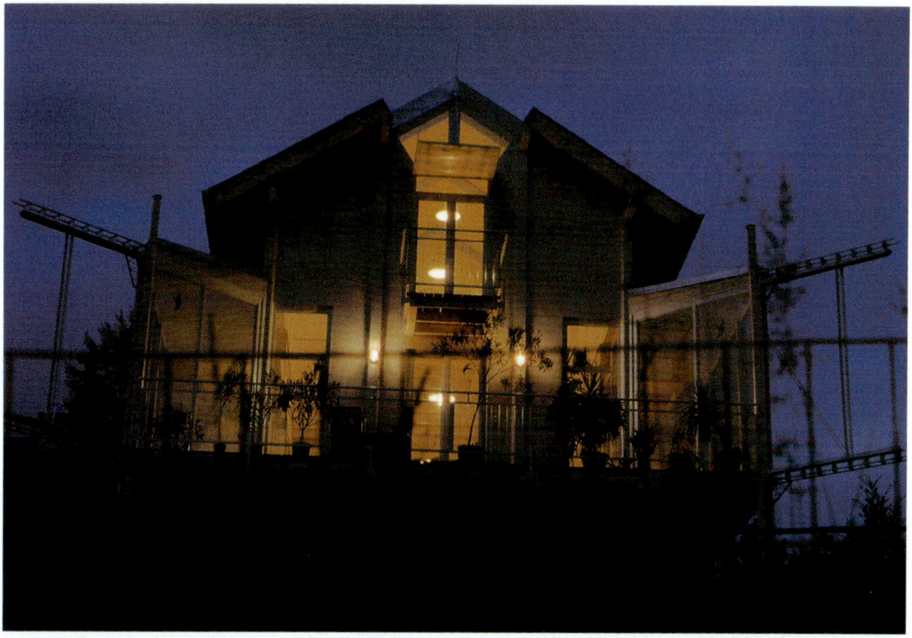

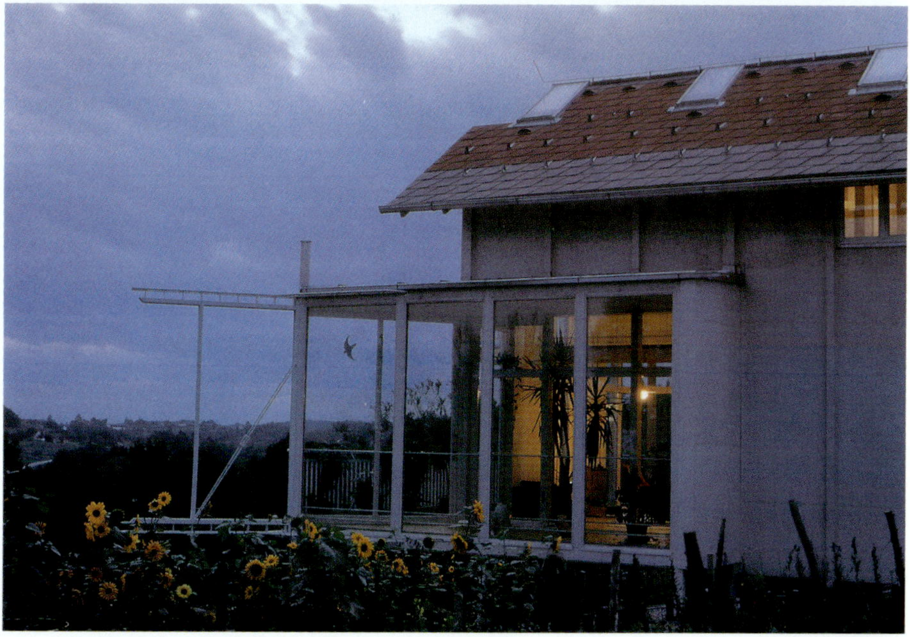

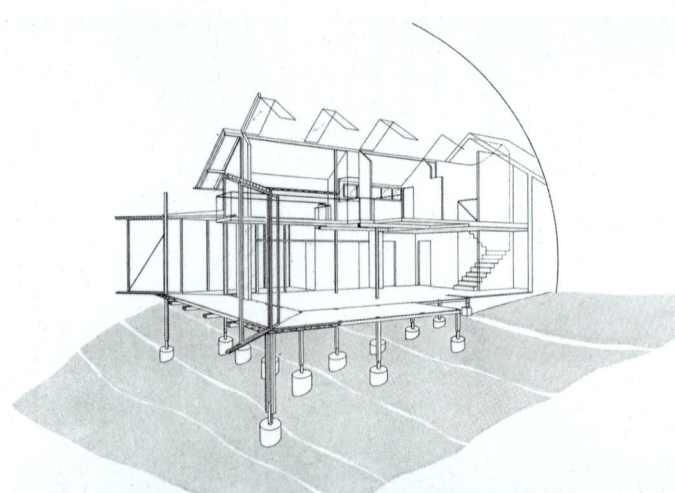

Perspective de l'édifice.

Détail de la composition
géométrique et de la
structure des colonnes
sur l'un des angles
de la façade principale.

Page de droite :
Le bois est le principal
élément utilisé
à l'intérieur de la maison.

La maison Wachter

Localisation : *Anvers, Belgique*
Année de construction : *1990*
Architecte : *Jo Crepain*
Photographies : *Richard Bryant/Arcaid*

Le projet de l'architecte Jo Crepain concerne ici une maison située dans une zone forestière appartenant à une localité belge proche de la ville d'Anvers. Une parcelle entourée d'un magnifique paysage, trois vieux hêtres, un ruisseau à sec et une orientation peu favorable, telles étaient les données de base de la conception de cet édifice qui a connu plus de vingt-trois projets préliminaires ; le résultat fut un *collage* de plusieurs parties dont les fonctions étaient clairement définies.

Le plan de la maison représente trois rectangles solidaires, l'un d'eux étant à son tour divisé en trois. L'habitation se compose de quatre volumes distincts : deux blocs identiques disposés parallèlement et séparés par un patio intérieur, un autre corps perpendiculaire à ces derniers, et un quatrième, attenant au troisième. Les deux bâtiments initiaux forment l'entrée et sont symboliquement reliés l'un à l'autre par quatre colonnes. Cet ensemble apparaît telle une façade virtuelle qui cache le patio intérieur. L'entrée réelle de la maison se situe dans le troisième corps, très étroit et très long. Finalement, le quatrième module se présente comme une annexe du troisième bâtiment, dans laquelle se développe tout le programme des besoins de la maison.

L'entrée de l'édifice se trouve à l'extrémité de la façade ouest du corps central tandis que les escaliers sont placés du côté opposé. Jo Crepain définit ce volume long et fin comme une promenade qui s'étend sur 44 m de long et conduit le visiteur à travers la collection de peintures contemporaines exposées sur les murs.

759

760

L'intérieur de la maison
se caractérise par
la juxtaposition de grands
espaces, très hauts
de plafond. Le blanc
des murs et la
multiplicité des
ouvertures,
soit circulaires,
soit quadrangulaires,
procurent une grande
clarté naturelle et donnent
l'impression d'un espace
intérieur très vaste.

761

Villa Kvarnhuset

Localisation : *Skåne, Suède*
Année de construction : *2000*
Architecte : *Wingårdh Arkitektkontor*
Photographies : *Åke E:Son Lindman*

La Villa Kvarnhuset est en fait un ancien moulin à eau reconverti en maison secondaire. La propriété, qui faisait autrefois partie d'une ferme, est située dans une petite localité près de la ville de Malmö. Les différentes parties de cette maison de campagne bordent un petit ruisseau. La maison, dont on doit la construction à l'équipe dirigée par Gert Wingardh, est le bâtiment le plus proche de la rivière et se trouve sur une plate-forme qui s'avance en saillie sur l'eau.

En plus des pièces traditionnellement présentes dans un foyer (salle de séjour, cuisine, chambre et salle de bains), on a ici ajouté un sauna.

La pratique de ce type de rituels thérapeutiques a engendré l'aménagement de nouveaux espaces tels qu'une pièce où les habitants peuvent se détendre avant d'entrer dans le sauna ou une piscine construite à côté de la maison pour prendre des bains d'eau froide à la fin de chaque séance.

Le rez-de-chaussée abrite la salle de séjour, la cuisine, la salle de bains et le sauna. Puisqu'il est entouré par une terrasse et fermé par des portes coulissantes vitrées, la connexion avec l'extérieur est étroite et le champ visuel depuis la maison plus large. Le grenier auquel on accède depuis les escaliers à l'une des extrémités de la maison abrite la chambre. Aménagé à un endroit inhabituel, sous les pentes inclinées du toit, il possède deux curieuses façades triangulaires, l'une en bois et l'autre en verre.

Le bois est présent dans toute la construction qu'il soit sous forme de planches pour former le plancher, de profil pour former les marches menant au sauna ou de poutres qui constituent la structure soutenant le grenier.

Le mobilier, dessiné par les architectes, a aussi été réalisé en bois.

Les murs et le revêtement au sol sont en béton et en pierre. Les façades se composent de verre et de boiseries. La toiture est constituée d'une superposition d'ardoises qui témoignent du passé agricole du projet.

En dépit de la taille réduite du projet, le soin accordé au choix des matériaux et la maîtrise des détails de construction ont abouti à ce résultat, véritable joyau de l'architecture.

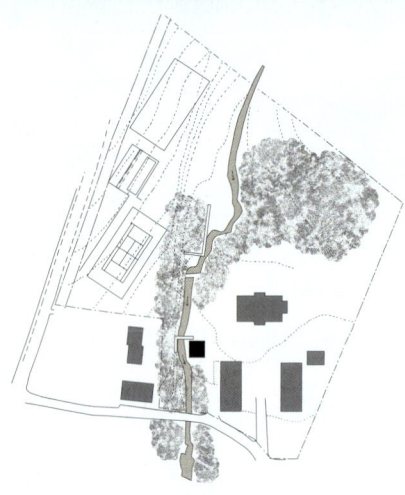

Plan de situation

La tradition veut qu'après
une séance de sauna, il
faille se baigner dans de
l'eau glacée. Le petit
ruisseau qui borde la
propriété n'étant pas assez
profond pour cela, on a
conçu une petite piscine à
côté du sauna.

La chambre est aménagée sous les combles de la maison, un petit espace au-dessous du toit à deux pentes. Il n'y a aucune fenêtre sur la façade nord-ouest dont le bois est le même que celui du toit et du sol. La façade sud-est est formée par des panneaux en verre translucide agrémentés de baguettes métalliques.

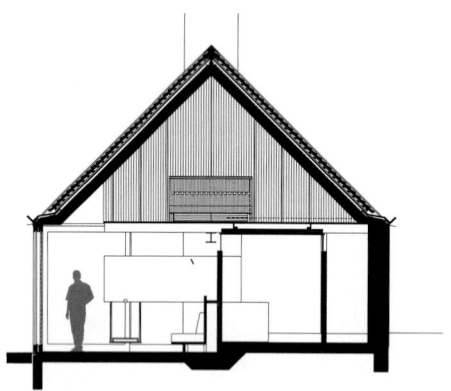

Plan en coupe de la salle de séjour

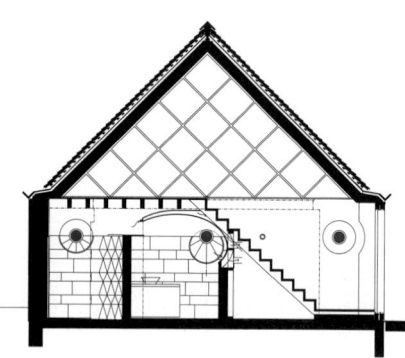

Plan en coupe du sauna

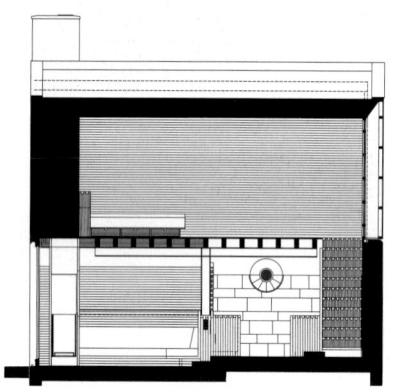

Plan en coupe de la salle de séjour

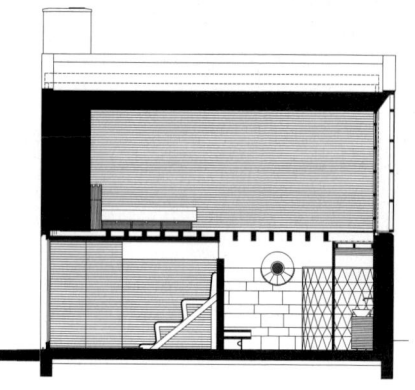

Plan en coupe du sauna

La maison Van Veelen

Localisation : *Hollande*
Année de construction : *1988*
Architectes : *Cees Dam & Partners*
Photographies : *Erik Hesmerg*

La maison Van Veelen est construite sur un terrain plat au milieu d'un bois. Étant donné les matériaux et les couleurs utilisés, elle ne contraste pas avec le paysage, elle en est même la continuation, puisqu'elle se confond avec la nature et se dévoile légèrement, sans ruptures ni intromissions brusques. L'habitation, entourée d'une abondante végétation, profite des variations du niveau du sol dans un équilibre de lignes simples, une proportion exacte de ses espaces et des vues magnifiques sur le bois environnant. Cette construction vraiment spectaculaire de l'architecte Cees Dam est dotée d'une forme géométrique assez pure.

Comme pour d'autres maisons de Cees Dam, les façades avant et arrière de la maison Van Veelen sont très différentes. La résidence, qui s'est adaptée aux besoins de ses habitants, est entourée d'un mur épais qui sert de protection vis-à-vis de l'extérieur et qui, tout comme la maison, est en harmonie avec l'environnement.

Érigée sur des blocs de béton, sa façade avant est massive, avec un mur épais et sans aucune ouverture vitrée sur l'extérieur, fermée et intimiste. La façade arrière, en revanche, est transparente, totalement ouverte et en relation permanente avec l'environnement. Elle dispose d'un porche, couvert d'une structure circulaire – résultat de la combinaison des carrés et des murs extérieurs prolongés – qui communique avec un grand patio où se déploie un banc pour bronzer et entrer en contact avec la nature. La connexion avec l'extérieur s'est faite en prolongeant le dallage du patio à l'intérieur de la maison et en escamotant partiellement les encoignures en verre de la façade.

Page de droite :
Très grande, originale, la cuisine, dessinée par Cees Dam, comprend une salle à manger. Son design est très sophistiqué : plafond entièrement blanc, mobilier et appareils électroménagers en faux marbre noir.

Le salon est séparé en deux triangles par des colonnes aux supports en acier, placées en diagonale, et une cheminée légèrement en biais. Les cloisons en verre offrent un profil inhabituel grâce à leur position en retrait et à la structure semi-circulaire qui couronne ce volume. La partie séjour, la cheminée et la bibliothèque sont des zones différenciées. Le mobilier qui décore la pièce est constitué d'une superbe cheminée et de meubles design.

Résidence dans le New Jersey

Localisation : *Harding Township,*
New Jersey, États-Unis
Année de construction : *1989*
Architectes : *Richard Meier & Partners*
Photographies : *Scott Francis - Esto*

Cette résidence est située dans une prairie légèrement pentue avec des zones boisées au nord-ouest et des vues magnifiques au sud et à l'est. Deux axes perpendiculaires aux lieux les plus éloignés du site partent du centre du volume de la construction, intégrant ainsi son intérieur dans le paysage et octroyant à la maison une situation privilégiée dans un endroit difficilement définissable.

Pour l'architecte new-yorkais Richard Meier, les cercles et les carrés sont d'importants éléments de style. Les derniers propriétaires de cette maison, un couple de collectionneurs d'œuvres d'art, partagent aussi cet amour de l'architecte pour la géométrie, qui se manifeste à Harding Township.

L'édifice s'organise autour d'un espace cylindrique central à deux niveaux, bien que son volume virtuel soit partiellement absorbé par le corps orthogonal auquel il est relié, sur une base carrée. Cette habitation est caractéristique des maisons de Meier qui utilise souvent le blanc pour accentuer la perception des teintes qui existent dans la lumière du jour et dans la nature. Grâce au contraste avec une surface blanche, on apprécie en effet mieux le jeu des ombres et des lumières, des pleins et des vides. La forme blanche de la maison non seulement s'enracine dans l'idée traditionnelle d'habitation, mais exprime aussi une attitude de force et d'extraversion vis-à-vis de l'emplacement, dépassant ainsi la fonction interne d'hébergement.

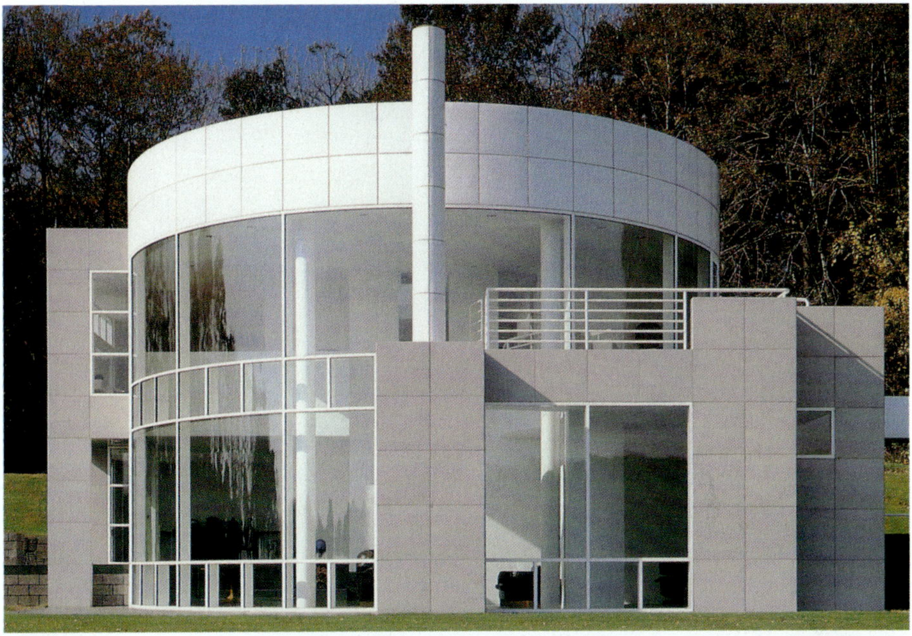

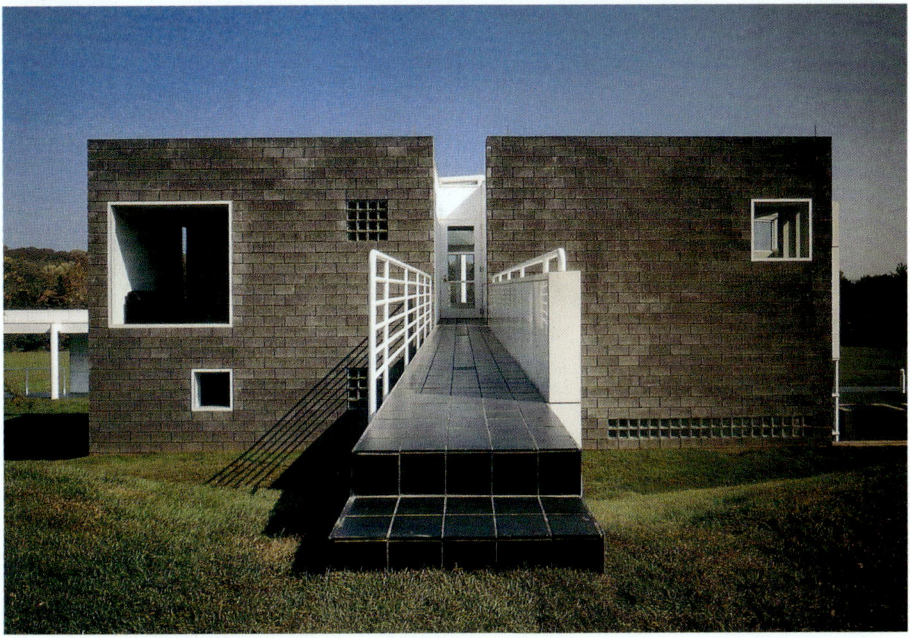

L'intérieur de la maison étant destiné à
recevoir de nombreuses œuvres d'art,
tout élément accessoire de décoration est superflu.
Le superbe salon se déploie le long d'une rotonde.
Les modèles de tables sont des créations exclusives
de Edgar et Joyce Andersen.
La cheminéedu foyer se dresse fermement,
telle une sculpture face à la terre.

Maison dans l'Idaho

Localisation : *Sun Valley, Idaho, États-Unis*
Année de construction : *1988*
Architecte : *Bart Prince*
Photographies : *Deidi Von Schaewen*

Le propriétaire de cette maison, qui en possède déjà une conçue par Frank Lloyd Wright et située à Bliss, dans l'Idaho (États-Unis), voulait faire construire une villa pour l'été dans la Sun Valley avec l'intention de la vendre un jour. Le projet était donc axé sur la création d'une maison intéressante et fonctionnelle qui dépassait le type architectural habituel, mais qui pouvait aussi attirer l'attention de gens très divers, notamment de ceux qui souhaiteraient passer une partie de l'année dans cette région.

Cette maison individuelle est bâtie sur un terrain attrayant de 4 ha. Au lieu de contraster avec les collines et les montagnes environnantes, elle s'intègre parfaitement dans le cadre naturel qui caractérise la vallée où elle a pris place. Le terrain sableux présente quelques irrégularités et est légèrement escarpé. Plutôt que d'être centrée sur une structure limitée, la propriété s'étend et se développe le long du terrain. Deux murs en forme de S s'enlacent, créant trois parties clairement distinctes reliées par un axe central. Le résultat donne une base totalement irrégulière surmontée de deux niveaux : un sous-sol et le niveau principal. Une rampe conduit depuis l'extérieur à la partie supérieure et à une entrée fermée, basse de plafond. Deux traverses courbes, une verticale et l'autre horizontale, profilent chacune des formes légèrement arquées du volume central.

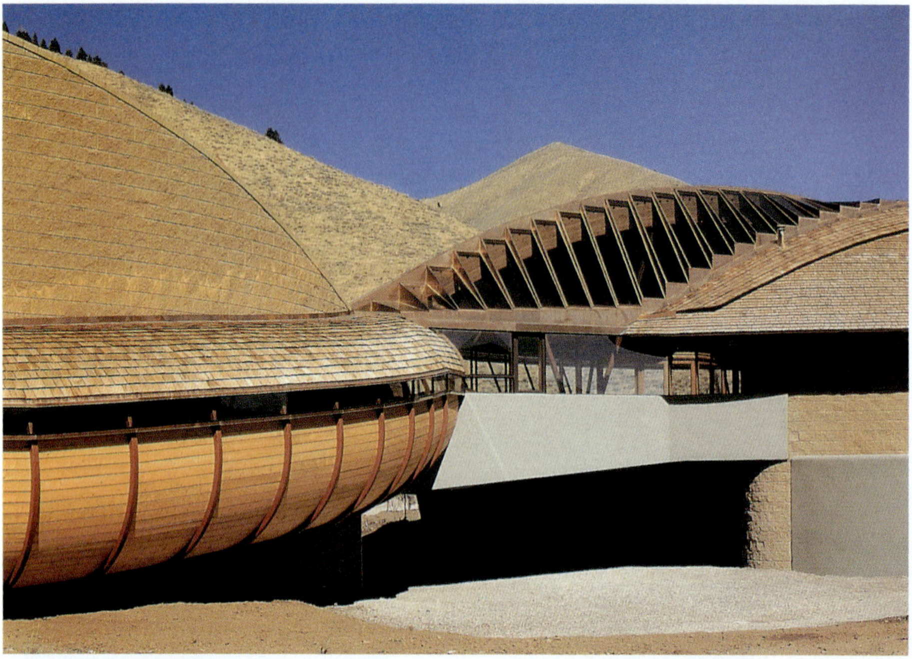

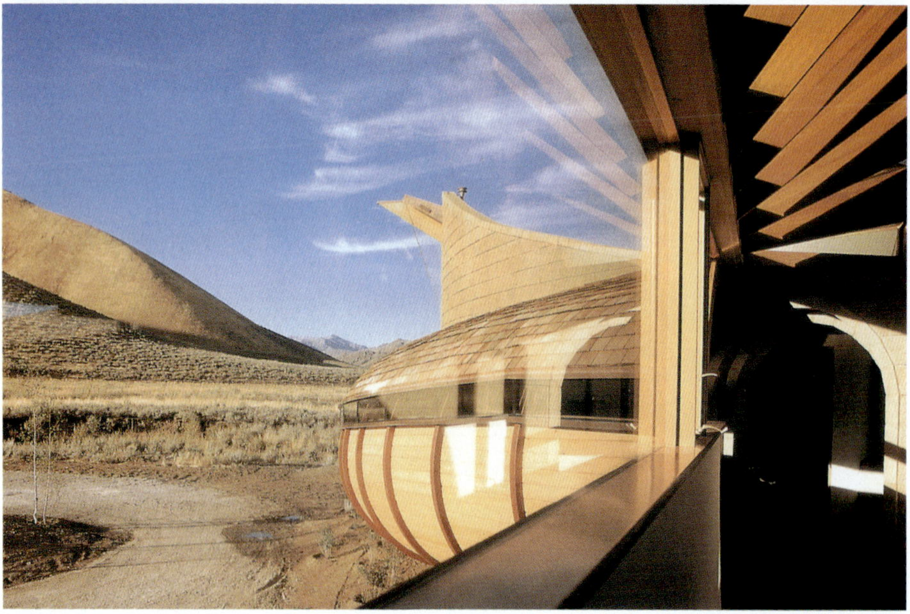

Parce que Bart Prince voulait que la lumière du soleil puisse pénétrer dans toutes les pièces à n'importe quelle époque de l'année, il choisit une orientation plus ou moins linéaire. Les ouvertures vitrées extérieures, de formes variées, les murs courbés et l'original échelonnement de lucarnes créent en permanence de curieux contrastes d'ombres et de lumières, et un jeu intéressant de clair-obscur.

À l'intérieur, certains sols sont recouverts d'un mélange de pierre et de moquette. Quant aux murs, il sont tantôt en pierre tantôt en plâtre clair.

La maison Coombs

Localisation : *Californie, États-Unis*
Année de construction : *1993*
Architectes : *Goldman Firth Architects*
Photographies : *Undine Pröhl*

Cette résidence californienne est située au sommet d'une colline, ce qui permet de jouir de splendides vues panoramiques sur le paysage. Elle est composée de plusieurs corps dans lesquels se répartissent les différentes fonctions domestiques.

En raison du climat chaud, les façades sont composées de murs épais. Ce système de construction rappelle une architecture populaire traditionnelle et permet d'augmenter l'inertie thermique du bâtiment. Ainsi, en hiver, la chaleur du chauffage ne s'échappe pas par les façades et le froid ne rentre pas non plus à l'intérieur. En été, les rayonnements solaires les plus chauds sont atténués par l'épaisseur des murs.

L'architecture californienne est métissée : elle mélange des tendances qui vont de l'architecture vernaculaire mexicaine aux nouvelles technologies, en passant par les introductions modernes de Richard Neutra et des autres architectes de son époque.

Toute la maison est régie par la volonté de minimiser les mouvements. Cette réduction formelle se constate aussi dans le choix des trois matériaux principaux : la pierre, le bois et le verre. Le design intérieur et le mobilier sont sobres bien qu'imposants : la simplification formelle permet une perception directe et précise.

À l'extérieur, un système de piliers délimite la zone de loisirs à l'air libre. La piscine remplit plusieurs fonctions : outre le fait de pouvoir s'y baigner, elle rafraîchit l'atmosphère et crée des reflets de lumière et de couleurs qui sont un véritable festival pour les sens.

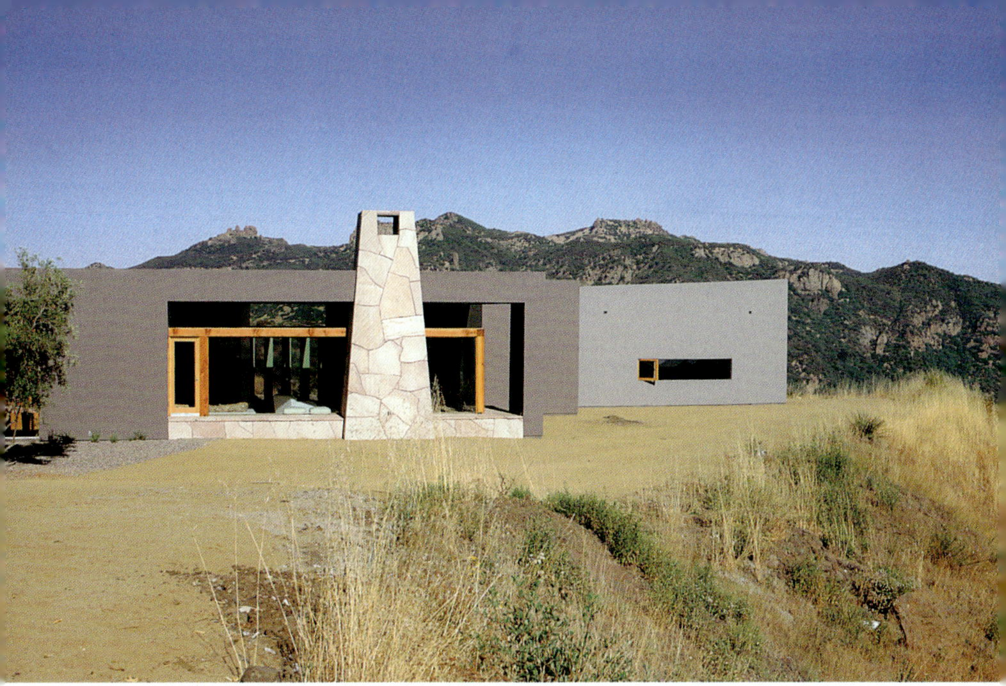

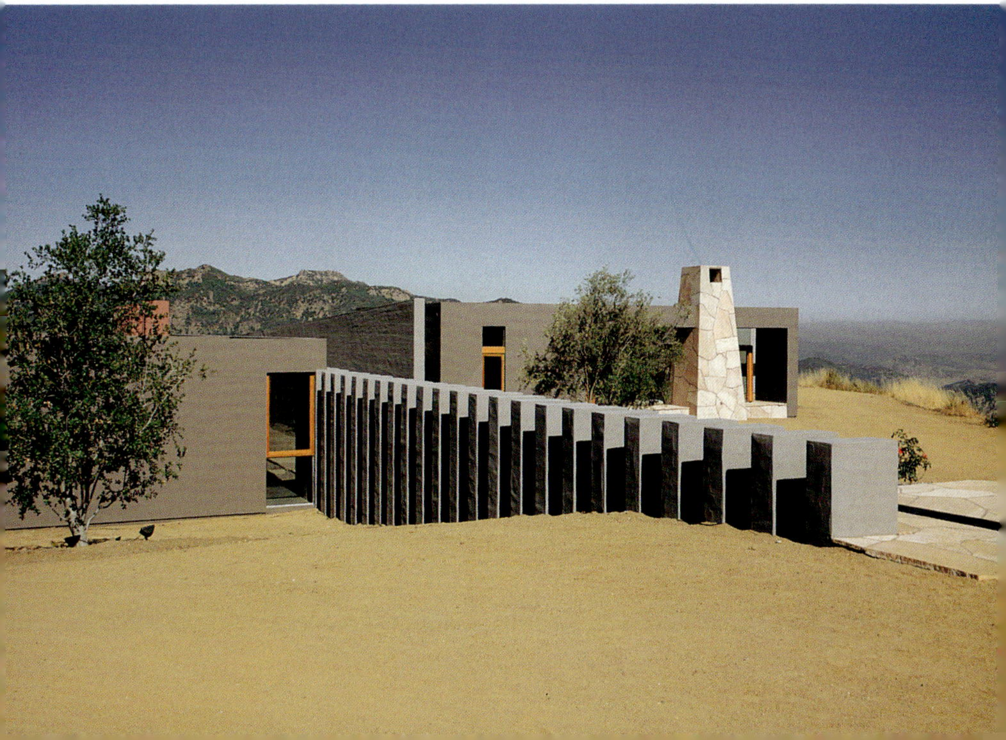

La piscine est majestueuse
grâce à son design sophistiqué.
L'eau se confond avec
le paysage et les reflets
de lumière et de couleurs
permettent de jouir
des magnifiques
couchers de soleil.

Les espaces intérieurs se caractérisent par une élégance extrêmement sobre. Cette austérité permet de faire ressortir quelques objets dans un décor intérieur minimaliste mais imposant.

Maison à Lambertville

Localisation : *Lambertville, New Jersey, États-Unis*
Année de construction : *1988*
Architectes : *John Keenen, Terence Riley*
Photographies : *Eduard Hueber*

Situé dans un lieu de villégiature estivale, ce projet reflète le désir des clients d'avoir une maison éloignée de leur résidence principale. Ils souhaitaient une pièce tournée vers l'extérieur, entièrement protégée par un écran de verre, qui serait un lieu idéal pour prendre ses repas à l'air libre par beau temps ou pour se reposer pendant les chaudes nuits d'été. Étant donné les exigences de ce programme concret, les architectes ont choisi un type d'édifice en grande partie oublié au cours du XXᵉ siècle : le casino.

Le terrain sur lequel est bâtie cette maison individuelle se trouve près de Lambertville, dans le New Jersey (États-Unis), une petite ville prérévolutionnaire au bord du fleuve Delaware. Celui-ci présente une forte pente sur laquelle se situe la maison, près d'un ruisseau qui alimentait en eau un ancien moulin ; celle-ci est entourée d'une épaisse végétation essentiellement composée de grands arbres de diverses espèces. L'un des avantages de cette construction est d'être à une heure seulement de New York.

Cet édifice, aux lignes simples et aux dimensions limitées, est conçu sur une base régulière et se compose d'un corps principal auquel s'ajoutent en complément deux petits corps annexes. La pièce principale se présente comme une grande salle rectangulaire conçue à partir de l'idée du casino. Afin de laisser entrer la lumière naturelle dans les pièces intérieures, les architectes ont construit une galerie qui entoure presque totalement le bâtiment.

La maison Kirlin

Localisation : *Napa Valley, Californie, États-Unis*
Année de construction : *1987*
Architecte : *Mark Mack*
Photographies : *Reiner Blunck*

Cette maison est située autour de deux jardins ayant des orientations différentes : la partie sud est une zone extérieure protégée pour l'hiver, tandis que dans la partie nord, l'architecte a prévu une zone ombragée et fraîche pour les mois d'été.

Une caractéristique surprenante de la façade principale est son mur, divisé en deux sections, qui ferme et protège la maison telle une forteresse médiévale, y compris les coins les plus retirés. Au centre de ce mur, une entrée rectangulaire surmontée d'un toit en bois donne accès au jardin. À cet endroit, le sol est recouvert d'un matériau de ton ocre. Une structure bleue mène également directement à la porte en bois de l'entrée.

La construction a une forme rectangulaire uniquement rompue par les patios et les ouvertures dans l'épais mur de ciment qui accentue l'apparence fermée de la structure. Cette partie constitue la zone d'accès et fut conçue comme un lieu d'été ; ici, l'eau circule grâce à une canalisation en pierre jusqu'à une petite piscine dessinée par Larry Shank.

L'accès à la propriété se fait par un portail en bois situé sur la façade nord. Sans rompre l'unité et la continuité de la structure, l'intérieur répond au même principe de simplicité que l'extérieur ; l'exemple le plus parlant est l'utilisation du même matériau pour le sol des deux parties. Un bloc de ciment fait office de séparation sans pour autant interrompre la continuité spatiale générée par le toit en bois qui, de l'intérieur, est perçu comme faisant partie intégrante de l'ensemble.

La façade sud vue
de trois endroits différents.
On remarque le vignoble
et le toit incliné qui protège
l'intérieur de la maison
des intenses rayons du soleil
en été.

Page de droite, en bas :
Vue du patio intérieur
et de la porte principale
à travers le toit en bois
de l'entrée.

Maison à Sempach

Localisation : *Sempach, Lucerne, Suisse*
Année de construction : *1988*
Architecte : *Werner Hunziker*
Photographies : *A. Zimmermann*

Ce projet, situé dans le village historique de Sempach, en Suisse, reste fidèle à la structure architecturale traditionnelle de la région. Après deux ans d'interminables discussions avec l'administration locale, qui pensait que la structure et la couleur de cette maison endommageraient le paysage, Werner Hunziker eut finalement l'accord des milieux autorisés. Pourtant, aujourd'hui encore, la construction ne fait pas l'unanimité chez les habitants de la région.

Cette maison privée est entourée d'une abondante végétation en été et d'une couche de neige en hiver. Le terrain est plat malgré quelques irrégularités et l'édifice est tourné vers le bois d'un côté, laissant ainsi le pré plus dissimulé dans la partie arrière.

L'idée initiale de cette construction reposait sur un cube ; elle a finalement été construite à partir de trois carrés de 8 m x 8 m qui ont été coupés, puis à nouveau réunis pour créer une forme géométrique originale. Ainsi le sol est-il configuré par un plan rectangulaire subdivisé en carrés.

La maison a deux niveaux. Le niveau inférieur comprend un bureau dans l'entrée, le coin le plus prononcé de la maison. Son orientation au nord a valu à la façade un traitement spécial, puisqu'il fallait la protéger du rude climat de la région. L'architecte a choisi une verrière extrêmement résistante et placé l'escalier extérieur de manière à ce qu'il serve de bouclier. La bibliothèque est située entre le bureau et la salle de séjour, et comprend un coin lecture ; contrairement aux autres pièces ayant de grandes fenêtres sur l'extérieur, elle donne sur l'intérieur.

Page de droite :
La bibliothèque est située
entre le bureau et la salle
de séjour. Contrairement
aux autres pièces
de la maison entourées
de grandes baies vitrées,
cet espace n'a pas
d'ouverture sur
l'extérieur.

Détail de la structure
en aluminium et en verre.

La cheminée en chrome
s'élève à travers un trou
percé dans le toit
en aluminium.

Maison dans la Napa Valley

Localisation : *Napa Valley, Californie, États-Unis*
Année de construction : *1990*
Architecte : *David Connor*
Photographies : *Richard Waite*

Cette maison a été conçue par David Connor sur un terrain de 800 000 m² situé sur le coteau d'une colline de Napa Valley, en Californie. Elle ne ressemble en rien aux constructions voisines puisque les propriétaires suisses, Thomas et Anna Lundstrom, négociants en vins, souhaitaient une maison dotée d'une réelle personnalité. Ainsi, vue de l'extérieur, la structure est-elle noble, puissante et élégante. Il s'agit d'un imposant volume en ciment blanc qui contraste avec un intérieur en comparaison plus simple.

La résidence est une surprenante innovation architecturale puisque aucune de ses parties n'a de lien avec l'environnement, l'architecte ou les propriétaires. Cela reste toutefois une maison américaine, produit d'un mélange de cultures caractéristique d'une terre d'accueil. Elle ressemble à la proue d'un bateau et inclut une piscine qui sépare la tour des invités du bâtiment principal.

L'architecte a été obligé de modifier le concept initial de cette maison construite sur une pente prononcée et entourée de pelouses et d'herbes fauchées de manière à créer des dessins ondoyants. Ce changement est dû au désir des propriétaires de s'établir comme négociants en vins. Dès lors, les plans originaux ont donné lieu à une vision moderne de l'architecture d'Andrea Palladio (1508-1580).

Le pré qui entoure l'édifice joue un rôle très important. Créé avec l'aide de Hargreaves Associates, il est considéré comme un véritable élément d'art rural ; son herbe change en effet de couleur selon les saisons.

L'extérieur est imposant et élégant tandis que l'intérieur est extrêmement simple et fonctionnel : deux ailes longitudinales avec deux couloirs laissant entrer la lumière. En outre, les couleurs pâles utilisées procurent une grande luminosité aux pièces.

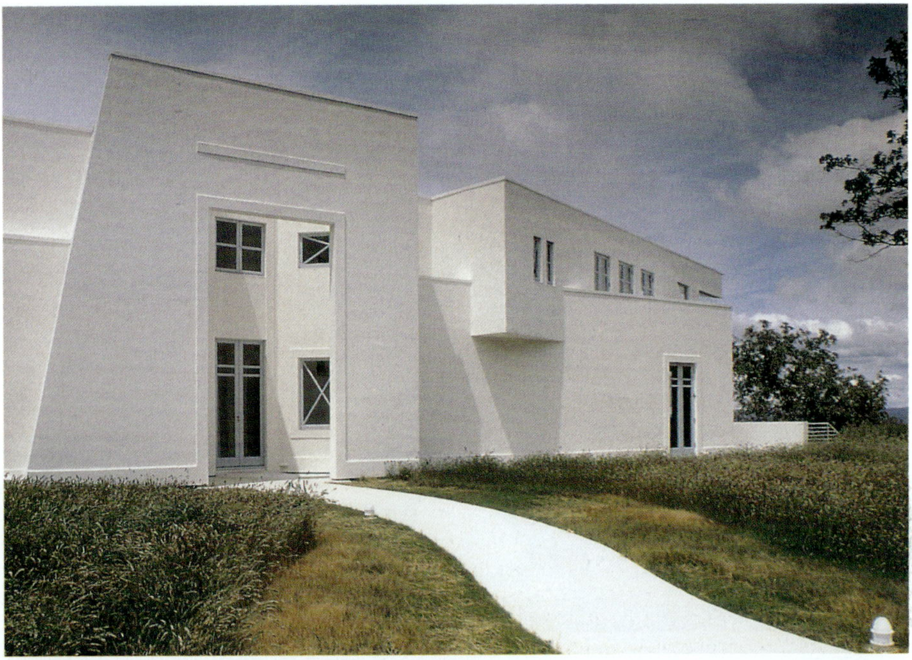

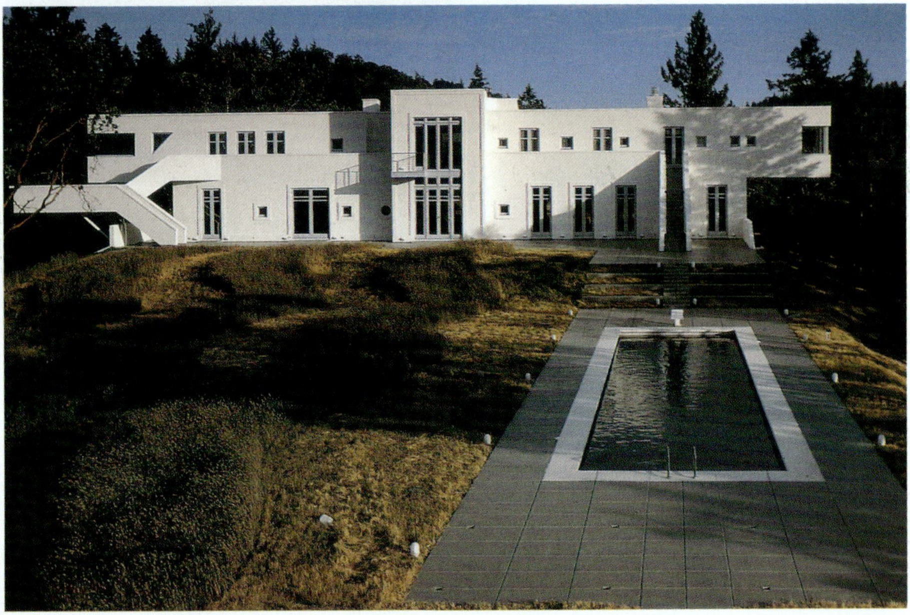

Vue de la piscine, rigide
et rectangulaire.
Le pavement qui l'entoure
est le même que celui
de la véranda et de
l'entrée de la tour
des invités.

Vue de l'entrée principale.
L'intérieur est extrêmement
simple et fonctionnel,
contrastant ainsi avec
l'aspect majestueux
de l'extérieur.

Détail des escaliers
qui mènent à l'étage supérieur.
Le dessus des marches
est en bois, tout comme
le pavement de l'étage.
Les portes, peintes en blanc,
se confondent avec les murs.

La maison rouge

Localisation : *Mexico*
Année de construction : *1995*
Architectes : *Legorreta Architectes*
Photographies : *Undine Pröhl*

Ce projet de Ricardo Legorreta réunit presque toutes les caractéristiques de sa vision si particulière de l'architecture. On y observe une grande formalisation, régie par des paramètres géométriques, l'angle droit définissant presque tous les axes de la construction. Plusieurs volumes principaux sont associés et leurs intersections donnent lieu à des ouvertures sur différents pans de murs, à l'apparition d'éléments structuraux, à des vérandas, voire même à des jardins.

Grâce à un climat favorable, les espaces à l'air libre sont privilégiés. Ils ne sont pas totalement en plein air puisqu'ils disposent d'éléments permettant éventuellement de se protéger des rayons directs du soleil ; de nombreux porches ainsi que des terrasses, des pergolas et des jalousies verticales servent de filtre solaire.

Les influences de Luís Barragán sont présentes dans toute l'œuvre de son disciple. Ainsi, le mélange de ressources traditionnelles dans une architecture contemporaine apparaît-il très clairement. Un exemple de cette tendance est le volume de pierre apparente qui caractérise l'entrée. D'un côté, le système de construction utilisé est quasi ancestral mais, d'un autre, les finitions sont beaucoup plus travaillées, atténuant les imperfections et, surtout, identifiant clairement les artistes. Le mobilier aussi exprime la dichotomie entre une tradition vernaculaire et un design en vogue.

Les couleurs utilisées sur différentes surfaces donnent aux espaces des qualités propres, les caractérisent et les rendent facilement identifiables. Ce vaste éventail chromatique entraîne par ailleurs de nombreux jeux de lumière provoqués par le reflet de l'eau présente en plusieurs endroits.

La végétation s'est installée dans la maison pour donner un air de fraîcheur dans une région vraiment très chaude.

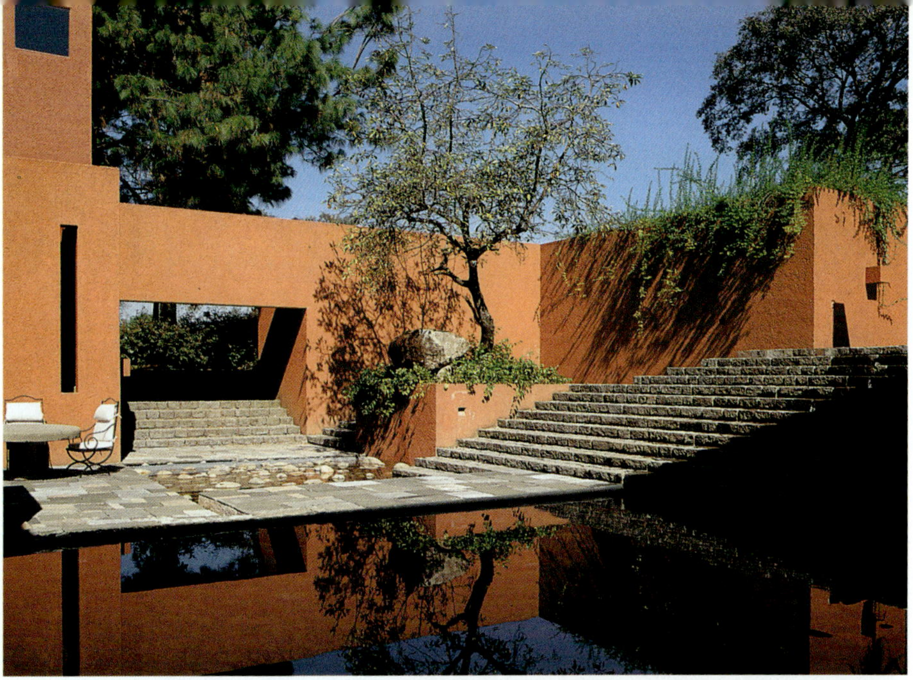

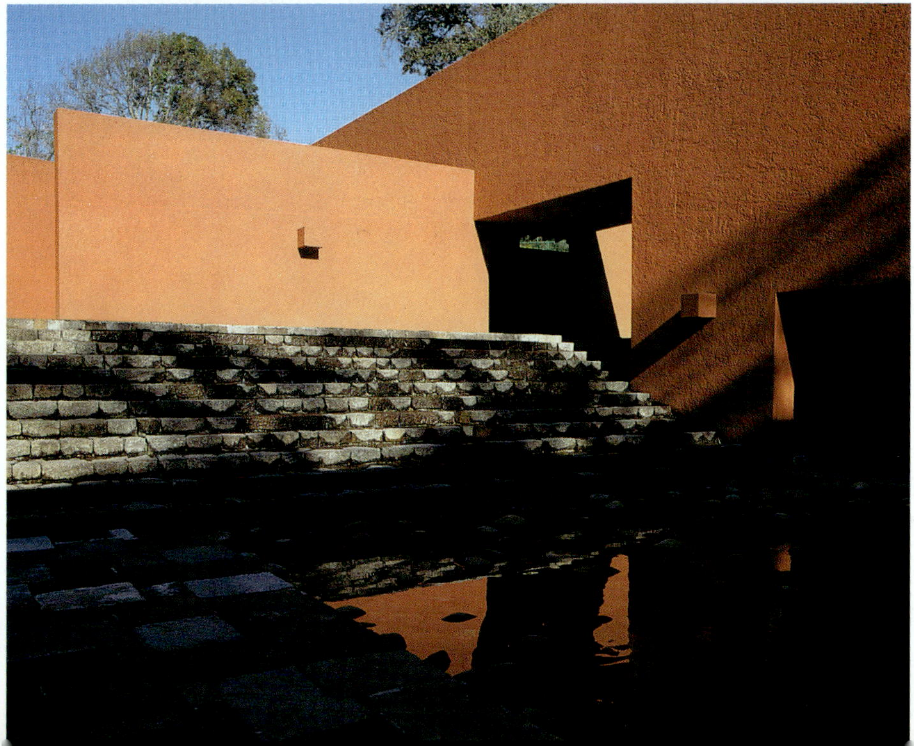

Les nombreuses ouvertures
pratiquées dans les façades
laissent entrer une abondante
lumière. Les jalousies filtrent
les rayons solaires pour éviter
le réchauffement des espaces.

Maison en Uruguay

Localisation : *Uruguay*
Année de construction : *1993*
Architecte : *Antonio Horacio Ravazzani*
Photographies : *Undine Pröhl*

L'architecture sud-américaine s'est toujours distinguée par sa capacité à adapter les caractéristiques du mouvement moderne à une architecture de tradition vernaculaire. Dès lors, les progrès technologiques et formels s'adaptent aux méthodes de construction habituelles. Cette maison de campagne conçue par Antonio Horacio Ravazzani est un bon exemple de cette tendance. Située au sommet d'une pente pour profiter des splendides vues du paysage, elle combine des matériaux en pierre et des surfaces vitrées.

La structure de la maison évoque les entrepôts industriels : un corps très haut qui comprend des combles et des subdivisions pour héberger les fonctions de la résidence.

La toiture, métallique, est supportée par un système de fermes qui reposent sur des murs massifs en pierre et une structure métallique qui encadre les ouvertures vitrées.

Le plan de la maison est régulier. La salle de séjour et la salle à manger se tiennent à l'une des extrémités du rectangle. Un escalier en colimaçon conduit au niveau supérieur : les combles y hébergent un autre espace de repos qui, grâce à sa hauteur, profite des vues sur la campagne uruguayenne.

Les ouvertures dans la partie massive de la façade sont réduites afin d'éviter une entrée excessive de lumière et d'assurer le maximum d'intimité dans les espaces de service et les pièces les plus privées.

Les combles, reliés
par l'escalier en colimaçon,
sont réalisés avec les
mêmes matériaux que
la construction extérieure.
Une structure métallique
supporte un plancher
en bois qui soutient,
à son tour, un pavement
en pierre.

Les pièces communes
sont facilement reconnaissables
puisqu'elles occupent
un même espace sans
séparations verticales
ou horizontales qui gêneraient
une vue globale de l'ensemble.
L'éclairage artificiel se limite
à quelques lampes pendues
aux fermes de la structure.

Demeure près de Murcie

Localisation : *Murcie, Espagne*
Année de construction : *1998*
Architecte : *José Tarragó*
Photographies : *Eugeni Pons*

À première vue, la singularité de cette maison semble être la monochromie de tous ses espaces ; ce qui la distingue pourtant est l'ambiguïté de leur emplacement. Les pièces intérieures étant totalement perméables visuellement, reliées entre elles et ouvertes sur l'extérieur, elles ne permettent aucun type d'introspection. De même, les patios sont conçus comme s'il s'agissait de pièces internes, sortes d'enceintes fermées par des murs qui les isolent du paysage immédiat.

Extérieurement, l'édifice met à profit le savoir vernaculaire et incorpore des mécanismes de l'architecture traditionnelle pour contourner les méfaits du climat : construction de murs épais qui confèrent une inertie thermique au bâtiment, badigeonnage des murs pour réfléchir les rayons du soleil et ouvertures situées de préférence à l'ombre. En outre, l'intérieur – y compris les patios –, dégage un air contemporain, presque futuriste. Le mobilier associe le blanc à de nombreuses teintes ocre et comprend quelques meubles design uniques. La cuisine est un meuble ouvert sur la salle de séjour qui se caractérise par la pureté de ses lignes, sa retenue formelle et le blanc éclatant des surfaces lisses des placards.

Les espaces extérieurs sont
le prolongement de la salle
de séjour, à l'intérieur.
En été, les portes coulissantes
restent ouvertes,
reliant les deux espaces.

Les ouvertures
en façade, les puits
de jour et la couleur
du mobilier confèrent
une abondante
luminosité.

Propriété à Majorque

Localisation : *Majorque, Baléares, Espagne*
Année de construction : *1998*
Architecte : *Vincent van Duysen*
Photographies : *Alberto Emanuele Piovano*

La maison que nous voyons aujourd'hui est le résultat de la réhabilitation d'une ancienne demeure traditionnelle majorquine située à l'intérieur de l'île. La façade, ainsi que les deux bâtiments de service adjacents – la maison du gardien et le bureau du propriétaire – ont été conservés intacts. À l'intérieur, en revanche, l'architecte a voulu créer une atmosphère sobre et contemporaine.

Une grande porte en bois sépare la maison du logement du gardien et délimite un patio à la fois grand et intime. Le jardin aussi fut dessiné par l'architecte qui a voulu le relier directement à la maison en utilisant le même pavement, un mélange de béton et de pierre locale. Un grand évier en pierre d'un seul tenant encastré dans une niche retient l'attention par sa théâtralité.

La maison principale dégage la même atmosphère. Le mobilier, presque monacal et rigoureusement dessiné pour chaque pièce, est composé de volumes simples et de plans dénudés. Les matériaux – bois, pierre, céramique et marbre – alternent délicatement pour créer un environnement élégant et reposant. L'entrée est une pièce vide dont les murs recouverts de panneaux de bois dissimulent l'accès des toilettes des invités. De là, on parvient à la cuisine/salle à manger et à l'escalier qui mène à l'étage supérieur où sont aménagées les chambres.

Cette maison démontre
que le minimalisme
est une tendance
intemporelle valable aussi
pour les tendances
passées.

Pavillon sur les rives de la Tamise

Localisation : *Streatley-on-Thames, Grande-Bretagne*
Année de construction : *1999*
Architectes : *Brookes, Stancey, Randall*
Photographies : *Peter Durant, ARCBLUE*

L'enveloppe transparente de cet édifice ainsi que sa relation à l'eau pourraient faire penser à un pavillon de jardin. En réalité, celui-ci a été conçu comme lieu de repos annexe au vaste jardin de la propriété dans laquelle il est situé. De cet endroit, on peut tranquillement contempler les eaux de la Tamise.

Deux propositions présentées antérieurement avaient été refusées car elles ne répondaient pas strictement aux règles d'urbanisme. Néanmoins, la ténacité du client, ancien propriétaire de bateaux, permit qu'une troisième possibilité, subtilement dessinée à l'image d'un bijou, devienne réalité.

Vue de l'autre côté du fleuve, la perception du volume du corps est réduite au minimum du fait de son orientation perpendiculaire au cours d'eau. Afin de donner l'impression qu'il flotte, le bâtiment est en forte saillie au-dessus du fleuve : grâce à deux piliers en béton reposant au sol sur une base commune et reliés à deux poutres qui dépassent du terrain en saillie, le corps parvient à s'étendre en continu sur presque toute sa longueur, au-delà des rives du fleuve. La structure métallique et les grandes parois vitrées qui constituent la toiture du parallélépipède offrent un effet de transparence maximale et des vues magnifiques.

Une série d'espaces extérieurs à l'édifice a été conçue avec soin. Il s'agit essentiellement de la plate-forme qui préside l'entrée principale ainsi que des escaliers qui descendent jusqu'au niveau du fleuve pour atteindre l'embarcadère.

L'imposante structure porteuse,
qui rend possible la saillie
si significative, et le cadre
métallique du dessin
du parallélépipède sont deux
éléments clés de ce projet.

MAISONS DE MONTAGNE

C e chapitre présente un certain nombre de maisons individuelles situées à la montagne qui se distinguent par leur valeur architectonique. Elles sont chacune en leur genre la version moderne des premières constructions qui, pour des raisons historiques et économiques très concrètes, ont peuplé cet endroit si particulier. Elles sont le résultat d'une transformation substantielle des valeurs ainsi que de l'association, par des architectes de renom, de matériaux traditionnels et de nouvelles technologies ; ces architectes ont ainsi construit des édifices à l'épreuve de tous les environnements géographiques et conditions climatiques sans pour autant renoncer aux commodités et au confort contemporains. Mais pour comprendre la conception moderne qui définit ces constructions, il faut d'abord analyser les traits spécifiques de celles d'autrefois. Les principales caractéristiques des quelques maisons bâties dans ce milieu hostile sont celles qui, pendant longtemps, ont défini le « style traditionnel ». La première est sans aucun doute la variété des formes ; c'est le résultat d'une grande imagination qui va souvent à l'encontre des aspects fonctionnels, de la vaste gamme des matériaux utilisés ou de l'orientation donnée

à la construction. Tout, dans ces formes, est destiné à inspirer la sécurité, par exemple, les énormes toits inclinés, ou les imposantes masses de maçonnerie.

En réalité, ce sont leurs éléments les plus caractéristiques qui ont appris aux architectes d'aujourd'hui qu'une construction doit être modeste pour pouvoir affronter les rigueurs du climat et les difficultés topographiques, propres à cet environnement.

D'ailleurs, la plupart des solutions trouvées dans le passé ont le plus souvent résisté aux années. De nos jours, ce type de maison est généralement construit avec des matériaux provenant de la région ou d'une région proche, et choisis en fonction de leurs qualités d'isolement. La configuration d'une ossature en bois, par exemple, était déjà de rigueur au XVIIIe siècle, et a été adoptée par un certain nombre d'architectes contemporains car elle permet une grande variété de tracés sur les plans. À l'intérieur, l'utilisation généralisée de ce matériau témoigne de la volonté de créer une atmosphère chaude et agréable. Les pièces sont distribuées de manière à ce que la construction ait l'air d'un refuge, évitant les coursives externes, compte tenu de l'environnement hostile. Un soin tout particulier est aussi apporté au choix de l'emplacement de la maison, puisqu'une mauvaise orientation par rapport à la pente et aux quatre points cardinaux pourrait rendre l'espace inhabitable. Un autre élément qui apparaît souvent dans les édifices contemporains est le soubassement en pierre qui isole la maison du sol et sert de base à la cheminée. Autrefois, les gens qui vivaient à la montagne le faisaient par obligation puisqu'ils devaient être proches des pâturages et garder les troupeaux. Aujourd'hui, les motivations sont très différentes ; ceux qui choisissent librement de faire construire une maison à la montagne y viennent à l'occasion – pendant les vacances – ou bien s'y installent définitivement et en font leur résidence principale.

La vue joue également un rôle important : le panorama dont on jouit depuis la maison doit être très large. Cette préférence provient d'une conception contemplative de la vie qui était autrefois considérée comme superflue : personne ne prêtait attention aux vues, si bien que les constructions disposaient de toutes petites ouvertures qui assuraient toujours une plus grande protection contre le froid. À l'heure actuelle, en revanche, les œuvres architectoniques disposent de généreuses ouvertures qui donnent sur le monde extérieur, le provoquant et le défiant.

La contribution de l'architecture moderne est précisément cette liberté qui permet de trouver une infinité de solutions aux différents problèmes rencontrés. Ces réflexions nous amènent à analyser l'adéquation de la maison avec le paysage. Une construction ne doit pas nécessairement s'adapter à son environnement immédiat, comme si elle éprouvait un besoin de se cacher ou un sentiment de soumission à son égard. L'intégration n'est pas un aspect simplement visuel mais aussi technique. La tradition est souvent une base très utile pour le développement de l'imagination des architectes aujourd'hui chargés de construire des maisons à la montagne. Chacune des maisons individuelles présentées dans ce volume montre que l'on ne peut proposer une bonne architecture avec un esprit servile. Au contraire, les plus belles maisons sont celles dont l'auteur a su combiner imagination et intelligence et s'adapter aux conditions spécifiques imposées par l'environnement ; celles qui sont en adéquation avec le paysage et le style de vie du pays d'implantation seront les plus appréciées.

La maison Negro

Localisation : *Contadero, Mexique*
Année de construction : *1995*
Architectes : *Alberto Kallach, Daniel Álvarez,*
             Gustavo Lipkau, Rosa López
Photographies : *Paul Czitrom, Luis Gordoa,*
               Marta Irene Alcántara

La nature du terrain, situé sur le versant sud d'une vallée, fut déterminante dans le processus créatif. L'architecte Alberto Kallach devait bâtir une maison individuelle sur une parcelle très pentue couverte de chênes et de scrofulaires. Sa stratégie consista à diviser le programme en quatre structures habitables pouvant s'adapter au terrain.

Pour ne pas perturber l'environnement naturel, ces quatre structures érigées sur des plates-formes, suivent la direction des chemins naturels. Trois d'entre elles sont situées sur des chemins préexistants dépourvus de végétation et dotés d'un relief plus doux.

Un autre élément important était d'éviter de construire des grands murs de soutènement afin de ne pas abîmer les racines des arbres les plus proches. C'est pourquoi les plates-formes ne pénètrent pas dans le sol mais flottent au-dessus grâce à des caissons en béton armé qui les soutiennent et contiennent, telles des citernes, l'eau recueillie des toitures et des patios.

Le béton, l'acier, le bois et le verre sont les différents matériaux utilisés pour créer et revêtir les quatre structures habitables. Les connexions entre les volumes, niveaux et espaces extérieurs reposent sur un système d'escaliers, de rampes et de ponts qui relient tous les éléments du projet et créent des chemins pour profiter de cet emplacement si singulier.

La maison Negro est en réalité un ensemble de structures habitables dans des dimensions et des matériaux différents qui communiquent avec tout ce qui les entoure : le versant de la montagne, le ciel et la végétation.

L'entrée de la maison est
à l'extrémité ouest
de la structure supérieure,
où une pergola en bois
et l'espace aménagé à ses pied
servent d'éléments
de transition entre l'extérieu
et l'intérieur. Ce premier
corps héberge la salle
de séjour et la salle à manger
orientées vers la végétation
dominante et, derrière
le couloir qui les dessert,
les pièces de service.

Les connexions entre les volumes, les niveaux et les espaces extérieurs reposent sur un système d'escaliers, de rampes et de ponts qui relient tous les éléments du projet et créent des chemins pour goûter cet emplacement si singulier. Les deux structures inférieures relèvent du programme complémentaire de la maison : un bureau et une piscine, située dans la partie inférieure de la parcelle.

La seconde construction habitable comprend les chambres et les pièces privées. Jouissant de la même orientation que la salle de séjour et la salle à manger, les chambres sont reliées par un couloir éclairé par un puits de jour. Un escalier mène au corps supérieur qui héberge la chambre principale.

La maison Coll-Vallés

Localisation : *Barcelone, Espagne*
Année de construction : *1997*
Architectes : *Fidela Frutos, J.-M. Sanmartín,*
Jaume Valor
Collaborateurs : *Construcciones Técnicas Lliçà (maître d'œuvre)*
Alex Soler (mobilier)
Photographies : *Eugeni Pons*

Dès le départ, le projet a été conditionné par la topographie et la parcelle. D'un côté il y avait une pente extraordinaire, de l'autre, un terrain quasi triangulaire. Étant donné l'obligation d'être éloigné d'au moins 3 m des limites de la parcelle, il fallait bâtir la maison à un endroit bien précis. Parallèlement, la volonté était de conserver le bois existant et, sur proposition des propriétaires, d'inclure dans le projet une piscine face au paysage.

La maison est orientée au sud, en fonction de la pente du terrain, des belles vues et de l'ensoleillement optimal. L'édifice comprend un niveau semi-enterré et deux unités très élevées superposées verticalement. L'unité inférieure comprend les pièces à vivre et l'unité supérieure les chambres.

Quant à l'aspect extérieur de la maison, les architectes avouent que leur intention était d'intervenir sur l'échelle de l'édifice, c'est-à-dire de le considérer comme un tout et de ne pas laisser transparaître sur la façade la distribution des espaces intérieurs ou le programme fonctionnel de la maison. Pour cela, il a été fait en sorte que les fenêtres – de tailles différentes – correspondant à chaque pièce n'apparaissent pas sur la façade.

La façade nord – sans ouvertures – est revêtue d'une plaque métallique qui se prolonge sur la toiture courbe. Cette plaque recouvre aussi les fenêtres, devant lesquelles le même matériau a été utilisé, mais dans ce cas-là, microperforé.

La façade sud est constituée de plans continus : persiennes et panneaux de verre ou de polycarbonate. Ces plans dessinent une série de franges horizontales ayant plusieurs inclinaisons. Les façades latérales sont des surfaces uniformes stuquées de blanc et pratiquement aveugles. Leur aspect est proche de ce que serait une coupe simplifiée de la maison.

Vue de la salle de séjour
dans laquelle on remarque
le double espace dans lequel
s'intègre la cuisine.

Détail de la chambre principale :
l'escalier que l'on aperçoit monte
jusqu'à une petite mezzanine
aménagée au-dessus de la salle
de bains et sous le toit courbé.

Cheesecake Consortium

Localisation : *Mendocino County, Californie, États-Unis*
Année de construction : *1994*
Architectes : *Richard Fernau, Laura Hartman,*
　　　　　　David Kau
Collaborateurs : *Tim Gray, Kimberly Moses,*
　　　　　　Emily Stussi (équipe de projet), Dennis
　　　　　　McCroskey (structures),
　　　　　　Jim Boudoures (entrepreneur)
Photographies : *Richard Barnes*

Le projet consistait à construire un ensemble de maisons dans une forêt de Mendocino County, au nord de San Francisco, pour un groupe d'amis (quatre couples et trois célibataires) âgés de 40 à 60 ans, qui avaient décidé de passer ensemble leurs vieux jours afin de se tenir compagnie et de se soutenir mutuellement.

La plupart des œuvres de Fernau et Hartman divisent les projets en plusieurs volumes ou édifices distincts, de manière à ce que l'ensemble puisse s'intégrer plus facilement au paysage. Cette stratégie permet de travailler sur une œuvre hétérogène qui favorise un dialogue entre les différents corps du projet et un contraste entre leurs formes et leurs finitions. Le résultat final n'a pas une seule interprétation possible car il constitue un système ouvert de relations.

La maison est constituée de trois corps, chacun d'eux étant composé différemment : on trouve tout d'abord un édifice à deux niveaux, avec les espaces communs au rez-de-chaussée et deux appartements au niveau supérieur, puis une aile résidentielle avec cinq appartements, la buanderie et la bibliothèque, et enfin, un atelier où l'on peut réparer les voitures, développer des photos, faire des ouvrages de marqueterie ou jouer au ping-pong.

Tous les espaces ont été pensés pour être modifiés ou agrandis avec le temps, selon les besoins des occupants. Parallèlement, toutes les pièces ont été prévues pour être facilement accessibles aux personnes âgées : des rampes et des ascenseurs conçus pour les chaises roulantes ont été installés.

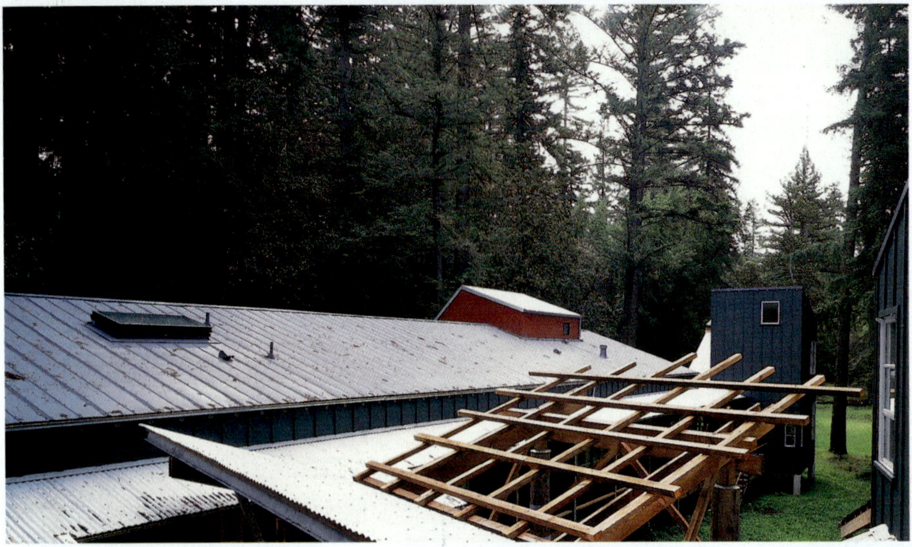

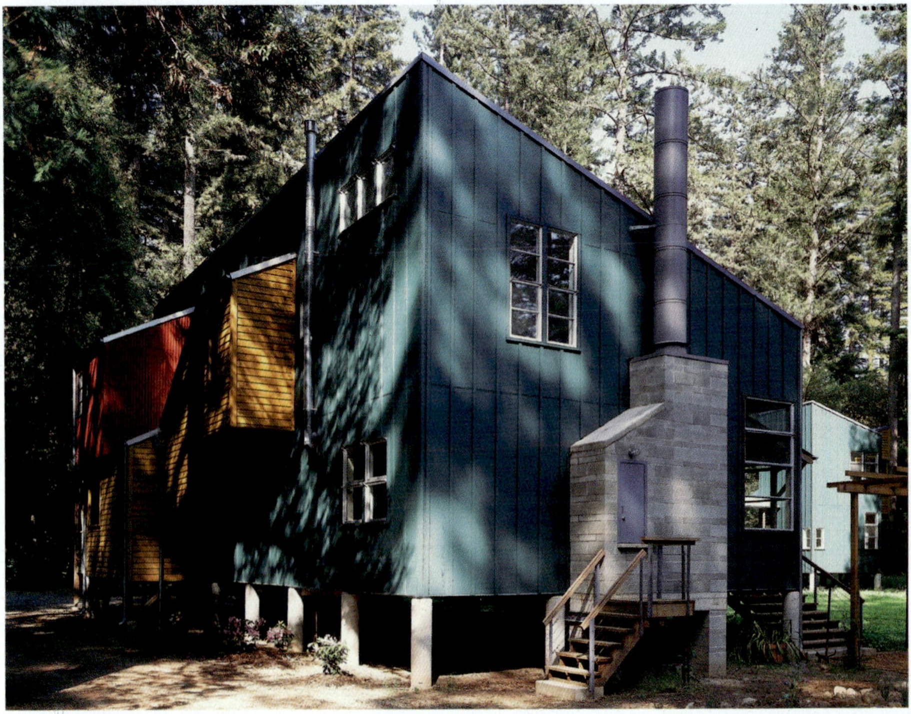

« Nous avons demandé aux
architectes que les parties communes
soient suffisamment grandes pour
pouvoir héberger
et recevoir à dîner nos familles »,
explique l'un des membres
du Cheesecake Consortium.

Les quatre arbres sacrifiés pour
la construction des édifices ont été
utilisés pour fabriquer les terrasses,
le mobilier et la table de la salle
à manger, dessinés par Davin Joy.

La maison Cabernet

Le terrain légèrement pentu a nécessité que l'édifice soit bâti en fonction du dénivelé. Ainsi, la maison est divisée en quatre volumes reliés par des espaces intermédiaires délimités par des murs courbes qui se fondent dans la topographie en créant un ensemble sculptural.

Localisation : *Napa Valley, États-Unis*
Année de construction : *1999*
Architectes : *Legorreta Architectes*
Photographies : *Lourdes Legorreta*

La maison Cabernet est une nouvelle opportunité pour Legorreta de démontrer qu'une intervention dans un beau paysage ne signifie pas nécessairement sa détérioration. Le splendide résultat obtenu avec cette maison, située à Santa Helena, au sommet d'une jolie colline, entre un bois et des vignes, est encore une preuve du savoir acquis par cet architecte au cours de son long parcours de fabricant de rêves.

L'intégration de la maison dans le paysage est le résultat de la division du programme en plusieurs pavillons et de leur implantation prudente dans la topographie existante. Cela a en outre permis de bénéficier de nombreuses vues, aussi bien de la maison en direction de la forêt environnante qu'à l'intérieur même de la propriété. Si les murs jouent d'une façon générale un rôle essentiel dans l'architecture de Legorreta, leur fonction est particulièrement frappante dans la maison Cabernet. D'une part, ils permettent de relier l'extérieur et l'intérieur de la maison ; c'est le cas, par exemple, d'un mur courbe qui, après le parcours en extérieur, pénètre dans la maison et finit à l'intérieur, délimitant l'espace de la cuisine. D'autre part, du fait qu'ils sont traversés par la lumière, ils donnent du sens à l'intérieur comme à eux-mêmes, permettant d'obtenir grâce à un éclairage naturel des coins d'une grande beauté et d'une grande sérénité.

La très grande qualité des espaces provient de la recherche d'éléments pouvant permettre aux propriétaires de réaliser leur rêve : être heureux dans cette maison.

Le programme était simple :
des salles de séjour, une chambre
principale, une terrasse avec
piscine et deux chambres d'amis.
Le principal défi du projet était
de maintenir une relation étroite
avec la forêt environnante sans
pour autant renoncer à l'intimité
des pièces.

Les façades sont essentiellement
composées depuis l'intérieur,
encadrant les vues qui en valent
vraiment la peine. La couleur
utilisée presque partout fut
choisie pour sa similitude avec
la terre rouge de la région, et le
nom Cabernet, pour son allusion
au cépage qui pousse sur
la propriété.

Le fait de choisir un mobilier
en harmonie avec la maison
explique que la plupart des
meubles soient directement
arrivés par bateau du
Mexique. Les meubles et
les menuiseries sont presque
exclusivement en bois, ce qui
confère une certaine chaleur
à cette maison réellement
pensée à l'échelle humaine.

À l'intérieur de la maison, les espaces jouissent de vues magnifiques, encadrées par les ouvertures qui ont été créées depuis l'intérieur plutôt que projetées pour des raisons de composition des façades. Les meubles furent choisis et créés spécialement pour fusionner avec les autres éléments constitutifs de la maison.

La maison Nirvana

Localisation : *Valldoreix, Barcelone, Espagne*
Année de construction : *1996*
Architecte : *Jordi Casadevall*
Photographies : *Jordi Miralles*

Cette construction se situe volontairement dans la partie la plus haute du terrain, au bord de la limite nord de la parcelle. Une partie des pins méditerranéens préexistants, efficaces contre la chaleur et d'une grande valeur environnementale, a ainsi pu être conservée. Ces premiers mécanismes d'implantation sont à la base de la remarquable réalisation du projet, clair dans sa conception et efficace d'un point de vue fonctionnel.

Au sol, la maison représente un parallélépipède en pierre de 40 m de long. Deux corps cubiques métalliques reposent sur ce soubassement ; ils hébergent les espaces pour les propriétaires et leurs amis et convertissent la toiture plate en un espace extérieur à caractère propre. Leur position séparée par rapport à la base et le contraste souhaité des matériaux et des couleurs entre les deux éléments accentuent leurs propriétés respectives. De la sorte, la solidité et la rigidité du soubassement sont accentuées par l'existence des pavillons qui confèrent légèreté et mouvement à l'ensemble.

La maison Nirvana est parfaitement représentative de ce type d'habitat où la fluidité de l'espace intérieur n'est pas incompatible avec l'autonomie de ses différentes parties. C'est ce qu'illustrent les deux escaliers intérieurs avec accès quasi direct depuis l'extérieur, qui garantissent la bonne connexion des pavillons avec le reste de la maison et le garage, sans pour autant les priver d'intimité.

Les frontières entre intérieur et extérieur sont perméables, créant ainsi une communication fluide et un champ visuel très large puisque le spectateur s'approprie également le jardin.

Au sol, la maison se présente
comme un volume en pierre.
Deux corps cubiques
métalliques qui hébergent
les chambres reposent sur
ce soubassement. Leur
configuration séparée
accentue le changement
de matériau et d'utilisation.

La façade nord se caractérise par
des incisions horizontales qui éclairent
légèrement le parcours longitudinal
de distribution et isolent visuellement
la maison de la rue. Côté sud, en
revanche, les pièces et les nombreuses
salles de séjour et salles à manger
donnent sur le jardin avec piscine
– soit à travers des porches, soit
directement – s'ouvrant si
généreusement qu'il est parfois
difficile de distinguer
l'intérieur de l'extérieur.

La résidence Von Stein

Localisation : *Sonoma County, Californie, États-Unis*
Année de construction : *1994*
Maître d'œuvre : *Fine Carpentry*
Architectes : *Fernau et Hartman*
Collaborateurs : *Timothy Gray, Beth Piatnitza,
      Anni Tilt (équipe de design), Emily Stussi,
      Kimberly Moses, Sarah De Vito*
Photographies : *David Heawitt/Anne Garrison*

Convertir ce qui est purement formel – la composition des volumes, la distribution des espaces et l'obtention des images – en une réalisation chargée de désirs et de souvenirs des différentes formes de vie, en une construction enracinée tant dans la mémoire de situations sur le point de disparaître ou simplement imaginées, que dans la mémoire d'autres rythmes et d'autres attentes ; telle est l'unique façon de dépasser la tendance de l'architecture actuelle dans ce qu'elle a de purement visuel, comme le sont ces architectures destinées à être photographiées ou qui reproduisent des photographies.

À l'origine pensée pour deux personnes, la maison devait tout de même comprendre un petit bureau et une chambre d'amis, en assurant le plus d'intimité possible dans toutes les pièces. La solution est une maison-loft-appartement, avec deux bâtiments distincts qui définissent une série d'espaces extérieurs séparés.

La colline de Sonoma County descend vers le sud-ouest, avec une vue sur les vignobles de Valley of the Moon, où le soleil brille souvent intensément, et, parfois, de façon insoutenable.

La maison est surplombée par deux tours. Le volume le plus haut comprend une porte à travers laquelle passent les principaux dégagements. Cette tour, qui bénéficie des plus belles vues, comprend une chambre-bureau et une terrasse pour se reposer et profiter du paysage. La plus petite des deux tours, située entre les arbres, à côté d'un jardin fermé et mystique, occupe le coin du point le plus élevé de la maison. Parfaitement située par rapport aux vues et aux brises, ce lieu a été prévu pour les invités.

L'intense soleil de Californie
brille sur les murs jaunes
du bâtiment principal
de la maison. Les architectes
ont prévu plusieurs moyens
pour se protéger du soleil :
des marquises métalliques,
des volets roulants et des
pergolas en bois.

Vue de la tour où se trouve la chambre principale. Le volume en saillie correspond à un petit mirador intégré au sein même de la chambre.

Vues de la salle à manger
et de la cuisine. Deux types
de revêtement de sol règnent
dans la maison : du parquet et
du béton poli. Contrairement
à ce que l'on pourrait penser,
le béton orne la salle de séjour
et le parquet, la cuisine.

Page de droite :
Vue de la salle de séjour.
La chambre principale est
construite tel un balcon donnant
sur la pièce. De grands panneaux
translucides coulissants permettent
de relier les deux espaces ou bien
d'isoler la chambre.

La maison modulable

Localisation : *Wisconsin, États-Unis*
Année de construction : *1996*
Architectes : *Vincent James, Paul Yaggie*
Collaborateurs : *Nancy Blanfard, Nathan Knuston,*
Andrew Dull, Steve Lazen, Krista Scheib,
Julie Snow, Taavo Somer, Kate Wyberg
Photographies : *Don F. Wong*

La pierre bleutée fut choisie pour le soubassement de la maison, car sa couleur était semblable à celle de l'écorce de la base des grands arbres du bois environnant.

La maison se résume à une série d'espaces qui correspond aux rythmes et aux règles de la vie quotidienne. Les volumes, similaires à des caissons en bois, permettent de créer différentes unités architecturales contiguës.
Chacun dispose d'une proportion, d'une orientation et d'un éclairage naturel spécifiques. Bien qu'étant une composition strictement orthogonale, l'articulation des différents volumes produit une gamme de panoramas sur l'environnement qui changent sans cesse. Parallèlement, les axes et les angles des différentes pièces de l'édifice définissent plusieurs espaces extérieurs semi-fermés.

D'un point de vue géométrique, la composition est disposée en macles, entre des parallélépipèdes de hauteurs et d'orientations différentes. Les pièces les plus vastes et les terrasses correspondent à la partie centrale de chaque corps, et c'est dans ces espaces que les membres de la famille se retrouvent. À l'inverse, aux jonctions et aux intersections des caissons, les espaces ont tendance à être plus fermés et restreints, ce qui favorise les moments plus intimes et solitaires.

Les pièces et les patios de la maison sont conçus comme des espaces simples et immédiats, aux formes pures, qui deviennent vivants au quotidien et selon le cycle des saisons. Les options de construction ainsi que les finitions choisies s'inspirent de l'architecture rurale typique du nord des États-Unis.

Le résultat final est à la fois abstrait et familier, ce qui est compatible avec le désir des propriétaires d'avoir une maison rustique et chaleureuse.

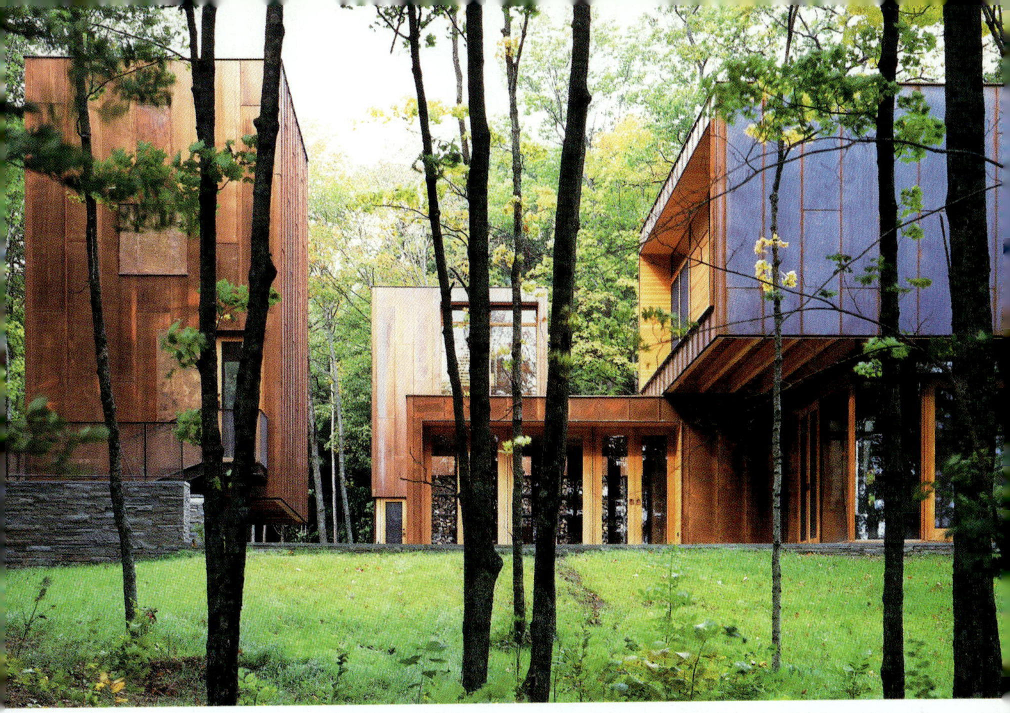

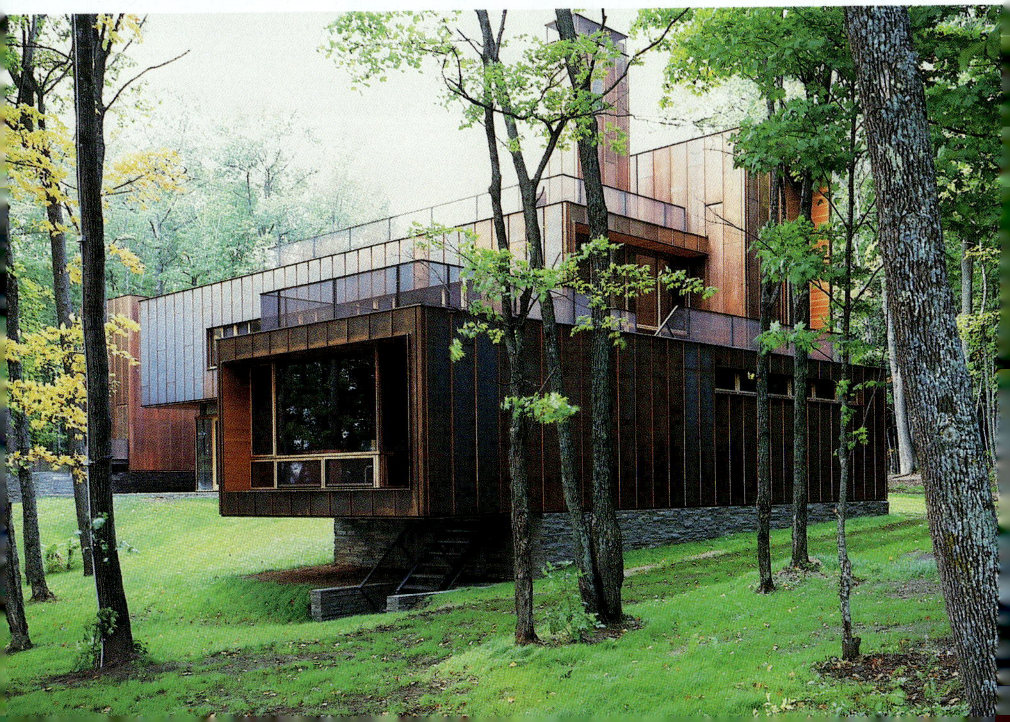

Les matériaux extérieurs,
essentiellement des plaques
de cuivre de l'entreprise
Douglas et de la pierre
bleutée, sont placés selon
des trames différentes
qui confèrent une variété
de rythmes et de textures
aux façades. Le revêtement
en cuivre des façades n'a pas
été protégé des intempéries
et de l'érosion afin qu'il
vieillisse naturellement.

Vue du patio intérieur
de l'aile sud et du pont qui
le traverse au premier étage.
Ce patio est situé entre
le garage et la cuisine.
Un abri pour le bois
a été fabriqué le long
du mur de gauche.

L'éclairage naturel
de la maison se fait par
filtration de la lumière
grâce à des lattes en bois
verticales qui tamisent
les rayonnements directs
du soleil. La position
des ouvertures sur
les façades crée un jeu
de perceptions multiples
à l'intérieur.

À l'intérieur, les défauts
ne sont pas dissimulés.
Les marques et les traces
faites sur la plupart des
panneaux en bois au cours
de la construction ont été
conservées.

La résidence Burger

Localisation : *Bregenz, Autriche*
Année de construction : *1994*
Architectes : *Karl Baumschlager & Dietmar Eberle*
Photographies : *Eduard Hueber*

La résidence Burger est située sur un terrain très pentu orienté sud-nord avec vues sur le lac de Constance.

L'édifice est un volume simple dont le plan est un rectangle presque parfait (6 x 9 m) qui se développe sur quatre niveaux, le plus bas étant à moitié enterré. On y accède côté sud par une rampe douce allant jusqu'au niveau intermédiaire qui, outre le vestibule et des toilettes pour les visiteurs, comprend la chambre et la salle de bains principales.

À l'étage supérieur, un même espace regroupe la cuisine, la salle à manger et la salle de séjour. Sur une frange adossée contre le long du mur ouest se développe la surface de travail de la cuisine. Une grande baie linéaire éclaire cet espace tout en soulignant la différence entre les parties de l'étage supérieur.

La distribution de la maison a été conçue à partir de sa coupe, en la divisant selon les besoins en étages relativement petits. Les choix qui ont été faits pour chaque espace diffèrent dans la maison Burger des typologies des maisons plus courantes. Ainsi l'espace de service du niveau à moitié enterré a-t-il l'aspect d'une pièce mansardée ou en attique, tandis que l'étage principal se situe au niveau le plus élevé pour profiter de la vue sur le lac.

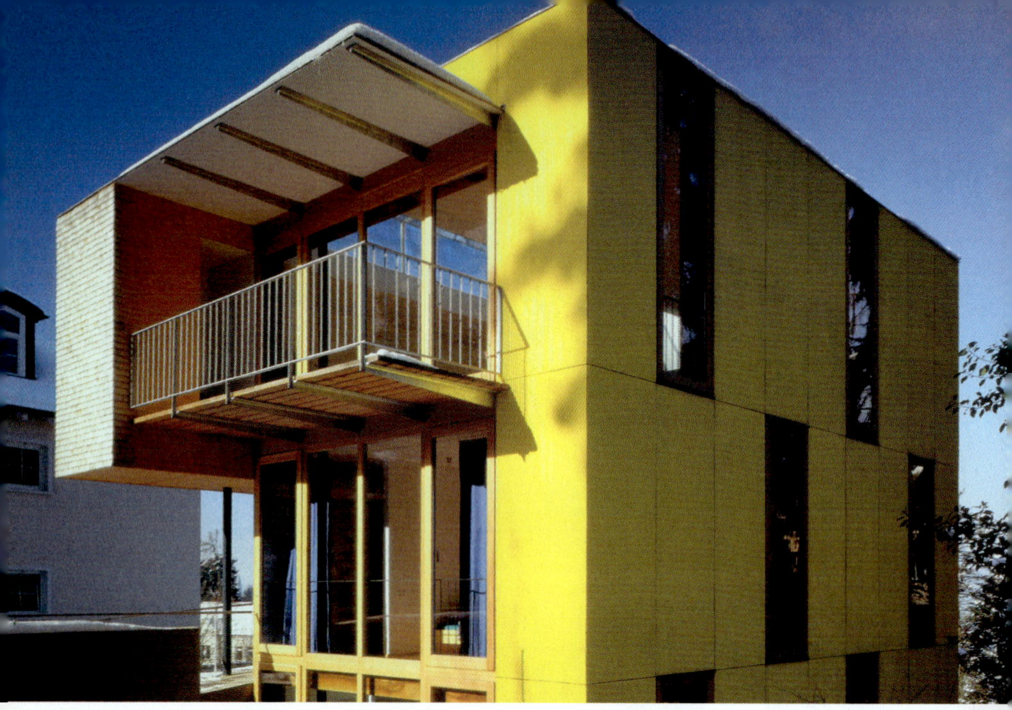
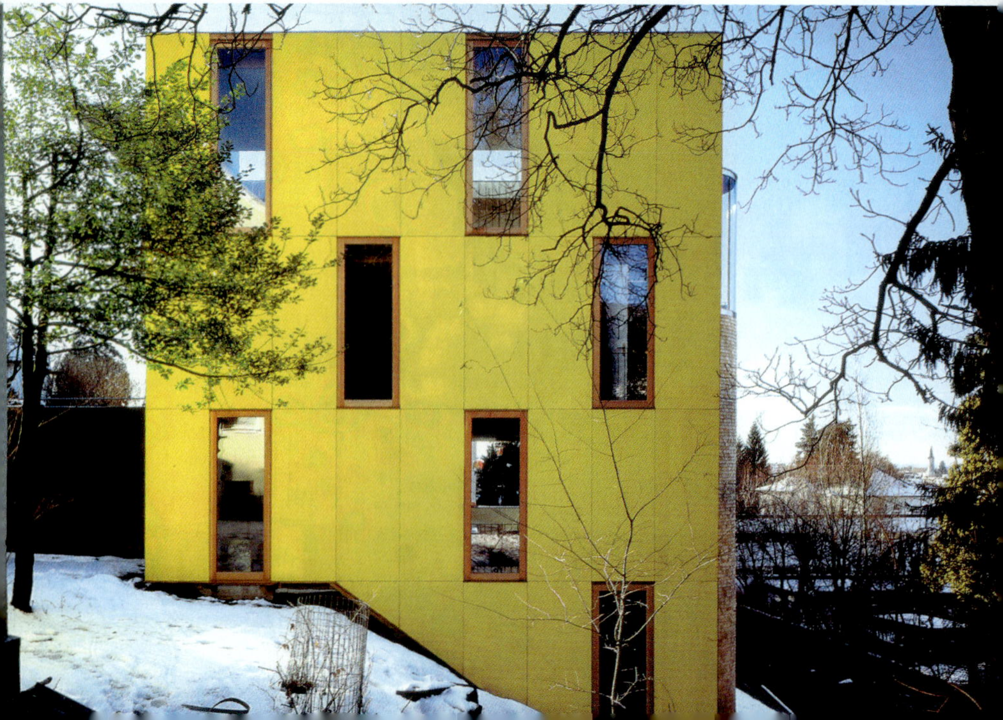

Page de gauche :
Détail de la terrasse sud.

La façade est, avec un plan
modulé enclavé dans
la nature.

La chambre principale,
un espace simple avec
des rideaux pour l'intimité.

Depuis le pallier
de l'escalier, on aperçoit
la porte d'entrée, la baie
et la façade.

La cuisine,
le salon-salle à manger
et un second balcon.

La maison Waldman

Localisation : *Charlottesville, Virginie, États-Unis*
Année de construction : *1996*
Maître d'œuvre : *G. Viquer + P. Radis*
Architecte : *Peter Waldman*
Collaborateur : *John Fitzerald*
Photographies : *Peter Waldman*

Située en pleine forêt, près de Charlottesville (Virginie), où Waldman est professeur à l'université, la résidence Waldman est la demeure personnelle de l'architecte. Parce qu'il n'y avait pas de client à consulter pour prendre les décisions, une relation différente avec le projet a bien évidemment été créée.

Cette situation s'était déjà produite non loin de la maison Waldman, à Monticello, avec une œuvre de l'architecte Thomas Jefferson, père de la constitution américaine et président, qui reste un projet en cours depuis deux cents ans.

D'une certaine manière, dans ces cas-là, la maison devient une maquette de travail à échelle réelle, un véritable prototype. C'est ainsi que certaines maisons construites par des architectes pour eux-mêmes (maison de Robert Stern pour sa mère, maison Hedjuk, maison Gehry), ont engendré un bon nombre des révolutions esthétiques de ces dernières années.

Cette évocation expérimentale confère au projet lui-même un aspect expérimental. Cela peut paraître évident mais ça ne l'est certes pas, car, selon que l'on considère qu'il s'agit d'un exercice d'entraînement, d'un instrument de travail ou d'une manière d'apprendre, le résultat final fait l'objet d'un type de jugement différent.

Dans la maison Waldman, tout a un esprit théâtral. Mais ce qui altère sans aucun doute la perception des espaces, c'est l'étrange collection d'objets insolites que possède Peter Waldman : machines impossibles à définir qui semblent provenir d'une époque proto-industrielle, meubles éclectiques achetés chez des antiquaires, poupées et miniatures inquiétantes.

Les grandes fenêtres des façades sont orientées à l'est et à l'ouest. Depuis l'intérieur de la maison, on peut profiter du lever et du coucher du soleil. Les arbres des alentours constituent un formidable pare-soleil naturel.

L'un des éléments les plus singuliers de la maison est le puits de jour de la toiture qui, comme on peut le constater, est fabriqué avec un tissu translucide.

La façade avant n'a pratiquement
pas d'ouvertures. Elle est
entièrement recouverte d'une
plaque de cuivre, d'où son
intégration parfaite dans
les couleurs du paysage.

La maison Waldman
est construite sur le versant
d'un bois près de Charlottesville,
en Virginie.

Le puits de jour conique fait 3 m
de haut et 2 m de diamètre à la base.

Les objets de la maison ont été
spécialement choisis pour évoquer une
atmosphère théâtrale et scénographique.
Les rampes, les radiateurs, les tuyaux
des installations et les lampes semblent
dater du début du XXe siècle.

Maison à Olive Bridge

Localisation : *Olive Bridge, New York, États-Unis*
Année de construction : *1996*
Architecte : *Peter Gluck*
Photographies : *Paul Warchol*

Cette maison située dans la forêt d'Olive Bridge, près de New York, est une maison de vacances, une sorte d'hôtel particulier où les propriétaires reçoivent leur famille et leurs amis. Peter Gluck a dû s'adapter à un emplacement qui, malgré son exubérance, présentait aussi une pente très prononcée. Au lieu d'essayer de s'adapter à la topographie, l'habitation conçue ici par Gluck est posée sur le terrain sans quasiment l'avoir modifié.

La maison est composée de trois pièces indépendantes, bien définies et ayant des caractères qui, bien que propres, se mélangent. Ce type de projet est caractéristique de l'œuvre de Gluck de ces dernières années : à partir d'une division programmatique ou fonctionnelle, il construit un ensemble complexe de plusieurs édifices reliés entre eux.

La maison est en soi un pont qui permet de passer d'un endroit de la forêt à un autre.

Peter Gluck utilise des matériaux, des couleurs et des finitions très variés. Il travaille aussi avec des formes géométriques très simples qui sont toutefois reliées de manière complexe.

Dans le cas présent, les volumes ont la forme d'un cube à deux étages, revêtu de pierre artificielle. C'est une construction d'aspect traditionnel, avec une toiture à deux eaux, et un pont ou tunnel, dressé sur pilotis et revêtu de tôle ondulée métallique.

La maison fonctionne comme un pont ou pont transbordeur entre deux régions distinctes.

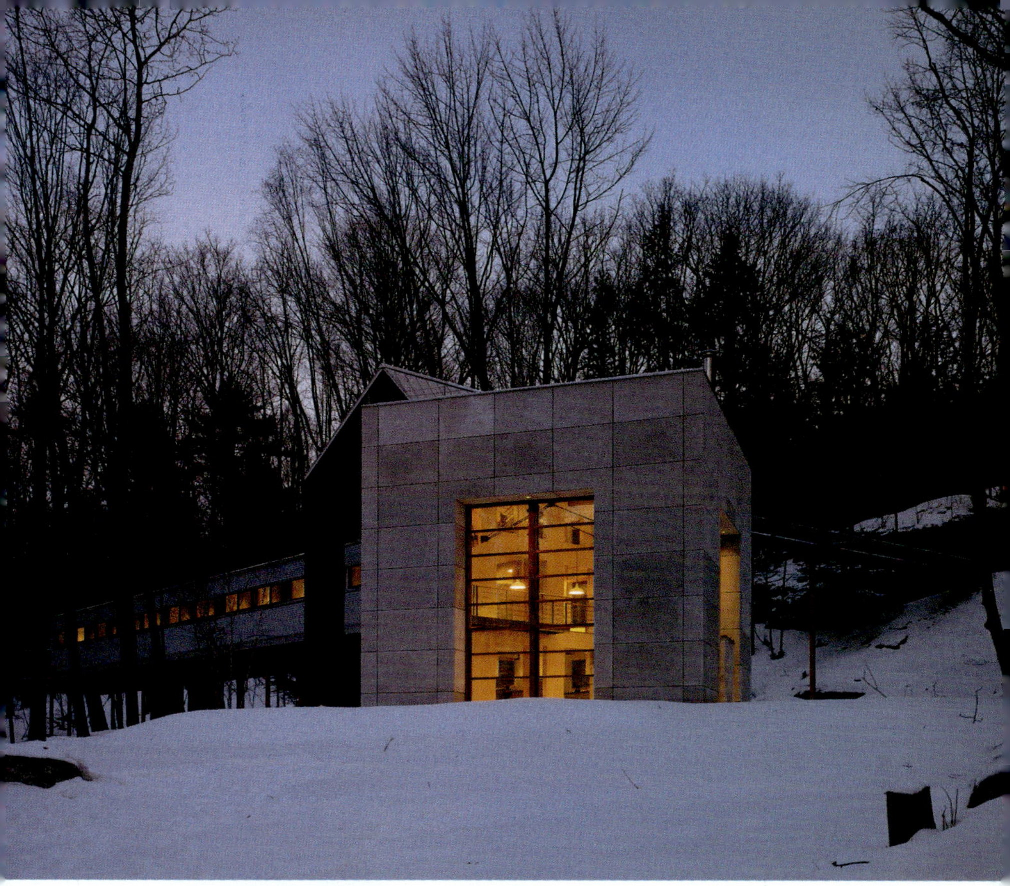
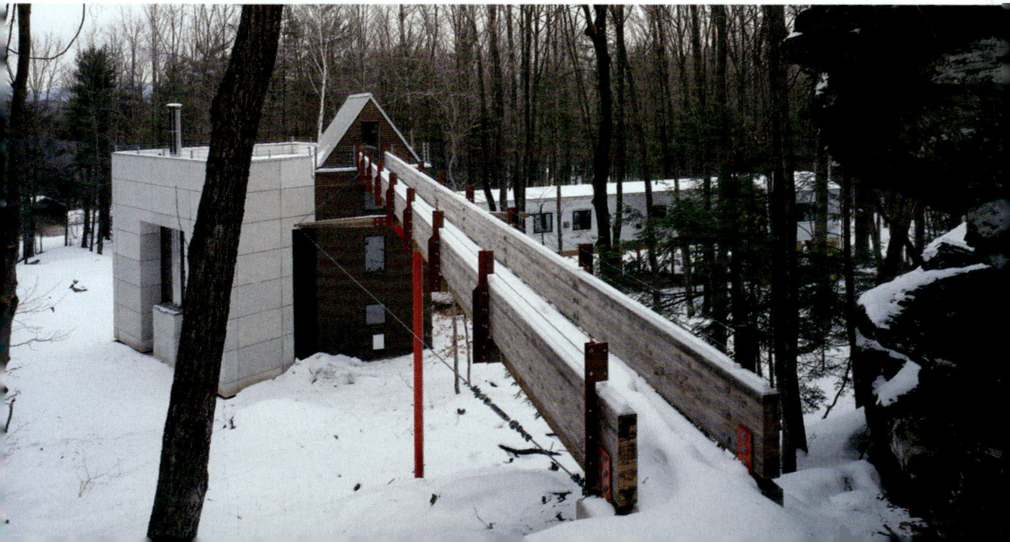

Maison sur le mont Fuji

Localisation : *village de Narusawa, Japons*
Année de construction : *2000*
Architecte : *Satoshi Okada*
Photographies : *Hiroyuki Iría*

Cette maison est située au pied du mont Fuji, dans un domaine à la végétation dense. La géographie du terrain est accidentée en raison de son passé volcanique : la lave s'est solidifiée et a laissé de petits monticules qui, avec le temps, ont été recouverts d'herbe et d'arbres à feuilles caduques.

Le terrain est tout en longueur, orienté du nord-est au sud-ouest, et délimité sur les côtés par deux routes. Seule une cabane vient déranger le calme et l'isolement qu'assurent les forêts de hêtres et de bouleaux.

Pour l'architecte Satoshi Okada, ce projet fut un exercice poétique. Le culte que les Japonais vouent à la nature se retrouve dans l'ensemble de la conception, depuis le choix des matériaux jusqu'à la disposition de la maison sur le sol. La bâtisse est comparable à un monument, une structure solide dissimulée dans le feuillage, « une ombre dans la forêt », dit Okada.

Les clients ont fait construire cette petite résidence secondaire pour pouvoir profiter de la tranquillité du site en compagnie de leurs invités. L'édifice se trouve au nord-ouest de la parcelle. De cette façon, il profite de la lumière naturelle et tourne le dos aux maisons voisines.

L'architecte a conçu un toit à plusieurs pentes s'harmonisant avec les dénivelés du terrain. Un grand mur en diagonale divise la maison en deux parties : un vaste espace consacré aux fonctions domestiques communes et un espace dans lequel sont aménagées les chambres et leurs salles de bains respectives. On pénètre dans la résidence en empruntant un étroit couloir sombre qui s'élargit petit à petit et s'ouvre sur une vaste galerie ensoleillée. Cet espace contient un grenier sous lequel on a aménagé la cuisine et la salle à manger, d'à peine deux mètres de haut, qui tranche avec la salle de séjour haute de cinq mètres.

Un petit couloir mène aux chambres camouflées par un mur dont la partie supérieure est agrémentée d'une ouverture permettant d'éclairer le couloir desservant ces dernières.

Comme les formes architecturales, les matériaux choisis s'harmonisent avec l'environnement naturel. C'est la raison pour laquelle beaucoup de bois a été utilisé. La façade est en bois de cèdre teint en noir et les sols recouverts de parquet en chêne. Pour des raisons pratiques, le sol des salles de bains et des terrasses sont en granit.

La bâtisse jaillit nettement des cimes des arbres et au-dessus de la lave avec laquelle elle tente de rivaliser. On y accède par une petite passerelle qui réduit le fossé entre le terrain et l'entrée.

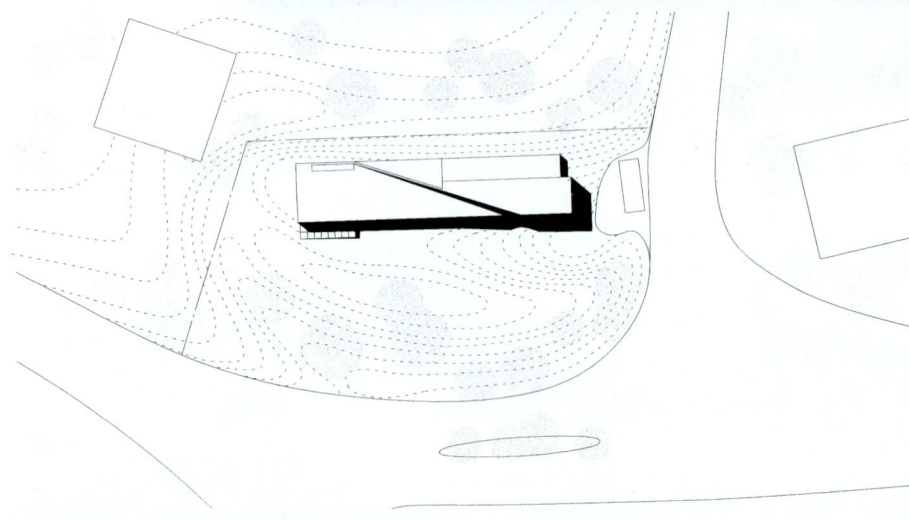

Plan de situation

A l'intérieur, on ne trouve presque aucune porte. Les pièces sont délimitées par des ouvertures dans le mur et la lumière du soleil est diffusée depuis le plafond.

A certains endroits, les façades sont construites en retrait pour faire apparaître des terrasses qui offrent un meilleur panorama sur le paysage et forment une enclave de vie en plein air. Etant couvertes par la saillie formée par l'étage supérieur, elles sont à l'abri des intempéries.

Elévation sud-est

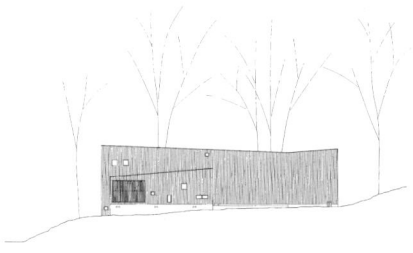

Elévation nord-ouest

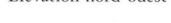

Elévation sud-ouest

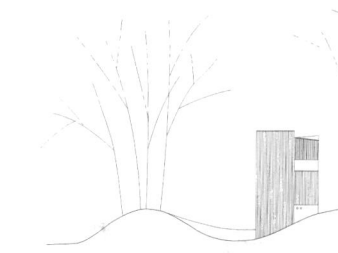

Elévation nord-est

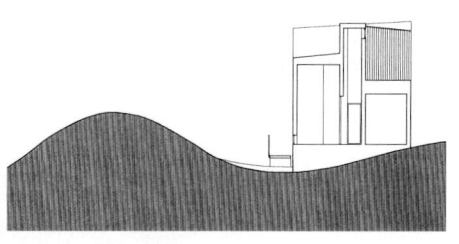

Coupe transversale

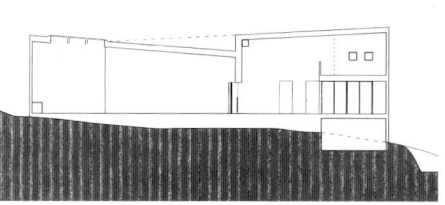

Coupe longitudinale

Maison à Dafins

Localisation : *Dafins, Autriche*
Année de construction : *2000*
Architecte : *Marte.Marte Architekten*
Photographies : *Ignacio Martínez*

L'édifice, partiellement enterré dans la montagne, se trouve sur les hauteurs d'une colline de la région de Vorarlberg, en Autriche, et offre un fabuleux panorama sur la vallée du Rhin. L'aspect solide et massif du béton qui forme sa structure et qui revêt complètement l'extérieur, s'oppose à la transparence obtenue par les fenêtres de grand format, les patios intérieurs et les vastes terrasses qui s'entrecroisent dans cette composition d'espaces vides et pleins. Dans ce cas, il s'agissait d'abord d'une structure élémentaire qui est devenue le prétexte idéal pour créer un discours architectural autour de la relation intérieur-extérieur.

La maison se trouve au-dessous de la route d'accès d'où se détache un petit sentier menant jusqu'à un patio frontal constitué d'une esplanade en gravier avec un arbre sur le côté et l'entrée de la maison. Ce patio se situe au-dessous de la maison, créant une vaste entrée qui aboutit à une grande porte en verre. Le simple cube servant de point de départ, auquel on a retiré certaines parties ou dans lequel on a creusé des ouvertures, aboutit à une composition d'une très grande richesse formelle et fonctionnelle.

Toutes les cloisons ont été peintes en blanc. Ce simple geste, ainsi que le très beau jeu volumétrique obtenu à partir des ouvertures donnant sur les patios, des transparences et de l'aménagement des espaces intérieurs sur deux niveaux, forment un labyrinthe, déterminé davantage par l'absence de référents que par le mobilier lui-même. L'utilisation de chaque pièce dépend de l'incidence de la lumière ou du lien qu'elle entretient avec l'extérieur. De subtiles nuances, comme la finition opaque pour les meubles de la cuisine ou les fenêtres basses dans les chambres, créent la différence dans chaque espace.

En dépit de l'aspect brut du béton qui compose l'extérieur, la maison se fond dans le paysage et réussit à atteindre un équilibre habile entre légèreté et force, en faisant ressortir les connexions entre l'intérieur et l'extérieur.

Maison au bord du lac Orta

Localisation : *Lac Orta, Italie*
Année de construction : *1987*
Architecte : *Alessandro Mendini*
Photographies : *Occhiomagico*

Le projet d'Alessandro Mendini, désormais connu sous le nom de « La Casa della Felicita », est le résultat de son amitié avec le propriétaire, un célèbre designer industriel italien, et de sa connaissance des besoins et de la personnalité de son ami. Mendini s'intéresse beaucoup aux aspects psychologiques et anthropologiques de l'architecture, ce qui encouragea le propriétaire à lui faire confiance dans cette délicate entreprise. En outre, le fait que Mendini n'ait encore jamais réalisé de maison en faisait le candidat idéal, selon les propres termes du propriétaire, car il était davantage motivé par ce nouveau défi.

L'un des principaux aspects à prendre en compte était que la maison devait être créée pour répondre au style de vie de ses habitants. En outre, les couleurs, la forme des pièces, la symétrie ou l'asymétrie sont des éléments clés qui ont été décidés d'un commun accord entre l'architecte et le propriétaire, puisqu'ils conditionnent la qualité de vie de la maison. C'est pour cette raison que la maison fut appelée la Casa della Felicita, car la recherche de ce type de bien-être fut présente dès le début de sa création. Le nom a ensuite pris une deuxième signification : *felice*, pas uniquement dans le sens d'une maison au design commode et confortable, mais dans le sens d'authentique, de bien conçu et libre.

La structure de l'édifice devait être différente et expérimentale, une maison pleine de surprises, sans plans. L'intention était de donner au visiteur une sensation permanente d'étonnement à chaque nouvelle découverte dans les différentes pièces.

Page de droite :
Le plafond en bois et
le parquet confèrent au
gymnase une atmosphère
accueillante.

La lumière, les formes
ondulées et le contraste
des matériaux sont
caractéristiques
de cette pièce.

La grande pièce de séjour
est présidée par une
cheminée dessinée
par Ettore Sottsass.

Maison à Porza

Localisation : *Porza, Suisse*
Année de construction : *1987*
Architectes : *Franco Moro, Paolo Moro*
Photographies : *Filippo Simonetti*

Cet édifice d'avant-garde est basé sur la recherche de l'intégration d'une construction à son environnement sans que celui-ci en pâtisse. La maison est construite au sommet d'une colline, sur un terrain en pente. Entourée d'une épaisse végétation spécifique à la haute montagne, la maison s'affirme, détachée, entre le vert de la forêt et le bleu du ciel, avec un air de défi, à travers les grandes lignes en zigzag de ses façades et sa structure horizontale qui s'intègre au sol sur lequel elle est bâtie.

Réalisée à partir de considérations qui visent à la recherche de l'intégration topographique, la construction se distingue par le fait qu'elle s'articule en trois parties correspondant aux différentes composantes du terrain : au niveau le plus bas se situe le garage souterrain ; sur le plateau, le sous-sol à moitié enterré constitue la base de la terrasse panoramique qui, ainsi élevée, donne sur le paysage en évitant les édifices adjacents.

Enfin, encastrée dans la pente, la maison, disposée sur deux plans, s'ouvre tel un éventail embrassant le paysage dans toute sa splendeur et recevant l'énergie solaire. Cette décomposition échelonnée de l'édifice permet de maintenir une relation organique avec le site.

La configuration géométrique a été réalisée en effectuant la translation verticale des deux moitiés d'un cube, coupées en diagonale et insérées en gradins sur le plan incliné du sol.

Cette maison individuelle s'inspire de l'architecture de Tesino, mais avec un langage moderne et différent, adapté à la haute montagne.

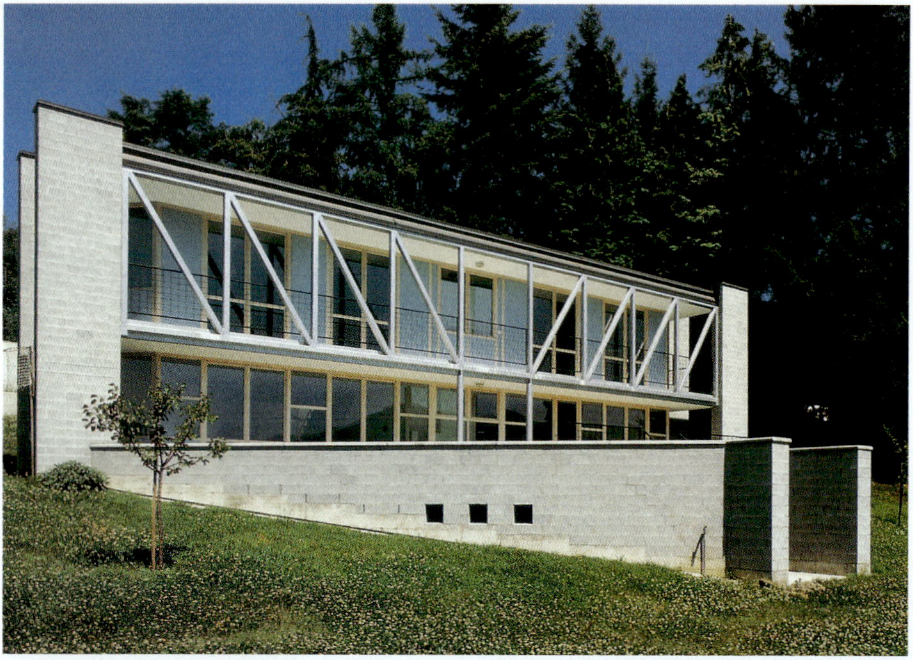

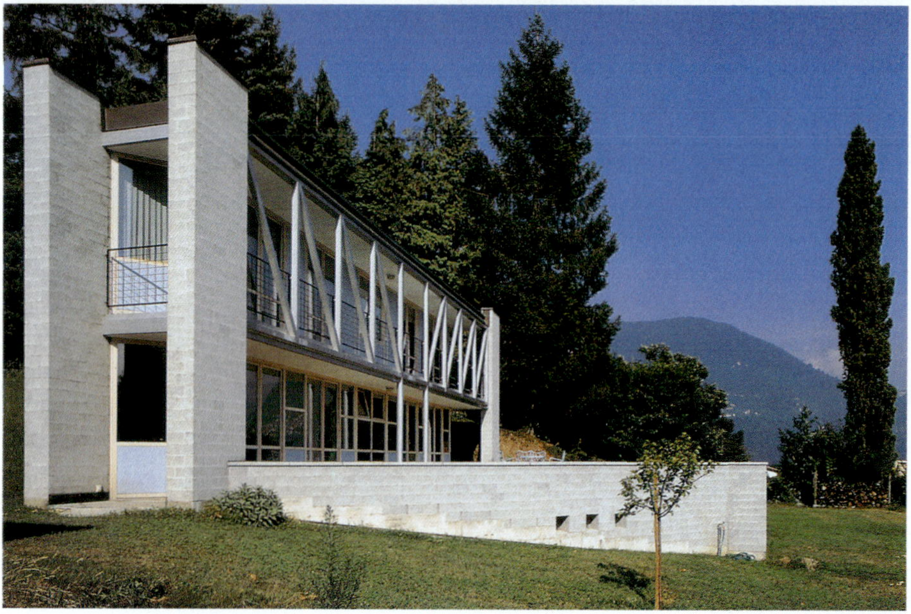

Page de gauche :
On accède à la porte
d'entrée de la maison
par un mur en pierre qui
s'ouvre en éventail
des deux côtés pour
former le mur qui va
entourer et protéger cette
partie de l'habitation.
Une fois traversé l'espace
du mur, des marches
montent jusqu'à la porte,
entièrement vitrée.

La salle de séjour, la salle
à manger et la cuisine sont
au rez-de-chaussée.
Un escalier avec des parties
en bois et une structure
métallique noire
communique avec
le premier étage où
se situent les chambres
et leur salle de bains
respective.

Maison au bord du lac Ossiach

Localisation : *Carinthie, Autriche*
Année de construction : *1988*
Architecte : *Manfred Kovatsch*
Photographies : *Reiner Blunck*

Cette maison individuelle est située à 350 m
au-dessus du lac Ossiach, sur un terrain très
pentu qui descend de façon vertigineuse jusqu'au
bord de l'eau. Sa localisation élevée permet
de bénéficier d'un paysage paradisiaque
de tous les côtés de la construction.

Bâtie sur un plan irrégulier, bien qu'avec une
certaine tendance rectiligne, cette maison
dispose de quatre niveaux différents intercalés
dans une ossature en bois, comme s'il s'agissait
des ponts d'un bateau. Plusieurs tronçons
d'escaliers, de longueurs différentes étant donné
l'inclinaison de l'édifice, constituent les
principaux éléments de support. L'escalier situé
du côté de la vallée atteint les quatre niveaux,
tandis que celui du côté du ravin en atteint
seulement deux. Manfred Kovatsch a su tirer
parti du terrain incliné sur lequel est bâtie la
maison ; ainsi, au-dessus de la construction
de base – une ossature de poutres reliées
aux fondations au-dessus du niveau du sol –
se tiennent de grandes et larges marches qui
marquent l'entrée ; celles-ci ont deux fonctions
puisque, d'une part, elles permettent de s'asseoir
ou de s'allonger lorsqu'il fait beau et, d'autre
part, elles servent de coffres pour stocker des
affaires, grâce à leur espace intérieur creux.

L'un des aspects magiques de cette construction
est qu'elle vit et s'agrandit avec la famille, faisant
preuve d'un développement continu.

L'une des intentions de l'architecte, et
des propriétaires, était de faire en sorte que
la maison resplendisse de façon naturelle. Le toit,
dont les pentes sont très inclinées en raison du
climat, est l'élément qui répond le mieux à ce désir.

Le choix du bois
(mélèze et sapin) est dû
à la proximité de ces deux
essences. Le mélèze assure
protection face au climat
de la région, tandis que
l'ossature interne, protégée
par le toit et la couverture
extérieure, est en sapin
rouge.

Vue intérieure du niveau
supérieur : au fond,
on remarque la terrasse
couverte avec une vue
spectaculaire sur le lac.

Vue de la cuisine
au rez-de-chaussée.

Vue de la salle à manger.

Détail de l'intérieur
des pièces au niveau
supérieur ; on note
le curieux emplacement
de la baignoire.

La maison Cookston

Localisation : *Rustic Canyon, Californie, États-Unis*
Année de construction : *1987*
Architecte : *Ray Kappe*
Photographies : *Reiner Blunck*

Si la plupart des maisons construites sur des collines par l'architecte Ray Kappe sont intégrées dans le paysage horizontalement, la maison Cookston, elle, se regarde verticalement. Entourée et recouverte d'arbres, elle est en béton avec une structure de château. Particulièrement inhabituelle dans la région de Rustic Canyon, elle a été érigée en tirant profit d'un terrain plat qui ressort au bout du long chemin d'entrée.

Alors que les autres maisons sont délimitées par la route, celle-ci a l'air collée à des centaines de mètres carrés d'un merveilleux paysage et uniquement reliée à la route par une grande porte de béton, verre et acier, symboliquement fixés dans la structure de la maison.

Les propriétaires souhaitaient une maison en béton aux formes arrondies ; Kappe a saisi l'opportunité de faire une œuvre d'architecture très différente de celles qu'il avait réalisées auparavant et qui lui avaient valu sa réputation d'architecte. Pour cela, il se base essentiellement sur des critères d'économie et de recherche énergétique. L'association de toitures arrondies, de balcons en porte-à-faux et d'une inflexion dans la partie postérieure du volume du mur, crée un contraste de compositions juxtaposées à la façade sud, tout en verre. C'est une maison divisée en direction nord-sud par un mur qui sert d'axe central orienté est-ouest. Bien que la construction réponde à des considérations d'économie d'énergie, l'ensemble est magistralement situé et s'intègre bien dans le canyon.

Kappe utilise des systèmes actifs et passifs dans son travail pour répondre aux normes californiennes en matière d'énergie. Son objectif fut de développer des lieux de vie dans lesquels ceux-ci seraient efficaces d'un point de vue énergétique sans avoir à modifier le style de vie et les principes propres au climat du sud de la Californie.

L'escalier est en métal et les marches dans un matériau transparent. Tout cet espace est éclairé par la grande structure vitrée de la façade sud.

Page de droite :
La chambre prend place à l'intérieur d'une structure vitrée courbe.

slope . house hintersdorf

Localisation : *Hintersdorf, Autriche*
Année de construction : *2002*
Architecte : *lichtblau . wagner architekten*
Photographies : *Bruno Klomfar*

Il s'agissait ici de créer une maison et un atelier dans un site naturel protégé, avec un minimum d'impact visuel mais en tirant parti des qualités physiques du milieu naturel. Utilisant la pente naturelle du terrain, le projet a été conçu telle une structure souterraine, avec peu de surfaces donnant vers l'extérieur et une conservation maximale de la chaleur. Le toit devient le prolongement de la partie supérieure du terrain, de sorte qu'il dissimule presque la totalité du bâtiment, le confondant avec le paysage et créant par la même occasion une isolation thermique efficace. Une partie de ce toit vert descend en pente pour créer un patio intérieur et renforcer la connexion entre l'extérieur et l'intérieur de la maison.

Le schéma part d'une zone rectangulaire divisée en deux espaces par le patio intérieur du toit en pente. Cela donne deux espaces symétriques reliés par le patio mais qui pourraient à l'avenir servir de petites maisons indépendantes.

Au centre de chaque espace se trouvent des toilettes qui créent à leur tour deux parties, l'une face au paysage et l'autre enterrée dans la montagne. Les chambres, situées sous terre, sont éclairées par le biais de conduits inclinés qui captent la lumière du soleil depuis différents angles et ce, tout au long de la journée. Les toilettes se trouvant au milieu, les chambres et les salles de séjour peuvent être séparées selon les besoins. Il est facilement envisageable de modifier le plan de départ.

Toutes les finitions intérieures sont en bois et beaucoup d'éléments en matériau préfabriqué ont été montés par les propriétaires eux-mêmes. La structure de l'unique façade de la maison est un système de trois couches de verre trempé montées sur un léger cadre métallique, alliant ainsi les nouvelles technologies industrielles avec les techniques traditionnelles locales. Cette stratégie s'est révélée très efficace et a réduit les coûts de construction de 60%.

L'éclairage zénithal, les
étroites ouvertures
latérales ou la baie vitrée
de la façade créent une
variété de rapports avec
l'extérieur et un espace
intérieur riche marqué par
des jeux d'ombres et de
lumières.

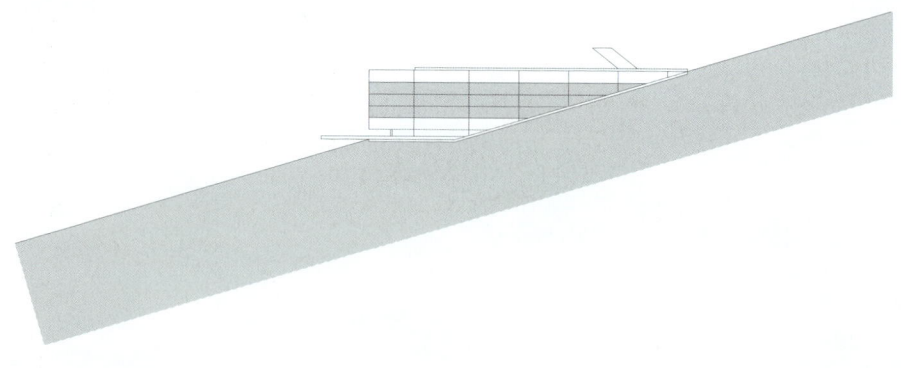

Elévation latérale

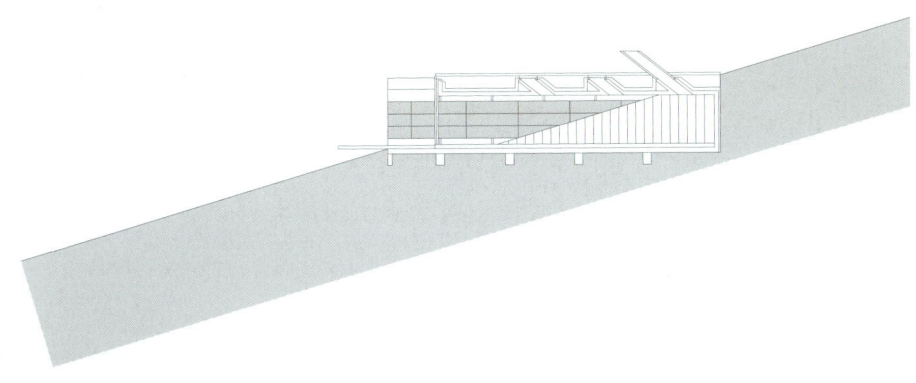

Coupe longitudinale

La maison ne possédant pas
de sous-sol, il fallait
concevoir un espace de
rangement considérable au
rez-de-chaussée. Cela a été
rendu possible grâce à
l'aménagement de placards
encastrés dans les cloisons
intérieures ou dans le mur
latéral de la maison.

Maison au bord du lac Marion

Localisation : *Massachusetts, États-Unis*
Année de construction : *1987*
Architecte : *Peter Forbes*
Photographies : *Tim Hursley*

Cette maison a été conçue et réalisée pour répondre à un intérêt très concret des propriétaires : leur passion pour la navigation et la pratique de la voile. L'architecte américain Peter Forbes leur a donc bâti une construction ressemblant à une tour d'observation qui donne sur un joli lac, immense, disparaissant à l'horizon.

La maison est située dans un endroit privilégié, au sommet d'une colline, dans une zone forestière composée de très hauts pins qui, étant donné leur grande résistance, s'adaptent parfaitement au climat froid. De là, elle domine le joli lac Marion, dans l'État du Massachusetts, à l'est des États-Unis, en Nouvelle-Angleterre.

Cette maison individuelle se développe sur quatre niveaux différents et, bien que ses fondations s'élèvent sur une base rectangulaire, les étages supérieurs sont légèrement modifiés et adoptent une configuration ovale d'où s'élève une tour au plan carré qui est la colonne vertébrale de toute la construction. Le sous-sol, partiellement enterré, comprend les pièces de service et les machines, ainsi que le garage. À l'une de ses extrémités, il ouvre sur un porche qui crée un espace à l'air libre, mais protégé des vents forts. Un escalier situé juste au centre de l'édifice, à l'intérieur de la tour, conduit au premier étage où se trouvent les pièces à vivre, c'est-à-dire un grand salon avec un coin cheminée, la salle à manger et la cuisine. La succession spatiale de ces pièces n'est interrompue que par quelques marches.

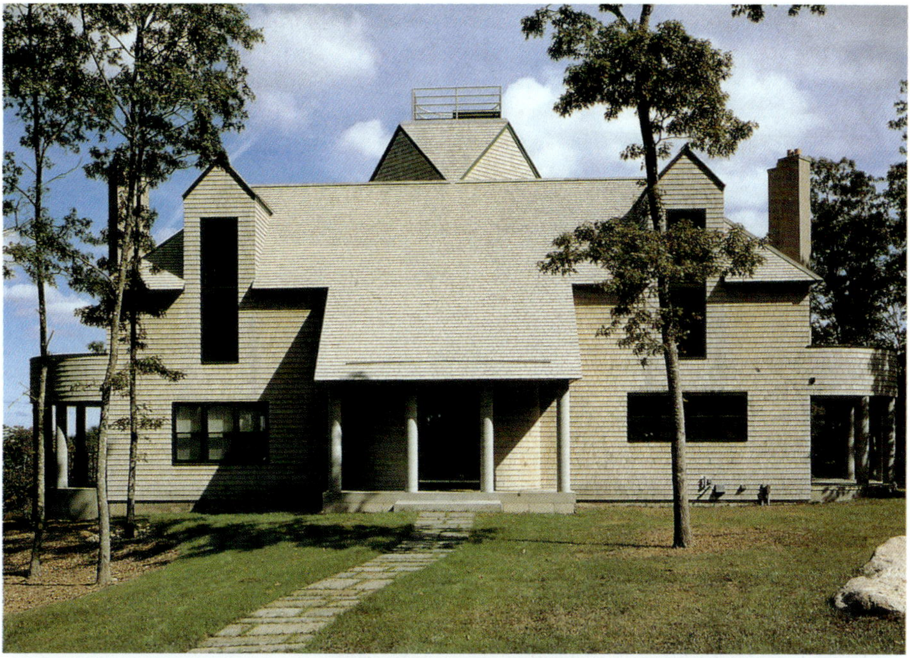

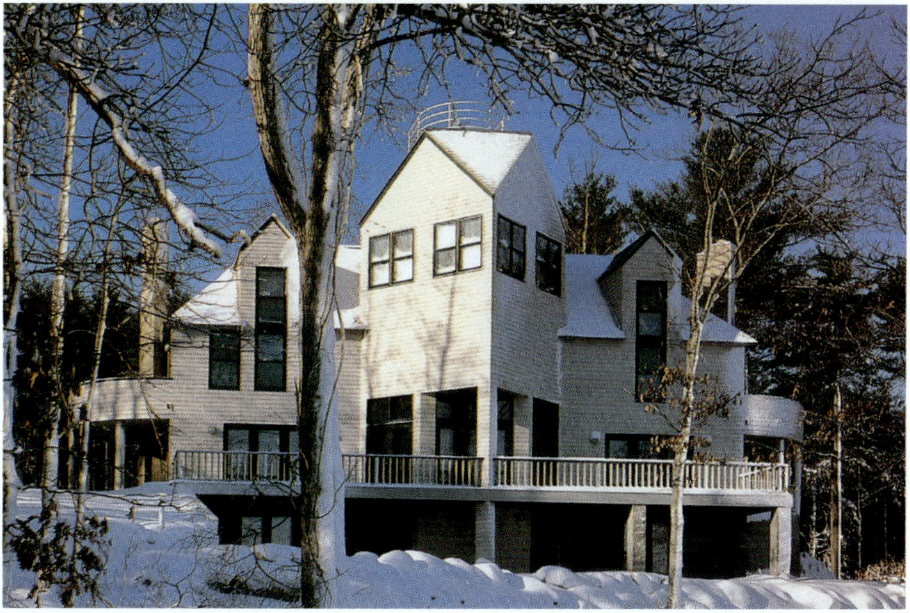

La structure de cette œuvre
architecturale s'élève depuis
la pente jusqu'aux hautes
cheminées et aux toits échelonnés,
en passant par les porches,
en forme d'abside, situés aux
deux extrémités, et finissant
par la tour centrale.

L'élément central de cet édifice
est la tour de trois étages
qui surplombe le reste
de la construction. À l'intérieur,
l'escalier central va d'un bout
à l'autre, traversant la tour
et reliant, en même temps,
les différents espaces
qui composent l'ensemble.

À l'intérieur de la maison,
les revêtements de sol, ainsi que les
girons et les rampes de l'escalier,
sont en bois, tandis que les murs
et les plafonds sont en plâtre blanc,
couleur qui prédomine
dans toute la maison.

La maison Heschl

Localisation : *Agarone, Suisse*
Année de construction : *1987*
Architecte : *Luigi Snozzi*
Photographies : *Francesc Tur*

La maison Heschl est construite sur le flanc d'une colline qui surgit au milieu d'un bois épais de la prairie de Magadino, laquelle est en train de devenir un endroit réputé pour les résidences secondaires.

Les réglementations en vigueur dans cette région ont contraint les propriétaires à construire sur un terrain non nivelé. La maison Heschl est bâtie sur un plan de base carrée et possède un toit à quatre pentes, d'où sa ressemblance avec le style architectonique des autres maisons de la vallée, qui datent du XIXᵉ siècle. Depuis la gloriette, si caractéristique des maisons de Snozzi, on peut observer toute l'étendue du bois et profiter d'une merveilleuse vue panoramique sur les bords du lac de Locarno.

La forme de l'édifice, conçu comme une maison à l'intérieur d'une autre maison, s'inspire du plan de base carrée des fermes traditionnelles de la région, modifié et recréé dans un style plus moderne. La porte d'entrée donne sur un vestibule à l'étage principal construit sur un versant de la colline.

Les fenêtres sont encadrées de métal noir et font communiquer la salle de séjour et la terrasse entourée d'une balustrade. La terrasse est partiellement couverte et sert de mirador d'où l'on peut admirer l'abondante végétation des environs. Le toit triangulaire à quatre pentes est couvert de tuiles gris foncé supportées par une structure plate.

Les murs donnent une impression de solidité car ils n'ont que très peu de fenêtres. Un porche couvert a été prévu sur l'un de ces murs au même niveau que le premier étage. Il est meublé d'une table et de chaises qui créent une atmosphère idéale pour se détendre en été.

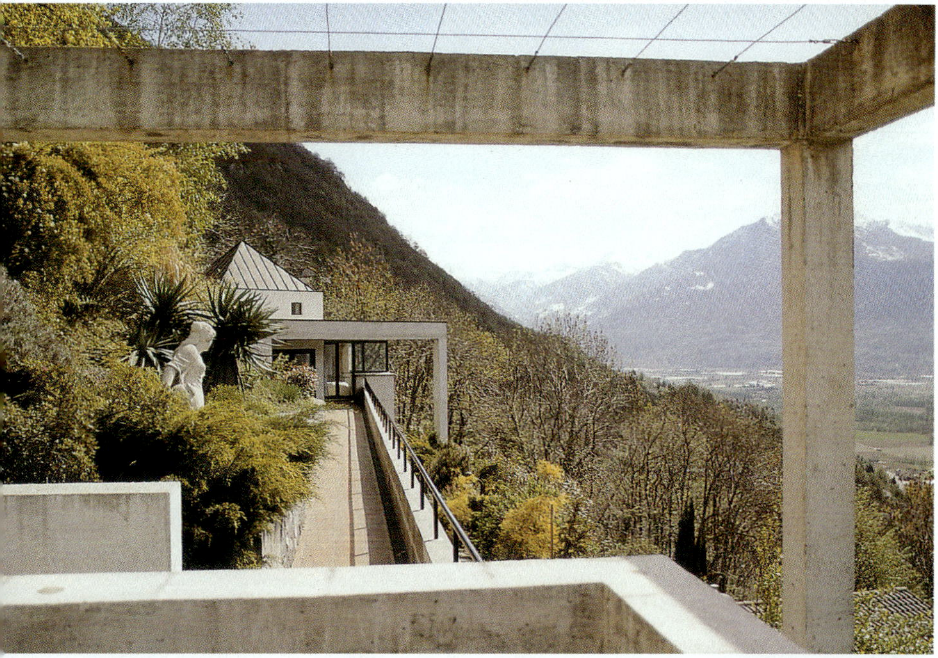

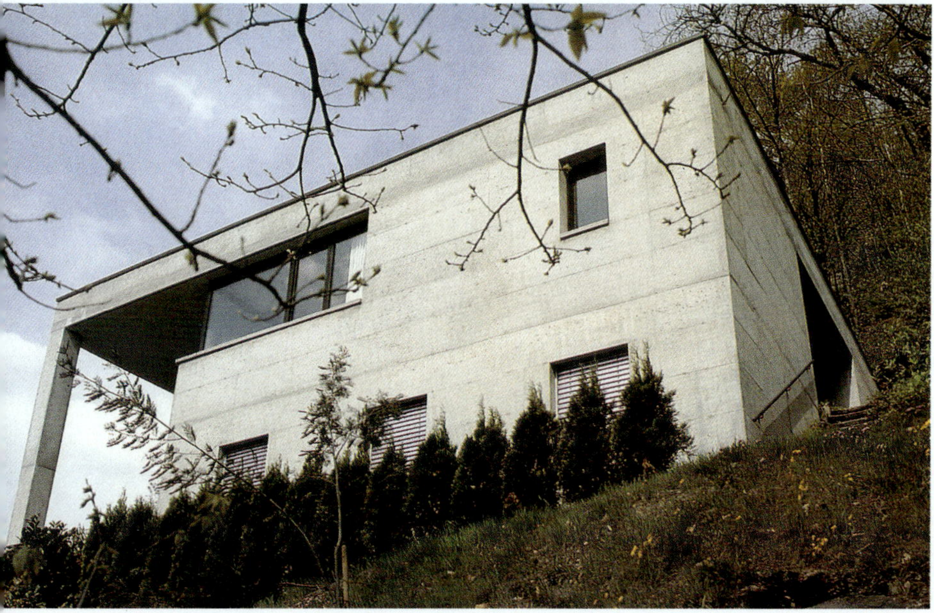

Page de droite :
La salle de séjour vue
sous différents angles.
Des petites fenêtres
carrées situées
en hauteur procurent
une luminosité naturelle.

Vue de la partie arrière
de la maison : on aperçoit
le toit triangulaire
et le porche couvert.

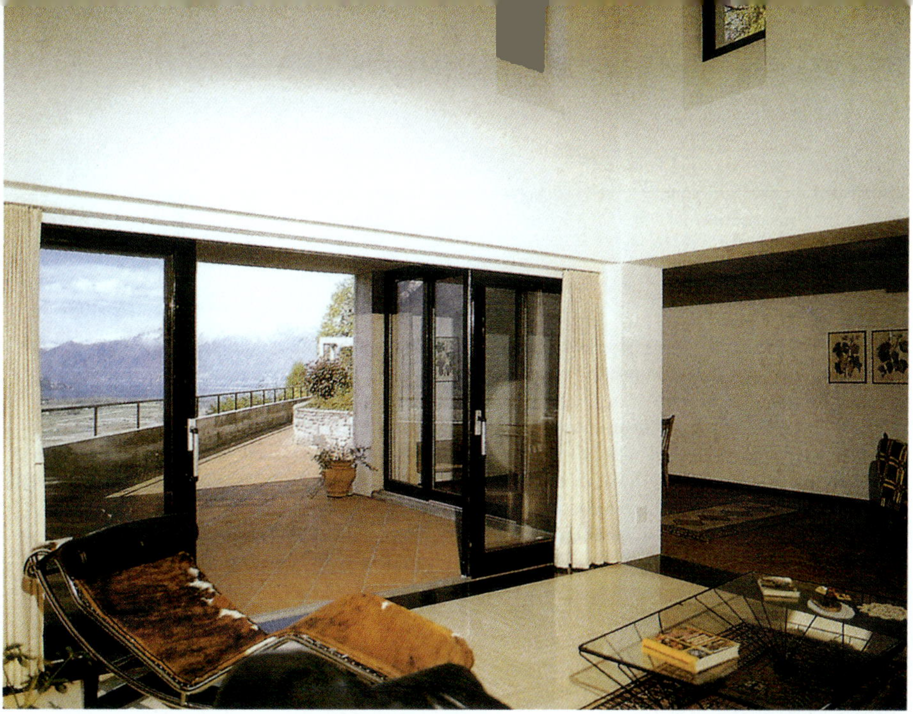

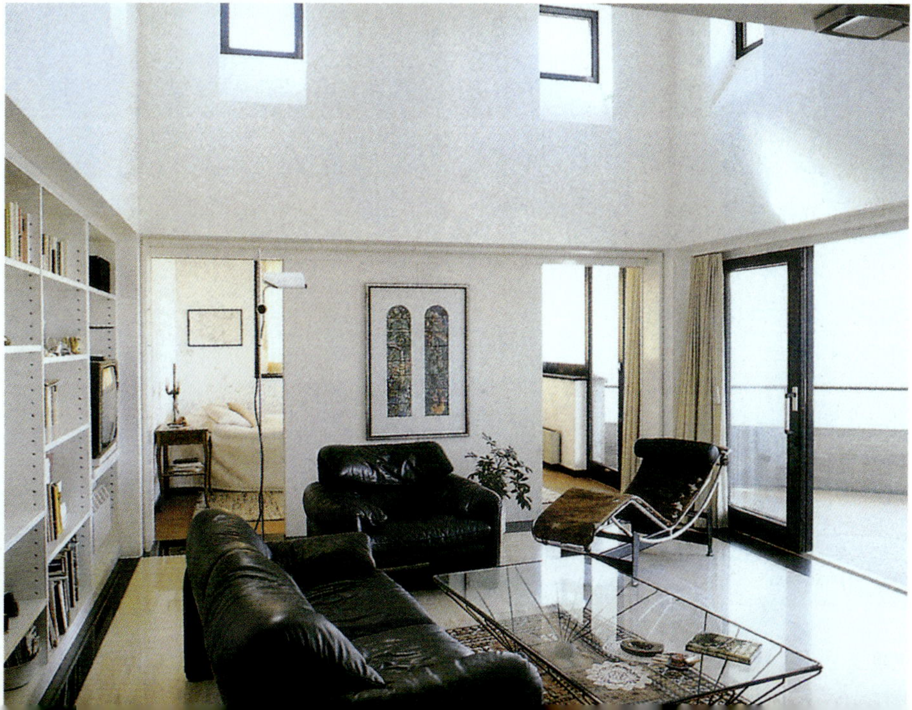

Résidence dans les collines de la Santa

Localisation : *Belvís de Monroy, Cáceres, Espagne*
Année de construction : *1998*
Architectes : *Bureau d'architecture
Picado-De Blas-Delgado*
Photographies : *Eugeni Pons*

Cette résidence secondaire, située sur une parcelle du centre urbain, fut projetée avec un budget minimum au mètre carré.

Dès le départ, l'objectif principal était de privilégier les vues exceptionnelles de la vallée de la Vera ; il fut donc décidé que l'ouverture principale se situerait à l'ouest, où le soleil se couche, derrière le château médiéval situé à tout juste I km, au sommet d'une colline. Après une analyse des éléments existants – le climat, le lieu et les exigences du programme –, un schéma en deux parties prit forme : d'un côté, un grand espace commun s'affirme comme l'axe principal du projet, et de l'autre, les pièces restantes le desservent et lui donnent un sens. La pièce centrale, de 4,2 m de haut, regroupe les dégagements, les parties communes, les principaux murs porteurs et, bien sûr, les magnifiques vues. L'axe est-ouest, apparemment si marqué sur le plan, s'estompe en entrant dans le séjour puisque celui-ci s'agrandit à travers des pièces profondes plus basses. La relation entre les espaces intérieurs et extérieurs est donc plus fluide et s'accentue avec l'éclairage naturel qui provient de ces zones.

L'ensemble des volumes extérieurs est un reflet du système de construction des murs porteurs et des hourdis en béton.

Pour une meilleure
intégration dans
l'environnement, l'édifice
a été peint dans des teintes
brunes verdâtres ; il se
confond ainsi avec le
paysage et passe inaperçu.

Maison à Palmira

Localisation : *Cuernavaca, Mexique*
Année de construction : *1994*
Architecte : *Alberto Kalach*
Photographies : *Martairene Alcantara, Pep Avila*

Conçue pour être entourée de jardins, cette maison se dresse près d'un ruisseau à Palmira, aux environs de Cuernavaca. Inachevée, puisqu'il faut beaucoup de temps pour qu'un jardin pousse, elle est comme une graine oubliée dans la terre.

La maison, qu'on a voulue avant tout fonctionnelle, se présente comme un pavillon entouré d'espaces verts, un tout compact qui, à son tour, s'étend sur le terrain. Chaque pièce est associée à un jardin différent. L'ensemble s'organise autour de quatre longs murs et deux tours en béton. On accède au petit vestibule de la maison en traversant une place inclinée, en pierre de la région, et en passant sous un auvent sur lequel pousse un bougainvillier. La salle de séjour est en réalité une profonde terrasse ouverte sur le jardin orienté au nord-ouest, entouré d'acacias et de jasmins. La salle à manger est fermée par de grands murs et ornée d'abelias et de nandinas dans un patio d'orangers. Le bureau partage une terrasse avec la piscine et les chambres sont envahies par un jardin exubérant.

Avec le temps, la végétation occupera tout l'espace attribué à cet effet lors de la conception. Les murs en terre, le béton et le bois qui ont servi de coffrage vieilliront et se fondront peu à peu avec le jardin.

Les murs en béton et
le bois utilisé pour
les coffrages vieilliront
au fur et à mesure que
les plantes pousseront
et s'approprieront
l'environnement.

La maison est pensée
comme une combinaison
d'espaces intérieurs,
de jardins, de patios
et d'une piscine.

Maison à Fuchs

Localisation : *Langen, Vorarlberg, Autriche*
Année de construction : *2002*
Architecte : *Herman Kaufmann*
Photographies : *Ignacio Martínez*

Ce terrain très bien situé, en plein milieu d'une belle végétation, hébergeait autrefois une petite maison de campagne en mauvais état. Les clients ont acheté la propriété avec l'intention de détruire l'ancienne construction et d'en construire une nouvelle qui saurait mieux tirer parti de l'emplacement. Malgré l'ampleur du programme (la superficie du projet avait considérablement été agrandie), l'idée de départ était d'exercer un impact minime sur l'environnement et de créer un langage architectural respectueux de ce dernier.

La structure à deux étages se présente sous la forme d'un bloc rectangulaire, fermé sur l'un des côtés et appuyé sur un autre bloc inférieur d'aspect plus léger et transparent. Cette composition élémentaire présente plusieurs aspects visant à être en harmonie avec le site, faire ressortir l'horizontalité et construire un bâtiment de taille réduite. La partie du sous-sol qui donne sur la montagne est en béton armé tandis que le reste de la structure est composé de modules en bois préfabriqué qui constituent la structure et le toit de la maison. Ces éléments présentent des saillies prononcées qui renforcent le rapport entre l'intérieur de la maison et l'espace extérieur. Cette structure sert en même temps de support à toutes les façades et aux ouvertures.

Le bois de pin est le même que celui utilisé traditionnellement dans la région alors que les fenêtres, très grandes, font écho au fabuleux panorama sur la forêt de Bregenz. Les espaces transparents superposés et recouverts par les saillies du toit génèrent une multitude d'espaces extérieurs couverts. On accède à l'étage supérieur de la maison depuis l'un de ces espaces relié à un couloir desservant toutes les pièces.

Le cube supérieur en forme
de C est perçu comme un
élément replié, qui renforce
la direction des points de vue
panoramiques les plus
importants.

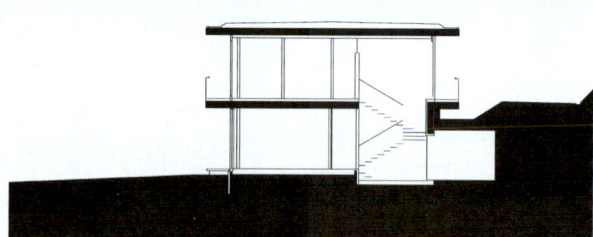

Coupe transversale

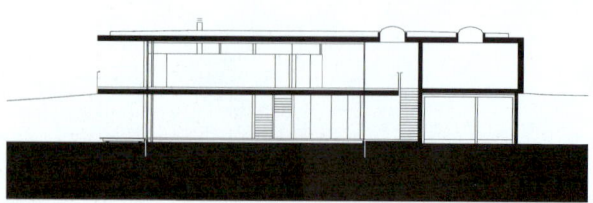

Coupe longitudinale

La résidence Büchel

Localisation : *Vaduz, Liechtenstein*
Année de construction : *1996*
Architectes : *Baumschlager & Eberle*
Collaborateurs : *Elmar Hasler, Nic Wohlwend, D.I. Plankel*
Photographies : *Eduard Hueber*

Page de gauche : La maison est située dans un double paysage : d'une part, une falaise rocheuse et abrupte, et d'autre part, la vallée couverte d'arbres fruitiers qui s'étend sous le château de Vaduz.

La maison Büchel se dresse, solitaire et sans complexes, dans ce site naturel privilégié ; son air orgueilleux altère la perception de l'environnement. Cette singularité ne fut acceptée qu'après de longues discussions entre les architectes et leurs clients. Le désir des designers était de profiter au maximum de la situation topographique et, en même temps, de conserver les arbres fruitiers des environs ; ils optèrent donc pour une construction compacte à trois niveaux au lieu d'un développement horizontal qui aurait occupé une plus grande surface, au détriment de la nature du lieu.

Le choix de l'étagement inversé de la façade sud peut sembler le fruit de conclusions esthétiques triviales, mais ce mouvement magistral permet à l'édifice de gagner en superficie à chaque étage et de diminuer ainsi la surface d'implantation sur la parcelle.

Le projet porte une grande attention aux aspects fonctionnels de chaque pièce et leur attribue un type de façade spécifique. Trois façades se caractérisent par un béton apparent aux finitions particulièrement soignées, presque délicates. La face nord est entièrement fermée à la lumière faible et aux températures les plus froides. La façade est ne comprend que deux ouvertures : la porte du garage et une haute fenêtre étroite qui parcourt l'édifice à la verticale. La façade ouest est conçue plus librement et ses ouvertures ne suivent pas une composition aussi stricte.

Toutes les façades invitent à l'introspection, à l'exception de celle située au sud, donnant sur la vallée : la maison s'ouvre sur des vues magnifiques grâce à de grandes baies vitrées qui les encadrent.

Le projet se perçoit comme
un ensemble qui se justifie
par son emplacement concret :
l'imposante paroi rocheuse,
reste d'une carrière abandonnée,
sert de toile de fond à la maison,
permettant une continuité de
la texture avec le béton apparent
des murs.

Chaque détail a fait l'objet
d'un soigneux processus
de conception. Les baies
vitrées et les persiennes
en bois coulissantes
et escamotables témoignent
de cette minutie.

La maison Rosebery

Localisation : *Brisbane, Australie*
Année de construction : *1997*
Architectes : *Brit Andresen & Peter O'Gorman*
Collaborateurs : *John Batterham, Lon Murphy*
Photographies : *John Linkins, Brit Andresen*

À Brisbane, les défilés sont des lieux magiques, presque mystérieux. Ce sont des vestiges profonds et feuillus du paysage original, aujourd'hui limités par l'effort de l'homme pour rendre la terre constructible.

La parcelle où se tient la maison Rosebery, sauvage et très boisée, présentait quelques difficultés. Le chemin atteint sa pente maximale vers le nord, l'orientation la plus recherchée dans l'hémisphère Sud où la lumière et le climat sont les plus chauds. Le niveau de l'eau sur le terrain fut un obstacle supplémentaire, car vouloir le franchir impliquait un surcoût.

Avec un budget limité, les architectes Brit Andresen & Peter O'Gorman devaient intervenir sur le paysage sans détruire ses qualités intrinsèques. L'objectif prioritaire était de reconnaître et d'étudier de manière exhaustive l'environnement pour pouvoir y intervenir sans le dénaturer. Afin d'accentuer la forme allongée du défilé, et le lien qu'il forme entre la colline et le fleuve, ils ont construit une maison étroite, installée le long de l'axe nord-sud du terrain. Elle a été placée à l'extrémité est de la parcelle, tournant le dos aux habitations voisines et profitant des arbres situés à l'ouest pour lui assurer une certaine intimité et lui octroyer une certaine dimension.

L'une des priorités du projet était d'introduire la lumière du nord à l'endroit le plus profond et le plus obscur, sous le feuillage des arbres. Grâce à la création de trois pavillons reliés par des plates-formes à demi couvertes, la lumière naturelle a pu entrer dans les pièces de la maison. Une grande surface vitrée et des persiennes en bois permettent un effet lumineux semblable au tamisage de la lumière à travers les arbres.

Les espaces intérieurs se mélangent
visuellement avec le bois adjacent.
Les frontières entre l'édifice et les espaces
extérieurs s'estompent, offrant de magnifiques
vues des arbres du défilé.

Page de droite :
La structure de l'édifice
repose sur un système
porteur de poutres et
de piliers en bois.
Les terrasses et les balcons
sont partiellement
couverts de lattes
en bois d'eucalyptus
permettant de filtrer
les rayonnements solaires
si incommodants à
de telles latitudes.
Les plates-formes qui
relient les différents
pavillons jouent un rôle
important, car c'est là que
se déroule une partie de
la vie à l'air libre.

Ces photographies nous aident à comprendre la situation particulière de la maison dont les architectes Andresen et O'Gorman ont su tirer parti. Leur projet est fondé sur le respect de la nature : intervenir sur le paysage sans le détruire.

Le programme fonctionnel de la maison est distribué en trois pavillons reliés par des passerelles ou terrasses à demi couvertes. Le niveau inférieur comprend un petit appartement pour les invités ou, plus tard, pour les enfants nécessitant une plus grande indépendance. Les terrasses à demi couvertes permettent d'échapper aux méfaits du soleil dans un climat chaud. Ce sont des lieux ambigus où les frontières entre l'intérieur et l'extérieur s'estompent.

La maison YG

Localisation : *Katta-gun, Japon*
Année de construction : *1997*
Architecte : *Atelier Hitoshi Abe*
Photographies : *Syunichi Atsumi*

Hitoshi Abe, responsable de l'Atelier Hitoshi Abe, appartient à la jeune génération d'architectes. Né en 1962, il est contemporain de Shigeru Ban et Kazuyo Sejima. Il a travaillé pendant quatre ans pour la Coop Himmelblau jusqu'à la création de l'Atelier Hitoshi Abe, avec Yosikatu Matuno et Hideyuki Mori.

Au début des années 1990, l'Atelier a réalisé plusieurs œuvres d'une certaine envergure, comme le « Miyagi stadium » et la tour d'eau à Miyagi. Depuis le milieus des années 1990, ce qui coïncide avec la commande de la maison présentée ici, il aborde des projets plus privés tels que les maisons « M-house » et « Gravel-2 » ou le restaurant « Neige-Lune-Fleur ».

La maison YG est conçue comme une sorte de ruban d'environ 90 m de long qui, en s'enroulant sur lui-même en trois dimensions, entoure un important vide central. Six volumes différents insérés le long de ce ruban ou frange contiennent les éléments nécessaires pour aménager l'espace : la cheminée-armoire, la cuisine, le cabinet de toilette-buanderie, la salle de bains, l'armoire à chaussures et le cellier.

Le vide enfermé sur deux niveaux, centre indiscutable de la maison, est un espace singulier à l'intérieur de l'habitation. Tandis que les volumes se ferment – pour n'être ouverts que lorsque c'est nécessaire d'un point de vue fonctionnel –, le vide central communique avec l'extérieur, à travers les vues, ou la lumière, établissant ainsi différents rapports avec l'environnement.

L'édifice est érigé en relation étroite avec le lieu sur lequel il se trouve. Au nord, la zone d'entrée se développe, parallèle aux courbes de niveau et en contact avec le terrain. Après avoir accédé tangentiellement à l'habitation et lorsque nous nous approchons de son extrémité sud, la maison se détache du sol. Suivant le mouvement centripète de l'intérieur, nous enveloppons le vide central – dans toute sa hauteur, désormais – en montant les escaliers, en ceinturant le conduit de la cheminée et en parcourant le couloir, nous éloignant ainsi toujours plus du niveau du terrain.

L'Atelier Hitoshi Abe tente avec cette maison de convertir une abstraction mentale en une entité physique dans un contexte précis. Ambitieux, et possible également.

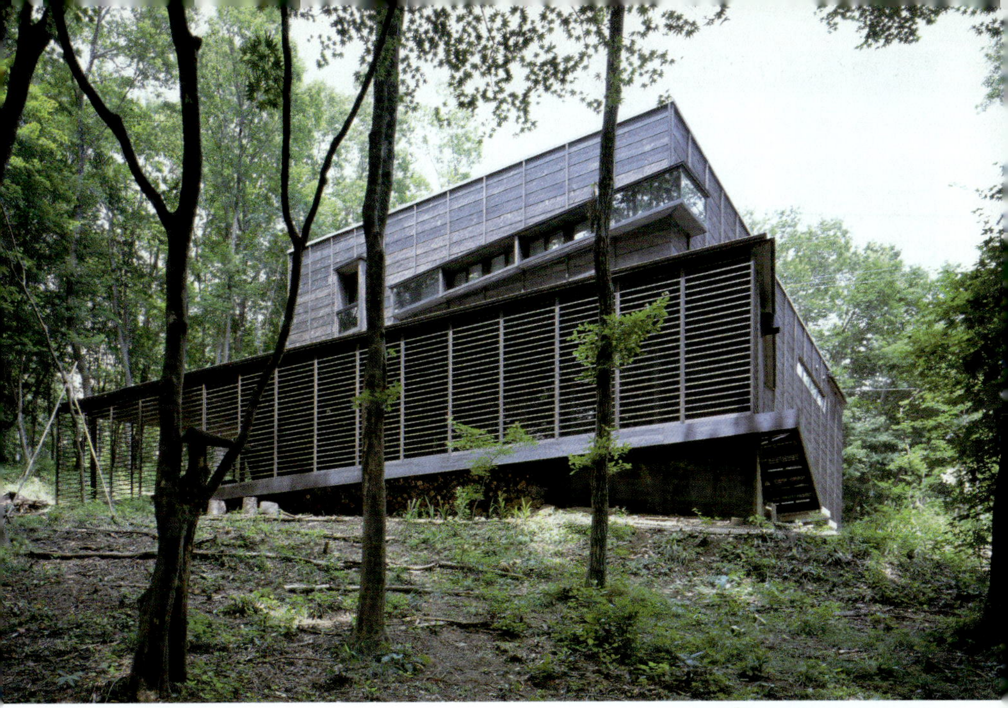

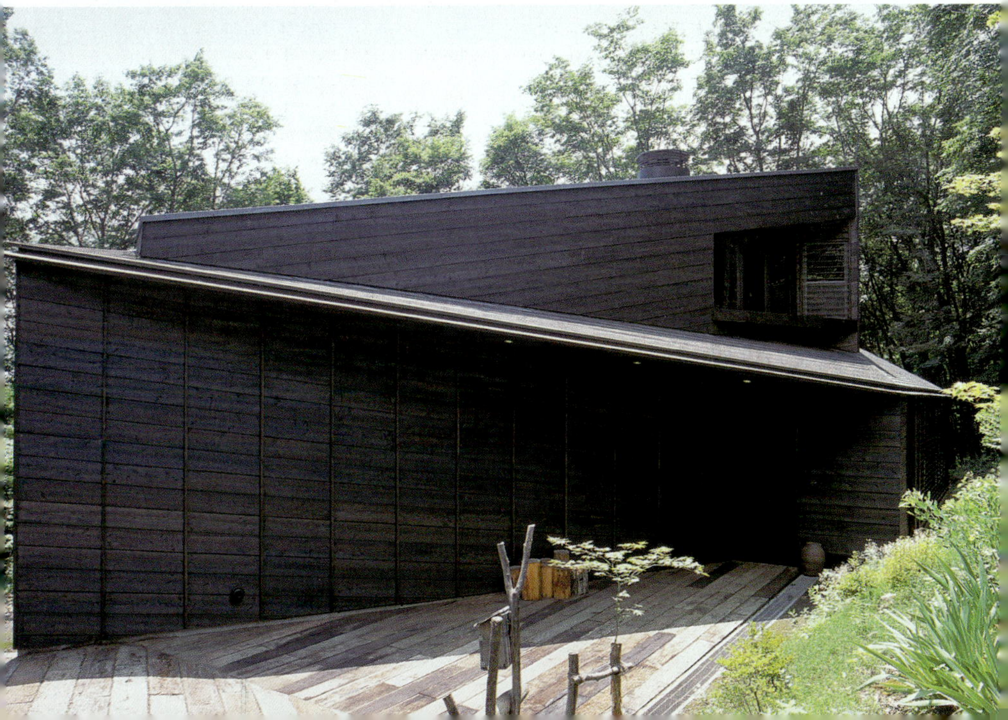

La maison YG a été pensée pour être utilisée, notamment les week-ends, par les invités de l'entreprise qui l'a fait bâtir. Elle est située sur la partie la plus haute d'un immense terrain en pente de 1 392 m² orienté au sud. Les 123 m² d'habitation, répartis sur deux niveaux, sont entourés d'arbres sur tout leur périmètre.

Quelques meubles garantissent l'aspect fonctionnel de cette maison habitée à l'occasion. L'austérité qui en résulte est toutefois contrecarrée par la chaleur du bois, utilisé aussi bien pour la structure que pour les finitions intérieures.

Le chemin en spirale ascendante est souligné par deux choix : d'une part, le blanc du mur de l'escalier et de la cheminée, qui contraste avec le cèdre foncé utilisé pour les sols et les murs, signale la route à suivre ; d'autre part, le jeu des toitures inclinées nous explique depuis l'extérieur ce qui se passe à l'intérieur.

La maison Into

Localisation : *Espoo, Finlande*
Année de construction : *1998*
Architecte : *Jyrki Tasa*
Photographies : *Jussi Tianen & Jyrki Tasa*

Ce projet de Jyrki Tasa est la combinaison d'un exercice poétique et d'un développement rationnel. La technique la plus poussée et la plus précise est utilisée pour matérialiser des symboles qui donnent lieu à une construction contemporaine, sensuelle et particulièrement imaginative.

Le terrain est situé sur une colline élevée orientée à l'ouest, vers la mer. La maison, accrochée à la roche, dégage une impression de légèreté et est protégée par un mur blanc et courbe qui s'étend vers le soleil couchant.

L'édifice est clairement organisé en secteurs, mais cette distribution méthodique et pratique ne signifie pas pour autant une rigidité inerte puisque l'utilisation de l'acier, puissant et poétique, et du bois, beau et complaisant, crée des finitions chaleureuses et accueillantes.

La route conduit le visiteur à l'arrière de la maison, délimité par le mur blanc et protecteur. La sinuosité du chemin permet d'entrevoir, par intervalles, mais juste partiellement, les avant-toits et les hautes colonnes de la façade ouest, donnant un aperçu du caractère binaire de la maison.

L'entrée principale est une encoche de verre sur la façade à laquelle on accède par un pont métallique qui traverse la piscine. Depuis ce pont, on laisse derrière soi les habitations voisines et autres constructions et on savoure la nature, soit à travers la maison, soit dans son état plus sauvage, depuis les terrasses et les balcons.

Le vestibule sert de lien visuel et fonctionnel entre toutes les pièces de la maison. Sa hauteur élevée et ses parois vitrées offrent des vues imprenables sur la mer. La totalité de la maison peut être perçue et comprise depuis cet espace puisqu'il relie les pièces à vivre et les autres, plus privées.

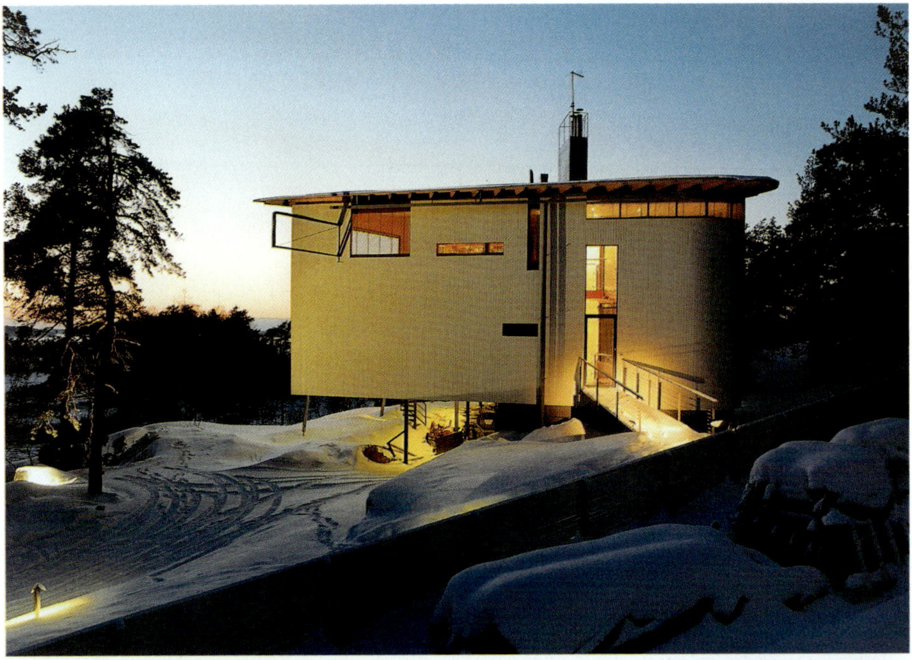

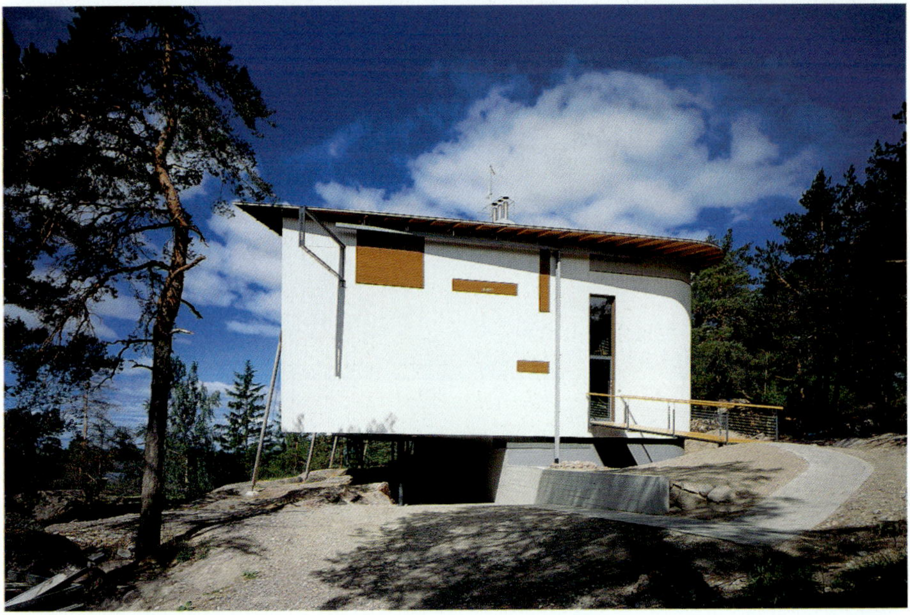

La maison Into se dresse,
puissante, au-dessus d'un massif
rocheux. Son apparence est une
métaphore des constructions
nomades traditionnelles :
la toiture métallique repose
sur des profils cylindriques à
la manière d'une toile protectrice.

L'escalier est le résultat
d'un exercice d'ingénierie
très précis. Il consiste en
une planche de pin pliée
et supportée par une légère
structure constituée
de tubes d'acier et de câbles
métalliques.

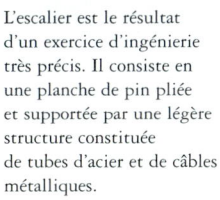

Le matériau le plus utilisé
à l'intérieur est le bois. Les sols
sont en cerisier et les cloisons
verticales, en pin. Ces finitions
offrent, d'une part, des espaces
pratiques et fonctionnels,
et d'autre part, des espaces
confortables et esthétiquement
suggestifs. L'éclairage naturel
provenant de lucarnes et de baies
vitrées laisse percevoir
les multiples textures du bois dans
toute sa splendeur et apprécier
sa nature changeante.

La maison Ravenwood

Localisation : *North Woods, Minnesota, États-Unis*
Année de construction : *1998*
Architecte : *David Salmela*
Collaborateurs : *Carrol & Franck,*
                     Hurst & Heinrichs, Coen & Stumpf
Photographies : *Peter Kerze*

Jim Brandenburg a découvert cette enclave en 1979, lors d'un voyage au cours duquel il devait photographier pour la revue *National Geographic* une cascade près de ce qui allait devenir la maison Ravenwood. C'est également sur ce terrain, situé dans la Superior National Forest et limité par la Boundary Waters Canoe Area, que Jim avait un jour photographié les loups qui parurent dans son livre à succès, *Brother Wolf*, publié en 1993.

En 1981, Jim et son épouse Judy, à l'époque établis à Minneapolis, se firent construire dans la forêt une maison de vacances avec des troncs de cèdres. Il s'agissait de quatre petits volumes – une cabane, un maison pour les invités, un sauna et un cabinet de toilette – distribués en échelons sur un versant de la colline. Avec le temps, les Brandenburg décidèrent d'agrandir la cabane pour pouvoir y vivre pendant des périodes plus longues ; ils contactèrent donc David Salmela. Suivant les indications de Jim Brandenburg, qui avait en mémoire – sans doute en raison de ses racines norvégiennes – l'image d'une maison allongée très caractéristique de la culture viking, Salmela ajouta autour d'un patio extérieur plusieurs volumes avec des toitures à deux eaux rappelant celles déjà existantes.

Aujourd'hui, la cabane d'origine héberge une cuisine au niveau inférieur et une chambre double au niveau supérieur. L'édifice principal, d'environ 425 m^2 et développé à 45 degrés au sud-ouest par rapport à la cabane préexistante, est relié avec cette dernière grâce à l'espace du rez-de-chaussée qui abrite la salle à manger et la galerie.

L'édifice compte trois parties clairement distinctes : une zone très haute de plafond où se trouvent un cellier et une salle de bains, puis une zone sur deux niveaux avec une salle de séjour en bas et une chambre d'amis en haut, et enfin, une zone sur trois niveaux avec, dans le sens ascendant, le studio principal, un espace avec des ordinateurs et, suspendu, un attique.

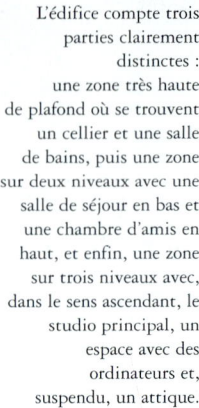

Salmela, grand admirateur des architectes Aalto, Asplund, Eliel et Eero Saarinen, partage le goût de Brandenburg pour tout ce qui est nordique. Dans cette maison Ravenwood, il utilise deux matériaux – le gazon pour les toitures et le bois de cèdre pour le revêtement – caractéristiques des constructions scandinaves pendant des siècles.

En 1997, la maison Ravenwood a reçu
plusieurs prix : de l'AIA (American
Institute of Architects) au niveau
national, mais aussi de l'AIA
du Minnesota. C'est une reconnaissance
méritée pour David Salmela :
ses œuvres voient le jour grâce
à sa volonté d'interpréter les désirs
et les goûts de ses clients.
Et lorsqu'il s'en rapproche,
le résultat est presque magique.

Maison-meuble

Localisation : *Yamanaka, Japon*
Année de construction : *1998*
Architecte : *Shigeru Ban*
Photographies : *Hiroyuki Hirai*

   Dans ce projet, le minimalisme s'entend comme la manière d'affecter le moins possible l'environnement naturel et comme le langage le plus approprié pour établir un dialogue avec le paysage. Cette maison, d'environ 110 m², est située dans les montagnes de Yamanaka, au Japon, tel un élément indépendant, autonome, qui contraste avec l'exubérante végétation des alentours. Pour conférer à cette maison une extrême « simplicité » orientale, l'architecte japonais Shigeru Ban a créé la structure en fonction des cloisons et des espaces de rangement du projet. Le système de construction de cette maison-meuble repose sur des unités mobilières préfabriquées qui font la hauteur totale de l'édifice et servent aussi bien à composer la structure qu'à définir l'espace. S'il avait fallu monter manuellement et ailleurs toutes ces unités, la qualité aurait été moindre ; en effet, celles-ci, à la fois meubles et éléments de construction, ont été produites dans des conditions de totale mécanisation et de parfait contrôle, permettant de réduire la quantité des matériaux et de la main d'œuvre utilisés, ainsi que le temps de construction sur le site. Les avantages se traduisent donc par une baisse considérable du coût du projet. Les dimensions des unités mobilières utilisées dans cette maison sont de 2,4 m de haut et 90 cm de large. La profondeur, déterminée par l'utilisation qui en est faite et l'emplacement dans l'édifice, varie d'environ 45 cm pour les bibliothèques à 70 cm pour les autres modules de rangement et les étagères. Tout est organisé conformément à la structure et à la composition des pièces en exerçant des tensions verticales et horizontales.

Le système de construction
permet non seulement
d'atteindre le degré d'épuration
désiré, mais aussi, et par
conséquent, affecte au minimum
l'environnement naturel
y compris par le mode de
fabrication de la maison.

La maison évoque des constructions de Kamo no Chomei, du XVIIᵉ siècle, dont les édifices fabriqués en plusieurs parties pouvaient être entièrement démontés. Par conséquent, avec cette proposition expérimentale, Ban réinterprète la tradition classique de l'architecture japonaise de manière contemporaine.

L'élégance du plan, qui rappelle les premières maisons de Mies van der Rohe, est le résultat d'une distribution très judicieuse de l'espace qui évite une véritable différenciation des fonctions de l'habitation. Les limites entre les dégagements et les pièces à vivre, ou entre l'intérieur et l'extérieur, n'existent pratiquement pas ou alors, très subtilement.

Les six bandes de meubles structuraux,
utilisées comme écrans de séparation,
créent plusieurs zones d'habitation
à l'intérieur d'un même espace continu.
L'architecte place simplement
les éléments pour que les tensions
dirigent le mouvement et le regard
vers une grande plate-forme tandis
que les grandes baies vitrées coulissantes,
qui glissent sur des rails camouflés
dans le sol et dans le plafond,
contribuent à relier l'espace de la maison
au paysage environnant.

Maison dans l'Ontario

Localisation : *Ontario, Canada*
Année de construction : *1994*
Architectes : *Hariri & Hariri*
Collaborateurs : *Paul Baird, Grandon Yearick,*
Brigid Hogan, Aaron McDonald
Photographies : *John M. Hall*

Cette maison de week-end offre un vaste répertoire des différentes applications d'un même matériau : le bois. Sa richesse, qui se reflète aussi bien dans son volume que dans son espace intérieur, est basée sur une observation minutieuse des caractéristiques intrinsèques du paysage. La proposition de ces deux architectes iraniennes établies à New York parie sur l'abstraction de ces caractéristiques afin de tout composer, de l'objet architectonique même aux détails les plus subtils. Le terrain est situé sur une parcelle rurale dans l'Ontario, au Canada, qui descend doucement jusqu'aux eaux calmes du lac Kamaniskeg. Il est planté d'arbres à feuilles persistantes et de grands bouleaux. Le cadre est tranquille et invite à la méditation, avec l'horizon toujours présent et délimité par le bord du lac qui contraste avec les arbres plantés à la périphérie.

Le projet consiste à agrandir une vieille cabane préfabriquée en forme de A désormais trop petite pour une famille de six personnes. L'attachement sentimental du client pour la vieille cabane explique qu'elle ait été conservée pour les enfants et les invités. L'édifice existant a donc été le point de départ du projet et représente un élément important de l'ensemble. Les faux contrevents et la peinture rose des murs ont été supprimés et les tuiles en asphalte remplacées par des panneaux en acier galvanisé pour qu'ils soient compatibles avec le langage de la nouvelle construction. Néanmoins, l'intérieur n'a été que très légèrement transformé. Le salon a été modifié pour créer un espace pour une nouvelle cuisine plus grande et une salle à manger a été prévue au rez-de-chaussée.

La nouvelle cabane
est une structure en bois
d'environ 30 m de long
qui s'étend sur la ligne
ouest de la propriété
à seulement 2 m de
la structure existante.
Elle héberge
une chambre principale,
une bibliothèque,
une salle de lecture,
une grande salle de séjour
et un petit hangar
à bateaux.

Les principaux matériaux utilisés dans cette maison sont le cèdre rouge pour l'intérieur et l'extérieur, le sycomore pour les sols, et des panneaux en acier galvanisé pour la toiture.

Maison Sutterlüty

Localisation : *Egg, Vorarlberg, Autriche*
Année de construction : *2000*
Architectes : *Dietrich + Untertrifaller Architekten*
Photographies : *Ignacio Martínez*

Construite sur une petite esplanade au cœur des montagnes de Vorarlberg, en Autriche, cette maison familiale, légère, embellit le paysage. Le terrain présente une pente orientée sud-est qui forme une vaste prairie dépourvue de haute végétation. Ces deux caractéristiques dotent ce site d'un large panorama sur les proches vallées. Cette situation privilégiée a donné le ton à cette construction qui se rapproche assez de la forme traditionnelle des maisons de la région tout en étant plus moderne, tirant le meilleur parti des conditions climatiques et géographiques du site.

Le bâtiment ressemble à un bloc rectangulaire à trois étages avec un toit incliné à deux pentes qui pénètre dans le terrain parallèlement à la pente de la montagne et à la route. De cette façon, la prairie naturelle du terrain devient le jardin immédiat de la maison, dont l'intimité est préservée par la disposition du corps de la maison. De même, la forme allongée d'est en ouest du bâtiment permet de tirer le meilleur parti de la vue panoramique et de l'incidence de la lumière du soleil vers le sud. Loin de toute agglomération, le jardin n'a pas besoin d'être clôturé, ce qui renforce l'aspect rural de cette maison.

L'entrée et l'espace de rangement se trouvent côté nord-est et servent d'isolant thermique au reste de la maison. Côté sud-est, la maison s'ouvre de façon spectaculaire via de grandes fenêtres, alors que le reste du bâtiment est recouvert par une fine couche formée par des lattes en bois. Comme s'il s'agissait d'un voile, cet écran crée un effet qui déforme la distance réelle avec le paysage et protège en même temps des rayons directs du soleil côtés est et ouest et assure l'intimité de l'entrée. Le rez-de-chaussée, depuis lequel on accède directement au terrain, se présente sous la forme d'un espace ouvert qui peut être utilisé à plusieurs fins. A l'étage du milieu se trouvent la cuisine et la salle à manger tandis que l'étage supérieur abrite les chambres.

A chaque étage, de
grandes baies vitrées côté
sud-est communiquent
avec de vastes terrasses
longitudinales pour créer
une sorte de galerie
continue à laquelle on
peut accéder depuis
n'importe quelle pièce de
la maison.

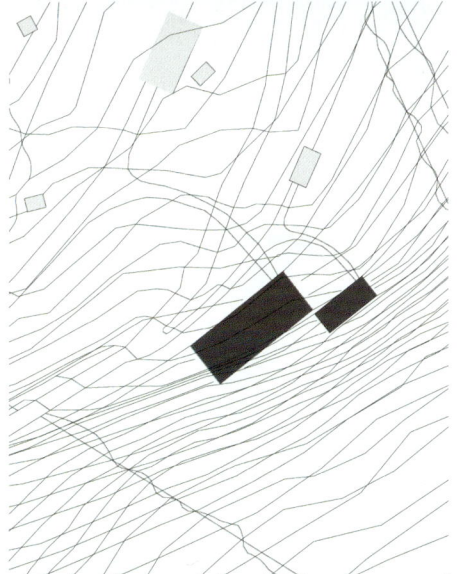
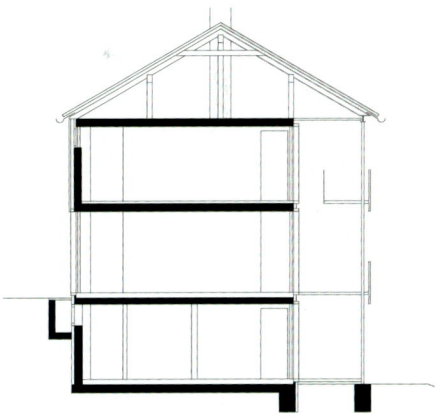

Plan de situation   Coupe transversale

La résidence Wilson

Localisation : *Lac Vermillion, États-Unis*
Année de construction : *1998*
Architecte : *David Salmela*

L'objectif de ce projet était de concevoir une maison compatible avec le lieu où elle se trouve, sa région et ce qu'elle représentait pour le client, tout en lui donnant un air contemporain.

La maison, située dans un endroit rocheux au bord du lac Vermillion, offre des vues fantastiques sur le lac et ses environs. Les éléments géographiques et la situation de la parcelle face à l'environnement rappellent à la famille qui vit dans cette demeure les paysages suisses. La maison fut construite comme maison de campagne par le grand-père de l'actuel propriétaire lorsqu'il émigra de ce pays au début du siècle. Au cours des étés de son enfance qu'il passa dans cette vieille maison, il se prit de passion pour la construction de canots. Ayant vécu sur les deux côtes du pays pendant sa carrière d'ingénieur, il décida, avec son épouse, d'origine suisse également, de prendre une retraite anticipée afin de pouvoir réaliser leur rêve à tous les deux : bâtir une maison et se consacrer à la construction de canots.

Une première séquence de formes parallèles entoure la salle de séjour, le lieu le plus important de la maison, qui dessert les autres pièces. La chambre principale donne vers l'ouest tandis que les autres espaces regardent vers l'est. Le formalisme des deux volumes est subtilement rompu par le pic rocheux de la montagne et par l'altération systématique de la forme des fenêtres. La grande salle de séjour, placée devant une persienne de type victorien telle une terrasse couverte, sert d'espace de transition entre l'intérieur de la maison et l'espace extérieur naturel. Par opposition, le patio est moins grand, renfermant et cachant la vue du lac jusqu'à ce que l'on entre dans la maison.

Le succès et la force de cette maison résident dans sa capacité à être à la fois moderne et traditionnelle ; malgré un air classique, elle s'organise selon une asymétrie spontanée.

La maison se développe en fonction de la vue, de la lumière naturelle et du désir de créer à la fois un accès original et un langage architectonique de lignes suggestives.

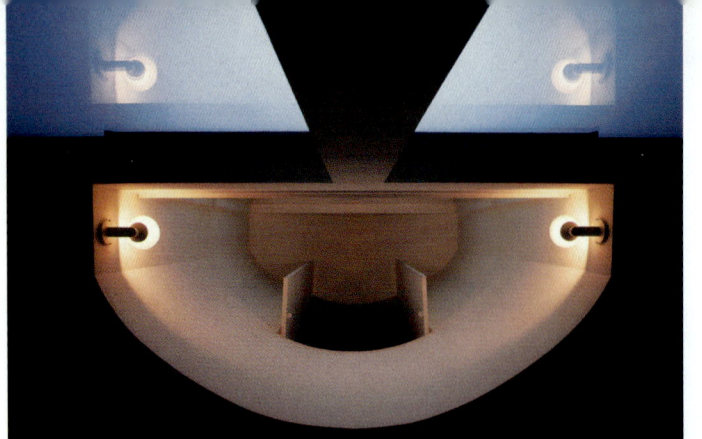

À l'intérieur, des espaces
reposants invitent à la
contemplation du paysage,
encadré par les grandes
baies vitrées. Le blanc des
murs et des plafonds se
fond avec les détails en
bois clair du sol, les
balustrades et la pergola
intérieure suspendue
au-dessus du salon. Seuls
le mobilier et les tapis de
tons gris et bleu marine
apportent une touche
de couleur.

La résidence Loken

Localisation : *Duluth, Minnesota, États-Unis*
Année de construction : *1996*
Architecte : *David Salmela*
Collaborateurs : *Rod & Sons Carpentry*
Photographies : *Peter Kerze*

Ce projet est le résultat des améliorations et des agrandissements réalisés dans une maison de montagne qui existait déjà sur le terrain et qui, à l'origine, servait de maison de vacances à une petite famille. L'habitation se situe à quelques mètres du Big Sucker, un torrent aux nombreuses cascades qui traverse la propriété, et à tout juste 1 km du lac Supérieur, dans le Minnesota. Les conditions topographiques de la parcelle, située à environ 100 m au-dessus du lac, offrent une vue panoramique fantastique du lac et de ses environs.

La construction d'origine, qui date de 1910, avait fait l'objet de piètres interventions, remaniements et agrandissements. Au fil des années, la détérioration de ces médiocres améliorations se fit évidente, atteignant la structure et les fondations. Lorsque le client actuel décida d'établir un projet pour y remédier, il vit l'opportunité de récupérer le caractère original de la vieille construction. C'est la raison pour laquelle elle fut le point de départ du nouveau projet.

Plusieurs facteurs ont eu une influence sur le processus de création : l'histoire du lieu et sa tradition architectonique de cabanes vernaculaires, la nature altérée de la maison originale, les racines norvégiennes de la famille ainsi que sa passion pour le design scandinave, les besoins d'un abri pour les chevaux et, enfin, l'exposition décorative d'une impressionnante collection de montres. Néanmoins, le facteur le plus important fut, tout simplement, la curiosité et le réel intérêt porté par les clients à l'architecture en tant que telle.

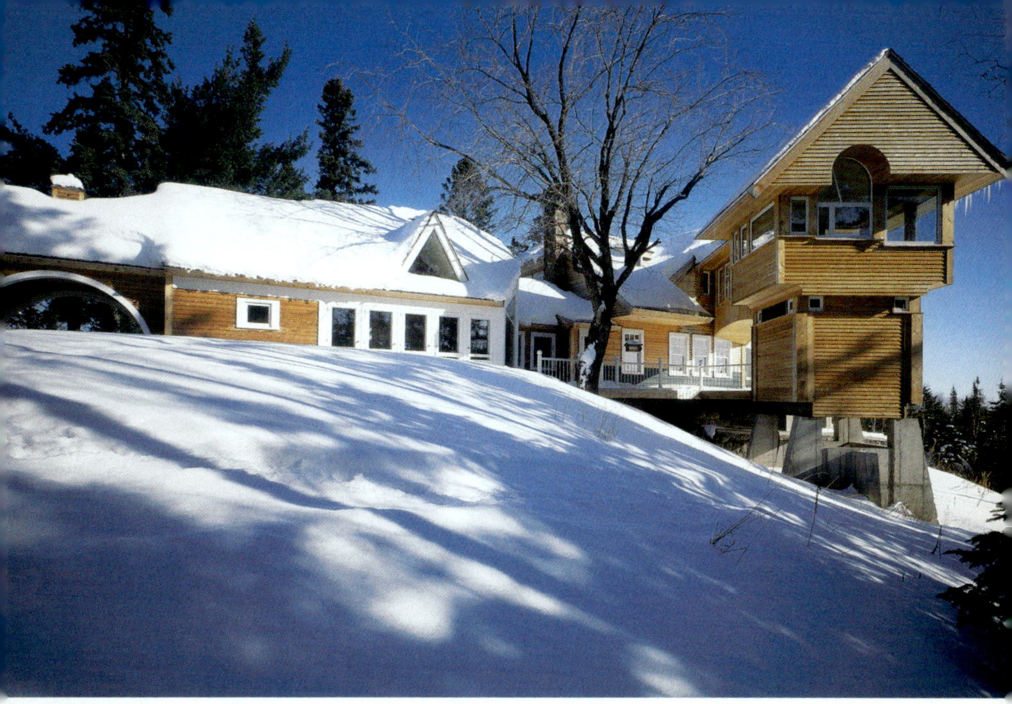

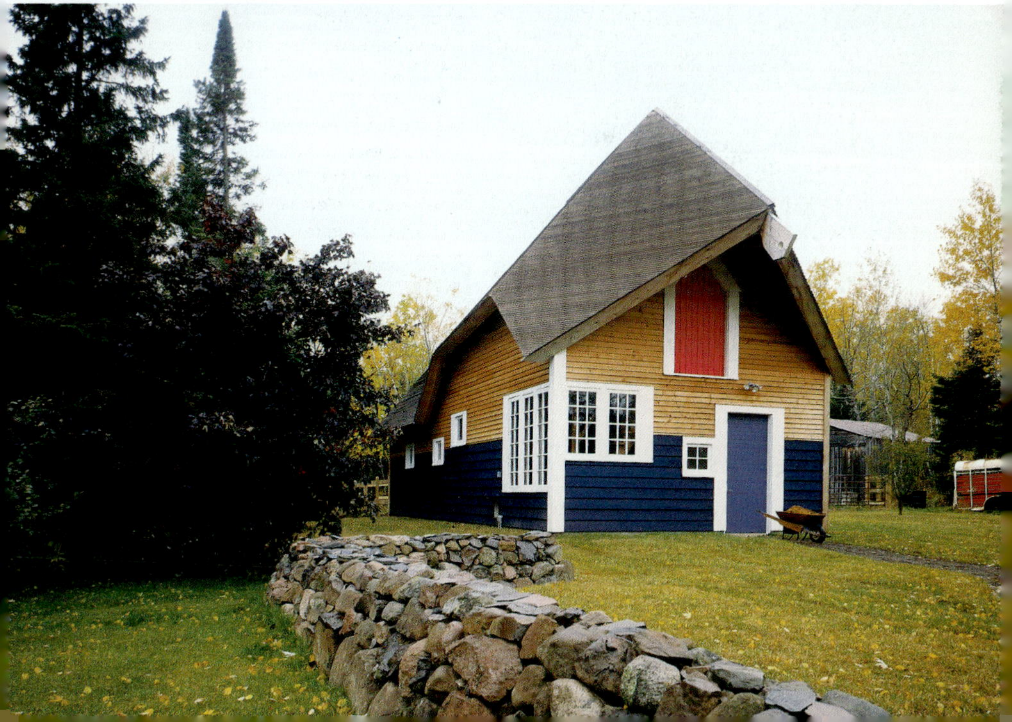

998

Le matériau prédominant, tant à l'intérieur qu'à l'extérieur, est le bois dont on a extrait les plus grandes capacités plastiques. La typologie traditionnelle de la cabane de montagne, très courante dans la région, fut réinterprétée ici afin d'obtenir des atmosphères pures et simples à l'intérieur. À l'extérieur, en revanche, on peut apprécier un répertoire varié qui s'intègre, telles les pièces d'un Meccano, dans le paysage.